本书为2010年度教育部人文社会科学研究青年基金项目"文化表述与族群认同——新文化史视野下的闽粤赣毗邻区族群研究"（10YJC850028）最终研究成果、江西省2011协同创新中心和国家社科基金重大招标项目（12&ZD132）资助阶段性成果

客家研究新视野丛书
主编：曾志刚　执行主编：周建新

文化表述与族群认同

新文化史视野下的赣闽粤毗邻区族群研究

温春香◎著

中国社会科学出版社

图书在版编目（CIP）数据

文化表述与族群认同：新文化史视野下的赣闽粤毗邻区族群研究/温春香著.—北京：中国社会科学出版社，2015.3

（客家研究新视野丛书）

ISBN 978-7-5161-5252-2

Ⅰ.①文…　Ⅱ.①温…　Ⅲ.①客家人—民族历史—研究—中国　Ⅳ.①K281.1

中国版本图书馆 CIP 数据核字（2014）第 297495 号

出 版 人	赵剑英
责任编辑	卢小生
特约编辑	林　木
责任校对	董晓月
责任印制	王　超

出　　版	中国社会科学出版社
社　　址	北京鼓楼西大街甲 158 号
邮　　编	100720
网　　址	http://www.csspw.cn
发 行 部	010-84083685
门 市 部	010-84029450
经　　销	新华书店及其他书店
印刷装订	三河市君旺印务有限公司
版　　次	2015 年 3 月第 1 版
印　　次	2015 年 3 月第 1 次印刷
开　　本	710×1000　1/16
印　　张	19.5
插　　页	2
字　　数	330 千字
定　　价	70.00 元

凡购买中国社会科学出版社图书，如有质量问题请与本社营销中心联系调换
电话：010-84083683
版权所有　侵权必究

总　　序

　　客家人是汉民族的重要支系，主要居住于闽粤赣三省交界区域，分布遍及全球各地，是世界上分布范围最广阔、影响最深远的族群之一。客家人在中华民族悠久的历史进程中做出了卓越的贡献，在长期的迁徙和发展中，客家人吸纳了中华民族不同历史时期、不同地域的文化养分，汇成了蔚为大观、源远流长的客家文化，在方言、饮食、建筑、风俗、岁时节庆、民间信仰等方面特色鲜明、内涵丰富。自20世纪30年代罗香林先生开创客家学以来，客家研究取得了长足的发展，客家学作为一门独立的学科，借鉴了历史学、人类学、民族学、民俗学、语言学等学科的理论与方法，逐步发展成为一门以"客家"为研究对象，以"客家"的历史、现状、未来及客家语言、族群认同等为主要内容，并揭示"客家"的形成、演变的综合性学科。

　　客家文化是汉民族中一个系统分明的地域文化，具有我国地域文化普遍特征的文化形态，是中华民族文化不可或缺的重要组成部分；客家文化又是一个极具特色的族群文化，客家人对自身文化与族群有着高度的自觉与认同感，以对文化的坚守和传承及其突出的族群凝聚力和向心性而著称。客家社会处于汉族边陲地带，他们的特殊性展现在发展过程中长期与少数民族维持密切的互动，但在族群意识上又坚称自我为汉族血统之精粹。所谓的客家文化即在这两种不同张力的互相拉锯中形成。因此，客家社会文化研究，不能停留在汉文化或客家文化的种族中心论视野，必须从族群互动的角度，探讨客家社会在不同区域的族群关系与历史文化发展过程。

　　自清代以来，聚居于闽粤赣交界区的客家人在与土著的摩擦和接触中渐渐发展出显著的族群意识，他们宣称，自己是中原南迁的汉人后裔，保持了纯正的汉人文化与传统，以此区别于周边族群。客家的族群认同也随着客家人迁居海外及我国港澳台地区而四处播散，成为全球性的族群认同。在我国众多族群中，这种强烈的族群文化传播与认同具有相当的独特性，因此，对客家族群与文化的研究应更多地注重其自身的认同，并尽量从客家人自己的言说来理解客家族群的历史，从认同的角度切入，将客家族群视为一个动态的历史过程。

客家是中华民族的重要成员。以客家文化为纽带，以客家学术研究为媒介，可以充分发挥客家人在海内外交流"文化使者"的作用，对客家族群与认同的研究，将有助于我们深刻地理解中华民族多元一体的格局，是阐释作为文化传统具有延续性的中华民族认同的一个典型案例。关于客家文化与认同、客家族群意识的探讨，其中最具代表性的是华裔澳大利亚学者梁肇庭。梁肇庭先生结合施坚雅的宏观区域理论与人类学族群理论，对客家史研究进行全新的理解。客家人在宣扬族群认同的同时，又十分强调其中国性，保持着明确的国家认同，表现尤其明显的是后来迁居于海外及我国港澳台地区的客家人，他们的寻根意识及各种社团皆以爱国为宗旨，形成族群认同与国家认同的高度统一。比如，在中国台湾，客家人有450万人之多，他们对中国台湾的政治、经济和文化起着举足轻重的作用。通过客家历史文化研究，可以充分体现海峡两岸客家同根同源、同文同种，台湾人民与祖国大陆不可分割的血脉关系。

自人类起源，就开始了迁移，伴随着迁移，人类开始分化并构成不同的人群和社会。即便在安土重迁的中国文化中，任意打开一本族谱，迁移是最重要的历史记忆。因此，作为一个历史悠久的移民性族群，对客家的研究有助于丰富我们对中华民族历史的理解，深化我们对中华民族统一多民族共同体的深刻认识。正如全国人大常委会原副委员长许嘉璐先生所说："客家文化可以说是中华文化的缩影、典型、样板，或曰范式，是中国人民献给人类的一份厚礼。保护、弘扬和创新客家文化，是客家之所急需，中国之所急需，世界之所急需。"因此，深入研究客家文化，既有着重要的理论价值，又具有重大的现实意义。

在这里回顾过往的客家研究，不仅是为了理清客家学之历史脉络，更是为了表达一个期望，即希望客家学研究可一路向前，而"客家研究新视野丛书"正是其中的浓墨重彩的一笔。该丛书由江西省2011协同创新中心、江西省首批高校人文社会科学重点研究基地、江西省首批非物质文化遗产研究基地赣南师范学院客家研究中心策划，旨在推出一批高质量、高水平的客家研究著作，选取当前客家学界一批中青年学者的最新研究成果，力图呈现研究论著视野的新颖性、理论的前沿性与文献资料的完整性和系统性，提升客家研究的理论水平，扩大客家学在国内外学术界的影响。

丛书的编者和作者相信，现阶段的客家研究不应该是宏大叙事风格下的、面面俱到的研究取向，而应该是通过具体事项、具体区域或具体个案的具体研究以表达出对客家问题的整体了解。因此，丛书的作者突破了过往研究试图通过某单一学科，如历史学或人类学，研究客家问题并将其置于学科分类体系之下的构想，而采取了跨学科的研究取向，而努力将各个学科的前沿理论与方法应用其中。文献分析法与田野调查方法、文字史料与口述史、共时性分析与历时性分析、社会结构范式与社会行动范式等在其中得到了应用，并有了极佳的切合点。虽然每一本书的研究问题、研究对象都可以说是相对独立的个案，但每一个个案却与客家研究整体把握相联系，立足于客家研究的整体关怀中。换句话说，每一位作者都是以具体区域、具体事项或具体个案的研究分析以回应宏大的客家问题，这个问题是历史学意义上的，是人类学意义上的，是普遍学科意义上的。

这一套丛书最大的意义在于：

第一，视野的新颖性，即由关注客家问题的"共同性"向"地方性"转变，同时将"结构"与"变迁"两个概念很好地结合在一起，从而关注到了地域文化、地方崇拜、社会经济变迁及族群问题等的动态过程。同时，丛书的作者已经认识到，客家研究不仅要阐述客家历史的客观性，而且要关注客家人在构建"客家"过程中的能动性，甚至要反思客家研究本身是如何在"客家"构建过程中被结构化及这种结构如何影响客家人的行动。

第二，理论的前沿性，即将历史学、人类学、民族学、民俗学、符号学、现象学及考古学等引入研究中；西方人类学领域的象征人类学理论应用于阐释如服饰、饮食、民居、音乐、艺术及信仰等具体的客家文化事项，族群理论应用于解释客家族群意识、形成、互动等问题；社会经济史领域的区域研究理论应用于地方社会变迁及构建等问题。与此同时，丛书作者采用了多种学科的理论与方法，并贯穿在研究过程之中。"深描"、"族群边界"、"结构过程"等前沿理论概念在丛书作品中也被不同程度地使用。

第三，文献资料的完整性与系统性，即突破以往研究只注重文字资料的使用，而开始采用口述史资料。丛书的作者没有枯坐在书斋里，而是开始接触具体的研究对象，进行实地调查，把"获得材料与死文字结合起来"。丛书作者结合使用田野调查与文献分析的方法，到具体的地域，采访地方精英与普通民众，收集地方文献与民间文书。由此，正式史料、民间文献与口述传说、民间表述等综合应用到客家研究的"全息信息"采集分析过程之中。

近一个世纪以来，世界范围内的客家研究由肇始阶段走向学科建设和蓬勃发展之时，研究成果已在梳理史料、论证源流、文化考究等方面颇有建树。然而，诸前辈研究之视野始终未有突破，学科界限依然清晰可见，且分散性的研究止于就事论事而未能形成理论体系。直至今日，客家研究仍未能对客家问题形成整体性、系统性的学术关怀。近年来，江西、福建、广东等地的中青年客家学者引入多个学科的前沿视角，收集多个领域的翔实材料，形成了一批深入讨论客家问题的成果与论著。赣南师范学院客家研究中心顺势而为，选取其中一些相对独立而又相互连贯的精品著作，组织出版"客家研究新视野丛书"，构建一个相对系统的客家研究丛书库，力图对客家问题形成整体性关怀。

此次出版的"客家研究新视野丛书"为第一辑，由曾志刚教授任主编，周建新教授任执行主编，本辑共有 8 部著作，其研究对象与时空范围涉及唐宋以来客家文化的多个面向。唐宋以来儒家文化开始在赣闽粤边区传播，邹春生博士著的《文化传播与族群整合——宋明时期赣闽粤边区的儒学实践与客家族群的形成》指出，儒家文化在赣闽粤边区的传播促使当地多元族群产生"文化认同"，从而形成"客家"共同体。宋元时期，汀州社会经济历经巨大变迁，靳阳春博士著的《宋元时期汀州区域开发与客家民系形成》提出，宋代闽西山区交通的发展促进汀州经济发展，而元初以来的畲汉联合抗元斗争促进族群融合又壮大了在南宋形成的客家民系。明中期以来，赣闽粤边界地区普遍经历"正统化"过程开始，黄志繁博士等合著的《明清赣闽粤边界毗邻区生态、族群与"客家文化"——晚清客家族群认同建构的历史背景》一书以赣南营前镇、粤东百侯镇为个案力证在晚清"客家文化"被建构成"中原正统文化"的历程中，"正统化"在其中起着重要作用。黄韧博士著的《神境中的过客：从曹主信仰象征的变迁看岭南客家文化的形成与传承》一书独辟蹊径，结合民间信仰、早期移民、族群互动与区域经济等方面，采用历史人类学、结构人类学和解释人类学等研究范式，并纳入历史学、政治学、社会学及区域研究的理论视角，深入研究了广东北部曹主信仰。在人类学整体性视阈中深入阐释了粤北地区宗教信仰的文化变迁与地方社会发展的密切联系，指出北江流域的商业活动带动曹主娘娘信仰的传播，同时神话系统内又整合了不同群体的流动、互动、融合及冲突的记忆。该著作以全球化视角与中国人在国外的在地化经验研究重新审视客家问题，可谓是客家学研究又一新的视野。

历史上，随着大批中原族群南迁至赣闽粤边区，当地社会经济得以迅速发展，国家统治及儒家文化亦纷至沓来，使得赣闽粤边区由"化外之地"转为"化内之地"，客家文化认同遂于此发轫。同时，交通的发展进一步增强了闽粤赣地区各个族群间互动与融合，文教的发展促进了客家文化形成。最终，客家人的自我认同在波澜壮阔的冲突与斗争中形成并不断得以发展壮大。其中，"客家文化"在一定程度上是在生态变迁和族群关系中借由赣闽粤边界地区普遍经历的"正统化"过程所建构的。然而，"客家"并非是一个恒定不变的范畴，其往往在与"他者"的互动过程中不断变化，且客家族群的世界性流动经验往往不折不扣地在超自然象征系统中呈现。总之，客家族群的形成既是一个自我认同的过程，也是"他者"所建构认知的过程。故此，上述四部著作是将"客家"置于族群认同与族群互动中，结合共时性研究与历时性研究、静态分析与动态分析，全方位地考察了客家族群形成与发展的过程及其内外因素。

同时，"客家研究新视野丛书"第一辑著作涵盖了对多种客家民俗文化事象的深入探讨。该丛书第一辑由曾志刚教授任主编、周建新教授任执行主编。周建新教授与张海华副教授将客家服饰置于客家文化历史脉络之中进行多视角、多层次的跨学科研究，其著《客家服饰的艺术人类学研究》完成了对客家服饰的视觉识别、行为识别及理念识别过程，并指出其属于"器物文化"、"活动文化"及"精神文化"的范畴，所呈现的是客家文化与精神特质。肖文礼博士对赣南地区礼俗仪式中的艺术行为和音乐活动进行分析，她在《岁时节日体系中的赣南客家仪式音乐研究》一书中提出，客家文化在岁时节日体系中是具化的事项，即具体的时空下借由祭祖、庙会、独有仪式及国家展演所呈现的族群情感与族群关系等。王维娜博士在具体的语境中考究了福建长汀客家山歌，写成《传承与口头创作：地方知识体系中的客家山歌研究》，认为长汀客家山歌未因演唱空间改变而消失，根本在于其地方性知识体系的传承，同时地方性知识中还蕴含着歌手演唱和创作的根源。温春香博士关注宋元以来赣闽粤毗邻区的族群认同与文化表述问题，其著《文化表述与族群认同——新文化史视野下的赣闽粤毗邻区族群研究》指出，明代闽粤赣毗邻区的大规模动乱及明中后期以来的社会重组导致文化表述的转变，即借用一套文化的逻辑和汉人的意识以达成历史书写，并与历史进程并驾齐驱促成族群身份认同。

服饰乃个体与群体进行自我身份标识的最直接手段之一，客家服饰在视觉、行为及理念上的差异，蕴含其中的往往是族群性的范畴，即客家族群所持的独特属性。而音乐作为沟通人与天地的神圣手段，仪式上音乐所呈现的是客家人的宇宙观、价值观、人生观及族群认同的观念，形成了一套客家人所共享的独特精神文化。同样，声音作为人与人之间交流信息与传承文化的载体，客家山歌体现了客家人的价值观、爱情观、历史观和社会观念，传承客家山歌的背后是对客家文化及其精神特质的传承。最后，客家族群区别于其他任何族群在很大程度上是借由历史及文本的书写所表述的，而现阶段所呈现的任何一种文化特质都是一种由文化表述所构建的文本。总的来说，上述四部著作将学科关怀转向民俗学，通过考察非常具体且物化的民俗，呈现出具体民俗作为文本的表象及其背后的文化意涵，展示了客家族群的"异"与"同"。

诚然，"客家研究新视野丛书"的每一著作都归属于"客家研究"这一大命题，既在一定程度上继承了前辈的研究成果，也在已有研究的基础上阔步前行，深入把握客家之意涵，拓宽研究客家之视野，明确探索客家之方法。客家人是一个既重视传承又注重创新的族群，坚守着其独有的族群文化特质，开放地流向于全球的每一个角落并吸收"他者"优异的文化特质而具有极强的生存力。随着全球化过程的推进，传统的客家文化与客家精神也在全球范围内生根发芽。因此，"客家研究新视野丛书"的出版必然对整体把握客家、了解客家，甚至对重新理解客家、建构客家都有着深奥而久远的意义。同时，该丛书力图建立一门独立的客家学学科，并超越地方性研究的范畴，而将其推向单一族群全球性流动研究的领域。我也衷心祝愿客家研究取得更多更大的成果。

中国正处在急剧的变迁之中，社会转型、文化转型成为重要的学术命题，笔者提出，中国从地域性社会向移民社会的转型就是其一。这就是随着人群流动的频繁，城市化的加速，那种单一人群构成的地域社会不复存在，而更多地表现为多人群多族群共生构成的移民社会。作为地域性特征明显的客家族群也正在经历着这一变迁，而这种经历、变化也对客家研究提出了新的挑战！

是为序。

2015 年春于康乐园

（周大鸣：长江学者特聘教授、中山大学社会学与人类学学院教授）

序

  我们阅得的历史即历史叙述，对历史叙述进行鉴别、分类、整理，进而分析概括，就是通常我们熟悉的历史研究。本著作者另辟蹊径，指出族群及其关系的历史叙述主要的内在机制即文化表述。作为国家以及地域多元族群的主体族群的汉族，其士大夫掌控着书写权力。在他们的书写中，闽粤赣毗邻区的族群及其关系的本真历史，常常远离近真而成建构甚或虚构。历史宛如印象派画派的画作。简言之，即文化制约历史书写。甚至，书写还有改变历史实践和文化身份的力量。不仅汉族的士大夫，就是草根人群，甚至少数族群也运用着书写或口传的力量。这些就是本著的要义。当然，文化归根结底附生于国家大历史以及区域小历史。

  本著研究的领域是历史人类学，这引起我记忆的联想。从小学到大学，教师的拿手本事就是把知识说得明明白白，好像东升的旭日。至于由漆黑而灰暗而晨曦，一概靠边。知识的启蒙，是一个个体系的认识，这兴许是惯习的授业理路吧。印象大学时期，惟有聆听来访的中山大学梁钊韬先生关于研究西瓯越人来源的讲座，才感受到犹如观察日出过程那种探索之美妙。我所学得的历史人类学，也曾经是那么幽暗。1984年春我读研究生时，美国社会学家人类学家代表团访问厦门大学，团员中的萨林斯还在厦大专家楼为人类学系师生作关于斐济土著与酋长民族志的（文化与历史关系）演讲，感觉一头雾水。无论是著作还是演讲，人类学家习惯沉湎于不腻细节的民族志，他们好像是中国古代春秋笔法的追随者，英国的堪称突出，美国更甚。那时我才读过一两本人类学教科书，对人类学的绝技民族志几乎惘然无知。好在我在大三或大四在历史系资料室在历史学译丛的非正式出版刊物，看过一篇法国施特劳斯所写的关于谈历史学与人类学一文，其学术旨趣在于探讨历史人类学。文中说：人类学"是研究垃圾的学问"。大名鼎鼎的结构主义人类学家，怎么说出这般村言野语？浏览转为细读后，方知所谓"垃圾"是指平庸琐细、被人忽视的生活细节，这些纷繁琐细恰恰就是文化存在的真实状态。我想，是不是像未被扫进垃圾堆的散落花瓣，人类学者将之还原为花朵，进而去洞察一花一世界呢？在施特劳斯看来，历史学所研究的是经过加工处理的制品，甚至是颇费心思的精品。偏爱本专业的施特劳斯曾将历史学与人类学喻为"树上"与"树下"，似有些反讽意味。历史学与人类学有着亲密关系，两者结合，定然美满。

作者在厦大攻读人类学博士时，上过我《历史人类学》的课。《历史之岛》（1981）是犹太裔美国人类学家马歇尔·萨林斯的代表作。不用说学生，就是我刚看这本书时也有些发懵。萨林斯获人类学博士学位，任教数年后，到法国游学一段时间后返美。在他的历史人类学探索之旅，法国是重要的驿站。从历史发现长时段结构是20世纪上半期法国历史学的世界级创新，布罗代尔为集大成者。萨林斯的历史人类学思想应是得益于布罗代尔关于历史长时段结构的洞悉，其文化图式比历史结构较为具象。《历史之岛》的历史叙事所聚焦的人物库克船长在夏威夷群岛的故事，非常繁细和冗长。研讨这本书后，她交上一篇作业。我读过其在福建师范大学历史系的硕士论文，感觉在陈述的湖面缺乏蒸发的水汽，更没有蒸腾的云彩。我把这一感觉坦率告诉她，不满语气溢于言表。当然，我也鼓励道，篇幅很长至少苦劳，何况资料性的陈述详而有致有序，让人仿佛遥见西去取经者不懈的跋涉，可望修成正果。这篇研读《历史之岛》的作业，令我刮目相看，依稀望见她穿行在文字堆积的浓雾云层中的翎羽。

我曾担心，她对《历史之岛》研读所表现的抽象概括能力会不会昙花一现？本著让我疑如冰释。《历史之岛》阐述的是历史进程被文化图式所形塑，其文化对历史控制的思想应映照了温春香的探索，但本著是以历史书写为核心。关于从历史叙事透视文化及其书写，以及书写与历史互动的系统性创新，使我颇受裨益。当然，一次完整的科研，哪怕得出颇有学术价值的结论，亦非终结。何况，分析概括所基于的事实只是个案或复数个案，还要经过继续的验证。书中偶尔提及闽粤赣毗邻区族群史与华南族群史颇具同质性，透露着对区域的一般性概括正欲扩及更广阔的历史空间。

郭志超　于厦门大学
2014年10月

摘 要

  中国古代文献隐含了大量的民族史资料。这些资料记载了历史上居于中国版图的众多族群，其中有些族群现在依然活跃于我国各地，保存着其相对独特的文化与信仰，而另一些族群则于历史的长河中销声匿迹，去向不明。传统民族史研究对此的一个解释是——"汉化"，汉化观在一定范围内无疑具有相当的解释力，但由于该论断是基于这样一个假定，即当前为同一民族的人有着一以贯之的民族身份与人群范围，不同族群被认为有着相对清晰的界限与相对独立的发展脉络。但存在的一个危险是，其所带有的本质主义倾向在很大程度上限制了它对诸多问题的探讨。由汉化观主导的民族史观往往容易导致对问题的简单理解，过于强调汉文化的主导地位，忽视其他族群的自主性及族群边界的复杂性。

  本书以宋元以来赣闽粤毗邻区的族群为对象，以文化表述为切入点，在对历史上赣闽粤毗邻区的生态、地理及早期居民勾勒之后，考察宋元到民国文人对赣闽粤的记载，发现宋元到明朝中期，文人们对赣闽粤毗邻区的记载主要以区域性的动乱为主，而发展到明代中后期，表述出现转变，开始较多地关注这一地区的族群性差异，而引起这种表述转变的，是与明代赣闽粤毗邻区的大规模动乱及明中后期以来的社会重组有关，这种由方志主导的言说其实首源于各姓族谱，而族谱编撰的背后则是一整套文化的逻辑及汉人意识在起作用，如明代漳州人在对陈元光建构过程中，一方面宣称自己中原后裔的身份，另一方面则渐渐明确陈元光所征之蛮的族群指向——畲民，它与方志上对族群性差异的强调在历史进程上也相吻合。此外，零星的史料也显示了清代部分畲民关于自我的认定与创造，他们通过对盘瓠形象的改造及对自身独特性的强调，加强其作为一个族群的认同与意识。而稍后居于赣闽粤毗邻区的客家人意识亦相继兴起。此后，除却极少量的畲民外，赣闽粤毗邻区基本被认为是中原南来的客家人的居所，正因为这种族群意识的伸张，加之民国时期的国族肇建的影响，导致了屡次的说客风潮。

因此笔者认为，对于中国东南汉人社会的形成，尤其是赣闽粤毗邻区客家人普遍的中原南来说盛行的一个可能解释是，在明代赣闽粤毗邻区大规模动乱平息之后，赣闽粤毗邻区处于社会重组阶段。正是在这一阶段，其人群亦经历了一次族群身份确认的过程，而这影响了明中后期以后长期的族群撰述，反映在赣闽粤毗邻区的地方文献中，则是对畲民典范书写的确立，它反过来又约束了人们对族群的选择与改造。故而，赣闽粤毗邻区甚至东南汉人社会的出现并非简单的汉化可以解释，而是与历史书写直接相关，是与汉人知识分子华夷之辨的标准变化有关，如将承赋如平民的畲民视作与平民无别，而事实上其风俗可能并未即刻改变，因而，这种所谓的"汉化"既是历史的进程，也是由书写形塑。

关键词： 文化表述　地域社会　畲民　客家

Abstract

As a nation of which has had a good tradition of historiography, China has abundant data of ethnohistory imbedded in archaic literatures. A throng of groups lived in China were recoded in these literatures, thereinto, some of groups which have comparative unique cultures and belief now still live or flourish all over the country; but another disappeared in historical records, which we don't know and no way to know. An explanation from traditional studies on ethnohistory is that the disappeared groups had melted into Chinese. The sinicization theory has some stringency in certain extent without question, however, because the theory was based in this hypothesis: those who cognized as a single ethnic group has consistent ethnic identity and racial category, but different groups were deemed to have comparatively clear division and relatively independent patterns of development as well. So this theory exists a dangerous problem, which is its trend of essentialism confined considerable discussions to the large extent, besides, the perspective dominated by this theory tends to the problem as that hold simple understanding to some themes in ethnohistory, and excessively emphasizes the dominant of Chinese culture. As a result of these understanding or emphasis, we often ignore other groups' self-determination and the complexity in boundary among some groups. Moreover, Chinese culture itself always has being continuously evolved.

This article takes the groups in the boundary among Min, Yue and Gan since Song & Yuan dynasties as object, cutting in the respect of cultural representation. Drawing the outline about the history of Eco-geography and early inhabitants in the abutted region among Min, Yue and Gan, this article will review the records which taken by the intellectuals from Song & Yuan dynasties to Republic of China, and reveals that the intellectuals' records about this region gave priority to regional turbulences during the period from Song & Yuan dynasties to Ming dynasty. But by middle period of Ming dynasty, these representations began to transform, the intellectuals started to pay their attention to the diversity among the groups of this region. This transformation was related with the large – scale turbulences in the abutted region among Min, Yue and Gan in Ming dynasty and the ethnical regroup since middle period of Ming dynasty. Especially, during this period, the redefinition to SHE had a considerable difference to the definition to SHE in Song dynasty. The rhetoric dominated by local records in fact rooted in genealogies above all, and behind the writing of genealogies was a complete set of cultural logic and the reaction of Chinese consciousness. The instance that the people of Zhangzhou in Ming dynasty constructed the general Chen Yuanguang shows, for on thing, they asserted their identity as the descendant of Central Region; for the other thing, they gradually realized that the so – called wild groups General Chen Yuanguang ever conquered signified as SHE. As for the historical process, this recognition was consistent with the redefinition to SHE in local records. Furthermore, fragmentary historical materials also showed that SHE had an experience of self – identification and self – creation, that is, they had strengthened the self – identity and consciousness as a single group by reconstructing the image of PANHU and by emphasizing their individualism. But latter on, Hakka's consciousness also sprang up in this region, consequently, besides a very small amount of inhabitants of SHE, the abutted region among Min, Yue and Gan was generally considered as the habitat of Hakka who moved from north to south. It is precisely because of the rise of consciousness of groups, and because of the influence of the national initiation during the period of ROC, and then several so – called Lobbyists waves had produced.

Therefore, as to the reason of the formation of Chinese society in Southeast region of China, especially the prevalent hypothesis that Hakka in the abutted region among Min, Yue and Gan was from Central Regions, a possible explanation may be that, after the large – scale turbulences in the abutted region among Min, Yue and Gan had been appeased in Ming dynasty, social reorganization occurred in this region. just at this stage, the groups of the region went through a re-choice to the ethnical identity; these choice affected the ethnohistory or writing of groups since middle period of Ming dynasty. As a reflection in local literatures in the abutted region among Min, Yue and Gan, the writing of apotheosis of SHE has been established, then it induced the redefinition to SHE; but it also restricted the group or average people to choose and regenerate the group. So the history of the abutted region among Min, Yue and Gan and even the emergence of Chinese society in Southeast region of China can't be explained oversimplifiedly by the sinicization theory. We must take the self-choice to the ethnical identity in historical context into account, and this may be the direct cause. However, the so-called "melting into Chinese" was not only a part of historical process, but also was constructed by the writing as well.

Key Words: Cultural Representation; the Region Society; SHE People; Hakka

目 录

第一章　绪论 …………………………………………………………… 1

　第一节　问题的提出 ………………………………………………… 1

　第二节　学术史回顾 ………………………………………………… 3

　　一　近百年来民族史书写范式的几次转变 ……………………… 3

　　二　畲族与客家研究简单回顾 …………………………………… 19

　第三节　史料与方法 ………………………………………………… 21

第二章　赣闽粤毗邻区的地理及人群 ………………………………… 24

　第一节　赣闽粤毗邻区的地理 ……………………………………… 24

　　一　地理与生态 …………………………………………………… 24

　　二　瘴气的隐喻：观念中的赣闽粤毗邻区 ……………………… 32

　第二节　赣闽粤毗邻区的早期居民 ………………………………… 41

　　一　百越人 ………………………………………………………… 41

　　二　神秘的古人：山都木客 ……………………………………… 44

第三章　宋元赣闽粤毗邻区的动乱与族群发展 ……………………… 54

　第一节　宋代的"峒寇" …………………………………………… 54

　第二节　元代的"畲乱" …………………………………………… 60

　　一　唐宋时代之畲民 ……………………………………………… 60

　　二　"叛乱"之畲 ………………………………………………… 62

　小　结 ………………………………………………………………… 75

第四章　明代赣闽粤毗邻区族群的文化表述 ………………………… 77

　第一节　明中前期的区域动乱与族群问题 ………………………… 77

第二节　明中叶以后的族群书写 …………………………………… 86
　　　　一　作为异己的畲民 ……………………………………………… 87
　　　　二　被展演的文化 ………………………………………………… 94
　　第三节　书写背后的历史过程与文化认同 …………………………… 128
　　　　一　书写背后的历史过程 ………………………………………… 128
　　　　二　书写者的文化认同 …………………………………………… 149
　　小　结 ………………………………………………………………… 155

第五章　明清赣闽粤毗邻区的族群意识 …………………………… 156

　　第一节　陈元光的建构 ………………………………………………… 156
　　　　一　作为将军的陈元光 …………………………………………… 157
　　　　二　作为儒士的陈元光 …………………………………………… 173
　　　　三　作为神明的陈元光 …………………………………………… 179
　　　　四　作为象征的陈元光 …………………………………………… 192
　　第二节　来自畲民的声音 ……………………………………………… 199
　　　　一　对盘瓠形象的不断改造 ……………………………………… 200
　　　　二　强调本族群特色 ……………………………………………… 209
　　第三节　客家人意识的兴起 …………………………………………… 214
　　　　一　作为流民的客民 ……………………………………………… 217
　　　　二　作为族群的客家 ……………………………………………… 220
　　　　三　宁化石壁传说 ………………………………………………… 224
　　小　结 ………………………………………………………………… 227

第六章　近代国族主义话语下的族群认同 …………………………… 229

　　第一节　从异己到国民 ………………………………………………… 229
　　第二节　近代报刊反映的族群认同 …………………………………… 237
　　　　一　近代中国之"种族的民族主义" ……………………………… 238
　　　　二　说客风潮 ……………………………………………………… 239
　　　　三　《逸经》事件 …………………………………………………… 243
　　小　结 ………………………………………………………………… 250

第七章　新文化史视野下的东南族群研究 …………………… 251
　　一　表述的转变 ……………………………………………… 252
　　二　土著何在 ………………………………………………… 254
　　三　有关书写 ………………………………………………… 257

附录　中国历史地图 ……………………………………………… 260

参考文献 …………………………………………………………… 263

致谢 ………………………………………………………………… 291

第一章 绪论

第一节 问题的提出

在历史上，赣闽粤毗邻区最为引人关注的时段主要有两个：一为明代动乱。先是明正德初年有大帽山之乱，其地处福建、广东、江西三省交界之处，以正德五年（1510）张番坛、李四仔等之乱为高峰；继而有江西南安境内的"三巢之乱"，即位于南安大庾与上犹附近的左溪、横水、桶冈三处，以谢志珊、蓝天凤等为首；同时，还有广东惠州龙川县境的"浰头贼"，在广东惠州北部的三浰水一带，与江西南部接境，以池仲容为首。这几处地连千里，声势相倚，形成兵来则散，兵走则聚的形势，故王阳明叹道："大兵之兴，旷日持久，声势彰闻；比及举事，诸贼渠魁悉已逃遁；所可得者，不过老弱胁从无知之氓。于是乎有横罹之惨，于是乎有妄杀之弊。班师未几，而山林之间复已呼啸成群。"① 正因其此起彼伏，人群复杂，故而成为震惊朝野的大事，明王朝屡派官员至赣闽粤征抚，赣闽粤遂成为动乱的代名词，而其中许多动乱之民也被冠以"畲瑶"身份；赣闽粤毗邻区另一次为人瞩目的则是清中叶以来的"客家运动"，居于赣闽粤的客家人进入人们的视野，并受到广泛关注，对客家人的描述也由此兴起。而广东和平人徐旭曾的《丰湖杂记》更被视为"客家宣言书"，成为客家运动的溯源依据。在《丰湖杂记》中，徐氏这样写道：

> 今日之客人，其先乃宋之中原衣冠旧族，忠义之后也。……西起

---

① （明）王守仁：《申明赏罚以励人心疏》，载《王文成公全书》卷九《别录一》，四部丛刊初编，上海书店出版社1989年版。

大庾，东至闽汀，纵横蜿蜒，山之南，山之北，皆属之。即今之福建汀州各属，江西之南安、赣州、宁都各属，广东之南雄、韶州、连州、惠州、嘉应各属，及潮州之大埔、丰顺，广州之龙门各属是也。所居既定，各就其地，各治其事，披荆斩棘，筑室垦田，种之植之，耕之获之，兴利除害，休养生息，曾几何时，遂别成一种风气矣。粤之土人，称该地之人为客，该地之人亦自称为客人。终元之世，客人未有出而作官者，非忠义之后，其孰能之？……客人之先本自中原之说，为不诬也。客人语言，虽与内地各行省小有不同，而其读书之音则甚正。故初离乡井，行经内地，随处可相通。惟与土人之风俗语言至今犹未能强而同之，彼土人以吾之风俗语言未能与彼同也，故仍称吾为客人；吾客人亦以彼之风俗语言未能与吾同也，故仍自称为客人。客者对土而言，土与客之风俗语言不能同，则土自土，客自客，土其所土，客吾所客，恐再阅数百年，亦犹诸今日也。①

徐文提到的客家人所居之处正好处于赣闽粤毗邻区，在徐氏之后，客家研究兴起，罗香林被认为是客家研究的开创者，他对客家的界说及对客家人的评价成为后世追随者研究客家的蓝本，同时也被任意地发挥，因此，今日人们对客家印象总与"中原后裔"、"血统纯正"等词语联系在一起。而如今的赣闽粤毗邻区也被认为是"客家大本营"、"客家腹地"，居于赣闽粤毗邻区的人们大都被认为是客家人，且绝大部分也自认为是来自中原，而与其毗邻而居的漳州闽南人甚至更早就宣称为中原后裔，那么令人疑惑的是，人们印象中这片历史上的百越之地，宋元以来的畲瑶之区，如何成为今日中原汉人后裔的居所？又是什么样的因缘造化让这块"南蛮"之地"同化"为帝国版图里的乐土？

本书认为，宋元到明中后期以前，文人们对赣闽粤毗邻区的总体印象皆以动乱为主，这种动乱的印象一方面反映了历史的进程，更是文人们基于一种文化等级的视角看待远离王朝之地域的产物，而这种印象直接影响他们对赣闽粤毗邻区历史的书写，故而，由文献观之，宋元至明中期地域性动乱成为赣闽粤毗邻区的基本特征。但这种印象到明代中后期（嘉靖）

---

① （清）徐旭曾：《丰湖杂记》，载罗香林《客家史料汇编》，中国学社1965年版，第297—299页。

以后发生了转变，这种转变是以方志为主导的，强调人群间的族群性差异成为赣闽粤毗邻区各方志的一个基本特色。发生这种转变的背后其实是由地域社会的重组与转型在推动，明中后期赣闽粤毗邻区经历了一个族群身份的重新选择与确认，在这个过程中，盘、蓝、雷、（钟）几姓及盘瓠信仰成为界定畲民的基本要素，这与明中后期以前的相对宽泛与模糊的族群分类差异颇大，而这正反映了书写的问题，明代中叶以前，一些本是畲民的人从畲民群体中脱离出来，融入汉民，完成身份转变。而对畲民人群重新界定的过程与明代赣闽粤毗邻区的大规模动乱相关，这种书写定式的出现，实际上是源自动乱平息后当地畲瑶人群对族群身份的重新选择及汉人对自身身份的再次确认。如对陈元光的建构正是这两群人共同合谋的结果，它是赣闽粤交界区人群较早进行身份重构的一个结果，他最初直接源自于各姓族谱对祖源的追溯，而后为方志所阐扬。在对陈元光建构的过程中，陈元光所征之蛮也慢慢地聚焦于雷万兴、苗自成、蓝天凤等明显具有族群指向的人群上，这个对自我中原后裔身份的建构及对陈元光所征之"蛮"的确认与方志中对畲民的重新界定的历史过程也相吻合。此后，被书写典范化的畲民亦经历了对自身身份的确认，而对盘瓠形象的改造及对本族群特征的强调，也显示了其在族群身份选择上的能动性。而清代以来客家人的中原南来身份的建构，则在日后成为席卷赣闽粤毗邻区的主要族群取向。

第二节　学术史回顾

一　近百年来民族史书写范式的几次转变

19 世纪末 20 世纪初是中国社会经历重大转型的时期，也是近代学术兴起的时代。中国民族史的研究是与中国历史研究同时起步的，不但在对中国历史的研究中民族史研究占据了重要且特殊的地位，而且因为民族史学术性与政治性并重的性质，使其从一开始就备受瞩目。因此，无论是通史中载入的民族史内容，还是专门研究民族史的专著，都不断推陈出新。时至今日，民族史研究的队伍已换了几代，而在此期间，民族史书写范式也出现了较大的转变，民族史研究经历了从国族主义建构下的民族史研究到革命史语境下的民族史研究，再到多元一体话语下的民族史研究，以及最近受族群观念及新文化史观念影响的民族史研究,这些在不同历史情境与学术背景下形成的中国民族史研究都曾是主宰中国民族史书写的主流范式,它直接或间接地影响了我们对历史的理解。

(一)国族主义建构下的民族史研究

国族主义又称民族主义,作为一种政治原则和情绪,其基本特征就是认定一个民族一个国家。[①] 中国人对西方民族主义理论的移植与20世纪初出现的民族认同危机,及士大夫们的奔走呼号有关。士大夫希望通过宣传民族主义,提高民族自尊心和促进民族的富强。19世纪末甲午战争失败后,在列强掀起的瓜分狂潮中,士大夫喊出了保种、保国、保教的口号。保种就是保卫民族独立,保国就是保卫国家主权,保教就是保卫传统思想与文化。20世纪之初,民族主义终于作为一个专有名词,充斥于各种出版物,成为以驱除鞑虏、恢复中华、推翻清王朝统治为纲领的辛亥革命的理论基础,成为唤起人们危机意识,投身拒俄运动、反美华工禁约运动、收回路矿权利运动的指导思想,并直接推动了主张发展民族共同语言文字、共同心理习俗、共同经济生活的斗争。[②]

在这一过程中,知识分子们传统的"华夷"观念逐渐淡化,由狭隘的"排满"转而倡导汉、满、蒙、回、藏"五族共和"的近代"民族—国家"的建构。正是在这样的环境下,一些学者开始把眼光投入到民族史研究中,以期从民族史研究中为近代的政治架构与国族认同寻找历史依据,严复、章太炎、梁启超等一批忧患意识深重的知识分子,开始注重在史学中阐扬民族主义[③],其代表人物当首推新史学的积极倡导人梁启超。

在梁启超的史学研究中,民族史占据核心地位,他发表于1902年《新民》杂志上的《新史学》一文,讨论历史与民族关系时认为:"历史者何? 叙人种之发达与其竞争而已,舍人种则无历史。何以故? 历史生于人群。……虽谓人种问题为全世界独一无二之问题,非过言也。"[④] 并于1903年发表《政治学大家伯伦知理之学说》一文,在该文的第二部分"论国民与民族之差别及其关系"一节中梁启超首先介绍了伯伦知理关于

---

① [英]厄内斯特·盖尔纳:《民族与民族主义》,韩红译,中央编译出版社2002年版。
② 姜义华:《论二十世纪中国的民族主义》,《复旦学报》1993年第3期。
③ 张子辉:《论二十世纪二三十年代的中国民族史研究》,硕士学位论文,华东师范大学,2005年,第3—7页。
④ 梁启超:《新史学》,载《饮冰室合集》,中华书局1989年版影印本。

民族的定义:"民族最要之特质有八:(1)其始也,同居于一地;(2)其始也,同一血统;(3)同其支体形状;(4)同其语言;(5)同其文字;(6)同其宗教;(7)同其风俗;(8)同其生计。有此八者,则不识不知之间,自与他族日相阂隔,造成一特别之团体,固有之性质,以传诸其子孙,是谓之民族。"① 梁氏还撰写了一系列考察中国民族史的论著,如《论中国人种之将来》(1899年)、《历史上中国民族之观察》(1906年)、《中国历史上民族之研究》(1922年)等。梁氏的史学研究明显是受民族主义影响,他在《历史上中国民族之观察》中就认为:"现今之中华民族,自始本非一族,实由多数民族混合而成。"② 中国应该在"小民族主义"之外更倡"大民族主义":"小民族主义者何?汉族对于国内他族是也。大民族主义者何?合国内本部属之诸族,以对于国外之诸族也。"③王明珂指出:"梁启超心目中的历史研究,一直便是当今学者心目中之'民族史'……这说明历史在国族建构中的重要性,并表现国族主义下近代历史研究的一个重要特质。"④

20世纪30年代前后,随着日本以及西方史学理论的不断传入,中国学术界按照西方学科模式对各个学科进行重组,正是在这样的政治与学术诉求下,中国民族史学科处于起步阶段,王国维、梁启超倡之于前,李济、王桐龄、吕思勉、林惠祥等相继于后,由此产生了大量民族史论著。仅以"中国民族史"为题而写就的论著即有:王桐龄的《中国民族史》(北平文化学社1928年和1934年版)、吕思勉的《中国民族史》(世界书局1934年版)、宋文炳的《中国民族史》(中华书局1935年版)、缪凤林的《中国民族史》(中央大学1935年版)、刘揆藜的《中国民族史》(四川大学1935年版)、林惠祥的《中国民族史》(商务印书馆1939年版)。至于不冠以"中国民族史"名称的论著则更多。如梁启超的《中国历史上民族之研究》(1922年)、李济的《中国民族的形成》(1923年)、张其昀的《中国民族志》(商务印书馆1933年版)、吕思勉的《中国民族演进史》

---

① 梁启超:《政治学大家伯伦知理之学说》,载《饮冰室合集》,中华书局1989年版影印本。
② 梁启超:《历史上中国民族之观察》,载《饮冰室合集》,中华书局1989年版影印本。
③ 同上。
④ 王明珂:《羌在汉藏之间:川西羌族的历史人类学研究》,中华书局2008年版,第132页。

(上海亚细亚书局1935年版)。据不完全估计,1919—1937年,专门性的民族史著作即有十余部之多,至于单篇的论文亦有近二百篇。① 学者从不同角度对中国民族史进行分析归纳,构建了中国民族史学科新型框架。这其中以王桐龄、吕思勉、林惠祥三者的著作影响尤为深远,他们对中国民族史学科的架构成为后世民族史研究的典范,但三者间也存在差异。

王桐龄作《中国民族史》是基于国人对于民族观念上的两种误解:一为对内之误解,即排满;一为对外之误解,即媚外。② 因此,王桐龄此书打算分为内延史与外延史两编,分别叙以"汉族为主体"和"汉族向外发展事迹为主体",而叙述的中心是汉族,以汉族发展为主干,对中国历史进行分期,把中国历史划分为八个时期:(1)汉族胚胎时代(太古至唐虞三代);(2)汉族第一次蜕化时代(春秋战国);(3)汉族第一次修养时代(秦汉);(4)汉族第二次蜕化时代(三国两晋南北朝);(5)汉族第二次修养时代(隋唐);(6)汉族第三次蜕化时代(五代及宋元);(7)汉族第三次修养时代(明);(8)汉族第四次蜕化时代(清)。王桐龄此书最核心的观点,是认为中国各族群经过了几千年的相互交流与融合,实际上都已经成为血缘混合的群体。"实则中国民族本为混合体,无纯粹之汉族,亦无纯粹之满人。"③ 而且他还总结出汉人与外族同化的各种不同形式,包括杂居、杂婚、更名、改姓、收养、赐姓、易服色、学语言,等等。

吕思勉的《中国民族史》按各族历史发展脉络,对其起源、演变及消亡进行叙述,把中国历史上之民族主要分为三派:分别为北系,包括匈奴、鲜卑、丁令、貉、肃慎;南系则含羌、藏、苗、越、濮;汉族居其中,独为一系。吕氏明确区分民族与种族,认为:"种族论肤色,论骨骼,其同异一望可知。……民族则论言文,论信仰,论风俗,其同异不能别之以外观。"④ 一个民族不宜过杂,亦不宜过纯,而中国正是合诸族以成国,其中汉族"文化最多,文明最早,自然为立国之主体"。⑤

---

① 张子辉:《论二十世纪二三十年代的中国民族史研究》,硕士学位论文,华东师范大学,2005年,第10页。
② 王桐龄:《中国民族史》,《民国丛书》第一编80,上海书店出版社1989年版,第1页。
③ 同上。
④ 吕思勉:《中国民族史》,《民国丛书》第一篇80,上海书店出版社1989年版,第9页。
⑤ 同上。

林惠祥先生在其《中国民族史》中论述了多方面内容，并对民族史的功能、中国民族的起源、中国民族史的分期、中国民族的分类、中国的民族关系等方面进行深入探讨。林惠祥在序言中对民族史的效用总结为：第一，"为通史之补用"；第二，"为人类学之一部分"；第三，"为实际政策上之参考"；第四，"为民族主义及大同主义之宣言"。而民族主义与大同主义明显受时代之影响，林氏认为："大同世界之达到须先由各民族获得平均的幸福乐遂其生存始，故民族主义为大同主义之初步。民族史视各民族为平等的单位而一致叙述之，实即于学术上承认各民族的地位，故目的虽不在宣传提倡民族主义，然而实收宣传提倡之效。民族史复于各民族在过去之接触与混合多所阐述，以明各民族已皆互相糅杂，且有日趋同化之势，使各民族扩大眼光，舍去古时部落时代之狭隘的民族观念而趋向于大同之思想。"① 林氏的民族史以各族系为线索，叙述各族"种族起源，名称沿革，支派区别，势力涨落，文化变迁，并及各族相互间之接触混合等问题"。② 林氏利用"两种分类法"——即以历史上的民族与现代民族各为一种分类，将中国历史上的民族分为14个系和黑白两人种，对应于现代形成的八个民族，即汉、满、回、蒙、藏、苗瑶、罗缅、僰掸。而其所绘制的"中国民族系统表"表明华夏系与现代民族都有关联，华夏系是现代汉族的主干，而汉族也是由众多族系融合而成的。③

　　以上三本著作被认为是20世纪二三十年代中国大陆地区出版的最具代表性的民族史著作，对中国民族史的学科建构具有开创之功，而后世出版的中国民族史著作，大都循着两种体例进行，一种即以王桐龄先生的《中国民族史》为范本，以历史分期为章节，对各历史时期各民族的交往历史进行描述，1990年江应梁主编的《中国民族史》、1994年王钟翰先生主编的《中国民族史》和1996年田继周等撰写的《中国历代民族史丛书》大致延续的就是这一体例。而另一种则是以吕思勉、林惠祥的《中国民族史》为模本，按各族系划分章节，从各族系的起源讲到演变、消亡。但总的来说，其中林惠祥所著之《中国民族史》则被认为是当时体系最为完备的中国民族史著作。

　　同一时期，受人类学影响的李济也对中国民族的形成进行了深入探

---

① 林惠祥：《中国民族史》，商务印书馆1993年影印版，第1页。
② 同上。
③ 同上书，第9页。

讨。李济是受过国外人类学训练的人类学家，同时也对中国民族史的研究作了有益尝试。李济早在1923年就以《中国民族的形成——一次人类学的探索》完成博士论文写作，论文提出中国民族的形成问题，并充分利用人体测量、古代典籍等资料作有力的论证。文中对中国人种作了"我群"和"你群"这一民族志的分类。从测量中国人的体质特征入手，由中国历代族姓和筑城的变化归纳出"我群"规模、成分的演变和迁徙，并论述了"你群"的演变和整个中华民族迁徙的问题。结论认为中国民族主要成分有五：黄帝子孙、通古斯、藏缅族群、孟—高棉语群、掸语群。① 这是第一部科学研究中国人种学的著作，也是第一部中国人写的现代人类学著作。

　　以上民族史著作基本可以代表同时代的思想与追求。综观以上民族史著作，其总的特点是运用了西方传入中国不久的关于民族的概念和人类学理论，通过整理古籍文献中有关的民族史料，分别对中国民族的分类、民族史的分期、民族的起源、名称以及与他族的关系、历史沿革及现状等进行了较为全面的论述，初步构建了民族史学科的框架。在这些颇有影响的著作中，有些学者接受了国外人类学熏陶，如李济就将人类学理念融入民族史研究，成为后世民族史研究的一个重要思路。这一时期的民族史研究颇受进化论影响，而其主要着力点在于驳斥"中国人种西来说"，提出中国各民族互相混合，而汉族则是其中吸收各族而成的一个主体民族，是一个具有巨大潜能的民族。其中，宋文炳的《中国民族史》在开篇就对"中国民族来源的埃及说、巴比伦说、印度说、马来半岛说、新疆说及其他诸说——进行驳斥"②，并认为这些学说"大多为凭据古书或臆想，任意附会，取巧当世"。③ 这些研究成果在学术上打破中华民族或汉族"一元"论，表明中国历史上的民族经过多重融合而成就现代的民族概况；而在政治上则力图通过民族史研究，表达各民族平等团结的时代需求，更有甚者，如罗香林在其所著的《中夏系统中之百越》自序中说："本书之作，厥有数义，一者谓百越原出自于中夏系统，百越遗裔，固须与中夏系统之其他各支，同具永矢不移之中夏意识。而中夏系统之主干华胄，亦须

---

① 李济：《中国民族的形成》，江苏教育出版社2005年版。
② 宋文炳：《中国民族史》，中华书局1935年版，第1—15页。
③ 同上书，第11页。

以民胞物与之怀，以善处百越遗裔也。"① 尽管在这些研究中，处处显示出各民族融合而形成的现代汉族是一个在文明开化等方面高于其他诸族的极具潜力的优秀民族，其本质还是延续了传统的"华夷之辨"思想，但同时，因时代的发展，在民族主义视野下，这种"华夷"观还是得到淡化，这种对各民族平等的重视及对各民族融合的希望还是成为了这一时期民族史研究的主流，因此，其实质都是民族主义史学②，它具有强烈的政治与学术双重关怀，并奠定了后世对民族史研究的基本框架。

（二）革命史语境下的民族史研究

自20世纪40年代以来，随着中国解放事业的步步成功，史学研究也日益取得重要地位。当时历史研究的核心内容，一是为了进一步论证斯大林的历史发展五个阶段论和毛泽东的关于"中国进入资本主义社会"的命题；二是为了给日益扩大化的阶级斗争理论寻求史学上乃至整个人类科学学术上的注解。③ 其中，新中国的民族史研究正是在这样的学术诉求下开展。

吕振羽1950年出版的《中国民族简史》是第一部马克思主义民族史学，他充分运用了进化论的理论体系，认为国内外"资产阶级"学者对中国各民族的研究皆失之偏颇，对"大民族主义"进行批判，认为当时"对少数民族历史和现实情况的了解，还相当的隔膜"④，在撰文中重视各少数民族的历史发展，肯定各民族的革命与斗争。而50年代开始的民族识别与少数民族社会历史调查过程中，对少数民族的研究十分重视，在这个过程中，最重要的任务就是为了贯彻民族平等、团结、各民族共同发展的政策，并根据斯大林的五阶段论，对中国各民族的社会形态进行调查，取得了丰硕的调查成果。⑤ 正是利用这批调查资料，有计划地出版了"中国少数民族三套丛书"（民族简史、简志、区域自治地方概况），其中从1958年开始投入大量人力编写的55个少数民族简史，历经20多年先后问世，出现了较为名副其实的多民族中国族别史。但正如杜玉亭所言，其

---

① 罗香林：《中夏系统中之百越》，独立出版社1943年版，第1页。
② 关于这一点，屈直敏也表达过类似看法。参见屈直敏《近百年来中国少数民族史学理论研究》，《西北第二民族学院学报》2008年第3期。
③ 陈支平：《历史学的困惑》，中华书局2004年版，第5页。
④ 吕振羽：《中国民族简史》，生活·读书·新知三联书店1950年版，第1页。
⑤ 宋蜀华、满都尔图主编：《中国民族学五十年》，人民出版社2004年版，第132—137页。

主要问题在于,把多样化的人类历史模式化为单一的发展规律。①

同时,对汉民族的研究也在进行。汉民族形成问题②与中国古代史分期问题、中国封建土地所有制形式问题、中国封建社会农民战争问题、中国资本主义萌芽问题合称"五朵金花",成为新中国成立后史学界的基本命题。③ 有学者就指出,这些课题大都衍生于"战时史学观念"控制下的流行史学体系中,这种"战时历史观念"成为主流意识形态的组成部分,成为主导20世纪后半期史学主流的基本观念。④ 而这种历史观念最核心的内容就是以阶级斗争为纲,孤立地突出阶级斗争,脱离开生产和经济发展而片面地强调阶级斗争,片面强调农民战争的作用,把阶级斗争、农民战争当作推进历史的唯一动力。⑤

与此同时,港台民族学者的研究则以汉人社会、文化体系诸特质及文化变迁等基本理论问题为重点,比较重要的研究成果有胡耐安的《中国民族志》(商务印书馆1964年版)、吴主惠的《汉民族的研究》(商务印书馆1968年版)、刘义棠的《中国边疆民族史》[(台北)中华书局1969年版],等等,这些著述对中华民族内部古今各族的分合演变进行了详尽论述,也提出了不少新论点,如汉民族"是异质的复合民族"、"是具有多元的血缘枢纽之民族"、"是具有一元的文化枢纽之民族",等等。⑥ 这一研究也与20世纪80年代以来费孝通提出的"多元一体"理论有异曲

---

① 杜玉亭:《进化论与20世纪的中国民族史学——治史学路的世纪回识》,《云南民族学院学报》2003年第2期。

② 关于汉民族形成问题的讨论,参见史式《五十年来中华民族史的研究》,《历史教学》1999年第6期。具体为:1953年,苏联学者卜菲莫夫发表了一篇论文《论中国民族的形成》,认为民族只能在资本主义社会中才能形成,在封建社会中只有部族,没有民族。中国又一直没有进入资本主义社会,因此,称呼已久的中华民族只能降为"中华部族",汉族只能降为"汉部族"。这真令人瞠目结舌。1954年年初,范文澜针锋相对地发表了《试论中国自秦汉时成为统一国家的原因》一文,提出了汉民族形成于秦汉时代的论点。认为汉民族"是在独特的社会条件下形成的独特的民族",不能套用西方的公式。此后即展开热烈的讨论。讨论中分歧很大,没有取得一致的意见。许多学者后来都赞同范文澜的意见,但在当时,全世界人口最多的一个大民族——汉族,居然够不上称为民族,民族研究工作受到何种影响,自不待言。从50年代起,维吾尔族史学家翦伯赞为了编撰一部内容丰富的中华民族的史书,已经着手收集资料——历代史书中有关各民族历史的资料。在汉民族形成问题讨论之后,牙含章又提出汉民族形成于夏代的新论点。

③ 《历史研究》编辑部:《建国以来史学理论问题讨论举要》,齐鲁书社1983年版。

④ 王学典:《五朵金花:意识形态语境中的学术论战》,《文史知识》2002年第1期。

⑤ 戴逸:《关于历史研究中阶级斗争理论问题的几点看法》,《社会科学研究》1979年第2期。

⑥ 许木柱:《台湾民族学研究的回顾与展望》,《政治大学民族学报》1993年第20期。

同工之妙，且在时间上也稍早于费老。

（三）"多元一体"话语下的中国民族史研究

进入 20 世纪 80 年代，中国民族史研究得到了新的发展，其中最重大的突破就是费孝通提出的"中华民族多元一体"理论。1988 年费教授在国际最著名的学术讲演活动之一——"泰纳讲演"会上，作为主讲人作演说。费教授结合自己半个世纪以来对中国少数民族的研究工作，从人类学、考古学、语言学、历史学等各方面对中华民族形成的历史过程，做了综合性的分析研究，提出了多元一体格局的思想，认为中华民族多元一体格局形成过程的主流是"许许多多分散存在的民族单位，经过接触、混杂、联结和融合，同时又分裂和消亡，形成一个你来我去、我来你去、我中有你、你中有我，而又具个性的多元统一体"。[①] 费孝通先生的这一理论在学术界的反响极大。中央民族学院出版社 1989 年出版了一部题为《中华民族多元一体格局》的学术文集，所收几位专家的论文，为费孝通教授"多元一体"的中华民族观，进行了基本和必要的论证与说明；1990 年，在北京举办的民族研究国际学术讨论会，来自中国内地和香港等地区与日本、美国、英国等国家的 40 多位民族学、人类学、历史学、考古学专家，对"中华民族多元一体格局"进行了专题学术讨论，并出版了《中华民族研究新探索》（中国社会科学出版社 1991 年版）一书。1993 年，香港中文大学举办了"人类学、社会学在中国"的专题学术讲座和第四届"现代化与中国文化"学术研讨会。1996 年，日本国立民族学博物馆举办了"中华民族多元一体论"研讨会。[②]

20 世纪 80—90 年代，大陆出版的中国民族史方面比较重要的著作有：翁独健主编的《中国民族关系史研究》（论文集）、专著《中国民族关系史纲要》，江应梁主编的《中国民族史》，王钟翰主编的《中国民族史》等。1989—1996 年，四川民族出版社组织出版了一套《中国历代民族史丛书》，共 8 册，著者为田继周等十余位。台湾出版的比较重要的有

[①] 费孝通：《中华民族多元一体格局》，《北京大学学报》1989 年第 4 期。

[②] 关于费孝通"多元一体格局"的研究与述评，参见周星《关于"中华民族多元一体格局"的学术评论》，《北京大学学报》1990 年第 4 期；邱立《研究中华民族结构的核心理论——读〈中华民族多元一体格局〉修订本》，《民族研究》1999 年第 5 期；陈连开《〈中华民族多元一体格局〉修订本跋》，《中南民族学院学报》2000 年第 1 期；徐杰舜、韦小鹏《"中华民族多元一体格局"理论研究述评》，《民族研究》2008 年第 2 期等。

关著作有：1984 年郑德坤著《中华民族文化史论》，1992 年唐屹主编的《我国少数民族概况研究》，1995 年由国史馆出版的《中国民族志》。而此外，许多学者在多元一体格局理论的影响和推动下，对中华民族的起源、形成和发展过程及其客观规律进行了热烈的探讨，内容涉及中华民族的形成与发展、中华民族文化和民族精神、中华民族民族意识与国家认同、中华民族各成员之间的关系、中华民族凝聚力，等等，取得了一系列的成果。王钟翰主编的《中国民族史》（中国社会科学出版社 1994 年版）、陈连开的《中华民族研究初探》（知识出版社 1994 年版）、陈连开等的《中国民族史纲要》（中国财政经济出版社 1999 年版）、田晓岫的《中华民族发展史》（华夏出版社 2001 年版）、萧君和主编的《中华民族史》（黑龙江教育出版社 2001 年版）、陈育宁等的《中华民族凝聚力的历史探索》（云南人民出版社 1994 年版）、卢勋等的《中华民族凝聚力的形成与发展》（民族出版社 2000 年版）、蔡凤林的《中国农牧文化结合与中华民族的形成》（中国财政经济出版社 2000 年版）等是其中的代表著作，它们都比较系统地论述了我国各少数民族的历史，阐述了各个民族起源、形成以及发展演变的历史过程，不但在学术上有新的探索和开拓，而且也是以民族平等思想原则研究民族历史的具体范例。而其中徐杰舜在其《中国民族史新编》（广西教育出版社 1989 年版）出版十年后再作发挥，写成的《雪球——汉民族的人类学分析》（上海人民出版社 1999 年版），更是在主题上就源出于费孝通的"多元一体"观点，费氏认为中华民族"像滚雪球一般越滚越大，把周围异族吸收进入这个核心"[①]，在当时的民族史研究中，尽管也十分顾及少数民族的研究，但"汉化"观点还是成为这一时代的潜在命题。

综观以上几个时期的民族史研究，可将其总称为传统民族史研究时期，在长达百年的民族史研究中，取得了丰硕的成果，尤其是对各民族源流、发展、民族关系等各方面，都做了有益的探讨。但传统民族史研究的特点是通史的写法，以王朝国家的历史分期代替民族自身发展脉络，且强调的都是以汉族为中心的叙事，不论是对汉民族的研究还是对少数民族的研究，其围绕的基本中心还是汉人，而对各民族发展变化的解释则大都归结为"汉化"的结果，过度地割裂了各民族本身的发展脉络，使民族发

---

① 费孝通：《中华民族多元一体格局》，《北京大学学报》1989 年第 4 期。

展脱离了其生存的区域社会的土壤,并忽略了在区域社会发展中国家的影响,而这正是新文化史及受族群观念影响下的中国民族史研究的新突破所在。

(四) 新文化史与族群观念影响下的中国民族史研究

中国民族史研究与人类学研究渊源颇深,在传统民族史研究中,人类学作为一种方法对民族调查起了不小作用,而进入 20 世纪下半叶,尤其是 90 年代以后,随着人类学理论的不断发展,人类学作为一种理念对中国民族史研究冲击极大。受人类学理论及新文化史影响最明显的有国外学者对中国少数民族的研究,以及中国台湾学者王明珂对羌族的研究,大陆学者对华南的研究。

中国民族史研究遭遇族群理论,成为学界纠结的话题。首先,如何将中国的研究纳入到国际学术话语,如何将中国民族政策认定下的民族与国际学术术语对应,就出现了众多的分歧,同时,如何在理解多元一体的 56 个民族之外,理解中国的族群多样性,也如盘丝一般难解难分。对传统中国民族史研究而言,这些概念与分类是毋庸置疑的特色,而对国外研究者而言,摆在他们面前的问题却是另一番景象。国外学者普遍重视民族识别与民族政策对中国民族认同的影响,典型者如杜磊的回族研究、斯蒂文·郝瑞的彝族研究。

美国学者杜磊关注中国的回族,先后出版《中国穆斯林:人民共和国的族群民族主义》(1991)、《中国的族群认同:一个穆斯林少数民族的缔造》(1998),杜磊选取了四个回族社区作为田野点,分别为以宁夏纳家户为代表的西北回族,以北京牛街为代表的东部都市回族,以北京郊区长营为代表的华北回族自治乡,以福建泉州陈埭为代表的东南回族,通过对四个回族社区的民族志描述,认为中国的回族是在与国家的不断协商中确立的,"官方的历史和少数民族的画面常常不符,50 年代民族识别以前,就现代意义来说,回回还不是一个'民族'。和其他民族一样,回族是从帝国到民族——国家的转变过程中产生的。……经过自我认定和国家识别的不断对话,回回在国家对其法律化之后,最终以一民族的身份出现"[①]。并以此建构出"民族关系理论",试图将其提升为第四种族群理

[①] Dru C. Gladney, *Muslim Chinese, Ethnic Mationalism in the People's Republic*, Cambridge: Harvard University Press, 1991, pp. 36 – 63.

论，以中国经验完善族群理论。无独有偶，郝瑞的彝族研究也恰巧应和了杜磊的民族关系理论。

  当郝瑞 1988 年初次到四川攀枝花时，计划是做家庭结构变迁，却被中国有趣的族群现象与族群认同所吸引，从此开始了长达二十多年的彝族研究之路。① 他先后出版了《田野中的族群关系与民族认同——中国西南彝族社区的考察研究》（2000 年）、《西南中国的族群性》（*Ways of Being Ethnic in Southwest China*）（2001 年）系统论述了郝瑞对中国多元与复杂的族群关系的认识，郝瑞将凉山地区几个族群的族群性划分为四种模式，即以诺苏为代表的原生的（primor-dial）、排外的族群性；以普日咪和纳日为代表的历史的、偶发的族群性；一些小群体残存的、工具主义的族群性；以汉族为代表的默认的、吸纳性的族群性。② 郝瑞认为，是民族识别，而不是别的，塑造了中国的 56 个民族，同时，民族识别既不是严格按斯大林的四个客观标准进行，民族内部亦存在多种分歧。既不对应于西方的族群，也非真正习得苏联的模式。由这一话题所引出的中国"民族"与"族群"之争也在学界展开。③ 民族与族群概念的中国之争，背后指向的是当下中国民族分类与民族政策的合理性问题，马戎就明确提出中国民族问题"文化化"，应"去政治化"④，但潘蛟则担心西方的族群话语是否影射了中国的内部东方威权，国内学者的反思性研究是否存在被西方话语绑架与殖民的危险等。⑤ 无论是反思性研究还是批判性成果，对中国的民族问题研究显示出其对国际学术界族群理论研究的特殊意义。

  如果说国外学者更多地关注了当下中国的族群关系的话，大陆与台湾的学者则更多地关注中国历史的延续性。华南研究的先驱者们早在 20 世纪 60 年代就已开始利用人类学的方法对民族史进行研究。1965 年，英国

---

  ① ［美］郝瑞、彭文斌：《田野、同行与中国人类学西南研究——访美国著名人类学家斯蒂文·郝瑞教授》，《西南民族大学学报》2007 年第 10 期。

  ② 温士贤：《西南族群模式与中国经验反思——兼评斯蒂文·郝瑞〈中国西南的族群之路〉》，《民族学刊》2012 年第 5 期。

  ③ 李绍明：《从中国彝族的认同谈族体理论——与郝瑞教授商榷》，《民族研究》2002 年第 2 期；［美］郝瑞：《再谈"民族"与"族群"——回应李绍明教授》，《民族研究》2002 年第 6 期；等等。

  ④ 马戎：《理解民族关系的新思路——少数族群问题的"去政治化"》，《北京大学学报》2004 年第 6 期。

  ⑤ 潘蛟：《解构中国少数民族：去东方学化还是再东方学化》，《广西民族大学学报》2009 年第 2 期。

人类学家华德英（Barbara E. Ward）通过对香港水上人的研究，提出了"意识模型"理论，她认为每个中国人都具有三种意识模型，分别是"目前模型"、"局内观察者模型"、"意识形态模型"，这三种模型分别对应于对自己所属群体的社会及文化制度的构想，对其他中国社群的社会及文化制度的构想，及对传统文人制度的构想。[1] 华德英的研究已经超出了对香港水上居民的范围，而是提升到对一般中国人的意识形态层面的考察，她的研究给华南研究的学者诸多启发。如科大卫对珠江三洲宗族研究的过程中就发现，珠江三角洲广泛存在南雄珠玑巷移民传说，传说最重要的一点就是强调这些移民具有政府颁发的合法路引，并在留居地交纳赋税，当地土著居民通过传说与建构宗族取得正统的汉人身份。[2] 萧凤霞对广东自梳女与不落家习俗的研究则显示，这一被认为汉人的传统有可能是一种土著的遗留，而被称为士大夫的人们利用来作为区分人群的象征符号。[3] 也就是说，所谓的汉化有时候可能仅仅是族群标签的变化，而非实际上的文化习得。

  刘志伟通过对珠江三角洲何氏宗族建构的考察，认为明代以后珠江三角洲地区的宗族长成，是由国家的正统意识形态规范起来的关于祖先与继嗣的观念，被利用来适应政治经济环境变化的历史文化过程。其中很重要的一个方面，就是将汉族血统视为正统文化渊源，以建立宗族，确立祖宗来历，与疍民构成社会区分。[4] 此后，刘志伟、萧凤霞更将这一研究推进一步，他们通过考察"汉"、"疍"身份是如何被制造出来，揭示明清时期珠江三角洲的地方人士在使用各种族群标签的过程中所涉及的复杂的政治和经济资源的争夺。由此可见，族群分类是一个流动的社会变迁过程，在这个过程中，地方上各种力量都会灵巧地运用当时的中央政权的符号象

---

[1] ［英］华德英：《从人类学看香港社会——华德英教授论文集》，冯承聪等编译，大学出版印务公司1985年版，第37—54页。

[2] David Faure, "The Lineage as a Cultural Invention – The Case of the Pearl River Delta", *Modern China*, Vol. 15, No. 1, 1989, pp. 4 – 36. David Faure, "Becoming Cantonese, the Ming Dynasty Transition", in TaoTao Liu and David Faure ed., *Unity and diversity: Local cultures and identities in China*, HongKong: HongKong University Press, 1996.

[3] Helen F. Siu, "Where were the Women? Rethinking Marriage Resistance and Regional Culture in South China", *Late Imperial China*, Vol. 11, No. 2, 1990, pp. 32 – 36.

[4] 刘志伟：《祖先谱系的重构及其意义——珠江三角洲一个宗族的个案分析》，《中国社会经济史研究》1992年第4期。

征，来宣示自己的权势和特性。①

20世纪90年代中期出版的讨论华南边界的英文论文集可以说是华南学派对区域社会研究的集大成，其中收入科大卫、萧凤霞、刘志伟、叶显恩、陈永海等人的研究成果，他们广泛利用文献及调查资料，探讨了华南的族群分化与区域社会的变动，关注"文明进程"中的社会精英与普通民众如何利用象征手段成为"汉人"，并利用一系列的文化手段进行社会层级的高下、族群间的汉与非汉的区分。②他们将族群的历史与区域社会的发展历史打通，在传统民族史研究基础上前进了一大步。而追随这一学派的一些中青年研究者的成果也慢慢呈现于世③，其中如黄向春对闽江下游地区的族群关系与仪式传统的研究，就提出了新时代对民族史研究的新的取向，他认为，"民族史的研究，重点不在于陈述不同族群的不同文化具有哪些客观的'特质'，以及这些'特质'如何体现'差异性'与'相似性'并发生演变，而是在长期的族群互动过程中，人们如何在表述族群分类及文化差异的同时，去记忆（或失忆）、表达、传承和重构他们的'过去'，又如何把对不同情境下新的变迁要素的认知和体验纳入其文化范畴之中，使之内化为其中的一部分，并发展出新的文化策略以适应这种变迁"。④因此，他认为，"民族"或"族群"说到底只是观察和探讨的角度和路径之一，只有将其置于具体的"语境"和历史脉络之中，才具有理论反思和建构的意义。⑤

2006年美国加州大学出版社出版的一本《帝国之于边缘》（*Empire at*

---

① 萧凤霞、刘志伟：《宗族、市场、盗寇与疍民——明以后珠江三角洲的族群与社会》，《中国社会经济史研究》2004年第3期；Helen F. Siu and Liu Zhiwei, Lineage, Market, Pirate, and Dan: Ethnicity in the Pearl River Delta of South China, in Pamela Kyle Crossley, Helen F. Siu, and Donald S. Sutton ed., *Empire at the Margins: Culture, Ethnicity and Frontier in Early Modern China*, Berkeley and Los Angeles: University of California Press, 2006. pp. 285 - 310.

② David Faure and Helen F. Siu ed., *Down to Earth: The Territorial Bond in South China*, Stanford: Stanford University Press, 1995.

③ 如：贺喜：《土酋归附的传说与华南宗族社会的创造——以高州冼夫人信仰为中心的考察》，唐晓涛：《三界神形象的演变与明清西江中游地域社会的转型》，谢晓辉：《苗疆的开发与地方神祇的重塑——兼与苏堂棣讨论白帝天王传说变迁的历史情境》，均载《历史人类学学刊》第六卷第一、二期合刊，2008年10月。

④ 黄向春：《历史记忆与文化表述——明清以来闽江下游地区的族群关系与仪式传统》，博士学位论文，厦门大学，2005年，第274页。

⑤ 黄向春：《从疍民研究看中国民族史与族群研究的百年探索》，《广西民族研究》2008年第4期。

the Margins: Culture, Ethnicity, and Frontier in Early Modern China）成为当今讨论中国族群问题的最前沿的著作。该书的出版源于1996年在达特茅思学院召开的一次会议，与会的有历史学家与人类学家，该书收录的论文研究对象涉及满族、畲民、瑶民、疍民、苗、穆斯林等①，赵世瑜对该书意图的总结极为精妙。他说，在以往，"历史学家的目光多投放于'帝国'的一端，而人类学家更注重'边缘'，以为在边陲地区，更容易理解族群这一类的问题。而本书的意图是，无论是对族群、其文化以及边陲地区的理解，脱离了对帝国的理解其实无法实现，另一方面，离开了边缘，对帝国的理解虽不能说是无从谈起，但疏漏却在所难免。无论是'帝国'还是'边缘'，他们各自的意义在很大程度上说就在于对方的存在，他们互相参照，互相说明"。②

与以上研究类似的是，中国台湾学者王明珂对羌族的研究也深受族群理论影响，王明珂侧重于对族群边缘的研究。他从1994年到2002年近十年间走访岷江上游和北川地区，开始走上了历史学的田野之路。1969年挪威人类学家巴斯在其主编的《族群及其边界》③ （Ethnic Groups and Boundaries）一书前言中提出其关于族群边界的理论，王明珂受巴斯的影响极深，他最具代表性的著作是《华夏边缘——历史记忆与族群认同》④与《羌在汉藏之间——川西羌族的历史人类学研究》。⑤ 在《华夏边缘》一书中，王明珂结合族群边界理论与历史记忆理论，从一个新的角度解读华夏的本质，说明在特定的资源竞争中，华夏边缘如何形成与变迁，华夏如何借历史记忆与失忆来凝聚、扩张，以及华夏边缘人群如何借历史记忆与失忆来成为华夏或非华夏。与典范的民族史研究将华夏边缘的西移看作客观的历史过程不同，王明珂则认为，这一过程并非实体性的人口迁移历史，而是认同变迁所造成的族群界限的飘移。他指出，族群边缘研究方法是将研究的重点由民族的内涵转移到民族的边缘，而族群边缘理论研究的

---

① Pamela Kyle Crossley, Helen F. Siu and Donald S. Sutton ed., *Empire at the Margins: Culture, Ethnicity and Frontier in Early Modern China*, Berkeley and Los Angeles: University of California Press, 2006.
② 参见赵世瑜对 *Empire at the Margins: Culture, Ethnicity, and Frontier in Early Modern China*（中译《帝国之于边缘》）一书的书评，《历史人类学学刊》2006年第四卷第二期，第171页。
③ Fredrik Barth ed., *Ethnic Groups and Boundaries*, Boston: Little, Brown and Company. 1969.
④ 王明珂：《华夏边缘——历史记忆与族群认同》，社会科学文献出版社2006年版。
⑤ 王明珂：《羌在汉藏之间——川西羌族的历史人类学研究》，中华书局2008年版。

前提是，族群边缘是多重的、易变的，族群并无固定边界。在其继出的《羌在汉藏之间》一书中，作者将研究进一步深入，由华夏边缘的历史来了解羌族，同时也由羌人与羌族来了解华夏边缘的历史。他认为："一方面，当代羌族的确是国族主义下的近代建构；另一方面，羌族之存在，自有其近代以前之历史基础或延续性。但在此历史中延续的不是一个'民族'，而是发生在华夏边缘人群间，多层次社会区分（性别、地域、阶级、政治与文化）与相关权力关系下的族群过程。"① 他的后一说针对的是近年来流行的近代建构论，近代建构论对传统学术冲击很大，取得的成果颇多，解构了当今对诸多问题的理解，其中最具影响力的是中国台湾学者沈松侨的《我以我血荐轩辕——黄帝神话与晚清的国族建构》②，王明珂与华南学者同样看到了近代建构对族群的影响，但他们普遍认为，近代建构论"对传统过度割裂"，进而关注族群历史的延续性。王明珂强调，边缘研究并不是说研究边缘问题，边缘学科，而是视角上的转换，从以前习惯的从中心看问题转而注重从边缘看问题。因此，相对于王明珂在羌族史研究中取得的成就而言，其对于民族史研究方法论上的成就也同样不可忽视。

  这些研究促使我们重新审视对中国民族史的研究，强调人们在面对历史与现实中如何理解自己的身份，同时也重视他人对他们身份的理解。这些研究成果与传统民族史研究有着本质的区别，传统民族史普遍将民族视为一个历史上具有明确区分的人群，将他们视作为有一以贯之的文化与传统，而对民族源流的探讨尽管十分的必要，却也常常陷入以今溯古的两难境地，对民族特性的探讨、对民族习俗的考察更是将多变而表面的表象固化为一种划分人群的简单模式。将当今理解的民族与历史上的人群进行一一对应与划分，将他们视作一个源流明确、发展分化单一的民族实体，而忽视了在历史过程中族群身份与认同的多样与多变，将人们的族群认同看成是一个变化的过程，是在具体历史情境下的产物，而不是从来就有的事实。其中尤其边缘人群的族群性飘移不定，而在各种情境中，人们对自身及他人身份的理解与被理解，都非铁板一块，而是一个流动的过程。因此说，传统民族史研究的本质主义倾向使研究者在对过程的分析中，缺乏一

---

  ① 王明珂：《羌在汉藏之间——川西羌族的历史人类学研究》，中华书局2008年版，第323页。

  ② 沈松侨：《我以我血荐轩辕——黄帝神话与晚清的国族建构》，载卢建荣主编《性别、政治与集体心态：中国新文化史》，麦田出版社2001年版，第281—364页。

种多变的视角，而事实上，民族/族群作为一种文化过程的产物，其形成发展的历史常常具有"话语"的意味，是我者与他者在历史长河中选择性建构的结果，这种有意识的选择决定了某些特征与文化成为某一民族/族群的特质。

因此，传统民族史的一个弊端就是从民族史看民族史，缺乏总体史观，而要总体地看民族史，即应从区域社会文化史角度重新思考各类族群问题，而具体到赣闽粤交界区的族群研究上来，则应将其族群问题纳入到赣闽粤毗邻区社会文化史的历史脉络中来考察，其研究主要集中在对居于赣闽粤的畲民与客家人的研究上，因此，因选题的需要，在此有必要对畲民及客家研究的历史作一概说。

二 畲族与客家研究简单回顾

民族史的研究与民族学的研究有着许多纠葛，我国早期的民族史研究主要以少数民族为研究对象，这与民族学研究中的注重异文化/他者有异曲同工之妙。民族学又被称为人类学，三四十年代也称边疆学、边政学，当时大量中外民族学者对中国边陲尤其是中国西南地区进行调查，被认为是一个华夏边缘再造的过程。[①] 这一时期，中国东南的畲民也被纳入调查范围内。1934年5月，凌纯生、芮逸夫、勇士衡等到浙江调查，重点研究畲族图腾文化。中央大学教授何联奎于1932—1933年对浙东十余县的畲族进行调查，撰写了《畲民的图腾信仰》（1936）等文章。[②] 此外，还吸引了一大批畲族研究学者，如胡先骕、沈作乾、董作宾、胡传楷、管长墉、钟敬文、翁绍耳、傅衣凌、李化民及德国学者史图博等[③]，这一时期的研究主要包括：畲族族源、族属和族名，畲族的迁徙，畲族社会文化等。学者本着民胞物与的心态，将畲民视作构成中华民族的一员，将其纳入近代国族建构的力量之中。而其中最显著的成果是李化民与德国学者史图博对浙江敕木山畲民的调查，成为畲族研究中重要的一页。

对于畲族的第二次大规模调查是20世纪50年代，开始于1953年民族识别，而后1958年的少数民族社会历史调查，本着保护少数民族历史文化的宗旨，对各地少数民族进行长期的调查，并在此基础上编成《畲

---

① 王明珂：《由族群到民族：中国西南历史经验》，《西南民族大学学报》2007年第11期。
② 宋蜀华、满都尔图主编：《中国民族学五十年》，人民出版社2004年版，第25页。
③ 关于畲族研究概况，参见郭志超《畲族研究概述》，载《闽台民族史辨》，黄山书社2006年版，第451—531页。

族简史简志合编》①，并撰成调查报告②，此后施联朱的《畲族》③、《畲族风俗志》④及蒋炳钊的《畲族史稿》⑤相继出版，成为畲族研究的代表作。这一时期的畲族研究颇具规模，主要探讨了畲族来源、迁徙，畲族人民的革命斗争，畲族的文化、语言、习俗等。以施联朱和蒋炳钊为代表的畲族研究者对此贡献巨大，使畲族研究的一些基本命题渐渐得到梳理。而与此同时，厦门大学人类学研究所研究人员对东南地区的少数民族进行大量的调查研究。1984年夏，厦门大学人类学专业陈国强、蒋炳钊等一行人，对居住于福建漳浦、晋江、宁德、福州、厦门等地的畲族、回族、高山族进行民族调查，并培养了一代新的学术梯队，郭志超、石奕龙、邓晓华⑥等人继续发展了畲族研究。

进入20世纪90年代以后，畲族研究趋于多元，除以上命题外，研究者还对畲族经济，畲族与其他民族关系，畲族音乐、语言、家族文化等方面进行诸多探讨，定为畲族研究书系，并由福建人民出版社出版了系列畲族研究著作。⑦

而兴起于20世纪30年代的客家学也日益成为一门显学。自罗香林《客家研究导论》⑧问世以来，其所奠定的客家研究基调一直为学者们所发扬，随着学术研究与客家运动的双重推动，客家学取得了颇为丰硕的成果，对客家源流、分布，客家习俗、客家信仰等的探讨成为客家研究关注的重点，其中不乏颇具创造性的反思研究。

综观以上成果，在过去上百年里，畲族与客家研究取得了许多成果，同时它还是囿于传统民族史的框架，就畲族说畲族，就客家说客家，很大

---

① 中国社会科学院民族研究所福建少数民族社会历史调查组编：《畲族简史简志合编》，1963年。
② 《中国少数民族社会历史调查资料丛刊》福建省编辑组编：《畲族社会历史调查》，福建人民出版社1986年版。
③ 施联朱：《畲族》，民族出版社1988年版。
④ 施联朱：《畲族风俗志》，中央民族学院出版社1989年版。
⑤ 蒋炳钊：《畲族史稿》，厦门大学出版社1988年版。
⑥ 其代表作分别为：郭志超：《闽台民族史辨》，黄山书社2006年版；石奕龙、张实主编：《畲族：福建罗源县八井村调查》，云南大学出版社2005年版；邓晓华：《论客家话的来源——兼论客畲关系》，《云南民族大学学报》2006年第4期。
⑦ 畲族研究书系包括：蓝炯熹：《畲民家族文化》；蓝雪霏：《畲族音乐文化》；游文良：《畲族语言》；吴永章：《畲族与瑶苗比较研究》，谢重光：《畲族与客家福佬关系史略》，福建人民出版社2002年版。
⑧ 罗香林：《客家研究导论》，希山书藏1933年版。

程度限制了课题的突破空间。随着学科交叉与学术交流的频繁，人类学与新文化史的理论亦影响了畲族与客家的研究，重新反思传统的畲族史与客家史，将族群历史与地域社会的发展史结合起来探讨，成为当下研究的必由之路。而同时，对历史上居于赣闽粤毗邻区的畲民与客家的研究其实也是对汉人形成的研究，从表述角度审视汉人意识与汉人身份在东南地区的形成过程，审视族群之边界的问题，也有诸多益处。

第三节 史料与方法

自有撰史传统以来，中国的民族史问题就被文人学者纳入视野范围。在不同的历史时期，中国东南居住着不同族类的人群，如秦汉时的百越，宋元以来的畲瑶，清际以降的客家，文献对此自然亦有所记载，本书所涉及的资料主要有正史、文人文集及笔记、地方志、族谱、报刊等，尽管这些资料大多为"他者的撰述"，会因为主流社会的影响及个人的志趣差异，与历史事实有所出入，使我们无法即刻真实地认识其所描述的人群。但这并不影响我们对他们的研究，因为任何的撰述都是带有其本身的价值判断在其中的，而正是从这个层次思考，挖掘撰写者书写背后的心态与认同，使我们能更深刻地了解当时的撰述者及这一区域主流社会的思想与观念，进而理解如今东南汉人社会的形成。

王朝中国对于民族史问题素来颇为重视。因此，有关民族史的撰述亦成为王朝史官的关注重点。在正史、实录、政书中，对于非汉人群记载亦成为我们了解当时东南族群活动的重要资料。而且，自宋元以来，因地方动乱，中央尤其关注对赣闽粤毗邻区的动乱与来朝臣服的记载，这些记载都构成本书的基本史料。而自宋元以来的文人文集及笔记，不但提供了历史上赣闽粤非汉人群的活动的记载，而且因不同的撰述群体代表了不同的利益与意识，其文中所反映的思想与观念亦反映出该历史时段中国东南不同人群对当时族群关系的理解。地方志作为地方事务记载最直接的资料，无疑是构成本书最主要的资料，它既是中央思想的下达，亦代表了地方观念的特征，通过对地方志的梳理，可以发现在历史发展过程中，不同时期的方志撰修者对赣闽粤毗邻区畲瑶人群在表述上的差异，而正是通过这些差异，体现了不同时段撰写者群体及地方人士普遍的观念与认同，并反映出该历史时段地方主流社会正在从事怎样的文化活动。也是通过地方志的梳理，对清代以来客家意识的探讨亦颇有帮助。而在民族史研究中，最缺乏的常常是被研究的族群本身的声音，因为多为无文字人群，因而缺乏文本记载。所幸的是，自清朝以来，畲民在其族谱撰修与保存方面作出的努力，使研究者至少可以看到自清代以来畲民自己的撰述，尽管其中亦有汉人思想的影响，但通过畲民族谱的考察，可以发现，畲民对本族历史与传说的有意识的改造，正是这种努力，激发研究者进一步探寻其书写背后的文化过程。此外，民国报刊无疑为本书提供了另一种资料。从民国报刊中，既有对畲民的记载与研究，又有关于畲客问题的大讨论，不但对畲民研究有益，对清代以来尤其是民国时期的客家观念，客家意识的探讨，也是不可多得的好材料。

在中国古代民族史的研究中，学者们普遍苦恼的是，许多非汉族类没有自己的文字，要研究他们的历史，只得依赖汉人的撰述。汉人撰述当然是民族史研究中不可或缺的，但如果仅仅依赖汉文材料，而无其他族类声音的辅助，对研究对象的描述会缺乏多面的丰满的认识。因为汉人撰述的一个普遍存在的问题是，这些撰述者多少都受传统华夷观念影响的汉人，但这是不是意味着，对没有文字传统，没有本族群文本记载的非汉族群就不可能作深入研究呢？也许，事实并不必如此悲观。事实上，任何撰述都是带有撰述者本身的立场与意识的，也许我们可以换个角度来思考，通过汉人撰述来研究非汉族群，正如事情的一体两面，我们不但可以借此记载了解非汉族群，同时，亦可通过汉人撰述的历史的考察，发现书写者背后的心态，通过对这种表述的事实与历史的事实之间的关联与差异的解读，可以发现主导撰述者书写思维的长时段的结构性过程，进而探讨，在这个过程中，是什么导致了某类书写习惯的形成？又是什么因素使得它发生改变？因此，从表述史的角度对资料进行剖析，挖掘形成这种书写定式背后的观念与认同，构成本书研究的重要方法，而这正是历史人类学的旨趣所在。正如瑞士学者雅各布·坦纳所言，与以往对资料的引用不同的是，"历史人类学以对史料的反思性理解见长"。[1] 这种反思性理解要求深入探讨资料生产的具体背景，将史料与具体的历史过程及书写者的观念进行对

---

[1] ［瑞士］雅各布·坦纳：《历史人类学导论》，白锡堃译，北京大学出版社2008年版，第68页。

读，以期更深入地理解这种认识的形成与流行。此外，人类学的田野调查法成为本书写作的辅助方法。因重点关注历史上的族群问题，因此，本书的主体资料并非来自田野，但田野调查又是完成本书的重要方法之一，这是因为，将历史文献放回到具体的时空中去理解，将田野调查纳入区域社会文化史中，有助于培养一种"在场感"。正如陈春声教授所言："'地域空间'实际上'全息'地反映了多重叠合的动态的社会经济变化的'时间历史'。对'地域空间'历时性的过程和场景的重建与'再现'，常常更有助于对区域社会历史脉络的精妙之处的感悟与理解。"①

---

① 陈春声：《走向历史现场》，《读书》2006 年第 9 期。

第二章　赣闽粤毗邻区的地理及人群

第一节　赣闽粤毗邻区的地理

一　地理与生态

赣闽粤毗邻区是指福建、广东、江西三省交界地区，它们构成一个独特的区域整体。明代以来，这一交界区除了因军事上的应急而设立南赣巡抚，曾统辖江西南安、赣州，福建汀州、漳州，广东潮州、惠州、南雄、韶州及湖广郴州地方外[1]，但不曾有过真正长期的行政设置。这一地区总体上以山地、丘陵为主，群山林立，河流众多，其间往往以山地为分界线和分水岭，但因区域经济、文化传统及自然地理等众多因素，使赣闽粤毗邻区成为一个地域整体。其具体是指赣南、闽西及闽西南、粤东粤北。在历史上，这些地区在行政上各有区分与变化，具体见表2-1。

表2-1　　　　　　　宋到清代赣闽粤毗邻区建置沿革

朝代	省份	统辖	所领县	备注
宋	江西	虔州	赣、安远、雩都、虔化、信丰、瑞金、石城、龙南、兴国、会昌	兴国，宋太平兴国七年始析赣县地，置兴国县；会昌原属雩都，宋太平兴国七年始析置会昌县；龙南县宋宣和三年改曰虔南，绍兴二十三年复曰龙南；绍兴二十三年，改虔州为赣州，虔化县为宁都县
		南安军	南康、大庾、上犹	淳化元年，割南康、大庾、上犹三县，置南安军

---

[1] 唐立宗：《在"盗区"与"政区"之间——明代闽粤赣湘交界的秩序变动与地方行政演化》，台湾大学出版委员会2002年版，第270—271页。

续表

朝代	省份	统辖	所领县	备注
宋	广东	潮州	海阳县、潮阳县、揭阳县	潮阳县，宋绍兴二年废入海阳，八年复置；揭阳县，宋绍兴二年废，八年复置
		循州	龙川、兴宁、长乐	兴宁县，宋天禧二年复为县；宋熙宁四年改长乐镇置长乐县
		惠州	归善县、博罗县、海丰县、河源县	惠州原名祯州，宋天禧五年改曰惠州，宣和二年改博罗郡
		梅州	程乡	宋开宝四年改曰梅州，属广南东路，熙宁六年废州，元丰五年复置，宣和二年改义安郡，绍兴六年废州，十四年复置
		韶州	曲江县、乐昌县、仁化县、乳源县、翁源县	仁化县宋开宝五年省入乐昌，咸平三年复置；乳源县在隋唐为曲江、乐昌二县地，宋乾道二年分置乳源县
		南雄州	保昌、始兴	
	福建	汀州	长汀县、宁化县、清流县、莲城县、上杭县、武平县	宋淳化五年析长汀地，益上杭、武平二场，并升为县；清流县，宋元符元年置清流县，属汀州，绍定中废；莲城县，宋元符间置莲城堡，绍兴三年升置连城县
		漳州	龙溪县、漳浦县、长泰县、龙岩县	宋太平兴国五年，以泉州之长泰县来属
元	江西	赣州路	赣、雩都、信丰、兴国、会昌县、安远县、龙南县、宁都、瑞金县、石城县	安远，元至元二十四年省入会昌至大三年复；会昌，元大德元年升为会昌州；龙南，元至元二十四年并入信丰至大三年复置属宁都州；宁都，元大德三年升为宁都州，属赣州路，以石城属之；瑞金县，元大德元年改属会昌
		南安路	大庾县、上犹县、南康县	上犹，元至元十六年改曰永清县后复曰上犹
	广东	潮州路	海阳县、潮阳县、揭阳县	
		循州	兴宁、长乐、龙川	元至元十三年立循州路，二十三年降为散州

续表

朝代	省份	统辖	所领县	备注
元	广东	惠州路	归善县、博罗县、海丰县、河源县	元至元十六年置惠州路
		梅州	程乡	元至元十六年升为梅州路,二十三年仍降为散州
		韶州路	曲江县、乐昌县、仁化县、乳源县	翁源,初废,元大德五年复置,改属英德州
		南雄路	始兴县	
	福建	汀州路	长汀县、宁化县、清流县(复)、连城县、上杭县、武平县	
		漳州路	龙溪县、漳浦县、南靖县、长泰县、龙岩县	南靖县,元至治中析置南胜县,至正十六年移南胜县来治改曰南靖
明	江西	赣州府	赣县、雩都县、信丰县、兴国县、会昌县、安远县、长宁县、宁都县、瑞金县、龙南县、石城县、定南县	定南原属龙南、安远、信丰三县地,明隆庆元年析置定南县;长宁原属安远县地,明万历四年析置长宁县
		南安府	大庾县、崇义县、上犹县、南康县	崇义原属上犹、大庾、南康三县地,明正德十二年始析置崇义县
	广东	潮州府	海阳县、潮阳县、揭阳县、饶平县、惠来县、大埔县、澄海县、普宁县、平远县、镇平县、程乡县	饶平县,原海阳县地,明成化十四年析置饶平县;惠来县,明嘉靖三年割潮阳及惠州府海丰县地置惠来县;大埔县,嘉靖五年析饶平海阳二县地置大埔县;澄海县,嘉靖四十二年析海阳揭阳饶平三县地置澄海县;普宁县,原属潮阳县地,明嘉靖四十三年析置普安县万历十三年改曰普宁;平远县,明嘉靖四十二年分程乡及惠州府兴宁县地置平远县;梅州(程乡),明洪武二年废州,县属潮州府镇平,明崇祯六年分平远、程乡县置镇平县

续表

朝代	省份	统辖	所领县	备注
明	广东	惠州府	归善县、博罗县、长宁县、永安县、海丰县、龙川县、连平州、河源县、和平县、兴宁县、长乐县	长宁县，明隆庆三年分河源及韶州府英德翁源二县地置长宁县；永安县，宋元为归善长乐二县地，明隆庆三年析置永安县；龙川县，洪武二年州废为县；连平州，崇祯六年割和平河源长宁及韶州府之翁源县地置连平州；河源县，崇祯六年改属连平州；和平县，原龙川县地，明正德十三年分置和平县，属惠州府，崇祯六年改属连平州
		韶州府	曲江县、乐昌县、仁化县、乳源县、翁源县、英德县	英德县，明洪武二年降县，属韶州府
		南雄府	保昌县、始兴县	明洪武元年改为南雄府
	福建	汀州府	长汀县、宁化县、清流县、归化县、连城县、上杭县、武平县、永定县	归化县宋为清流地，明成化六年析置归化县；永定县唐为龙岩县地，宋为上杭县地，明成化十四年分置永定县
		漳州府	龙溪县、漳浦县、海澄县、南靖县、长泰县、平和县、诏安县、龙岩县、漳平县、宁洋县	明嘉靖四十四年割龙溪及漳浦县地置海澄县；平和，元为南靖县地，明正德十四年析南靖县地置平和县；诏安原属漳浦县，明嘉靖九年析置诏安县；漳平原为龙岩县地，明成化七年分置漳平县；明隆庆元年分龙岩及永安、大田三县地置宁洋县
清	江西	赣州府	赣县、雩都县、信丰县、兴国县、会昌县、安远县、长宁县、龙南县、定南厅、虔南厅	清乾隆三十八年，改定南为厅，清光绪二十九年，设虔南厅
		南安府	大庾县、南康县、上犹县、崇义县	
		宁都直隶州	宁都、瑞金、石城	清乾隆十九年升宁都县为直隶州，以瑞金、石城二县隶之

续表

朝代	省份	统辖	所领县	备注
清	广东	潮州府	海阳县、潮阳县、揭阳县、饶平县、惠来县、大埔县、澄海县、普宁县、丰顺县、平远县、镇平县	丰顺县，清乾隆三年析海阳、揭阳、大埔、嘉应地置丰顺县； 平远县、镇平县于清雍正十一年改属嘉应州
		惠州府	归善县、博罗县、长宁县、永安县、海丰县、陆丰县、龙川县、连平州、河源县、和平县、兴宁县、长乐县	陆丰县，自晋至明为海丰县地，清雍正九年析置陆丰县； 兴宁县、长乐县于清雍正十一年改属嘉应州
		嘉应直隶州	兴宁县、长乐县、平远县、镇平县	清雍正十一年升为直隶嘉应州
		韶州府	曲江县、乐昌县、仁化县、乳源县、翁源县、英德县	翁源县清嘉庆十六年改属南雄府，十七年仍属韶州府
		南雄直隶州	始兴县	原为南雄府，清嘉庆十一年改为南雄直隶州，十六年复升为府，十七年又改为直隶州，裁去保昌县
	福建	汀州府	长汀县、宁化县、清流县、归化县、连城县、上杭县、武平县、永定县	
		漳州府	龙溪县、漳浦县、海澄县、南靖县、长泰县、平和县、诏安县、云霄厅	清嘉庆元年，割平和二十五保，诏安二保十三村，并云霄三十保为云霄厅
		龙岩直隶州	漳平县、宁洋县	清雍正十一年升龙岩县为龙岩直隶州，割漳平、宁洋二县属

资料来源：同治《赣州府志》卷二《舆地疆域》；同治《南安府志》卷二《沿革志》；道光《宁都直隶州志》卷二《沿革志》；同治《韶州府志》卷二《历代沿革表》；光绪《惠州府志》卷一《舆志沿革》；民国《潮州府志略》卷《沿革》；光绪《嘉应州志》卷二《沿革志》；道光《直隶南雄州志》卷二《沿革表》；乾隆《汀州府志》卷二《建置》；光绪《漳州府志》卷一《建置》。

赣闽粤毗邻区山脉众多，横亘其间。赣南西境是险峻的罗霄山脉的诸广山，也是湘赣的天然屏障，北面则为相对低矮的雩山山脉。赣闽粤毗邻区正当南岭山脉要冲，南岭山脉自贵州向南横亘，下至湘赣粤交界处，构成五岭山脉与九连山山脉，它们盘亘于赣粤之间，形成连绵起伏的崇山峻岭。位于南雄北境的是五岭山脉的大庾岭，又名梅岭，号称为"岭外第一关"[1]，而九连山则起于和平北境，绵亘广阔，东连龙川、河源，南连博罗、增城、龙门、从化，西连翁源、乳源，北连江西龙南，峰峦巍峻，地势高阻。而由闽西境内的博平岭延伸而来的阴那山—莲花山山系，自东北向西南蜿蜒，沿梅州市的大埔、梅县、丰顺、兴宁和五华等县，穿越了揭阳市的县境，经过惠州向西南延伸。它是粤东北的一条天然地理界线，在它的东南侧，是潮汕平原；在它的西北面，则是粤东北的山地和岭谷地带。在阴那山—莲花山山系以西，则是罗浮山山系，该山系沿东北西南走向，经过梅州市境的平远、兴宁二县，向西进入河源市的龙川、河源等县，一直延伸到惠州市博罗县境内，在其西南则是九连山。[2] 在赣南与闽西之间，横亘着南国著名大山——武夷山脉，山势雄伟，武夷山脉大致呈东北—西南走向，逶迤于闽赣边界地区，成为长江水系与闽江、韩江（闽西境内为汀江）水系的分水岭，也是江西与福建的分界线。武夷山脉的南段，从福建省长汀县、宁化县和江西省石城县交界处的鸡公崠开始，向西南方向延伸，大致止于粤赣两省交界处的分水凹。主要分支有松毛岭、梁野山，分别蜿蜒于长汀、连城、上杭、武平四个县境内。汀江干流以西的山岭，大部分由武夷山南段山脉伸展而来，如松毛岭，起于长汀、连城交界地，止于上杭县内的紫金山，汀江干流以东，文川溪—旧县河以西山岭，均由松毛岭延伸而来。在连城县东部、上杭县东北部和中部、龙岩市北部、漳平县北部，则是东北—西南走向的玳瑁山，而同样走向的采眉岭则分布在龙岩市中部和龙岩、上杭县交界处，逶迤到上杭、永定两县交界处。在闽西南，则有博平岭蜿蜒于漳平县南部、龙岩市东南部、永定县东南部与漳州市的华安、南靖、平和县交界区，以中低山为主。博平岭对福建省南亚热带、中亚热带的气候分异有明显影响，是构成闽西与闽南

---

[1] 赣州地区志编纂委员会：《赣南概况》，人民出版社1989年版，第7页。
[2] 广东省地方史志编纂委员会编：《广东省志》，广东人民出版社1999年版，第100—101页。

的地理分界线。①

　　正因为这一交界区群山连绵,许多大小河流由此发源。在赣南,除寻乌、定南属珠江流域外,均属赣江水系。赣江由章、贡二水汇合而成。贡水为赣江正流,发源于赣闽交界武夷山的黄竹岭,沿途接纳湘水、濂水、梅江、平江、桃江等支流汇入;章水发源于聂都山,由池江与上犹江汇合而成。章、贡两水至赣州城北汇合,始称赣江,是赣州最大的河流。② 闽西及闽西南河流主要属于汀江、九龙江水系。汀江发源于武夷山南段东南侧的宁化县境内,流经长汀、武平、上杭、永定,在永定县峰市乡出境进入广东省,至大埔县三河坝与梅江汇合后称韩江。九龙江有两个源头,即雁石溪与万安溪的发源地。两溪在龙岩市境内汇合后,始称九龙江。经龙岩、漳平,进入华安。③ 粤东北境内的河流,主要分属珠江、韩江两大水系。珠江发源于赣南的寻乌,向西南流经粤东北境内的龙川、河源、紫金、惠阳、博罗,至东莞的石龙镇进入珠江三角洲。韩江则是由汀江和梅江于大埔汇合后始称韩江,其支流众多。④

　　赣闽粤毗邻区因山体相连,水系相通,加之区域经济、人群底层及文化传统等因素,形成独特的地域整体。尽管历史上这一区域未曾有统一的行政建置,但从古来的史料可见,人们常常将它们当作一个有某种内在一致性的区域进行描写。如明代就有记载:"福建汀、漳二府所属地方与广东潮州、江西赣州唇齿相接,山势险阻,树林蓊密。"⑤ 而明代兵部尚书王琼更认为居于这一区域的居民都与汉人不同,是"猺獞"(为保证史料的完整性与原始性,对于书中引文中出现的污化用语,均尽量保持原文书写,特注明。),其记载如下:"江西之南赣,福建之汀漳,广东之韶州,湖广之郴桂,其间深山大谷,绵亘数千余里,猺獞居焉。"⑥ 在这些大山之间,星散分布着大小不等的盆地,而且各地之间亦有多条相通的孔道。

---

① 龙岩地区地方志编纂委员会编:《龙岩地区志》,上海人民出版社1992年版,第103—104页。
② 赣州地区志编纂委员会:《赣南概况》,人民出版社1989年版,第7页。
③ 龙岩地区地方志编纂委员会编:《龙岩地区志》,第110—113页。
④ 梅州市志编纂委员会编:《梅州市志》上册,广东人民出版社1999年版,第289—290页。
⑤ (明)邵有道纂修:《汀州府志》卷之十五《诰敕·敕福建按察司佥事伍希闵》,明嘉靖六年(1527)刻本,上海书店出版社1990年版,第212页。
⑥ (明)王琼:《晋溪本兵敷奏》卷十《南赣类》,《续修四库全书》476史部诏令奏议类,上海古籍出版社1995年版,第67页。

如清代蓝鼎元就有详细记载：

> 自江西入闽，一由河口逾崇安，过武夷山，下泛建阳，会于建宁；一由五虎杉关逾光泽，下邵武，过顺昌，会于延平；一由瑞金逾汀州，泛清流，下九龙滩，如高屋建瓴，从山巅跌船下幽谷，奇险甲于天下；其欲避九龙滩则走将乐，与建、邵二溪相类，皆会延平，由汀州陆路至漳州必经上杭、永定，岭高径危，与福宁道上相仿佛。①
>
> 由闽入粤以分水关为要害，由赣入潮，以平远八尺为要害，皆坦夷周道，戎马所经；由汀入潮以大埔、石上为要害，溪险滩高，舟行石阻，贩夫之所往来也，若邓艾入蜀，则此途已为康庄；而上杭亦有山径可达程乡，武平分水凹可达平远，未可以羊肠而忽之；自惠州长乐而来则畲坑为门户；自海丰而来则葵潭为门户。②

正是这种万山盘结，却又孔道相通，使这一区域在动荡时期人群出入，无法控制，而这些潜入深山的人常常被认为是亡命之徒或是逃避赋役的不良之民，如《平闽纪》记载的康熙十九年（1680）十一月十八日《檄行汀州等营》中说道："照得汀州、漳浦、云霄、诏安往西一带，皆深山邃谷，夙为宵小亡命藏匿之薮。"③ 而更多的时候，这些人常常被称为"盗"、"贼"，这一区域也因此被称为"盗区"。如宁化李世雄言：

> 考舆图，惠、潮之间，有铜鼓嶂、九连山，其中延袤数百里，小径穿插数十条，可以透汀之上杭、武平，可以透江之赣州、南安，可以达吉安及湖广之郴、衡，若南雄、惠州则其附近出没之处，而潮州则其巢窟也。官兵每不得其要领，故终不能大创之。虔抚之设，兼辖四省，上杭兵道，敕赐旗牌，乃偷安养寇，糜烂其民。如戊辰虔抚洪瞻祖提兵亲莅吾汀，未尝见一贼，而取各邑出征路费以班师。辛未之陆问礼受朝廷面谕，来督南赣，而庸庸莫展半筹，巡道顾元镜至以令

---

① （清）蓝鼎元：《福建全省总图说》，载《鹿洲全集》卷十二，厦门大学出版社1995年版，第238页。
② （清）蓝鼎元：《潮州府总图说》，载《鹿洲全集》卷十二，第246页。
③ （清）杨捷：《平闽纪》卷十一《牌檄》，《四库全书存目丛书》史部第五六册杂史类，齐鲁书社1996年版，第510页。

箭取酒，尤可笑也。①

在此，李世雄指出了赣闽粤毗邻区的地势相倚，故而尽管明代有南赣巡抚之设，却也难见成效。同样，在乾隆《嘉应州志》也有类似的记载，其具体如下：

> （嘉应）险隘要地载诸旧志者：东则有溪，南都界溪，循溪而入，地曰"上井"，程乡、上杭界，屡为盗贼逃遁藏聚之薮。路通闽汀，货贩不绝，行者有戒心。南则有万安、三图、马头山、八郎庙（今割附丰顺）等处，路通三阳、兴长、程乡所必由。时有藏聚剽黥之害。西则有平远、腰古、丹竹楼等处，路通长宁、安远，奸宄出没，与傜僮等，王阳明剿服始归化焉。北则有镇平、石窟、员子山、铁山嶂等处，路通汀赣，寇出江闽，潜侵邻县，皆于此啸聚。樟坑一处，其近程之盗薮也，举步则入程界之石峰迳矣。②

除以上记载外，诸如此类的大小隘口还有不少，赣闽粤毗邻区被不断指责为"盗区"，这与明代这一区域动乱有极大关系，致使这一区域"盗区"印象的深化③，而致使出现这一印象的，与居于该地的人群自然有关，但与人们对这一区域的地理认识也有极大关系，而人们观念中对赣闽粤毗邻区的意象亦大大影响了人们对这一区域的认识。

二 瘴气的隐喻：观念中的赣闽粤毗邻区

瘴，又称瘴气、瘴疠、烟瘴等，由此引申的词则是瘴病。这些词频繁出现于中国古代文献。关于瘴气的研究，成果较多。学者们从不同学科不同角度阐述各自的观点，有些学者侧重于从病理学角度探讨瘴到底是什

---

① （清）李世雄纂：《宁化县志》卷七《政事部（下）·寇变志》，《中国方志丛书》第88号，据康熙二十三年（1684）刻本，清同治八年（1869）重刊本影印，成文出版社1967年版，第322页。
② （清）王之正等纂修：《嘉应州志》卷一《舆地部·疆域》，清乾隆十五年（1750）刻本，广东省中山图书馆古籍部1991年版，第17—18页。
③ 唐立宗言，参见唐立宗《在"盗区"与"政区"之间——明代闽粤赣湘交界的秩序变动与地方行政演化》，第84—97页。

么①，而其他人则较多地从历史地理学角度阐释，关注中国瘴气与瘴病的分布与变迁②，此外就是从文化史角度，如左鹏认为，文献中所谓的瘴之轻重反映的其实是中原文化涵化程度的深浅，是文化变迁导致人们对瘴的意象的改变。而张文则从地域偏见与族群歧视探讨瘴气与瘴病。他认为，所谓的瘴气与瘴病，不过是以汉文化为主体的中原文化对于南方的地域偏见与族群歧视的"形象模塑"，它更多的是文化概念而非疾病概念。③但他未对这一观点作正面发挥，而是通过探讨瘴气说产生发展，认为瘴气概念总体上是逐渐泛化的，瘴区的范围总体上是呈现扩大趋势的。由此反证，瘴气说其实是人们对远方异族认识增加又认识不清的话语表达。而本节正是对在地理上处于帝国边陲，而文化上又被认为五方杂处的赣闽粤毗邻区的瘴气的探讨，其中尤其以开发较早的赣南为典型进行论述，认为传统文人的环境宿命论及作为制度的烟瘴强化了人们的地域偏见与族群歧视，而对烟瘴的表述正是这种偏见的反映。

（一）环境宿命论

环境宿命论一词源于英国学者冯客（Frank Dikötter）对近代中国种族观念的研究，意指气候与环境对人的精神方面的塑造，人之所以被指为野蛮，是指他们在气候与环境方面比汉人缺少便利。冯客认为，阴阳家也许是对外来人加以非人化的环境宿命论的源头。他们认为世间万物皆本于阴和阳，阴是一种消极的物质，与地相连，它代表雌性、阴暗、寒冷、潮湿和静止。而阳是一种积极的物质，与天相连，它代表雄性、能动、温暖和光明。④这种二元对立的观点一直影响传统文人对事物的看法。他们认为人生来就禀着阴阳之气，这种阴阳之气不能偏驳，它甚至影响到人们的德行，如明代李东阳在其《赣州府复修长沙营记》中就说：

---

① 冯汉镛：《瘴气的文献研究》，《中华医史杂志》第11卷第1期；冯翔：《关于宋代至明代南方的瘴病及其历史的研究》，《广西民族大学学报》第13卷第2期，2007年5月。

② 龚胜生：《2000年来中国瘴病分布变迁的初步研究》，《地理学报》第48卷第4期；梅莉、晏昌贵、龚胜生：《明清时期中国瘴病分布与变迁》，《中国历史地理论丛》1997年第2期；范家伟：《六朝时期人口迁移与岭南地区瘴气病》，《汉学研究》第16卷第1期。

③ 左鹏：《汉唐时期的瘴与瘴意象》，《唐研究》第8卷，北京大学出版社2002年版；左鹏：《宋元时期的瘴疾文化变迁》，《中国社会科学》2004年第1期；张文：《地域偏见与族群歧视：中国古代瘴气与瘴病的文化学解读》，《民族研究》2005年第3期。

④ [英]冯客：《近代中国之种族观念》，杨立华译，江苏人民出版社1999年版，第9—10页。

> 人之生也，均禀阴阳之气，而或不能无偏。其偏驳之尤甚者，冥顽暴悍，干纪乱常，往往终其身而不变。然仁人在上，自不忍以其难化而遽绝之，是故柔之以德，震之以威，曲为之防，而豫为之制，并生一念有不能一日忘者。斯诚御世之宏规，长人之达道也。眷兹南服，若赣、若惠、若潮、若汀、漳诸郡，衣冠文物与中州等，惟是万山蟠结，溪峒深阻，其风气郁而不畅，故其人所禀，颇多顽悍之质。①

人的性情是与山水相连的，什么样的山水决定了什么样的性情。一般都认为"近山者刚而直，近水者清而婉"②，山水代表了阴阳两极，直接影响人们的精神面貌，这一观念在传统知识分子中广为流传，如明嘉靖年间所修的《汀州府志》就认为武平"山峻地僻，俗梗民强"，而永定也是"山高水缺，土爽地腴，民性质直，气习劲毅"，但清流就不同了，它"山水锦绣，人物颇清"③，而宁洋则被认为"山峻水激，人性峭直"。④

由阴阳衍生出五行，因此，人的性情也与五行相对，有五常之性。明嘉靖年间所修的《漳平县志》就说：

> 民亟五常之性，刚柔缓急，音声不同，实惟系水土之风气。……至如乡落气候不齐，永福则寒胜于热，彭庐则寒暑不分，此以山势高下隔越而地气因之，其人之气亦以土而异。居仁性浮近便利，和睦性鲠近迟重，永福气烈近剽疾，感化气怗近率易。⑤

"人之气"即指人的精神面貌，与水土相连。要不是因为这些因素，人人皆可变成一样，但山水系乎天定，所以只能顺其自然。受环境的影

---

① （清）魏瀛等修，钟音鸿等纂：《赣州府志》卷六十八《艺文志·明文》，据清同治十二年（1873）刊本影印，成文出版社1970年版，第1238页。
② （清）熊学源修，李宝中纂：《增城县志》卷一《舆地·风俗》，据清嘉庆二十五年（1820）刊本影印，成文出版社1974年版，第205页。
③ （明）邵有道纂修：《汀州府志》卷一《风俗》，第85—86页。
④ （清）董钟骥修，陈天枢、吴正南等纂：《宁洋县志》卷二《舆地志·风俗》，清同治十三年（1874）修，上海书店出版社2000年版，第475页。
⑤ （明）曾汝檀修，朱召校刊：《漳平县志》卷四《风俗·风气》，明嘉靖二十八年（1549）刻本，1985年漳平县影印本，厦门大学古籍室室藏，第1b—2a页。

响，生于其中的人也在所难免。如乾隆《澄海县志》就说：

> 山气多男，泽气多女，石气多力，木气多伛，风土所围，生其地者，或不免焉。岭海阴少阳多，四时之气辟多于阖，其人疎理，其性能暑，龢来旧矣。澄在省会极东，界府属南境，尽于此，风土不特与中华绝异，即较之江淮以南亦甚悬殊，昌黎云：穷冬或携扇，盛暑或重裘。观此诗可以略觇其概矣。①

山、水、石、木皆对应于人的性情。澄海在广州之东，广东历来被视为南方悬远之处，更何况在广州之极东，"风土不特与中华绝异"，与江淮以南也相差很远。

综观环境宿命论的理论，其立论是环境对人具有决定性影响，这个看似以地理说人文的论断，事实上反映的却是人文的地理表达，也是当时知识精英对地理空间认识的一种普遍的表达模式。这其实是知识分子对这些地方已有刻板印象之后，寻找地理因素来解释他们的想法。但吊诡的是，同样的山水，越发展到后来，居于其地的人却被说成"风声习气颇类中州"云云，山水不再成为他们精神的决定因素，取而代之的是文化，是文化让他们"与中原无异"。因此说，环境宿命论从根本上说是一种基于文化等级的视野，而非地理决定论的论调。

（二）作为制度的烟瘴

使古人对瘴气印象深刻的不只是瘴气本身。国家制度层面的强调更使烟瘴有了一层刑罚味道。首先，它就是一种刑罚，称为军流刑，又称充军。作为刑罚手段，它源自古老的军流刑。军流刑雏形古已有之，但到明代统治时期，军流刑作为主要刑种之一，正式列入刑罚体系。② 明代的军流刑分为十种，而清代的军流刑只有五种。它们分别是：附近、边卫、边远、极边及烟瘴，像极边、烟瘴等名皆沿用明代称谓。《大清会典》对此作了详细的规定："凡编发罪人充军，充附近军者发二千里，边卫发二千五百里，边远发三千里，极边发四千里。应发烟瘴者，道里如极边之数，

---

① （清）金廷烈纂修：《澄海县志》卷一《风土·气候》，清乾隆二十九年（1764）刻本，1959年油印本，厦门大学古籍室藏，第3a页。

② [美] D. 布迪、C. 莫里斯：《中华帝国的法律》，朱勇译，江苏人民出版社2004年版，第64页。

各就本犯原籍府属以定远近。"① 由此可见，这五个等级分别对应一定的距离。烟瘴是军流刑中最重的刑罚，其发配的距离与极边一样，但发配之处则要看犯人所在地而定。

明清史料见得最多的烟瘴流放点是两广、云南、贵州，福建及江西南部也很常见。如明代《大明令》就规定："凡官吏犯赃至流罪者，不问江南江北，并发两广福建府，分及龙南、安远、汀州、漳州烟瘴地面安置。"②

回顾历史，明代军流刑被列入刑罚系统之前，赣闽粤毗邻区就已经闻名于世，长久以来人们就把此处视为烟瘴之区，中原汉人至此，多有不测。历史上就有许多名人被贬到这一地区。元代的刘鹗曾有诗曰："古人号瘴乡，於以待贬迁。"③ 明代叶权就说："岭南昔号瘴乡，非流人逐客不至。"④ 明代王临亨也说："岭南瘴厉，唐宋以来皆为迁人所居。至宋之季，贤士大夫投鼠兹土者，更未易指数。然宋季待贤士如仇，待人如囚，虽曰安置，去囹圄不远。"⑤ 著名的如韩愈被贬于潮州，后人为纪念他，至今有韩江、韩山等名。而苏轼则贬到惠州，其弟苏辙为其写的墓志铭中就写道"瘴疠所侵，蛮蜑所侮"。⑥ 而白居易在被贬至浔阳（即今九江）时，其友人又被贬至虔州（今赣州），在送别友人之际，白氏对酒惆怅："南迁更何处，此地已天涯。"⑦ 对于白居易而言，浔阳就已经够远的了，更何况虔州。故而，古人一说起这里，便不寒而栗。加上许多被贬之人又丧命于此，此地便成为死亡的代名词了。如宋代陈刚中因故得罪秦桧，"桧大怒，送刚中吏部差，知赣州安远县。赣有十二邑，安远滨岭，地恶瘴深。谚曰：龙南、安远，一去不转。言必死也，刚

---

① （清）允裪：《大清会典》卷六十七《兵部·发配》，《影印清文渊阁四库全书》史部377 政书类，第624 页。

② （明）李善长：《大明令》，明镇江府丹徒县皇县制书本。

③ （元）刘鹗：《木樛径》，载《惟实集》卷四《五言古诗》，《影印文渊阁四库全书》集部145 别集类第1206 册，第330 页。

④ （明）叶权：《游岭南记》，载《贤博编》，中华书局1987 年版，第41 页。

⑤ （明）王临亨：《粤剑编》卷二《志时事》，中华书局1987 年版，第74 页。

⑥ （宋）苏辙：《苏文忠公轼墓志铭》，载（宋）杜大珪《名臣碑传琬琰集》中卷二十六，文海出版社1980 年版，第790 页。

⑦ （唐）白居易：《清明送韦寺郎贬虔州》，载《白氏长庆集》卷十七，《四部丛刊初编》123 集部，上海书店出版社1989 年版。

中果死"。① 正是这种对瘴乡认识的阴影笼罩，那些未曾来过该地的官员皆畏惧此地，不愿来此就职。如《泊宅编》中就说："虔州龙南、安远二县有瘴，朝廷为立赏添俸甚优，而邑官常缺不补。它官以职事至者，率不敢留，甚则至界上移文索案牍行遣而已。"② 龙南与安远皆为赣南地方，也是闻名的瘴乡，赣南开发后很长时间，人们还是沿袭这一观念。

除了地理上远离中央，国家制度层面的军流刑更使汉人精英确信这是一个国家边陲。发配边陲意味着失意与郁闷，但与此同时，边陲也是建功立业的好机会，在明初时国家就对在瘴区为官与在无瘴疠地区为官的升迁作了规定："凡远方官考满。洪武十六年（1383）奏准两广所属有司官，地有瘴疠者，俱以三年升调，虽系两广而无瘴疠者，仍以九年为满。福建汀、漳二府，湖广郴州，江西龙南、安远二县，地亦瘴疠，一体三年升调。"③ 在有瘴疠之处为官，三年便可以升调，而在无瘴疠之处则要九年才考满，整整相差六年，这一时间悬殊让人一看便知其中的差别。在此规定不以省份为限，而是考察实际的烟瘴地域，如福建的汀、漳二府，湖广郴州，江西之龙南、安远皆是瘴疠之地。另一则关于明代官职升迁的史料也表达了类似意愿，只是时间没有这么悬殊。"（己未洪武十二年正月）（1379）丁亥，儋州仓副使李德言：天下有司，例满九年，而两广瘴疠，乞减一，考从之。于是虽两广非瘴厉者仍九年，汀、漳、郴、赣、龙南、安远亦瘴疠，通叙。"④ 与上一则史料一样，谈迁记录的这则史料也表明，正常官员都是九年为考满之期，而处于烟瘴之区者则可视情况有所优免。清朝雍正皇帝虽未明确规定，在烟瘴之区为官升调的具体年限，但也明确表示要比内地更快："朕思边省地方，盖因烟瘴难居，或苗蛮顽桀，官斯土者，与内地不同，是以边俸较腹俸之升迁为速耳。……其地居极远，瘴疠未除者，在任官员若照内地升迁，诚为偏抑。"⑤ 烟瘴之区为官者应比内地升迁更快，否则是为压制人才了。非但国家的官员如此，小吏走卒也

---

① （元）脱脱：《宋史》卷四百七十三《列传第二百三十二·奸臣三·秦桧》，中华书局1977年版，第13754页。

② （宋）方勺：《泊宅编》卷三，中华书局1991年版，第40页。

③ （明）申时行：《大明会典》卷十二《吏部十一》，中华书局2007年版，第72页。

④ （清）谈迁：《国榷》卷六，上海古籍出版社2008年版，第376页。

⑤ （清）阮元修、陈昌齐等纂：《广东通志》卷一《训典一》，续修四库全书669史部地理类，据1934年商务印书馆影印清道光二年（1822）刻本影印，上海古籍出版社1995年版，第49页。

有优免。如早在宋神宗熙宁九年（1076），"前提点福建路刑狱李景亮言：'福建路自泉至漳州、汀州，皆涉瘴烟，马递铺卒三年一易，死亡大半，亦有全家死者，深可伤悯。乞自今瘴烟地马递铺卒，一年一替。'从之。"① 由此可见，马递铺卒一般三年一易，在烟瘴之地则可一年一换。

对于国家制度来说，对烟瘴地区作出如此繁复的规定本身就说明瘴疠在国家的影响。而军流刑的执行更丰富了中原汉人的想象，并加重了他们对瘴疠的恐惧。人们反复强调瘴疠，在这些言说中，瘴疠已经不再是简单的环境与气候，而变成具有强烈地域差异与族群界线的意味。

（三）瘴气的隐喻

瘴气首先与地域连在一起。据龚胜生等的研究，2000 年以来，中国瘴气有向南移的趋势，但总体变化不是特别大。瘴气流行严重区为云南与广西；流行区是贵州和广东，零散分布区则为湖广、四川、江西、福建、西北、台湾等地。② 无疑，东南与西南被认为瘴气泛滥之地。宋代的周去非甚至用大法场、小法场比喻广东之新州（今新兴县）与英州（今英德县）③，即言这些地方的瘴气杀人之多。

广东历来被称为瘴乡，早在唐朝魏征所修的《隋书》中就已说："自岭已南二十余郡，大率土地下湿，皆多瘴厉，人尤夭折。"④ 修于明嘉靖十四年（1535 年）的《广东通志初稿》也说："岭南诸州通号瘴乡，然郡邑之依山者，草茅障翳，炙气郁蒸，故为害也。"⑤ 广东各地方志及各种文献中，描写广东瘴气的比比皆是。福建汀漳、江西赣州等地也时时可见。宋朝王安石有诗描写福建之瘴："闽山到漳穷，地与南越错。山川郁雾毒，瘴疠春冬作。荒茅篁竹间，蔽亏有城郭。"⑥ 闽之汀漳与广东接壤，也是瘴区之一。另外，赣州尤其是与闽粤相邻处也同样有瘴乡之称。明代

---

① （宋）李焘：《续资治通鉴长编》卷二百七十四《神宗》，中华书局 1986 年版，第 19 册，第 6705 页。

② 梅莉、晏昌贵、龚胜生：《明清时期中国瘴病分布与变迁》，《中国历史地理论丛》1997 年第 2 期。

③ （宋）周去非撰，杨武泉校注：《岭外代答》卷四《风土门·瘴地》，中华书局 2006 年版，第 151 页。

④ （唐）魏征：《隋书》卷三十一志第二十六《地理下》，中华书局 1982 年版，第 887 页。

⑤ （明）戴璟、张岳等纂修：《广东通志初稿》卷十八《风俗·气候》，北京图书馆藏明嘉靖十四年（1535）刻本，《四库存目丛书》史部第 189 册，第 333 页。

⑥ （宋）王安石：《送李宣叔倅漳州》，载（明）黄仲昭修纂《八闽通志》下卷八十三《词翰·漳州府》，明弘治四年（1491）刻本，福建人民出版社 2006 年版，第 1344 页。

名士杨士奇曾有一段话评论赣州："赣为郡，居江右上流，所治十邑皆僻远，民少而散处山溪间，或数十里不见民居。里胥持公牒徵召，或行数日不底其舍。而岩壑深邃，瘴烟毒雾，不习而冒之，辄病而死者，常什七八。"① 杨士奇是与赣为邻的吉安人士，相对其家乡而言，赣地远僻，人烟稀少，瘴疠毒雾，不习惯的人或病或死，十之七八。与赣为邻者都对赣地瘴气如此恐惧，何况远至中原那些不知瘴气为何物的人，经过文人学者们的一再叙说，他们对南方瘴疠的认识很多都是意象而非亲历。那些烟瘴之区也就等于蛇虫出没之地，野兽怪物光顾之所，正如明人话本中所言："欲问世间烟瘴路，大庾梅岭苦心酸。山中大象成群走，吐气巴蛇满地攒。"② 大庾为赣南之地，梅岭正是南入广东的重要通道，为唐代张九龄开凿。以上引文虽是话本，却因它的夸张与生动，让人不寒而栗。

地域上的远离中央使许多人将它看成天涯海角，而所居此处的人群亦常被汉人称为南蛮鴃舌，非我族类，而烟瘴便成为极具象征性的事物，被人们一再言说。在文献中，我们见到烟瘴常常也是"蛮夷"的隐喻。明孝宗在弘治元年（1488）起用降谪主事张吉、王纯、中书舍人丁玑、进士敖毓元、李文祥五人时，南京吏部主事储罐就上言说："五人者既以直言徇国，必不变节辱身，今皆弃之蛮夷岭海之间，毒雾瘴气，与死为伍，情实可悯。"③ 瘴疠与蛮夷相伴，后来这五人果得起用。明代王守仁巡抚南赣，为的就是平定赣闽粤湘交界区动乱，而浰头一战，举足轻重，他本人也在平定浰头后直抒胸臆，有诗为证，"四省之寇，惟浰尤黠，拟官僭号，潜图孔亟。正德丁丑冬，崒猺既殄，益机险阱毒，以虞王师，我乃休士归农"。④ 也正是这样一场战争，为后世人多次赞叹。如清朝广东和平县教谕刘世馨在读了王守仁《平浰头碑》后，就颇有感触地叹道："旗翻花嶂蛮烟静，剑指云涯瘴气平。猺洞百年空战垒，将才一代属书生。"⑤ "崒猺"之乱既平，蛮烟瘴气自然也就消了，反映了当时人的一种普遍的心态。

---

① （明）杨士奇：《送张鸣玉序》，载《东里文集》卷五《序》，中华书局1998年版，第64页。

② （明）洪楩辑：《陈巡检梅岭失妻记》，载《清平山堂话本》卷三，江苏古籍出版社1994年版，第255页。

③ （明）徐昌治：《昭代芳摹》卷二十二《孝宗敬皇帝》，北京出版社1998年版，第332页。

④ （明）王守仁：《平浰头碑》，载《王文成公全书》卷二十五《外集七》。

⑤ （清）刘世馨：《读平浰头碑》，载（民国）曾枢修，凌开蔚纂《和平县志》卷二《诗》，据广东省中山图书馆藏民国三十二年（1943）铅印本影印，上海书店出版社2003年版，第291页。

瘴气成为华夷居处之界限，也是族群认同的标志。华人居中原而"蛮夷"居烟瘴之地，如吴宗尧评价云南永昌瘴区就说："其地多瘴，非可以华人居也。……皆瘴区也，皆夷氓也……潞故多瘴，素为夷居。"①这种居处与族群在心理上的界线强过现实。事实上，许多人也明白，当时所谓的瘴区很多也是汉人居住之处，但"蛮烟瘴雨"的刻板意象却并不能轻意抹去。瘴气甚至与族群道德联系在一起。嘉靖年间黄佐所修的《广东通志》引《隋书·地理志》言：

> 瘴疠之乡，皆由海气炎热，四时温燠，人受其风土所感，虽士大夫亦皆性情飘忽不定，党族自相嗔妬，非独夷獠也。轻悍一言尽之矣。至今土俗多好箕坐狂歌，或不着冠，犹有尉佗之风焉。海吞东南，邦临日域，富豪健斗，绳墨难持，于唐人吟咏见之，岂但隋志哉？②

因此认为瘴疠之区人性凶悍。从上引资料可知，非但《隋书》有此说，早在唐代就已有人说过。在传统知识分子眼中，士大夫与山野村夫是有着道德阶序的，士大夫代表国家正统文化，是高尚道德的代言人，而山野村氓只是流风弊俗的传播者与接受者。但到瘴疠之乡，虽士大夫也难免，在此，瘴气代表的不仅是环境上的差异，更多的则是道德上的评判与族群间的界限，瘴气是与"蛮夷"相伴生的。

而清除人们这种地域偏见与族群歧视的方法非文化莫属。与中华文化涵化的深浅成为决定这些地方在人们眼中的印象的好坏，如乾隆年间所修的《嘉应州志》就说："前此人物稀少，林莽丛杂，时多瘴雾。今皆开辟，瘴雾全消。岭以北，人视为乐土。"③"开辟"一词除了经济开发之意，言外之意就是指中原文化之涵化了，是山区的开发，同时也是文化的开化。如清道光年间所修的《广东通志》在大量介绍前人对广东瘴气的描述之后，就说当时："瘴疠惟琼南尚多，其余各郡清和咸理，氛祲已

---

① （明）吴宗尧：《腾越山川封土形势道里论》，载清乾隆《腾越州志》卷九《列传下·吴宗尧》，清光绪二十三年重刊本。
② （明）黄佐纂修：《广东通志》卷二十《民物志一》，明嘉靖四十年（1561）刻本，岭南美术出版社2007年版，第502b页。
③ （清）王之正等纂修：《嘉应州志》卷一《舆地部·气候》，第41页。

消，往籍之言，今亦不尽然矣。"① 明清以来，广东就已得到较大开发，这是清末时对广东瘴气的描述。除海南外，其他地方已"清和咸理，氛祲已消"，以前的描述再也不适合今天的情形。另据乾隆《潮州府志》引《广东通志》可佐证："唐宋时往往有之，今瘴烟大豁，险隘尽平，山川疏畅，中州清淑之气，数道相通，盖调燮之功巨矣。"② 改变烟瘴之区的，经济开发、道路相通是其一，而文化上的交流与改变则是关键。评判其文化先进与否的标准则是"中州之气"，中原文化是各地的典范，故而，经过中原文化上的浸染，原先的瘴烟之区亦可成为"乐土"。

从地域上讲，赣闽粤交界区处于帝国边陲，而环境宿命论历来是古代知识精英对地理空间认识的一种普遍的表达模式。从族群上来说，赣闽粤毗邻区先有百越，后有峒畲，即便是开发之后的很长时间，还是被称为"五方杂处"之地。从文化上讲，它被认为是未完全开化之地，是"蛮夷"之风长久浸染的地方，在文化等级上明显低于中原文化。瘴气与瘴病无疑有它的病理学基础，但传统知识精英对烟瘴之区的印象更多的则是基于以中原为中心的思考模式，是受到长久以来的文化观念与国家制度的影响，是对地域险远与族群差异的表达，将地域的特征与人的道德视作存在某种内在联系性，因此，烟瘴之说本质上代表的是对不同地域的分类模式，而不仅仅是对环境的评判，而似乎唯有文化上的进步才可能消除这一刻板印象。

第二节　赣闽粤毗邻区的早期居民

一　百越人

百越，又名百粤，是我国古代东南与南方多族群的泛称，其分布地域广泛，支系众多，"百越"一词见于《吕氏春秋·恃君》篇："扬汉之南，百越之际"③，它最早指出了百越民族分布范围在我国东南和南部地区。颜师古注《汉书》中比较具体的指出："自交趾至会稽，七八千里，百粤

---

①（清）阮元修，陈昌齐等纂：《广东通志》卷八十九《舆地略七·气候》，第107页。
②（清）周硕勋：《潮州府志》卷二《气候》，乾隆二十七年壬午年（1762）修，成文出版社1967年版，第50页。
③ 吕不韦：《吕氏春秋》卷二十《恃群览第八·恃君》，《影印清文渊阁四库全书》子部154杂家类，第848册，第449页。

杂处，各有种姓。"① 根据近人林惠祥的研究，他认为："百越所居之地甚广，占中国东南及南方，如今之浙江、江西、福建、广东、广西、越南或至安徽、湖南诸省。"② 对于百越之称，注家的解释大致相同，高诱注《吕氏春秋·恃君》曰："越有百种。"《汉书·高帝本纪》颜师古注释"百越"引服虔曰："非一种，若今言百蛮也。"明代章潢在其《图书编》中对百越之名及其所含括之人群作了交代，其记载为：

> 秦并百郡，岭南有三郡。桂林，今广西地；南海，今广东地；象郡，今安南地也。夫自秦汉以来，所以为中国害者，北曰匈奴，南曰越。然匈奴之势与南越不同，西北之国皆居中国边塞之外，有所限制，则彼不得越其界而入我内地也。惟越之地，在古种类实多，故有百越之名，曰南越，曰瓯越，曰闽越，曰东越，曰於越。其地非一处，其人非一种。③

从章潢文章可知，百越一词是相对北方的"胡"而言，因战国时期北边民族概称为胡，南边民族概称为越，古有"北走胡，南走越"之说，因此，在此胡、越皆为泛称而非具体族称。

史家最早具体列出百越民族族称的是宋人罗泌《路史》的记载。所列百越族称有："越徇芈姓，是为南越、越裳、骆越、瓯越、瓯隉、瓯人、且瓯、供人、海阳、目深、扶摧、禽人、苍吾、蛮扬、扬越、桂国、西瓯、损子、产里、海癸、九菌、稽余、濮句、比带、区吴，所谓百越也。"④ 历史上属于百越族属的究竟有多少，罗香林在其《中夏系统中之百越》一书最早从学术角度提出，认为百越包括于越、瓯越、闽越、东鯷、扬越、山越、南越、西呕、骆越、越裳、掸国、腾越、滇越、越巂、僰国、夜郎、夔越等十七个族。⑤ 蒙文通则将百越民族分为吴越（包括东

---

① （汉）班固撰，（唐）颜师古注：《汉书》，中华书局1962年版，第1669页。
② 林惠祥：《中国民族史》，第111页。
③ （明）章潢：《图书编》卷三十四《百粤总论》，上海古籍出版社1992年版，第698—699页。
④ （宋）罗泌：《路史》卷十七后纪八《疏仡纪·高阳》，《影印清文渊阁四库全书》史部141别史类第383册，第153页。
⑤ 罗香林：《中夏系统中之百越》，独立出版社1943年版。

瓯、闽越)、南越、西瓯、骆越四族。① 二者尽管分类不同,但都认为百越为多个民族的泛称。在这众多名称中,山越所居之地与后世畬民所居之地有些重合,故在东南民族史研究方面颇受关注。山越一词,最早见于《后汉书·灵帝记》。在三国时代,最为常见,中经隋唐,至宋代,尚有记载,宋以后,在文献上就消失了。三国时代,文献上记载山越的事较多,但其名称也较为纷乱,有因袭昔日名称的,如称其为"百越"、"扬越"、"夷越"、"东瓯"、"闽越"、"南越",也有污称其为"山贼"、"山寇"者,还有称为"山民"和"宗民"者以及称为"山夷"和"安家之民"者。"山越"并没有一个统一的名称。叶国庆等人研究表明,山越的居住地经常随着国内政治形势的变化而变更。三国时代,吴属丹阳郡、会稽郡、新都郡、建安郡、吴兴郡、东阳郡、豫章郡、鄱阳郡、庐陵郡、长沙郡、零陵郡、苍梧郡和夷州及魏属的庐江郡均有山越居住,即今安徽、江苏、浙江、福建、台湾、江西、湖南、广东、广西等地。② 胡三省认为:"山越本亦越人,依阻山险,不纳王租,故曰山越。"③ 山越被认为是百越遗裔,因其在文化与地理分布上与后来的畬民有些类似,因此,关于山越与畬民之间的关系,也成为人们关注的重点。饶宗颐就认为畬民为山越之后,在其所修撰的《潮州志》中,进行了细致的论证,具体如下:

> 考畬民本山越孑遗,秦时、汉时越为东南大患,其后有汉化者发东瓯人之归顺,举国内徙,广武侯以四万家降,家庐江郡即其一例。其不服者,始自秦进潜伏山谷,尉屠睢之击越,越人逃之深山丛薄中,莫肯为秦虏,其遗裔至三国为山越。山越居地有会稽、新都、丹阳、豫章、吴兴、鄱阳、东阳、吴、庐陵九郡,在今江浙赣诸省,即汉瓯越、闽越、南越旧境,亦今畬民分布之区。以其蛰伏山谷,谓之山越,亦曰山民。畬民山居,亦称山峯或山人。……又畬民出于傜,故也称畬傜,傜民亦奉盘瓠为祖,散居湖湘两粤之间,正当古百越分布地域。寻傜之义,本于越姓之摇,汉初越将有摇毋余。越地有摇

---

① 蒙文通:《越史丛考》,人民出版社1983年版,第17页。
② 叶国庆、辛土成:《关于山越若干历史问题的探讨》,载百越民族史研究会编《百越民族史论集》,中国社会科学出版社1982年版,第248—249页。
③ (明)严衍:《资治通鉴补》卷五十六《汉纪四十八》,《续修四库全书》337史部编年类,上海古籍出版社1995年版,第575页。

城,孝惠时立闽君摇东海王,其后子孙以摇为氏,考岭南板徭言其先世也来自会稽,而《千家姓》载徭为会稽族。《建阳县志》:汉武时迁闽越民,虚其地,有匿于深山而迁之未尽者,曰畲民,俗呼狗头徭,是畲徭之为越裔明矣。故知粤地畲徭其先世当来自东越会稽。凤凰山所传《狗皇歌》有云:蓝雷三姓好结亲,都是南京一路人,足见其族初由江浙南徙也。

畲为越裔,唐以前曰山越,隋唐或称为徭,《新唐书·裴休传》尚有山越之名,后不复见。宋谓之畲或輋,以其民居山谷烧田为生,故以此名之。畲取义于田,輋取义于山。盖山越也称山民,后人专以山民呼之,寖失越名,以其居于近山之地,遂相呼曰輋。《郡国利病书》谓溪峒徭獞为旧越人,知畲徭即山越,则顾说为可信矣。①

以饶宗颐观之,畲民即为山越后裔,同样支持这一观点的还有吴宗慈,吴氏在其所修撰《江西通志稿》中,著《江西輋族考》一文,详细论证了这一观点。② 后来承袭这一观点的,并将之深化的是蒋炳钊,他进一步指出,畲族祖先与南武侯织这支越人的关系最为密切。③

在畲族源流研究上,许多学者虽然并不同意这一观点,但百越人作为中国东南与南方曾经的居民,明显有别于华夏的一整套生活习俗与经济行为,对东南中国的后世子民形成或隐或显的影响,在人群与文化的底层上,留下不可忽视的一笔。

二 神秘的古人:山都木客

在赣闽粤交界区生活的古人中,最神秘的莫过于"山都"、"木客"。西晋以后,史书不时出现"山都木客"的记载。其集中分布于赣闽粤交界区,尤其以赣南为多见。对"山都木客"的研究,学者们大都同意"山都"、"木客"为同一民族的不同称谓,他们是生活在赣闽粤交界区的人类,但到底为何族属,则是学者们争论最多的。陈国强认为是福建的古民族,福建的木客属小黑人。赣南的万幼楠同意此说,而厦门大学蒋炳钊

---

① 饶宗颐总纂:《潮州志》新编第七册《民族志》,修于1946—1949年,潮州市地方志办公室2005年重印,第3076页。
② (民国)吴宗慈:《江西通志稿》第三八册《略二一·江西明清两代之民族问题》,民国三十六年(1947)修,福建师范大学古籍室藏,第154b—155a页。
③ 蒋炳钊:《畲族史稿》,第69页。

与郭志超两位学者却认为山都木客应是古越人遗裔,与古越人有众多类似的特征。此外,罗勇则认为山都木客是客家先民之先民。① 因为没有其他可证的史料,对山都木客的研究很难有所突破。

但相对实体论而言,笔者认为,山都木客的记载最早出现在晋代,即郭璞所做的《山海经》注及邓德明所作但早已散佚的《南康记》。而唐宋因袭其说,作了些许补充。但关键的元素却还停留在魏晋南北朝,因此,笔者认为,后世对山都木客的记载都只是因陈旧说,而后世之人对山都木客的认识也只停留在意象与想象中。黄向春认为"'山都木客'作为一种介于人鬼之间的神秘力量,实际上是唐宋时期南方土著的巫传统与不断渗透的道教发生互动与势力争夺的产物,在这一过程中,人们形成了对被排斥、被异化的巫的潜在危险的意识,并把这种意识投射于某种'异类'的想象之中"。②

(一) 山都木客

山都木客的记载最早出现于晋代,又一名称为"赣巨人"。晋代郭璞在为《山海经》作注时进行引申,原文为"枭阳国,在北朐之西,其为人,人面长唇,黑身有毛,反踵,见人笑亦笑,左手操管"。郭璞注曰:"《周书》曰:'州靡髴髴者,人身反踵,自笑,笑则上唇掩其面。'《尔雅》云髴髴,《大传》曰:周书成王时州靡国献之,《海内经》谓之赣巨人,今交州、南康郡深山中皆有此物也。长丈许,脚跟反向,健走,被发好笑,雌者能作汁,洒中人即病,土俗呼为山都。"③ 在此,从郭氏注中我们得知,"髴髴"、"赣巨人"与"山都"皆同指一物,其见于交州南康。这也是将山都与赣闽粤古人联系在一起的资料。后世对《山海经》的注本有许多,而对山都之注则皆本自郭氏,未见有大的改动。

而南北朝南朝宋元嘉(420—477)邓德明作赣南最早的山水人文志

---

① 关于"山都木客"的研究,参见陈国强《福建的古民族——"木客"初探》,《厦门大学学报》1963年第2期;蒋炳钊《古民族"山都木客"历史初探》,《厦门大学学报》1983年第3期;万幼楠《赣南"赣巨人""木客"识考》,《中南民族学院学报》1995年第3期;郭志超《闽粤赣交界地区的原住民族的再研究》,《厦门大学学报》1996年第3期;刘光照《虔州木客辨析》,《中南民族学院学报》2001年第21卷第2期;罗勇《"客家先民"之先民——赣南远古土著居民析》,《赣南师范学院学报》2004年第5期。

② 黄向春:《历史记忆与文化表述——明清以来闽江下游地区的族群关系与仪式传统》,2005年,第55页。按:黄向春对山都木客的探讨更多引用的是洪迈的《夷坚志》,但笔者怀疑其中对木客的描写与"山都木客"中的"木客"相去甚远,更像是与五通之类相似,待考。

③ (晋)郭璞:《山海经传》,《海内南经第十》,中华书局1985年版。

《南康记》所记之山都为后世许多学者引用，可惜原书已轶。如唐代人欧阳询就曾引："邓德明《南康记》曰：'雩都君山上有玉台，方广数丈，周廻尽是白石柱，柱自然石覆，如屋形也。四面多松杉，遥眺峨峨响，像羽人之馆，风雨之后，景气明净，颇闻山上有鼓吹之声，山都木客为舞唱之节。'"① 邓德明本是赣南人，而其所作之《南康记》所记为南康郡事，即今赣州之事。雩都即今日赣州市属下之于都县。宋代李昉的《太平御览》有许多关于山都木客的记载，其中就引邓德明之《南康记》："邓德明《南康记》曰山都，形如昆仑人，通身生毛，见人辄闭眼，张口如笑，好在深涧中翻石觅蟹噉之。""又曰木客头面语声，亦不全异人，但手脚爪如钩利，高岩绝峰，然后居之。能斫榜牵著，树上聚之。昔有人欲就其买榜，先置物树下，随量多少取之。合其意便将去，亦不横犯也。但终不与人面对交，语作市井，死皆知殡敛之，不令人见其形也。葬棺法每在高岸树杪，或藏石窠中。南康三营代舡兵往说，亲睹葬所。舞倡之节，虽异于世，听如风林泛响声频歌吹之和。义熙中徐道覆南出，遣人伐榜以装舟舰，木客乃献其榜而不得见。"② 在此，木客与山都分开叙述，这在文献中也是常有的事。如果说古人对山都的描写使其看起来更类似动物，木客则始终带有一种神秘人的意味。他们隐于林泉，讲究信誉，并能吟诗和酒。此是后话。而同书别处还提及木客，其文如下："《舆地志》曰虔州上洛山多木客，乃鬼类也。形似人，语亦如人，遥见分明，近则藏隐，能斫杉枋，聚于高峻之上。与人交市，以木易人刀斧，交关者前置物枋下，却走避之，木客寻来取物，下枋与人，随物多少，甚信，直而不欺。"③ 这与前文描述类似，虔州上洛山即今兴国境内。除兴国外，南北朝的一本小说体著作《述异志》中还记载了一则关于赣县山都的趣事。此则故事同样被宋李昉的《太平御览》收录其中。具体如下：

《述异记》曰：南康有神名曰山都，形如人，长二尺余，黑色赤目，发黄被之。于深山树中作窠，窠形如坚鸟卵，高三尺许，内甚

---

① （唐）欧阳询：《艺文类聚》卷六十二《居处部二·台》，中华书局1965年版，第1119页。
② （宋）李昉：《太平御览》卷八百八十四《神鬼部四·鬼下》，四部丛刊三编，上海书店出版社1985年版。
③ （宋）李昉：《太平御览》卷四十八《地部十三·上洛山》。

泽，五色鲜明，二枚沓之，中央相连。士人云上者雄舍，下者雌室，旁悉开口如规，体质虚轻，颇似木筒，中央以鸟毛为褥。此神能变化隐身，罕睹其状，盖木客山𤟤之类也。赣县西北十五里有古塘，名余公塘，上有大梓树，可二十围，树老中空，有山都窠。宋元嘉元年县治民袁道训、道虚兄弟二人伐倒此树，取窠还家，山都见形，谓二人曰："我处荒野，何豫汝事？巨木可用，岂可胜数？树有我窠，故伐倒之，今当焚汝宇以报汝之无道。"至二更中，内外屋上一时火起，合宅荡尽。①

在此，山都树居，变化隐身，故事中山都之话更像是道德教化者的宣传。砍伐山都所居之树的道训、道虚两兄弟也因此被遭殃，"合宅荡尽"。

江西山都木客以赣南为常见，此外与之紧邻的庐陵（即吉州，今吉安）等地也常有。唐朝时徐坚之《初学记》引《异物志》曰："庐陵大山之间有山都，似人裸身，见人便走。自有男女，可长四五尺。能□相唤，常在幽昧之中，似魑魅鬼物。又曰庐陵有木客鸟，大如鹊，千百为群，不与众鸟相厕，云是木客所化。"② 木客常与木客鸟相连，也使得木客更为神秘。

广东山都木客的记载，最早可见的郭璞所注《山海经》中的"交州"，但与赣州之南康并提，独立出现则始于宋代乐史的《太平寰宇记》："凤凰山，一名翔凤山，有凤凰水，昔有爰居来此集，因名之。山多相思树，有神形如人，披发迅走。《山海经》云：南方有赣巨人，人面长唇，黑身有毛，反踵，见人笑亦笑，笑则唇蔽其面，因即逃也。"③ 清代的邓淳在介绍凤凰山时，明显受其影响，指出："凤翔山，一名翔凤山，昔有爰居来集，因名。下有凤凰水，山多相思树，树中有神，形如人，被发迅走。"④ 广东的山都木客多集中于惠潮一带，潮州的山都也不与人往来，其他特征与赣南相似。此外，祝穆在《方舆胜览》中再次引用上述《山

---

① （宋）李昉：《太平御览》卷八百八十四《神鬼部四·鬼下》。
② （唐）徐坚：《初学记》卷八《州郡部》，中华书局 2004 年版，第 189 页。
③ （宋）乐史：《太平寰宇记》卷一百五十八《岭南道二·潮州》，《影印清文渊阁四库全书》史部 228 地理类第 470 册，第 474 页。
④ （清）邓淳：《岭南丛述》卷六《群山·凤翔山》，清道光间刻本，厦门大学古籍室藏，第 6b 页。

海经》的话，说明潮州有山都。屈大均是清朝广东人，他记载了大量岭南风物，尤其以《广东新语》最为流传。在这本广为人知的书中，也记载了岭南的山都，他们又名人熊。胸前有熊白，能使黄发变黑，此外他还透露一种杀取山都的方法。其文如下：

> 岭之南，熊有三种，曰人熊，曰猪熊，曰狗熊，……人熊即狒狒，多力而好笑，一名山笑，见人则笑不止，以投其嗜也。胸间有脂绝美，名熊白，人患发毛黄者，以熊白一升涂之，伏床底，食顷即尽黑。有嚻嚻者，如人面，唇黑，身有毛，反踵，见人亦笑，笑则上唇掩目，大者丈余，俗呼为山都。邝氏云：山都，形如昆仑，青毛有尾，见人辄闭目，张口而笑，嚻嚻见人则握手而笑，人以竹筒置臂，姑与之握，握则必笑，笑而上唇掩目，因曲臂以锥穿其唇于额，格而杀之。①

山都各地别名极多，如狒狒、山笑、人熊、山魈等。文中提到的邝氏应是指明朝《赤雅》的作者邝露，但《赤雅》中并不见山都记载，倒是记载作者在广西恭城亲眼见到木客。"木客，形如小儿，予在恭城见之，行坐衣服不异于人，出市作器，工过于人。"② 修于明朝增补于民国的《罗浮志》也说，苏东坡描写当地的诗中屡用木客事，如"木客馈山殽"，又云"山中惟木客"，故而认定"罗浮必有此族也"。③

有关福建的山都记载则集中于汀州、漳州。目前所见较早的记载见宋代乐史所撰的《太平寰宇记》："龙溪县，……九龙山，山下有水名九龙水。按郡国志云一名思侯山，皆有金溪水，山中多山魈，一名羊化子。"④ 文中所说的山魈与山都均为异名同物，各处记载可见，而羊化子之名则不多见。同时代李昉的《太平广记》中也记载了一个唐朝开元年间汀州刺史元自虚与山魈的故事。故事讲述了唐开元时汀州刺史元自虚上任后，有

---

① （清）屈大均：《广东新语》卷二十一《兽语·熊》，中华书局2006年版，第535—536页。
② （明）邝露：《赤雅》卷上《木客》，中华书局1985年版，第15页。
③ （明）陈琏，（民国）陈伯陶增补：《罗浮志》卷五《杂志下》，1920年刻本，厦门大学古籍室藏，第12b—13a页。
④ （宋）乐史：《太平寰宇记》卷一百〇二《江南东道十四·漳州》，第107页。

山魈化为八旬老者，自称萧老者，借居其厨房后树中，有吉凶事必先预报，一日萧老远行，将妻儿托给自虚照应，自虚知其为山魈，火烧其所居之树，待萧老回，为时已晚，萧老盛怒之下化为一虎，将元自虚府中百余人尽毙，自虚也和萧老一样孑然一身了。① 关于汀州的山魈不止于此，在洪迈的以记载奇闻逸事闻名的著作《夷坚志》中，对汀州的山魈亦有描述，将山魈描写为类似鬼物的东西，记载如下：

  汀州多山魈。其居郡治者为七姑子，倅厅后有皂荚树极大，干分为三，正蔽堂屋，亦有物居之。陈吉老为通判，女已嫁矣，与婿皆来。夜半女在床外睡，觉有撼其几者，颇惧，移身入里间，则如人登焉，席荐皆震动，夫妻连声呼有贼。吉老遽起，与长子录曹者偕往，无所见。诧曰：公廨守卫严，贼安得至，若鬼也，争敢尔？老兵马吉方宿直，命诣厨温酒。厨与堂接屋，马吉方及门，失声大叫。录曹素有胆气，自篝火视之，吉仆绝于地，涎液纵横，灌以良药，久之始能言，曰：一黑汉模糊长大，出屋直来压己，不知所以然。吉老犹不信，录曹见白衣人长七尺自厨出，趋堂开门而出，真以为盗，急逐之，而堂门元闭自若也。启之，又见其物开厅门去，复逐之，亦闭如故。洎至厅上，白衣径奏东箱卒伍持更处，一卒即惊魇，众救之已绝矣。后数年，赵子璋为倅摄郡，时属邑寇作，江西大将程师回。自赣上来逐捕，将班师，小休倅厅，出所携二妾与赵饮，正行酒，有小妾长才二尺许，褐衫素裙，缓步且前，程迎击以杖，乃一猫跃出，衣服

---

① （宋）李昉：《太平广记》卷三百六十一《妖怪三·元自虚》，《影印清文渊阁四库全书》子部351 小说家类第1045 册，第576 页。全文如下：开元中元自虚为汀州刺史，至郡部，众官皆见有一人，年垂八十，自称萧老，一家数口，在使君宅中，累世，幸不占厅堂，言讫而没，自后凡有吉凶，萧老必预报，无不应者。自虚刚正，常不信之。而家人每夜见怪异，或见有人坐于簷上，脚垂于地，或见人两两三三空中而行，或抱婴儿问人乞食，或有美人浓妆美服，在月下言笑，多掷砖瓦。家人乃白自虚曰：常闻厨后空舍是神堂，前人皆以香火祀之，今不然，故怪异如此。自虚怒，殊不信。忽一日，萧老谒自虚，云：今当远访亲旧，以数口为托。言讫而去。自虚以问老吏，吏云：常闻使宅堂后枯树中有山魈。自虚以令积柴与树齐纵火焚之。闻树中冤枉之声不可听。月余，萧老归，缟素哀哭，曰：无何，远出委妻子于贼手，今四海之内，孑然一身，当令公知之耳。乃于衣带解一小盒，大如弹丸，掷之于地，云：速去速去。自虚俯拾开之，见有一小虎大才如蝇，自虚欲捉之，遂跳于地，已长数寸，跳掷不已，俄成大虎，走入中门，其家大小百余人尽为所毙，虎亦不见，自虚者亦一身而已。

皆委地。①

在洪迈的这本志怪小说中,讲述了通判陈吉老遇到山魈的故事,此外,又以赵子璋与陈师回所见山魈故事补充,将汀州山魈描写得活灵活现,隐含了唐宋时代汀州在当时文人眼中的印象。

明朝李时珍作《本草纲目》时所引狒狒条也说福建有山魈,"闽中沙县幼山有之,长丈余,逢人则笑,呼为山大人,或曰野人,及山魈也"。②沙县在闽中,与汀州相去不远。清代谈迁作《枣林杂俎》所引明代何乔远的《闽书》则记载了汀州山都有三种:

  汀州郡治初造大树千余,其树皆山都所居,有三种,下曰猪都,中曰人都,其高者为鸟都,即如人形而卑小,男妇自为配偶。猪都皆身如猪,鸟都人首能言,闻其声不见其形。人都或时见形,当伐木时,有术者周元大能禹步,为厉术,以左合赤索围木而砍之,树仆剖其中,三都皆不能化,执而煮之牛镬内。③

山都又分为猪都、鸟都、人都,他们在居住空间上有等级,在行为智商上似亦有高低之分,而且这一则消息一直为福建各地的方志所传抄。

从史料上说,赣闽粤毗邻区的山都木客为多,从魏晋南北朝直至晚清,但对于山都木客到底为何物则众说纷纭。因不同作者的认识,各种史料也作了不同分类。其中不外乎神鬼妖、动物与人类三种。

(二)类型学中的山都木客

山都木客首见于晋代记载,后世也多有传抄,但后世学者却基本未曾目睹,山都木客基本上还保持着魏晋南北朝的形态。因为元典性的记载中未曾对山都木客进行过细的描述与明确的分类,使后世学者纷纷揣测,按各自的理解进行分类,故而,在山都木客属性的探讨上有较多说法。

---

① (宋)洪迈:《夷坚乙志》卷七《十一事·汀州山魈》,《续修四库全书》1265 子部小说家类,上海古籍出版社 1995 年版,第 646—648 页。
② (明)李时珍:《本草纲目》卷五十一下《兽之二·兽类十四种》,《影印清文渊阁四库全书》子部 80 医家类,第 774 册,第 519 页。
③ (清)谈迁:《枣林杂俎》义集《山都》,《续修四库全书》1135 子部杂家类,上海古籍出版社 1995 年版,第 30—31 页。

首先，因为山都木客被记载有如此别致的体形与行为，许多人将其归入神鬼类。

晋代干宝《搜神记》认为山都"常在幽昧之中，似魑魅鬼物"。① 后人在分类上就索性将山都木客归入鬼部，如对山都木客进行大量引述的李昉在《太平御览》中就认为木客虽说话像人，但"遥见分明，近则藏隐"，而山都也能"变化隐身，罕睹其状"，故而认定他们绝非人类，应是鬼物。《太平寰宇记》引《异物志》也说山都"幽昧之中亦鬼物也"。② 李时珍在《本草纲目》中，李贤在《明一统志》中，都说他们是"鬼类"。而清代《江西考古录》的作者王仁圃更是花费一番力气考证，"今考《尔雅》狒狒言兽，《山海经》枭阳言人，郭注并以为即山都，则又神怪之属矣"。王氏还旁征博引，并引赣县两兄弟砍山都所居之树而致住宅荡尽的故事，"证明其为神怪无疑"。③ 据杨澜的记载，汀州至清朝还有山都木客之怪，时时出没作祟，只得请张天师驱除了，"汀木客乃独脚鬼，见《集韵》，此为木魅，乃妖也。今尚有之，时时出作祸祟，搅扰人家，至令人不能堪，则赴上清宫求张天师驱除之"。④ 因此，他基本上认为汀州的山都木客为山鬼，在写作中也将他们归入《山鬼淫祠考》中。

正因为山都木客身份不明，人们对其认识不清，故而，山都木客所居之地也变得有些禁忌。如在汀州："今汀中畲客所占之地，多在山水严恶之处，天日阴晦，草树溟蒙，其中鬼魅混迹，与人肩摩往来，恬不避忌。内地人力作其间，偶或触犯，焚香楮谢之，亦即平善。"⑤ 这时既有族群的界线，也有观念中物种的差异，山都木客所在之地是清代畲客的居所，而内地人即指汉人，他们不小心触犯了山鬼，须采取一定办法解除祸害。其实这种对山都木客的畏惧与防范早已有之。如在元末明初的一份介绍道派法术的书中便显示有一种专门对付木客山魈的符，此外还有其他一些符

---

① （晋）干宝：《搜神记》卷十二，中华书局1985年版，第85页。
② （宋）乐史：《太平寰宇记》卷一百〇九《江南西道七·吉州·庐陵县》，第165页。
③ （清）王仁圃：《江西考古录》卷九《神异·山都》，据清乾隆三十二年（1767）原刻，光绪十七年（1891）重刊本影印，成文出版社，第434—438页。
④ （清）杨澜：《临汀汇考》卷四《山鬼淫祠考》，光绪四年（1878）刊本，福建师范大学古籍室藏，第43a页。
⑤ 同上书，第48a页。

也有类似的功能。①

其次,山都木客也常被认为是动物。

最早介绍山都木客的史料中,山都与狒狒名异而实同,故而后世一讲山都,则必讲狒狒,狒狒与猩猩等动物又常被一并提起,山都与动物之关系也就显得极其暧昧了。如清朝方以智在《通雅》中就说:"猩猩或作狌狌,狒狒或作费费,髑髑,一曰赣噪阳,枭羊、山都、吐喽、土蝼。"②山都有如此多的称呼,人们常将它们混淆,清代陈元龙在《格致镜原》中就直接说山都为"怪兽"。③而屈大均记载的史料表明,在广东,人们还把人熊称作山都,人熊又总称为熊,故而也是易错的一个原因。④木客所见皆较具人形,但人们又常将他与木客鸟作一类进行讨论。如宋代《锦绣万花谷后集》中引《异物志》:"庐陵有木客鸟,大如鹊,千百为群,不与众鸟相厕,云是木客化作。"⑤

此外,观念中将山都作为人类的山都木客虽记载很少,却颇有分量。从前文可知,山都常被描写成形如人,有男有女,有喜怒哀乐,有着似人的一些特征。木客更因其能与人交易并传说会作诗,令人们惊叹不已。宋代诗人苏轼曾写过一首木客的诗,被人广为传抄,其诗为:"回峰乱嶂郁参差,云外高人世得知。谁向空山弄明月,山中木客解吟诗。"⑥苏轼的这首诗是他《虔州八境图》中之一首,虔州即今赣州,而诗中所谓的"山中木客解吟诗"则出自另一个典故。据说唐代徐铉小说中记载,鄱阳山中有木客,自言是秦时造阿房宫采木者,食木实遂得不死,时就民间饮酒,写了一首诗:"酒尽君莫酤,壶倾我当发。城市多嚣尘,还山弄明

---

① (元)佚名:《法海遗珠》卷三《太乙火府秘法·治木客山魈符》,明正统道藏本第26册,文物出版社1988年版,第736页。
② (清)方以智:《通雅》卷四十六《动物·兽》,清光绪六年(1880)桐城方氏重刻本,厦门大学古籍室藏,第5a—5b页。
③ (清)陈元龙辑:《格致镜原》卷八十三《兽类二·狒狒》,清刻本,厦门大学古籍室藏,第4b—5a页。
④ (清)屈大均:《广东新语》卷二十一《兽语·熊》,第535—536页。
⑤ (宋)佚名:《锦绣万花谷后集》卷六《吉州》,《影印清文渊阁四库全书》子部230类书类第924册,第557页。
⑥ (宋)苏轼:《虔州八境图》,载《东坡全集》卷九《诗六十七首》,《影印清文渊阁四库全书》集部46别集类第1107册,第154页。

月。"① 苏轼所记木客吟诗则出自此典，宋代吕祖谦在注东坡诗的时候将这一典故引入文中，并认为，鄱阳属饶州，而苏轼诗则言虔州事，大概是因为虔州有木客，所以如此吧。明代《赤雅》作者邝露更说自己曾在广西恭城见过木客，并有诗作：

木客，形如小儿，予在恭城见之，行坐衣服不异于人，出市作器，工过于人。好为近体诗，无烟火尘俗气。自云秦时造阿房宫采木，流寓于此。予尝见其赋细雨云："剑阁铃逾动，长门灯更深"，又云："何处残春夜，和花落古宫。"②

邝露所见之木客不但形貌似人，且诗作精美，联系到唐代小说记载木客吟诗一事，邝露也惊叹其"诗学渊源，其来远矣"。基于以上各种记载，与邝露大致同时代的人魏濬在其著作《西事珥》中就断定："此种类非鬼也。"③

从前人对山都木客记载与分类中可以看出，山都木客的记载最早出现在魏晋南北朝时期，至唐宋尤其是宋代出现大量记载，明清渐少，人们对山都木客的描述基本上本于魏晋南北朝，之后的文人涉及山都木客也基本是出现在对前人的理解与注解中。后世对于山都木客的形象认识及其记载只是基于对元典文献的想象与发挥。尽管在明清时期还出现过少量文人记载亲见山都木客，如明代邝露与清代杨澜，但笔者认为，邝露所著之《赤雅》记载了作者在广西的许多耳闻目睹，但不足以证明他所说的"木客"就是魏晋时的木客，有可能将当地土著对应于古人的记载，也是基于对文献的理解与想象，而杨澜所谓汀州之山都木客，则基本上是山鬼形象了，触犯了他们还须焚香祷告以解除危险，看似绝非人类。何况，最初记载山都木客的《山海经》《述异志》等皆具神话色彩，后世之人将其视为故有事实，对其进行发挥，故而，笔者认为，对唐宋之后而言，山都木客对应的并非实体性的人群，而是人们对赣闽粤交界区早期人群的想象。

---

① （宋）吕祖谦：《观澜集注》乙集卷五《诗·东坡诗》，清嘉庆宛委别藏本第108册，江苏古籍出版社1988年影印本，第493页。

② （明）邝露：《赤雅》卷上《木客》，第15页。

③ （明）魏濬：《西事珥》卷七《木客》，《四库全书存目丛书》史部第247册地理类，齐鲁书社1996年版，第808页。

第三章 宋元赣闽粤毗邻区的动乱与族群发展

在历史记载中，闽、粤、赣交界区生活的人群历来与众不同，消失在历史中的越人，神秘的山都木客，动乱不停的峒民，"善惊喜斗"的畲丁溪子，以及极力寻求血缘正统性的客家人等都各有特征。在人们观念中，居住在这个区域的人群在明中期以前与王朝都保持着较为松散的关系，甚至很多时候是对抗的姿态。地理上的边陲常常使人联想到文化上的阶序，王朝中心代表了一套正统的文化，而边鄙之地则延续其低人一等的传统，这在众多的历史表述中已是显而易见的事。因为这种事实与理念的双重混合，居于边陲的人群也常被贴上各种标签，以此圈定华夷的界限。在宋元之时，表现最为明显的莫若峒的问题，与峒紧密相关的另一用语则是"寇"。见诸史端，南方诸峒之乱与其他动乱一样，似乎一直就是宋朝入骨却又挠不到的痒。峒民之乱被看作朝廷不曾结痂的伤，安定一处，又引发他处，故宋代论及南方诸峒，都与乱并行。

第一节 宋代的"峒寇"

所谓峒，是指自然地理上的山间盆地，文献中常见"峒蛮"、"峒寇"、"峒獠"、"溪峒"等合称，因此，峒是一种带有族群区分色彩的用语。它特指南方土著族群的居住地。清朝杨澜就说："洞者，苗人散处之乡。"[1] 苗人亦即南方土著族群的代称，而峒与洞也常通用，但并非指山洞之意。李荣村通过对"溪峒"一词的含义及其演变进行探究，认为："唐宋时凡近山的蛮夷住地、聚落或羁縻州洞等都可称作峒，又称溪峒，

---

[1] （清）杨澜：《临汀汇考》卷一《方域考》，第14a页。

也就是蛮洞的意思，但绝不当作狭义的洞穴解释。"① 并一步指出："宋代溪峒一词多指作蛮夷或其居住地，以与汉人居住的省地有所区别，因此，省民十之八九应是汉人，而峒民则十之八九多属蛮夷。"② 狭义的溪峒蛮其实是特指居住于五溪地区的土著③，但事实，峒民也常泛指南方土著。顾炎武在其《天下郡国利病书》中说：

  峒獠者，岭表溪峒之民，古称山越。唐宋以来开招寖广，自邕州以东，广州以西，皆推其雄长者为首领，籍其民为壮丁。其余不可羁縻者，则依山林而居，无酋长版籍，亦无年甲姓名，以射生物，凡活虫豸能蠕动者，皆取食之，谓之山獠。《虞衡志》所谓"蛮之荒忽无常者也"。其酋长有版籍者，颇知婚姻，每以奴婢各一人为聘，无则以铜镜当之。攻剽山獠，及博买嫁娶，所得生口，男女相配，给田便耕，教以武伎，世世隶属，谓之家丁；以渐役于马前牌总，谓之峒丁。④

  宋代这些非汉人群与王朝保持一种羁縻关系，与官僚体制结合，由他们本来的"雄长者"担任首领，而事实上也是在唐末五代到宋初，溪峒蛮社会形成了由种族集团组成的基层权力机构⑤，但这种与朝廷松散的关系并不能时时保证其听命于王朝，故而，他们也时常与另一些为朝廷无法控制的散居山林的非汉人群一起冲击王朝统治薄弱的地方。宋元时期，赣闽粤交界区的峒寇问题颇为频繁。唐代，汀州就曾发生"黄连峒二万蛮獠围汀州"之事，遂有"唐开元二十四年，开福、抚二州山洞置汀州"⑥之举，而至"宋绍熙中，上杭峒寇结他峒为乱，州判赵师瑟擒其渠魁。而宋季张世杰会师讨蒲寿庚，有许夫人统诸峒畲军来会，汀畲亦在军中"。⑦

---

① 李荣村：《溪峒溯源》，（台北）《"国立"编译馆馆刊》1971 年第 1 卷第 1 期，第 23 页。
② 同上书，第 20 页。
③ ［日］冈田宏二：《中国华南民族社会史研究》，赵令志、李德龙译，民族出版社 2002 年版，第 404 页。
④ （清）顾炎武：《天下郡国利病书》，《广东下·峒獠》，《续修四库全书》597 史部地理类，上海古籍出版社 1995 年版，第 359 页。
⑤ ［日］冈田宏二：《中国华南民族社会史研究》，第 415 页。
⑥ （宋）乐史：《太平寰宇记》卷一〇二《江南东道十四·汀州》，第 107 页。
⑦ （清）杨澜：《临汀汇考》卷三《畲民附》，第 29b 页。

峒与峒之间常相互联络，致使一发不可收拾。如宋朝许应龙知潮州时，"盗陈三枪起赣州，出没江、闽、广间，势炽甚，而盗钟全相挺为乱"。而与此同时，潮州"距州六七十里曰山斜，峒獠所聚，丐耕土田不输赋，禁兵与哄，应龙平决之"。① 据谢重光猜测，畲与斜是方言中同音同义的异体字，"山斜"可能就是"山畲"的土音读法②，若如此，则此处之峒獠当为畲民。另据郑振满、张侃的研究表明，闽西历史上的"峒"，实际上是指"苗"或"畲"的聚居地。③ 陈森甫则通过考察江西西南山地之畲蛮，认为，当地之峒，时至"南宋晚年，仍见时出劫掠作乱，迄于明代，为王阳明重创后，遂一蹶不振，然其孑遗，仍可知为畲瑶族群，而在江西则多为畲民"。④

而事实上这些所谓的峒獠若不互相呼应，也不敢轻有动作，如宋朝陈元晋就指出：

> 南安峒中前是赤水疋袍之民凭负险阻，怙终喜乱。然非六保水路诸峒之人与之附和，亦不敢轻有动作。访闻六保水路峒丁多欲安靖以保家室，各家以栽种姜蘖为生。前日傅元一之徒迫胁六保之人，拔其姜蘖，强之从乱而不肯从，亦见其间非必尽无忌惮。⑤

据陈元晋言，傅元一乃是继嘉定间罗孟二、李元砺之后的又一大盗，以傅为首，聚集三四千人之众。这里所反映的其实就是一些所谓从乱者的不得已的苦衷。受人胁迫而从乱，这虽一方面为增强势力，另一方面也是由于当时招安之举，许多峒民因见招安之利，起事时就胁迫仇家或弱者为首，招安时坐享其利，进退两便，宋朝陈元晋就认识到这一问题：

> 近年峒民习见官司招安之利，偶有争斗，因至仇杀，犯罪难逃，便欲出关集众，出草生事。然行关揭旗，或取其乡有仇之家，或捉押

---

① （元）脱脱：《宋史》卷四百一十九《列传第一百七十八·许应龙》，第12553—12554页。
② 谢重光：《畲族在宋代的形成及其分布地域》，《韩山师范学院学报》2001年第1期。
③ 郑振满、张侃：《培田》，生活·读书·新知三联书店2005年版，第17页。
④ 陈森甫：《宋元以来江西西南山地之畲蛮》，（台北）《"国立"编译馆馆刊》1972年第1卷第4期。
⑤ （宋）陈元晋：《申措置南安山前事宜状》，载《渔墅类稿》卷四《书》，《影印清文渊阁四库全书》集部115别集类第1176册，第804页。

愚蠢单独之夫，出名为首，迫胁起事。其用心以为官司若欲穷捕，则祸归主首之人，若欲招安，则可推出以尝试官府，而其中实专进止实行，关集之贼，遂可免祸得利。①

陈元晋针对的是南安的峒寇，在宋代的赣闽粤之交，赣南的峒寇问题也是最为严峻的。刘克庄在为宋明著名提刑官宋慈②撰写的墓志铭中就说："南安境内三峒首祸，毁两县二寨，环雄、赣、南安三郡数百里皆为盗区"③，因此，当刘克庄有友人要来江西上任时，他作如下嘱咐："闻说江西路，而今不宿师。省民来着业，少府去吟诗。夜月营门鼓，春风谢圃旗。虽然溪峒事，闲暇要先知。"④

明代嘉靖年间谭大初所修的《南雄府志》也多次述及宋朝时江西之峒犯境⑤，南雄与赣南之南安紧临，两地之寇常常互相逃窜。

  峒民作过，非如他贼，相扰能四出为乱，近则出至南安南康、大庾诸邑，远则出至南雄韶州管下，才有所得，即便归峒，正如鼠状，不敢离穴。虽然不能为乱，而常足以致乱。⑥

而宋刘克庄记载赵必健为宁都县丞时：

  剧贼陈淮西、罗洞天聚众出没赣、汀、潮、梅数州郡，檄令合官民兵讨之。公议：此曹散，则一夫可擒；聚则大兵难胜之，当徐图。乃遗间设计，以携其党，渠帅以次就缚，贷余党不问。罗畲峒首黄应德久负固，亦请出谒，公延见，享劳之，感泣辞去。已而邵农至其所，应德曰："吾父来矣"，率妻子部曲罗拜，愿附省民输王租，迄

---

① （宋）陈元晋：《申措置南安山前事宜状》，载《渔墅类稿》卷四《书》，《影印清文渊阁四库全书》集部 115 别集类第 1176 册，第 805 页。
② 宋慈（1186—1249），字惠铁，建阳人，是我国宋代著名的法医学家，一生办案无数，并著有《洗冤录》。宋嘉定十七年（1224），刘克庄任建阳会时结识了宋慈，并结不了兄弟之情。
③ （宋）刘克庄：《宋经略墓志铭》，载《后村先生大全集》卷一百五十九《墓志铭》，《四部丛刊初编》，上海书店出版社 1989 年版。
④ （宋）刘克庄：《送人赴庐陵尉》，载《后村先生大全集》卷三《诗》。
⑤ （明）谭大初撰：《南雄府志》上卷《纪一·郡纪·宋》，明嘉靖二十一年（1543）刻本，上海书店出版社 1990 年影印，第 41—42 页。
⑥ （宋）陈元晋：《申措置南安山前事宜状》，载《渔墅类稿》卷四《书》，第 803 页。

公去溪峒无反仄者。①

峒民散则无事，聚则无可抵挡，无论陈元晋还是刘克庄都对此有深刻认识，因此也都主张在其未萌发之时扼杀，方大琮也言："港汊太杂则有蛮疍，山峒高阻则有猺，数州合界则有寇攘。然随其萌芽才剪，辄散亦不能为害。"② 如或等到其发作，则为时已晚，如宋朝："皇佑间，盗发溪峒，岭海数十州官吏皆望风遁去。"③

峒与蛮常常指称同一群体，因此峒乱常被看成是化外对化内的挑战，而黄志繁对宋代赣南峒寇的研究认为，所谓"峒"与"非峒"之间的差别不是种族，而是文化上的"汉"与"蛮夷"的分野，而区分汉与非汉的关键一点，可能在于是否如省民一样承担同样的赋税。④ 支持这一说法的史料也时常可见，如宋李焘《续资治通鉴长编》中所说："不事赋役，谓之猺人。"⑤ 黄志繁其实提示了文化史的制度根源。笔者认为，以峒来指称这群不与王朝合作的人群，其实反映了一种地域等级上的人群划分，将峒与蛮建立政治话语上的联系，居于这一区域的人群则在其风俗行为上被冠以明显"蛮野"印迹。宋代著名大臣李纲就把动乱的"虔寇"看作不知王化的溪峒之民，其言为："虔贼累年出没作过，正如溪洞猺人不复知有王化。"⑥ 而朱辅将这种不属王化的地方称为生界："去州县堡寨远，不属王化者，名生界"⑦，生界与熟界形成对比，同为非汉人群聚居地，只不过与汉人往来密切程度有异。宋代的岭南就被认为："五岭之际，地广民悍，内据溪洞，外接蛮夷，告讦寇攘，习以为俗。"⑧ 因此，不论生

---

① （宋）刘克庄：《英德赵使君墓志铭》，载《后村先生大全集》卷一百○六《墓志铭》。
② （宋）方大琮：《郑金部（逢辰）》，载《宋忠惠铁庵方公文集》卷十八《书》，书目文献出版社1998年版，第528页。
③ （宋）刘克庄：《重建忠景赵侯庙记》，载《后村先生大全集》卷九十一《记》。
④ 黄志繁：《"贼""民"之间——12—18世纪赣南地域社会》，生活·读书·新知三联书店2006年版，第67页。黄志繁、胡琼：《宋代南方山区的峒寇：以江西赣南为例》，《南昌大学学报》2002年第2期。
⑤ （宋）李焘：《续资治通鉴长编》卷一百四十三《仁宗》，第3430页。
⑥ （宋）李纲：《乞差兵会合措置虔寇奏状》，载《梁溪先生文集》第14册卷九十四，北京图书馆出版社2004年版，厦门大学古籍室藏，第13a页。
⑦ （宋）朱辅：《溪蛮丛笑》，《影印清文渊阁四库全书》史部352地理类第594册，第49页。
⑧ （宋）徐铉：《唐故左右静江军都军使忠义军节度建州观察处置等使留后光禄大夫检校太尉右威卫大将军临颍县开国子食邑五百户陈公墓志铭》，载《徐骑省集》卷十六，《四部丛刊初编》132集部，上海书店出版社1989年版。

界熟界抑或汉人,居于此处之人都被认为民风强悍,俗杂五方。如元人刘鹗对南雄的认识就颇具代表性,其言:

> (南雄府治)负郭始兴去城百二十里,而远僻在万山间,与韶之翁源、赣之龙南、信丰相接,溪峒险恶,草木茂密。又与他郡不侔,故其人为獠,暴如虎狼。至如寻常百姓,渐摩熏染,亦复狼子野心,不可以仁义化也。①

相对中央而言,地域的悬远也造就了文化与人群的低劣。溪峒之地作为地域等级中较低的一端,所对应的人群也被认为具有某种人类原初的动物性,所谓"暴如虎狼",其实已在人性的话语中将其降格。而这种低端的地域等级甚至被认为具有某种"污染性"的危险,非但峒民如此,连居于其地的汉人也成了"狼子野心,不可以仁义化也",等级在此得到彰显。如广东:

> 近年以来,民化猺獠之俗者又半,视礼乐者为迂阔,弄刀兵如儿戏,苟抚字无方,则啸山林,泛江海,相胥起而为盗,故广东视他道,号称难治。②

因为峒与非峒的界限是如此模糊,不但邻近百姓与其来往,就连久为汉文化浸染的士人也在所难免。就如陈元晋在处理吉州事务时,邻近湖南鄱县就发生士人相与为"乱"之事:

> 因县令陈秉义者科敛苛刻,致失人心,奸民喜乱,遂借断治划船不平事为名,哄集徒党,越境劫掠。亦有无行止士人从而教揉,作为诗赋,遍贴鼓惑,凶暴随之,其徒日众。③

对于地域社会而言,所谓峒寇之乱可能只是族群内部矛盾的外化表现而已,只是此时其影响大于以前,以致为王朝所虑,故而派官兵或剿或

---

① (元)刘鹗:《南雄府判琐达卿平寇诗序》,载《惟实集》卷二,第305—306页。
② (元)刘鹗:《广东宣慰司同知德政碑记》,载《惟实集》卷三,第310页。
③ (宋)陈元晋:《申省措置峒寇状》,载《渔墅类稿》卷四《书》,第805页。

抚，但正如黑风峒之乱一样，其最初起因其实并非是与王朝的冲突，而只是各峒各派之间内部矛盾引发的火拼①，这在其他地方也很常见，如宋乐史《太平寰宇记》中所记："通典云：五岭之南，人杂夷獠，不知教义，以富为雄，铸铜为大鼓，初成，悬于庭中，置酒以招同类，又多构仇怨，欲相攻击。"② 当这种影响达至中央，引起朝廷重视，其性质则不再是单纯的地方内部事务了，而上升为影响国家秩序的事件了。但事实上，即便是惊动王朝官府，所谓"动乱"可能只是知识精英们对边陲地域的一种政治话语的表达。只有发展到对抗中央，才代表地方与王朝的一种较量。

第二节 元代的"畲乱"

历史上的畲民与峒民之间有着较为密切的关系，但对于其具体而确切的关系，却因史料的缺失而无法作进一步的探讨，关于畲民族源与形成有多种说法，但基本还是认为形成于唐宋，学者们对于畲族的来源、迁徙及流变进行广泛论述，也因他们穷根溯源的不懈努力，拓清了许多历史问题。宋元时代，人们对畲民的描述更多的还是基于地域性动乱的角色，人们对畲与峒的"乱"的描述有着某种地域性的承继。

一 唐宋时代之畲民

时至今日，学术界一般认为，畲作为一个族群形成于唐宋，其早期书写有畲、輋等，而南宋刘克庄的《漳州谕畲》是现存文献中最早称其为畲民的，且明确地将其作为一个独立的族群。也有研究者认为，畲作为一个族群，其实早在唐末就已见诸史料。③ 支持这一说法的证据就是唐代南岳玄泰禅师的《畲山谣》：

畲山儿，畲山儿，无所知，年年斫断青山眉。就中最好衡岳色，

---

① 李荣村：《黑风峒变乱始末——南宋中叶湘粤赣间峒民的变乱》，载《宋史研究集》第六辑，（台北）"国立"编译馆出版 1986 年再版，第 497—545 页。
② （宋）乐史：《太平寰宇记》卷一百五十七《岭南道一广州·风俗》，第 465 页。
③ 谢重光：《畲族在宋代的形成及其分布地域》，《韩山师范学院学报》2001 年第 1 期；谢重光：《宋代畲族史的几个关键问题——刘克庄〈漳州谕畲〉新解》，《福建师范大学学报》2006 年第 4 期。

杉松利斧摧贞枝。灵禽野鹤无因依,白云回避青烟飞。猿猱路绝岩崖出,芝术失根茅草肥。年年斫罢仍再锄,千秋终是难复初。又道今年种不多,来年更斫当阳坡。国家寿岳尚如此,不知此理如之何。①

因为南岳玄泰禅师"尝以衡山多被山民斩伐烧畲,为害滋甚,乃作《畲山谣》",据《五灯会元》载因为玄泰禅师此诗"远迩传播,达于九重,有诏禁止。故岳中兰若无复延燎,师之力也"。把这种在山间烧畲的山民称作"畲山儿",确实能从中看出某些族群意象,但笔者认为,"畲山儿"之"畲"字可解释为动词,也即是烧畲之人的意思,此处之"畲山儿"乃是一种对烧畲人群的称呼,其诗所指之地亦在衡山,所指人群有可能即当日之"猺",尽管其与畲民有着特殊的亲缘关系,与后来赣闽粤之畲或许同源,却并非指后来意义上的"畲民"。这种表达正如刘禹锡的《畲田行》一样,讲的是一种劳作方式:

何处好畲田,团团缦山腹。钻龟得雨卦。上山烧卧木。惊麇走且顾,群雉声咿喔。红焰远成霞,轻煤飞入郭。风引上高岑,猎猎度青林。青林望靡靡,赤光低复起。照潭出老蛟,爆竹惊山鬼。夜色不见山,孤明星汉间。如星复如月,俱逐晓风灭。本从敲石光,遂致烘天热。下种暖灰中,乘阳拆牙蘖。苍苍一雨后,苕颖如云发。巴人拱手吟,耕耨不关心。由来得地势,径寸有余阴。②

这种烧畲的耕种方式也被称作刀耕火种,广泛见于唐宋元时的南方地区。畲民一直以刀耕火种,直到清朝还有关于他们一山过一山的耕作方式的记载。但很清楚的是,这种耕作方式长期广泛地存在于我国南方,不能就此说明他们就独为畲民所有。

成书于南宋嘉定、宝庆年间(1208—1227)的《舆地纪胜》则记载了一种畬禾,该书在记载梅州景物时提到畬禾:

---

① (宋)普济:《五灯会元》卷六《青原下五世·南岳玄泰禅师》,中华书局1984年版,第314页。

② (唐)刘禹锡:《畲田行》,载《刘梦得文集》卷九《乐府》,《四部丛刊初编》118集部,上海书店出版社1989年版。

>菱禾，不知种之所自出，植于旱山，不假耒耜，不事灌溉，逮秋自熟，粒立粗粝，间有糯，亦可酿，但风味差，不醇。此本山客輋所种，今居民往往取其种而莳之。①

"菱禾"亦作"棱禾"，尽管不知种之所出，但后世一说起此物，便认为是畲民所种之食物。而上引所谓的"山客輋"被认为是畲民另一称呼，当然，另一种解释是，"山客輋"一词指的是种"輋"的一群"山客"。②但现存文献中真正以畲民称呼的，则始于刘克庄之《漳州谕畲》，其文成书于南宋理宗景定三四年（1262—1263），其文记载："凡溪洞种类不一，曰蛮、曰猺、曰黎、曰蜑，在漳者曰畲，……畲民不悦，畲田不税，其来久矣。"③ 这里记载的只是漳州的情况，其他地方未见。同在此文，作者记载了畲民之"乱"，而关于这种"畲乱"，也成为长期与畲伴随的用语，成为宋元时代对畲民的基本定位。

二 "叛乱"之畲

（一）刘克庄世界里的畲

当代民族史研究者都认为，刘克庄开始了将畲民作为一个族称，因此，南宋也成为畲民历史发展中关键的一页。更重要的，是向人们介绍了那一时代的士大夫眼中的"畲乱"，尽管刘克庄满带同情的语调使人们觉得，畲民确实是颇为冤屈的人群，但却无论如何也掩饰不了，畲民此时的"反抗"被大多数汉人视作"叛乱"命运的事实。其《漳州谕畲》文如下：

>自国家定鼎吴会，而闽号近里，漳尤闽之近里，民淳而事简，乐土也。然炎绍以来，常驻军于是，岂非以其壤接溪峒，茆苇极目，林菁深阻，省民山越往往错居，先朝思患预防之意远矣。凡溪洞种类不一：曰蛮、曰猺、曰黎、曰蜑，在漳者曰畲。西畲隶龙溪，犹是龙溪

---

① （宋）王象之：《舆地纪胜》卷一百〇二《梅州》，《续修四库全书》585 史部地理类，上海古籍出版社1995年版，第31页。

② Wing-hoi Chan, *Ethnic Labels in a Mountainous Region: The Case of She "Bandits"*, in Pamela Kyle Crosley, Helen F. Siu, and Donald S. Sutton ed., *"Empire at the Margins: Culture, Ethnicity, and Frontier in Early Modern China"*, Berkeley and Los Angeles: University of California Press, 2006, p. 261.

③ （宋）刘克庄：《漳州谕畲》，载《后村先生大全集》卷九十三《记》。

人也。南畲隶漳浦，其地西通潮梅，北通汀赣，奸人亡命之所窟穴。畲长技止于机毒矣，汀赣贼入畲者，教以短兵接战，故南畲之祸尤烈。二畲皆刀耕火耘，崖栖谷汲，如猱升鼠伏，有国者以不治治之。畲民不悦，畲田不税，其来久矣。厥后贵家辟产，稍侵其疆；豪干诛货，稍笼其利，官吏又征求土物、蜜蜡、虎革、猿皮之类。畲人不堪，诉于郡，弗省，遂怙众据险，剽掠省地。壬戌腊也，前牧恩泽侯有以激其始，无以淑其后。明年秋解去，二倅迭摄郡，寇益深，距城仅二十里，郡岌岌甚矣。帅调诸寨卒及左翼军统领陈鉴、泉州左翼军正将谢和各以所部兵会合剿捕，仅得二捷。寇暂退，然出没自若，至数百里无行人。事闻朝家，调守，而著作郎兼左曹郎官卓侯首膺妙选。诏下，或曰：侯擢科甲有雅望，宰岩邑有去思，责之排难解纷，可乎？侯慨然曰：君命焉所避之。至则枵然一城，红巾满野，久戍不解，智勇俱困。侯榜山前曰：畲民亦吾民也。前事勿问，许其自新。其中有知书及土人陷畲者，如能挺身来归，当为区处，俾安土著。或畲长能率众归顺，亦补常资。如或不投，当调大军尽锄巢穴，乃止。命陈鉴入畲招谕，令下五日，畲长李德纳款。德最反复桀黠者，于是西九畲酋长相继受招。西定，乃并力于南。命统制官彭之才剿捕，龙岩主簿龚镗说谕，且捕且招。彭三捷，龚挺身深入。又选进士张杰、卓庋、张椿叟、刘□等与俱。南畲三十余所，酋长各籍户口三十余家，愿为版籍民。二畲既定，漳民始知有土之乐。

余读诸畲款状，有自称盘护孙者。彼畲曷尝读范史，知其鼻祖之为盘护者？殆受教于华人耳。此亦溪峒禁防懈而然欤。侯参佐褒畲事颠末二卷，锓梓示余。昔汉武帝患盗贼群起，命御史大夫衣绣持斧以威之，曾不少戢，龚遂一郡守尔，既至郡，前日之盗皆解刀剑而持钩钽。侯初剖符，固欲用昔人治渤海之策，竟践其言。夫致盗必有由，余前所谓贵豪辟产诛货，官吏征求土物是也。侯语余曰：每祸事必有所激，非其本心。呜呼！反本之论，固余之所服欤。侯素廉俭，山前调度，需如猬毛起，专以苦节，不至乏绝。自奉如穷书生，吏议事，宾客清谈，不过文字，饮数行，未尝卜夜。时例卷多削去。其清苦有李公韶、徐公复二牧之风。昔张奂为安定都尉，羌帅有感恩遗奂马及金者，奂□其物，威化盛行。史谓羌性贪而贵吏清。呜呼！清白之吏，固畲之所贵欤。侯功成而无德色，惟为将佐僚属士友论功于朝曰：不赏，后无以使人。顷余亡友虚斋赵公为漳，民免丁钱，余尝大书于石。今卓侯夷难之功不下虚斋，乃本谕蜀之义，作谕畲记，使漳人刻石，与前碑角立。侯名德庆，字善夫，莆阳人。①

刘克庄（1187—1269），南宋人，字潜夫，号后村，莆田（今属福建）人。身为福建人的刘克庄为官多在赣闽粤诸州县，因此，他对这一地区描述颇为丰富，这在他所著的《后村集》中可见一斑。他曾知建阳县，因咏《落梅》诗得罪朝廷，闲废十年。后通判潮州，改吉州。中间虽于理宗端平二年（1235）授枢密院编修官，兼权侍郎官，但因故被免，后出知漳州，改袁州。从其为官经历可知，基本在赣闽粤三省各州县。因其曾知建阳县，故《武夷山志》对其有简略的记载：

> 刘克庄，字潜夫，莆田人。嘉定初以任子补宣教郎，知建阳县。历知漳州。淳祐六年赐同进士出身，以右文殿修撰知建宁府，历推工部尚书。……以龙图学士致仕，卒谥文公。曾游武夷，有诗，著《后村居士集》。②

《漳州谕畲》一文约成于宋理宗景定三年（1262）之后，即引文中所谓壬戌年（1262）之后。此文则是在他历任建阳、潮州、漳州之后所作，这些地区为当时畲人较多之处，又加上他本人为莆田人，因此，他对畲民的认识是较全面的。《漳州谕畲》一文显示，当时漳州之畲有二，一在龙溪，一属漳浦。文中主要记载的也就是刘克庄之同乡著作郎兼左曹郎官卓德庆平定漳州二畲之"乱"的始末及其对卓氏的高度赞扬。其中平定漳州二畲之事分别是：在壬戌年（1262）冬，西畲因前牧恩泽侯之激而起，战事发展迅速，朝廷所派之将兵无法剿捕，后调卓德庆前往，且捕且剿，终于使最"黠者"畲长李德收服，其余皆服，西畲遂定。既而"并力于南"。南畲因"其地西通潮梅，北通汀赣，奸人亡命之所窟穴。畲长技止于机毒矣，汀赣贼人畲者，教以短兵接战，故南畲之祸尤烈"。但亦用同样的办法，皆使畲人入版籍，二畲始定。而关于二畲起事的原因，刘克庄

---

① （宋）刘克庄：《漳州谕畲》，载《后村先生大全集》卷九十三《记》。
② （清）董天工撰：《武夷山志》卷十六《名贤上·官守》，据清乾隆十一年（1746）修，道光二十五年（1845）重刊本影印，成文出版社，第994页。

认为是:"畲民不悦,畲田不税,其来久矣。厥后贵家辟产,稍侵其疆;豪干诛货,稍笼其利,官吏又征求土物、蜜腊、虎革、猿皮之类,畲人不堪,恕于郡,弗省,遂怙众据险,剽掠省地。"完全是汉人们对其进行了先期的骚扰,才引发了畲民的反抗。卓德庆也认为"非其本心,"而文中主要将领卓德庆成为刘克庄极力赞扬的人物。文章后半部分基本也是以此为主。关于卓德庆,刘克庄还作专文进行赞美:

> 恭维某官,以黄甲名流居紫阳补处,以仁政代暴政,不数罟以取鱼,视畲民如省民,争解刀而佩犊。渤海之玺书甫下,中山之谤箧已兴;有歌咏发乎性情,无几微见于言面;古调铿鎯于郢曲,高轩领袖于洛英。某自顾尫残。①

对于畲民而言,卓德庆之"视畲民如省民"深得刘克庄同意。刘克庄在其诗中曾说过:"岩邑虽然人所畏,畲民均是物之灵。"② 尽管刘克庄时时提醒自己要将畲民与省民同等看待,但事实上,在其文中,这位以诗词著称、以理学闻名的莆田名士还是难免表现出对畲民的"另眼相看"。在刘克庄为时人林德遇所作的一篇墓志铭中,可见其对"畲寇"之乱的态度,节选如下:

> 漳守卓侯,德遇布衣交,累移文趣上,可留于幕,辞;俾督税务,辞;俾受秋输,又辞。适龙江书院山长奉檄校文族强,德遇亦以北溪讲贯,德遇摄事之地,乐与士交游处,乃就之。山长归,改摄漳浦令,辞。上登极循修职郎,会畲寇复出屈入,节制幕义,不得辞。时州家和籴以饷兵,委视出纳。德遇痛革奋弊,孔粒之微,官民两相交付,更不得一奉乎。一郡皆服,侯委任当才,亦服德遇清介,不负知己也。③

从刘克庄为林德遇所撰之墓志铭来看,林德遇与侯德庆恰好是布衣之交,这位出身名门、年轻有为的林德遇似乎对官场并不留恋,其布衣之交

---

① (宋)刘克庄:《卓刑部》,载《后村先生大全集》卷一百二十四《启》。
② (宋)刘克庄:《送方漳浦》,载《后村先生大全集》卷三十四《诗》。
③ (宋)刘克庄:《林德遇墓志铭》,载《后村先生大全集》卷一百六十二《墓志铭》。

侯德庆几番挽留，但总是推却，最后因"畲寇复出屈入"，不得不暂时留任。

无独有偶，刘克庄在对龙溪某官员上任五月即离去表示惋惜的同时，他也提到，在这位官员离任后，"畲祸作矣"，显然是统治者的语气。其文如下：

> 温陵庄君谦父宰龙溪，仅五月而去，而邑之寄公若士若民，皆咏歌叹美之，或汇成编帙以示余。今之邑，以三考为任，君之去，非有飞语中伤，亦无吏议督责，直以守将不相知，不忍奉行急符以厉民，宁怀檄而去。余虽不详君之县谱，而闻其去就，大致如此，固士民之所以翕然咏歌叹美者欤。君去，郡政益暴急。岁余，畲祸作矣。①

从刘克庄对畲民的表述中可知其对待畲民问题上的某种内心的紧张，"视畲民如省民"固然为其所推崇，但每有事发，却又忍不住显示其作为汉人的立场，而且同时，除了说畲民"刀耕火耘，厓栖谷汲"及"有自称盘护孙者"，基本都在讲述"畲祸"之起因及平定之经过。因此，整篇文章基本是对"畲乱"的描写。而终元之世，关于畲民的描写也就是在这个基调上。其中涉及的畲民之乱的事件主要有三件：陈吊眼、许夫人之畲兵；黄华之畲军；钟明亮之变。

（二）元朝之"畲乱"

终元之世，畲民常被指称为"寇"，尽管其间还因宋元易代，畲军曾与宋丞文天祥有过短期合作，但畲民最终还是难以逃脱"乱"、"寇"罪名。当代民族史研究对畲族的研究则完全颠覆这一说法，极力颂扬畲民抗元的勇气。新中国成立后，畲族史研究起于20世纪50年代民族识别之后，正当"阶级论"鼎盛之时，因此，史书中关于畲民之乱的话语全被颠覆为"反对压迫的农民起义"。在这些农民起义中，著名的有"陈吊眼、许夫人之抗元斗争"、"黄华领导的畲汉两族人民联合抗元"及"钟明亮起义"等，影响巨大。② 有研究者将其作了进一步推进，认为这些反

---

① （宋）刘克庄：《庄龙溪民谣》，载《后村先生大全集》卷一百一十《题跋》。
② 蒋炳钊：《畲族史稿》；陈元煦：《元初福建畲汉两族人民的抗元斗争》，《福建师范大学学报》1986年第4期。

元斗争并非为了复宋，而完全是因为不堪忍受政府和官吏的盘剥。①

事实上，畲民之乱以前，赣闽粤这一区域就一直是多事之处，宋代的"峒乱"与元代的"畲乱"可以说一脉相承，伴随宋元始终。但很多时候，这些所谓的"峒乱"代表的并非族群而只是文化，国家能控制之人称为民，而国家无法控制之人则称峒称畲，他们之间的界限更多的是认同。在宋代张守的一份关于处置虔州（今赣州）动乱的奏书中可以看到，赣闽粤交界区在宋代一直就是国家的动荡之区：

臣伏见朝廷连年发遣兵将讨荡虔贼，宜其稍有惩艾，渐安陇亩。近乃复有钟十四与郭四闲等啸聚于瑞金、会昌之间，往来福州、广东境上，江西、福建帅司各已遣兵措置。窃缘虔州诸邑之民素名凶悍，小有嫌怨，便相仇敌，加以兵火之后，流离失业，民心易摇，其间虽有善良，既被侵迫，无以自存，势不得已，因而从之。遂致阖境之内，鲜有良民。而又虔之为郡，介于闽、广、江西三路之间，地形险阻，山林深密，贼知官兵之至，则云散鸟没，无由追袭，官兵一退，则又复啸聚，故得迁延岁月，而汀、梅诸郡岁被侵扰，三路备御，未有休息之期。②

汀、赣、潮、梅一直以来以地势相连，林深地险闻名，《宋史》中也曾提到，潮州"距州六七十里曰山斜，峒獠所聚，丐耕土田，不输赋，禁兵与哄，应龙平决之"。③ 据谢重光的猜测，畲与斜是方言中同音同义的异体字，"山斜"可能就是"山畲"的土音读法④，而《罗浮书》在张九钺的罗浮诗后注云："畲、輋，俗皆读如斜。"⑤ 若如此，则此处之峒獠当为畲民。而文天祥也曾说："潮与漳汀接壤，盐寇、輋民，群聚剽劫、

---

① 屈文军：《元代的畲族》，《暨南学报》2004年第1期。
② （宋）张守：《论措置虔贼札子》，载《毗陵集》卷七《札子》，中华书局1985年版，第34页。
③ （元）脱脱：《宋史》卷四百一十九《列传第一百七十八·许应龙》，第12554页。
④ 谢重光：《畲族在宋代的形成及其分布地域》，《韩山师范学院学报》2001年第1期。
⑤ （清）陈铭珪：《浮山志》卷四《诗上》，清光绪七年（1881）荔庄刻本，厦门大学古籍室藏，第29b页。

累政，以州兵单弱，山径多蹊，不能讨。"① 此处之"峯民"是畲民另一个称呼。峯民之乱成为这个时代的主流话语，尽管这些畲民还曾与张世杰一起对付降元的蒲寿庚。至元十三年（1276），南宋都城临安陷落，宋遗臣文天祥、张世杰等拥奉赵昰、赵昺在东南沿海一带继续抗元。福建、广东、江西等地义军纷纷起兵配合，其中有不少由畲民组成的畲军。在至元十四年（1277），张世杰曾与陈吊眼、许夫人所领畲军攻蒲寿庚，《宋史》中记载如下：

> 四月，从二王入福州。五月，与宜中奉昰为主，拜签书枢密院事。王世强导大军攻之，世杰乃奉益王入海，而自将陈吊眼、许夫人诸畲兵攻蒲寿庚，不下。十月，元帅唆都将兵来援，泉遂解去。既而唆都遣人招益王，又遣经历孙安甫说世杰，世杰拘安甫军中不遣。招讨刘深，攻浅湾，世杰兵败，移王居井澳，深复来攻井澳，世杰战却之，因徙碙砜洲。②

蒲寿庚是宋元鼎革之际的重要人物，其先世为阿拉伯人，曾任泉州市舶司三十年，他精通海事，海上力量雄厚，成为宋元两政权争夺的人物。当宋遗民在闽广沿海抗元时，宋廷曾招蒲寿庚为闽广招抚使，兼主市舶，但在至元十三年（1276）元军到泉州，蒲寿庚降元。③ 以上引文所述之事发生时，蒲寿庚已降元，《宋季三朝政要》对此事记载更为详尽，在其丁丑（1277）六月条中记载：

> 天祥……收散兵，复入汀。而南剑、建宁、邵武多有归正者。诸畲军皆骚动，寻为大兵收复。天祥兵出会昌，趋循州。是冬，天祥兵屯南岭。是月，大元兵檄戍，张世杰回潮州，以图兴复。七月壬申，张世杰围泉州，将淮军及吊眼、许夫人诸洞畲军，兵威稍振。蒲寿庚闭城拒守，兴化陈瓒起家丁民义五百人应世杰。八月谢洪永任进攻泉

---

① （宋）文天祥：《知潮州寺丞东岩先生洪公行状》，载《文山集》卷十一《文集》，《四部丛刊初编》218 集部，上海书店出版社 1989 年版。

② （元）脱脱：《宋史》卷四百五十一《列传第二百一十·忠义六·张世杰》，第 13273 页。

③ 罗香林：《蒲寿庚传》，中华文化出版事业委员会 1955 年版。

州南门,不克,而蒲寿庚阴赂畲军,攻城不力,而求救于唆都元帅。①

在张世杰对付蒲寿庚的过程中,畲军发挥了重要的作用,但因为畲军也只是地方武装,所谓:"福建之畲军则皆不出戍他方,盖乡兵也"②,其为招抚而来,因此立场并不坚定,故而受蒲氏之赂。作为地方武装,其对宋与对元的态度是一样的,因此,当感觉到元朝威胁到他们领地的时候,这些畲军便又集结起事。在元世祖至元十五年(1278)十一月的时候,"建宁政和县人黄华集盐夫,联络建宁、括苍及畲民妇自称许夫人为乱,诏调兵讨之"。③ 黄华是与陈吊眼、许夫人同时代的人,他们领导的畲军也是朝廷担忧的一股力量。正是因为如此,在至元十六年(1279)五月,蒲寿庚请下诏:"诏谕漳、泉、汀、邵武等处暨八十四畲官吏军民,若能举众来降,官吏例加迁赏,军民安堵如故。以泉州经张世杰兵,减今年租赋之半"④,以此安抚畲军。但即便如此,福建畲军还是未如其愿:

(至元)十七年(1280)八月陈桂龙父子反漳州,据山砦,桂龙在九层际畲,陈吊眼在漳蒲峰山砦,陈三官水篆畲,罗半天梅泷长窖,陈大妇客寮畲,余不尽录。十八年(1281)十月,官军讨桂龙,方元帅守上饶,完者都屯中饶。时桂龙众尚万余,拒三饶,寻捕得其父子,斩之南剑州。丘细春反,行镇国开国大王,改元昌泰。二十年(1283)八月,建宁招讨使黄华反,集亡命十余万,剪发文面,号陀头军,据政和县。十月诏史弼、高兴、刘二、拔都伯颜将兵讨之,与福建忽刺出会合,华败,自焚死。⑤

陈吊眼、许夫人、黄华最终败死。事实上,在陈吊眼等人配合宋朝遗臣抵抗元军的同时,广东就已有众多畲兵降元了。事见《元史》哈刺䚟传,其文如下:

---

① (宋)佚名:《宋季三朝政要》卷六《广王本末》,中华书局1985年版,第67—68页。
② (元)苏天爵编:《元文类》卷四十一《杂著·军制》,上海古籍出版社1993年版,第1367—540页。
③ (明)宋濂:《元史》卷十《本纪第十·世祖七》,中华书局1976年版,第206页。
④ 同上书,第211页。
⑤ (元)苏天爵编:《元文类》卷四十一《杂著·招捕》,第1367—537页。

> 至元……十四年（1277）……十月，进昭勇大将军沿海招讨使。时宋处州兵复温州，哈刺䚟率兵复取之，进至潮阳县，宋都统陈懿等兄弟五人以畲兵七千人降。塔出兵攻广州，逾月未下，哈刺䚟引兵继至，谕宋安抚张镇孙、侍郎谭应斗以城降。从攻张世杰于大洋，获其军资器械，不可胜计。谕南恩州宋合门宣赞舍人梁国杰以畲军万人降。①

从其所领畲军降元数量来看，尽管不可视作实际数字，但也确实力量庞大。畲军曾作为朝廷所用，如元朝王恽就说："蛮陬溪洞既荒远，颠桥其间不无孽。畲军新附用得宜，以彼为攻易摧折。"② 但是，这种力量若是掌握不好，也有可能成为朝廷重患。

因此，当陈吊眼、许夫人与黄华去世之后，其所领导的畲军依然是元军在赣闽粤交界区的不安定因素。故而，如何处置畲兵成为陈吊眼等人死后的重要议程。在至元十九年（1282）朝廷就曾"招谕畲峒人，免其罪"③，接着在元世祖二十一年（1284）八月"放福建畲军，收其军器，其部长于近处州郡民官迁转"④，再接下来一年，即元世祖二十二年（1285）八月，又"令福建黄华畲军有恒产者为民，无恒产与妻子者编为守城军"⑤，之后在成宗元贞三年（1297）时又令其屯田：

> 汀漳屯田……成宗元贞三年（1297）命于南诏黎畲各立屯田，摘拨见戍军人，每屯置一千五百名，及将所招陈吊眼等余党入屯，与军人相参耕种。为户，汀州屯一千五百二十五名，漳州屯一千五百一十三名。为田，汀州屯二百二十五顷，漳州屯二百五十顷。⑥

此举甚至在十几年之后还在使用："皇庆元年（1312）……十一月戊

---

① （明）宋濂：《元史》卷一百三十二《列传第十九·哈刺䚟》，第3216页。
② （元）王恽：《南楼行送信御史佐鄂岳行院》，载《秋涧先生大全集》卷十一《七言古诗》，四部丛刊初编224集部，上海书店出版社1989年版。
③ （明）宋濂：《元史》卷十二《本纪第十二·世祖九》，第243页。
④ （明）宋濂：《元史》卷十三《本纪第十三·世祖十》，第269页。
⑤ 同上书，第279页。
⑥ （明）宋濂：《元史》卷一百《志第四十八兵三·屯田》，第2570页。

戍，调汀漳畲军代亳州等翼汉军于本处屯田。"① 即便元朝如此尽力，还是有畲民不断反抗。如在元世祖至元二十六年（1289），

  贼钟明亮寇赣州，掠宁都，据秀岭，诏发江淮省及邻郡戍兵五千，迁江西省参政管如德为左丞使，将兵往讨。畲民丘大老集众千人寇长泰县，福州达鲁花赤脱欢同漳州路总管高杰讨平之。②

钟明亮之变是继陈吊眼、黄华以来影响最大的一次。刘埙在其《水云村稿》中以夸张的笔调写道："至元二十有五年（1288），畲寇钟明亮起临汀，拥众十万，声摇数郡，江、闽、广交病焉。"③ 并且，刘埙还专门撰文对钟明亮事略进行描写，其文如下：

  初，明亮之首乱也，汀州草间匹夫尔，非有权位号召，世资凭借，奋臂山泽，一呼数万众，斩刈剽寇，飘荡震汕。揉江、闽数郡之地，动江、闽、浙三省之兵，贵臣、重将、裨校、士马，因是物故者甚众。连城累邑，公私供亿，耗费者甚俘。师之所经，寇之所及，男女老稚，被执戮赀财庐舍雁荡毁者甚多。上烦庙堂应接，诸省奔赴，竭数载之力，仅得明亮至军前一面，而诈降无实，傲睨反复，气凌威铄，未尝获一交锋决胜，明亮竟偃然得保，首领以殁，既殁，众犹畏服，止奉一木主尔。藉其虚声余烈，尚能统御所部，不即降溃，彼何道以臻此？此之谓盗亦有道者欤。幸明亮非有英略霸图，止于作贼，不过杀人民、驱牛畜、拥子女，坐金玉堆中，假息林薮。又幸国方盛强，兵力翕合，故能磨以岁月，待贼自毙。倘若前古末造，干弱不支，复加他警，策应弗及，则漫溢胚胎，如赤眉黄巾、仙芝黄巢之乱未可知也。有脱身贼中者，具言明亮有威风、多智略，得操纵谲诈之术，似非田野农夫比。然残忍嗜杀异于人类，其祭鬼常取孕妇剖剔为笑乐，被其房杀者皆淫刑屠割，呼号彻天，极痛楚而后得死。每言必杀人，则人始不敢近，而其众固可全也。迹其所为，直盗贼之雄耳，

---

① （明）宋濂：《元史》卷二十四《本纪第二十四·仁宗一》，第554页。
② （明）宋濂：《元史》卷十五《本纪第十五·世祖十二》，第319页。
③ （元）刘埙：《参政陇西公平寇碑》，载《水云村稿》卷二《碑》，《影印清文渊阁四库全书》集部134别集类第1195册，第347页。

元凶巨恶，腥闻昊穹，顾幸佚罚，曾不及显正刑诛，寸脔缕脍，以谢诸郡荼毒之民，大可恨也。南丰壤接闽赣，适当其冲，至元丙戌以来阅历六寒暑，震撼万状，虽城市幸完，然军马经从，无岁无之，至其急也，则无日无之，惊扰需求，比屋俱敝，村落殆有甚焉。……于（鄠）都、石城、瑞金、建宁诸邑则兵寇兼至，祸尤惨烈。……大德戊戌岁四月上吉聊述事略，而其详则具于嘉禾御寇录云。①

刘埙（1240—1319），字起潜，号水云村，南丰（今属江西）人。入元后，年五十五为建昌路学正，年七十为延平路儒学教授。元仁宗延祐六年卒，年八十。有《隐居通议》、《水云村稿》。在《吴文正集》卷七一《故延平路儒学教授南丰刘君墓表》对其生平详细记载，上引所说的丰即南丰，刘埙之故乡。上引描写钟明亮起事之后，攻入南丰，同时，于都、石城、瑞金、建宁皆有响应者，导致"江、闽、广交病"局势。从文章写成时间看，在元大德戊戌岁，即1298年，距钟明亮最初起事时间仅十来年，当为亲身经历之感受。另外，时任福建闽海道提刑按察使王恽也曾对钟明亮之事上书条陈，《元史》记载此事如下：

王恽，字仲谋，卫州汲县人……至元……二十六年，授少中大夫，福建闽海道提刑按察使。……时行省讨剧贼钟明亮，无功，恽复条陈利害曰：福建归附之民户几百万，黄华一变，十去四五。今剧贼猖獗，又酷于华，其可以寻常草窃视之？况其地有溪山之险，东击西走，出没难测，招之不降，攻之不克，宜选精兵，申明号令，专命重臣节制，以计讨之，使彼势穷力竭，庶可取也。②

钟明亮被称为"剧贼"，且有个人威望，足智多谋，招之不降，甚至据刘埙所说，在其死后，尚能以余威统率，因此，刘埙叹道："此之谓盗，亦有道者欤。"故而王恽请求朝廷任专命重臣以节制。

（三）"叛乱"的畲

就如宋代对峒的描述一样，元朝时的畲也基本以"盗"、"乱"的角

---

① （元）刘埙：《汀寇钟明亮事略》，载《水云村稿》卷十三《杂》，第485—488页。
② （明）宋濂：《元史》卷一百六十七《列传第五十四·王恽》，第3932—3933页。

色出现，终元之世，东南的畲民一直是区域社会不可忽视的一股力量，其中以他们组成的畲军最为著名，这种曾经被纳入国家体制的畲军，作为帝国的一种乡兵，在宋元鼎革之际发挥过巨大的作用。但即便是与帝国如此接近的时期，他们对于畲民的认识也只停留在"乱"的总体印象之中，成为这一时代对畲民的基本定位。尽管此前已与王朝建立了诸多联系，但宋元之交的朝代替换还是第一次如此明显地影响了东南地区，但边陲仍被认为是其一以贯之的最基本的特色。

从陈吊眼、许夫人及黄华之畲军到钟明亮之"畲"、"贼"的表述中看到，这些领头人物身份模糊，游走于汉与非汉之间，并因其拥有重兵，无论宋廷还是元廷，都曾想将他们拉入自己的势力，但最终却因他们的独立而成就了"盗"的定式。因此，对他们的评价皆集中于"乱"的行为之上。而这种"乱"的根源很大程度上被认为是本性使然，所谓"畲丁溪子善惊好斗"① 成为一种流行的说法，类似的还有"畲丁洞猺喜惊而嗜斗"②。事实上，"畲丁"在此只是一种对务农者的通称，如清人梁章钜就认为："畲丁，务农者也。"③ 但在此处与溪子连用，则又不免让人将其与畲民联系起来。而这种被认为是源自天性的"善惊喜斗"事实上又是根源于一种文化上与地域上的差异与等级。因此，当陈吊眼、李志甫起事时，就被认为是"畲寇"④，是猺人："若往年陈吊眼、李胜之乱，非猺人乎？"⑤ 而黄华也被说成是小丑："海上干戈初定乱，建安小丑黄华叛。畲豪斩灭如摧薪，官军掳掠无平民。"⑥ 文人以其特有用语，对黄华的行为作出价值评判，也正是这样一种价值评判，使他们将这些非汉之人甚至在人格上进行贬低，将非汉之人的行为降至动物性的层面，如刘埙对钟明亮的描述："（明亮）残忍嗜杀异于人类，其祭鬼常取孕妇剖剔为笑乐，被其虏杀者皆淫刑屠割，呼号彻天，极痛楚而后得死。每言必杀人，则人始

---

① （元）元明善：《太师淇阳忠武王碑》，载《清河集》卷二，《续修四库全书》1323集部别集类，上海古籍出版社1995年版，第6页。

② （元）许有壬：《送苏伯修赴湖广参政序》，载《至正集》卷三十四，书目文献出版社1998年版，第175页。

③ （清）梁章钜：《称谓录》卷二十七《农》，上海古籍出版社1995年版，第581页。

④ （明）黄仲昭修纂：《八闽通志》上，卷一《地理·漳州府》，第17页。

⑤ （明）罗青霄总纂，谢彬编纂：《漳州府志》卷十二《漳州府·杂志·猺人》，明万历元年（1573）年刻本，（台北）学生书局1965年版，第219页。

⑥ （元）丁复：《祖孝子行》，载《桧亭集》卷三《古体七言》，《影印清文渊阁四库全书》集部147别集类1208册，第356页。

不敢近，而其众固可全也。"① 因钟明亮之乱冲击到其家乡南丰的刘埙对钟明亮之事痛恨异常，但除此之外，以动物隐喻与夸张人类的行为也是文人学士的表达习惯，因此，当其以"猱健豕突，草萎木枯，血肉填溪谷，子女充巢穴……彼汀畲乃作疥癣，虮撼不量，虺毒肆吮，暴骨成邱，流血成川"②之语描述钟明亮之事的影响时，其用语也是意料之中的。而刘埙对"巨寇"钟明亮的描述其实并非简单的事实形象，事实上他所代表的更多的是一种对这一类人群的认知，在人们眼中，"巨寇"、"大盗"都拥有不同常人之处，如史书中对明朝广东池仲容的描述，认为池氏有幻术③，而广东黄萧养也被认为形象丑陋，独眼，且具驱使妖物的术法与能力④，因此，对钟明亮的描述很大程度是文人与普通民众对这一类人群的一种认知与意象，其中有因袭成性的惯性说法，也有某种意识理念中的惧怕与痛恨。

其实对于陈吊眼、黄华及钟明亮等人的族群身份的认定本身就是件值得深思的事，这种认定更多的时候表现的是一种政治的策略；或者说，这些人的身份不仅是他人的表述，就是其身份本身也是颇为复杂的，他们本来就是生活于那样一种华夷之间的"中间圈"⑤中，对于他们来说，生活于彼本身就代表了某种边陲与不确定性，因此，文人对他们界定时也常出现飘忽现象。比如，下面一段话就反映了文人在表述上的某种紧张：

> [元至元十七年（1280）]十二月漳州民陈桂龙兵起，命福建都元帅完者都等击走之。桂龙及其兄子陈吊眼有众数万，屯高安岩据之，命完者都及副帅高兴讨之。时建宁贼黄华势犹猖獗，完者都奏以华为副元帅，凡军行悉以咨之。桂龙等乘高为险，人莫敢进，兴命人挟束薪进，至半山弃束薪退，如是六日，诱其矢石皆尽，乃爇薪焚栅，斩首二万级，桂龙遁走。余杭周德恭发明兵起，何？盗也。曷为

---

① （元）刘埙：《汀寇钟明亮事略》，载《水云村稿》卷十三《杂》，第486页。
② （元）刘埙：《参政陇西公平寇碑》，载《水云村稿》卷二《碑》，第347页。
③ 如（清）魏瀛等修，钟音鸿等纂：《赣州府志》卷三十二《武事·明》，第588页。记载："仲容有幻术，急则遁形水草中，名为插青，以故剿之不克，抚之不从，当事者无如之何。"
④ 连启元：《反狱动乱下的历史书写：明正统末的广东黄萧养事件研究》，（台北）《白沙历史地理学报》2007年第4期，第270页。
⑤ 王铭铭：《东南与西南——寻找"学术区"之间的纽带》，《社会学研究》2008年第4期。

不曰作乱而以兵起书？元故夷狄也。然则曷为不书起兵？众词也。桂龙之起，本为猖乱，非纯于攘狄，与起义者微异矣。蛮夷扰边不书，寇盗贼作乱不书，反纲目，外夷狄，严哉？①

在如何表达陈吊眼之事时，文人们表现出谨慎与不安，是用"起兵"好，还是用"作乱"好，抑或发明一个新词"兵起"，成为需要仔细考虑的事情。但考虑到其终究非夷狄，最后选用"兵起"二字。历史上峒民、畲民虽常被看成异于汉人的人群，但也似乎与那些完全异于王化的"夷狄"有着根本区别，虽说也曾同其他众多的非汉人群一样，游离于汉人统治之外，但古今汉人似乎也总将他们视为某种略低于汉人的次群体，而非完全不同的外人。

此时的东南非汉人社会与帝国权力之间少有的接近，在这种帝国视线如此迫近的时期，帝国对畲民之动静的关注，如同对其他地域社会动荡的关注一样，被表述成为一种国家的失序，以"乱"字概括其事，显然也表明了掌握话语权的官绅及文人们对畲民的总体印象与基本定位。这种以地域性为特征的表述与后世以族群性为特征的表述之间有着某种内在的承继，它总体上与以文化界定人群的旨趣有相通之处，但同时却也表明了认识上的决然分歧，人群如何被表述反映的不仅仅是人们认识的差异与深浅，而事实上，往往是与更深层次的时人心态与地方政治格局相连。从地域到族群认识的转变无疑与当时的历史状况，尤其是地域社会及其结构的重建有着紧密的关系。

小　结

本章主要探讨了宋元时期文人对赣闽粤毗邻区动乱的描述，认为这种描述主要是基于一种地域性动乱的视角。宋代以来，在官府眼中，峒寇问题被认为是治理南方的症结所在，因此，对宋代的峒的描述，基本上着重于对其动乱的描述。这种动乱被看成是化外对化内的挑战，因而，在王朝

---

① （明）罗青霄总纂，谢彬编纂：《漳州府志》卷十二《漳州府·杂志·兵乱》，第215页。

的管理体制中，南方被认为是地域等级的低端。与宋代一样，元代的赣闽粤毗邻区延续了其地域性动乱的角色。宋元以来，畲民作为赣闽粤毗邻区的居民，其活动被文人们陆续记载。从南宋刘克庄对漳州畲民的记载看来，此时人们对畲民的关注主要是由于畲民的"动乱"，刘克庄也不例外，对畲民的族群特征着墨不多，而更多的是强调畲民的动乱引起朝廷的征抚。从元代的记载看来，元代赣闽粤畲军在地方武装上扮演了重要角色，他们曾经与南宋遗臣文天祥、张世杰等合作，共同对付元军，但这种合作并不能看作畲民对宋王朝的支持与选择，他们的起事在更多的时候表达的是对自身利益的考虑，因而在与降元的蒲寿庚的交战中有接受蒲寿庚贿赂之举。而终元之世，赣闽粤交界区的畲民更是构成地方动荡的一股主要势力，其中颇具影响的事件主要有三件：陈吊眼、许夫人之畲兵；黄华之畲军、钟明亮之变。这几次事件对赣闽粤毗邻区造成深远的影响，但后世之人在对他们的定位与表述时还存在一定的焦虑，认为他们终究与夷狄不同，因此，尽管文献中常常称他们为畲，但更多的时候，则是将他们看作地域性的动乱，而这种地域性的动乱在明代中期更发展成震惊朝野的事件，故而明王朝有设南赣巡抚一举。

第四章 明代赣闽粤毗邻区族群的文化表述

正如宋元时期对赣闽粤毗邻区动乱的描述一样,明代中期赣闽粤毗邻区的大规模动乱甚至有过之而无不及,明王朝因此投入大量精力对付这些动乱,故而,对这段历史的记载都极强调动乱色彩,成为宋元以来赣闽粤区域性动乱的连贯事件,而对其人群特征的描述则凸显不多。而从明代中后期开始,从方志开始的对赣闽粤人群的记载中,可见大量关于畲民的描述,这些记载的一个主要特征就是,强调族群性的差异成为主导思想,故而,对作为异己的畲民文化的展示,对其独特性的强调与突出,成为明中后期以后对畲民撰述的主要兴趣所在,而这种关注的转变与明代中期的动乱及之后的社会重组有很大关系,它直接导致对畲民人群的重新界定。

第一节 明中前期的区域动乱与族群问题

历史上的赣闽粤交界区被认为是革命生态较为理想的地方[①],从宋代的"峒寇"、"盐寇"到元明的"畲贼"、"瑶乱",使这一地区一直处于连绵不断的动荡之中[②],如果说对于唐王朝与宋王朝来说,唐宋时代的赣闽粤地区多少还有些遥远与陌生的话,但南宋的京师南移以及宋元易代时的抗元活动,多少还是促进了人们对赣闽粤这一地区的认识。而明代的建立及其里甲制度的推行,对于这一"三不管"地区状况的情况掌握更多了一些,但真正让明王朝将注意力转移甚至集中到赣闽粤交界区的,却还

---

① 从长时段考察革命生态的著作有:William T. Rowe, *Crimson Rain: Seven Centuries of Violence in a Chinese County*, Stanford, California, Stanford University Press 2007;饶伟新:《生态、族群与阶级——赣南土地革命的历史背景分析》,博士学位论文,厦门大学,2002 年。

② 黄志繁:《"贼""民"之间——12—18 世纪赣南地域社会》。

是因为这一地区的动乱。

赣闽粤交界区一直以来被认为是文化上的共同体,有各方面的原因,尤其是地理的因素,是造成这一区域自成一体的重要原因。章潢的《图书编》针对虔镇相关事宜所作的分析说道:

> 南安在西,赣州在东,赣州东南为汀州,汀州东南为漳州,赣州南为惠界,龙南县山峒接惠州三浰寨,安远县东过登头岭即汀州府武平县,安远县南过打鼓岭皆惠州山峒;南安县二十五里过梅岭为南雄,南安西过横水、桶冈、聂都山为桂阳州;峯人溪峒连接郴州桂阳州,以都御史总辖有以也。①

南安、赣州、汀州、漳州、惠州、南雄、桂阳、郴州构成赣闽粤湘相连的一个整体,它们有相近的地理空间,有相似的自然与人文环境,人群之间往来也较多。《皇明地理述》中也说:

> 南安、赣州则汀漳雄韶山嵎会焉,林深谷邃,寇贼渊薮,抚臣提兵,牵制数省,军门之费,不烦度支,苟得其人,南服一壮镇也。②
>
> 汀、漳山广人稀,外寇内讧,与南赣声势联络,海物□市,时起兵端,人悍,嗜利喜争,大抵漳州为劣。③
>
> 惠州提封广袤,悍客矿徒,势难收戢;潮州沃野广原,昔所患者峯户斗老,今则内寇外夷,为害棘矣。④

而明代中后期的动乱也正是以这些地方为主,人员流动较大,声势相倚,气动朝野,因此明王朝派官员征抚,南赣巡抚设立所辖区域正是以上相连相倚的四省交界地区,这一四省交界区因各不相属,各省之间无统一行动,造成政府行事困难,有此一虑,明王朝因而考虑在四省交界区设立一名都御史,以制四省,兵部尚书王琼曾说:

---

① (明)章潢:《图书编》卷四十九《虔镇事宜》,第181页。
② (明)郑晓:《吾学编》卷六十一《皇明地理述上卷·江西》,《续修四库全书》425 史部杂史类,上海古籍出版社1995年版,第56页。
③ (明)郑晓:《吾学编》卷六十一《皇明地理述上卷·福建》,第56页。
④ (明)郑晓:《吾学编》卷六十一《皇明地理述下卷·广东》,第161页。

又虑各省交界地方不相统摄,特设都御史一员,专一巡抚福建汀漳二府及江西南安、赣州二府,广东南雄、惠州、潮州、韶州四府,湖广郴州地方,兼制四省,剿除盗贼,抚安军民。①

而且,此一地区的"盗贼"被认为非同寻常,"江西南、赣二府,福建汀、漳二府,广东南雄、惠州、潮州、韶州四府,并湖广郴州,四境相接之处,素为盗贼渊薮,数为民患,不可尽除,比之寻常盗贼,迥然不同"②。这一都御史职位的设立正是专辖四省交界区的事务,行台设在赣州,因以虔台名之,历任南赣巡抚之设中最有名的当属一代大将兼大儒王守仁,他是第六任南赣巡抚③,专职巡抚南赣之责。在他的任上,分别平息了福建、广东、江西三省交界处的大帽山之乱,福建的象湖山,江西南安的左溪、横水、桶冈,广东的三浰等几次较大的动乱。在王守仁之前,已有几任巡抚,皆无果而终,因此,兵部尚书王琼选定王守仁为南赣巡抚,是经过深思熟虑的,他曾说:

照得先因南赣等处四省接境地方无官节制,以此添设巡抚都御史一员,专一禁防盗贼,安缉居民。今未及一年,凡升调都御史陈恪公、勉仁、文森、王守仁共四员,内文森迁延误事,见奉敕切责,乃敢托疾避难,奏回养病。……本部差人,赍捧驰驿,星夜前去南京,交与守仁,上紧前去南赣地方查照,本部节次,题奉钦依内事理,逐一遵依施行,不许迟延。④

因有前车之鉴,王琼对调用王守仁巡抚南赣一事计划颇为周详,而其所针对的主要对象就是居于此地动乱的人群,他们常常被知识分子称为

---

① (明)王琼:《为急报贼情事》,载《晋溪本兵敷奏》卷十《福建类》,第58页。
② (明)王琼:《为申明赏罚以励人心事》,载《晋溪本兵敷奏》卷十《福建类》,第68页。
③ 其实在王阳明担任南赣巡抚前,正式上任的有金泽、韩邦问、周南、蒋升、陈恪,此外,勉仁、文森等也曾被委以都御史之职,本书依唐立宗《在"盗区"与"政区"之间——明代闽粤赣湘交界的秩序变动与地方行政演化》,第255页。
④ (明)王琼:《为地方有事急缺巡抚官员事》,载《晋溪本兵敷奏》卷十《南赣类》,第67页。

"畲瑶",如何乔远在给王守仁立传时所说:"江西之南赣,福建之汀漳,及广东之南、韶、潮、惠,湖广之郴桂,境壤相接,峻谷深山,岭岫缀连,峯贼窟穴其中。"① 王琼也对此深感忧虑,他说道:

> 江西之南赣,福建之汀漳,广东之韶州,湖广之郴桂,其间深山大谷,绵亘数千余里,猺獞居焉,时出剽杀,民被残害,故不得已而用兵,非喜功也。若北鄙匈奴,犬羊桀骜,非王化所易怀服,故先王置之度外,苟必事征诛,则有嫌于穷黩者矣。然自昔以来处猺患者,初则姑息,专务招抚,及养成巨患,势极侵凌,然后调兵聚粮,从而讨之,往往劳费不赀,而贻祸无已,其于民生政理盖漠如也。惟王公守仁,夙蕴忠诚,深得治猺之道。履任之初,图上方略,朝廷从之,遂能威震百蛮,而恩及四镇。②

在王阳明巡抚南赣期间,其将力量首先用于对付福建象湖山之乱,平定了象湖山之乱后,于福建漳州设立平和县,以控制地方事务,在上奏请设平和县治时,王守仁说:"看得开建县治,控制两省猺寨,以奠数邑民居,实亦一劳永逸之图。"③ 而类似的话也常出现在其他地方,在平定了江西横水、桶冈之乱后,他也说:"议以其地请建县治,控制三省诸猺,断其往来之路。"④ 此话是在取得了横水、桶冈之战胜利之后所言,同样,在取得广东三浰胜利后,拟在该处设新县,名曰和平,其意图也是:"于和平地方设建县治,以控制猺峒。"⑤ 在赣闽粤交界区,"畲猺"混称,此处之"猺"也常被称作为畲,在平息漳州动乱后,又将主要力量皆转移至江西的横水、桶冈,那里是"峯贼"活动最为频繁的地方,在正德十二年四月到五月间,就有数起事故发生:

> 正德十二年(1517)四月内,被峯贼四百余人前来打破下南等

---

① (明)何乔远:《名山藏》卷八十五《儒林记·王守仁》,续修四库全书427史部杂史类,上海古籍出版社1995年版,第395页。
② (明)王琼:《晋溪本兵敷奏》卷十《南赣类》,第67页。
③ (明)王守仁:《添设清平县治疏》,载《王文成公全书》卷九《别录一》。
④ (明)王守仁:《横水桶冈捷音疏》,载《王文成公全书》卷十《别录二》。
⑤ (明)王守仁:《添设和平县治疏》,载《王文成公全书》卷十一《别录三》。

寨，续被上犹、横水等贼七百余徒截路打寨，劫杀居民。又据南康县报，峯贼一伙突来龙句保房劫居民；续被峯贼三百余徒突来坊民郭加琼等家，掳捉男妇八十余口，耕牛一百余头。又有峯贼一阵掳劫上长龙乡耕牛三百余头，男妇子女不知其数。又据上犹县申，被横水等村峯贼纠同逃民，四散房劫人财。续据三门总甲萧俊报，峯贼与逃民约有数百，在于地名梁滩房牵人牛。本月十六日，准本县捕盗主薄利昱谍报，峯贼劫打头里、茶坑等处，驻扎未散。已关统兵官县丞舒富等前去追剿，贼已退回横水等巢去讫。①

此外，又据湖广整饬郴桂等处兵备副使陈璧呈称："又报江西长流等峒峯贼六百余徒，又一起四百余徒，各出劫掠。"② 这些横水、桶冈之峯人因与湖南、广东交界，互相联络，因此比之寻常之"盗"，更难以控制：

  南赣盗贼，其在南安之横水、桶冈诸巢，则接境于湖郴；在赣州之浰头岑岗诸巢，则连界于闽广；接境于湖郴者贼众而势散，恃山溪之险以为固；连界于闽广者贼狡而势聚，结党与之助以相援。③

为了对付横水、桶冈之畲，他们计划颇为周详：

  及咨巡抚江西都御史孙燧，并行巡按御史屠侨各查照外，续据领兵县丞舒富等呈称，各峯贼首闻知湖广土兵将到，集众据险，四出杀掠，猖炽日甚，乞为急处等因到臣。当将进兵机宜，督同兵备副使杨璋、分守参议黄宏、统兵知府等官邢珣等，议得桶冈、横水、左溪诸贼，荼毒三省，其患虽同，而事势各异。以湖广言之，则桶冈诸巢为贼之咽喉，而横水、左溪诸巢为之腹心；以江西言之，则横水、左溪诸巢为贼之腹心，而桶冈诸巢为之羽翼。今不先去横水、左溪腹心之患，而欲与湖广夹攻桶冈，进兵两寇之间，腹背受敌，势必不利。今议者纷纷，皆以为必须先攻桶冈，而湖广克期乃在十一月初一日，贼

---

① （明）王守仁：《攻治盗贼二策疏》，载《王文成公全书》卷九《别录一》。
② 同上。
③ （明）章潢：《图书编》卷四十九《虔镇事宜》，第181—182页。

见我兵未集,而师期尚远,且以为必先桶冈,势必观望未备。今若出其不意,进兵速击,可以得志。①

经过讨论,决定先攻克桶冈之乱,再集中兵力进攻横水、左溪诸处动乱,因他们与湖南、广东交界,情形颇为复杂,而王守仁据南安府知府季斅所言,指出江西之畲人其实是由广东迁来,他说:

其初峯贼原系广东流来。先年奉巡抚都御史金泽行令安插于此,不过砍山耕活。年深日久,生长日蕃,羽翼渐多,居民受其杀戮,田地被其占据。又且潜引万安、龙泉等县避役逃民并百工技艺游食之人杂处于内,分群聚党,动以万计。始渐掳掠乡村,后乃攻劫郡县。近年肆无忌惮,遂立总兵,僭拟王号,罪恶贯盈,神人共怒。②

王阳明对此处动乱人群的称呼一直游移不定,起初称"猺",而后称峯,也常"峯猺"并称,并未对动乱人群进行细致划分,只是笼统称其为"峯猺"。如其在平定了江西之畲乱后所作的《平茶寮碑》中所载,即以"猺"指称这一群体,其文如下:

正德丁丑(1517),猺寇大起,江、广、湖、郴之间骚然,且三四年矣。于是三省奉命会征。乃十月辛亥,予督江西之兵自南康入。甲寅,破横水、左溪诸巢,贼败奔。庚申,复连战,奔桶冈。十一月癸酉,攻桶冈,大战西山界。甲戌,又战,贼大溃。丁亥,尽殪之。凡破巢八十有四,擒斩三千余,俘三千六百有奇。释其胁从千有余众,归流亡,使复业度地,居民凿山开道,以夷险阻。辛丑,师旋。于乎!兵惟凶器,不得已而后用。刻茶寮之石,匪以美成,重举事也。③

此处仍以"猺"指称这一动乱群体,但在之后平定的广东浰头之乱时,则以"峯"、"猺"并称,指称这些动乱的人群,在其《平浰头碑》一文中说:

---

① (明)王守仁:《横水桶冈捷音疏》,载《王文成公全书》卷十《别录二》。
② (明)王守仁:《立崇义县治疏》,载《王文成公全书》卷十《别录二》。
③ (明)王守仁:《平茶寮碑》,载《王文成公全书》卷二十五《外集七》。

四省之寇，惟浰尤黠，拟官僭号，潜图孔蒸。正德丁丑冬，峯、猺既殄，益机险阱毒，以虞王师。我乃休士归农。戊寅正月癸卯，计擒其魁，遂进兵击其懈。丁未，破三浰，乘胜归化。大小三十余战，灭巢三十有八，俘斩三千余。三月丁未，回军。壶浆迎道，耕夫遍野，父老咸欢。农器不陈，于今五年；复我常业，还我室庐，伊谁之力？赫赫皇威，匪威曷凭？爰伐山石，用纪厥成。①

此外，王阳明在取得胜利后，又作《平峯》诗，抒发胸怀，其诗如下：

　　处处山田尽入峯，可怜黎庶半无家。兴师正为民瘼甚，陟险宁辞鸟道斜。胜势真如瓴水建，先声不碍岭云遮。穷巢容有遭驱胁，尚恐兵锋或乱加。戡乱兴师既有名，挥戈真已见风行。岂云薄劣能施策，实仗皇威自震惊。烂额偶惭为上客，徙薪尤觉费经营，主恩未报身多病，捷凯须求陇上耕。②

与其唱和的有季敩的《平峯》诗，亦言："提兵涉险为征峯，任重忧深不顾家。"③ 而对这些人的称呼从"猺"转为峯也并不是毫无依据与原因，对江西那些称乱的人群总呼为峯与谢志珊、蓝天凤所举旗号有极大关系，在其活动中，则是以"盘皇子孙"团结人群，以盘皇为旗号组织人员的动乱使这次起事明显不同于一般的地域性动乱，他不再是简单的反叛，而是明显带有了族群色彩的活动，王阳明对其记载如下："其大贼首谢志珊、蓝天凤，各又自称'盘皇子孙'，收有传流宝印画像，蛊惑群贼，悉归约束。"④ 这些被"蛊惑"之人先前并无一定族群特性，但当他们加入谢志珊、蓝天凤队伍中时，朝廷官员就将其视作为"畲猺"，也许起初并不带有族群色彩的动乱，此时却有了明确的族群标签，而这种标签

---

① （明）王守仁：《平浰头碑》，载《王文成公全书》卷二十五《外集七》。
② （明）王守仁：《桶冈和邢太守韵二首》，载《王文成公全书》卷二十《外集二》。
③ （明）季敩：《平峯》，载（明）刘节撰《南安府志》卷二十五《艺文志二》，明嘉靖十五年（1536）刻本，上海古籍书店1981年版，第1135页。
④ （明）王守仁：《横水桶冈捷音疏》，载《王文成公全书》卷十《别录二》。

一为起事首领团结人群的需要而生成,其后又被推卸责任的官员所刻意强调,这其实也是一些官员为逃避责任,将无法平息的动乱皆以非汉人群为遮掩,以掩盖其征剿不力的过错。

王阳明时代的"輋"其实并不具有族群特性的称呼,而只是对以畲耕为劳作方式人群的一种称呼,从王阳明对畲民的称呼上就可看出来,在起初,王一直称呼赣闽粤动乱的非汉人群为"猺",而直到称呼江西横水、桶冈之地的人群时,他始用"輋",表明当时的统治者对这群人的族性认识并不明确,而且此处,即便是称其为輋,也只重在描述他们的动乱,自始至终不曾见到关于畲民族群特性的描述,说明当时汉人对他们的族群特性并不敏感,并不是很明显地意识到这群人在族性上与汉人有多大的区别,而只作为一种人群动乱,如在王阳明平定了江西畲乱后,新设崇义县,在嘉靖年间所修的《南安府志》中就说:

> 南安接壤闽广湖郴之间,实惟四塞之地,去城北数十里,狗脚岭而下曰横水者,迤逦石磴而入,草木丛深,别一区域。往岁广之迁民安插,至正德间流叛,称輋为寇,犯大庾,攻南康,侵上犹,肆为剽掠,荼毒生灵,良善苦之。①

由此可知,这些来自广东的迁民起初只是来此耕畲,而后因事生变,才"称輋为寇"。事实上,在这些"称輋为寇"的人当中,不仅有耕畲之人,也常有逃避赋役,隐迹山林者,也有犯事逃窜者,甚至也有与畲者毗邻而居的汉人,他们时常互相逃窜,并无定员。如在南安府的诸畲之中,即有吉安潜逃者在内,王阳明对其记载如下:

> 及有吉安府龙泉、万安、泰和三县,并南安府所属大庾等三县居民,无籍者往往携带妻女,入輋为盗,行劫则指引道路,征剿则通报消息,尤为可恶。②

而更甚者,为畲民提供消息,说明他们与畲民的关系密切,如:

---

① (明)刘节撰:《南安府志》卷十二《秩祀志二·庙祠》,第510页。
② (明)王守仁:《咨报湖广巡抚右副都御史秦夹攻事宜》,载《王文成公全书》卷十六《别录八》。

访得所属军民之家，多有规图小利，寄住来历不明之人，同为狡伪欺窃之事；甚者私通峯贼，而与之传递消息；窝藏奸宄，而为之盘踞夤缘；盗贼不靖，职此其由。①

因此，王阳明叹道：

南、赣之盗其始也，被害之民恃官府之威令，犹或聚众而与之角，鸣之于官；而有司者以为既招抚之，则皆置之不问。盗贼习知官府之不彼与也，益从而仇胁之。民不任其苦，知官府之不足恃，亦遂靡然而从贼。由是，盗贼益无所畏，而出劫日频，知官府之必将己招也；百姓益无所恃，而从贼日众，知官府之必不能为己地也。夫平良有冤苦无伸，而盗贼乃无求不遂；为民者困征输之剧，而为盗者获犒赏之勤；则亦何苦而不彼从乎？是故近贼者为之战守，远贼者为之乡导；处城郭者为之交援，在官府者为之间谍；其始出于避祸，其卒也从而利之。故曰"盗贼之日滋，由于招抚之太滥"者，此也。②

王阳明平定赣闽粤动乱之后，在这一地区广泛设县、推行南赣乡约等，谢重光对王阳明的这一系活动给予极高的赞誉，认为正是王阳明巡抚南赣，平定了畲汉动乱，而其十家牌法与南赣乡约的推行则使这一地区完成了从新民到客家的转变，成就了明清时期赣闽粤边民族和族群互动的主流。③ 这一论断可能过于乐观，唐立宗认为"言必称阳明的保甲神话"与事实相去甚远。④ 关于动乱对畲民的影响，可能是凸显而非弱化，是谢志珊等的旗帜、口号将畲民推向了动乱的风口浪尖上，也正是这种动乱造势，使官绅士人对畲民如此警惕，而从随后的记载中也看得出，畲民作为一个族群的特性被反复提及，并无限放大。此外，需要指出的是，尽管可

---

① （明）王守仁：《案行各分巡道督编十家牌》，载《王文成公全书》卷十六《别录八》。
② （明）王守仁：《申明赏罚以励人心疏》，载《王文成公全书》卷九《别录一》。
③ 谢重光：《畲族与客家福佬关系史略》，第263—271页；谢重光：《新民向化——王阳明巡抚南赣对畲民汉化的推动》，《赣南师范学院学报》2004年第1期；谢重光：《明代湘赣闽粤边的社会动乱与畲民文化》，《福建师范大学学报》2009年第1期。
④ 唐立宗：《在"盗区"与"政区"之间——明代闽粤赣湘交界的秩序变动与地方行政演化》，第468—492页。

以从王阳明等人的作品中看到"輋民"的称呼,王阳明在对赣闽粤交界区动乱的广泛记载中,只对江西南安府的人群使用"輋民"之称,却不曾蔓延至其他人群,这与刘克庄所称的畲民在范畴上可能并非指同一群人,而与后世所理解的畲民可能也存在一定的出入。因此,在明代王阳明动乱之后,"畲民"这一概念其实经历了一个重新界定的过程。

第二节 明中叶以后的族群书写

宋至明中前期的记载中,文人们给我们呈现了一幅赣闽粤交界区畲民"动乱"的景象,但凡言及畲民,总是与动乱相伴随,因此,宋元时期畲民给人的印象总是"盗"、"贼"与"乱"。而这一股为朝廷所担忧的地方力量也和其他地方势力一样,是作为一种地域性的力量存在,其所要侧重的并非族群性的特征,而引发其"乱"的,也并非是族群性的因素。每次的畲民之"乱",总是在特定历史时期或是特定事件之后,是与官府行为紧密相关的一种反应。正如有的研究者所认为的,他们是不堪忍受政府和官吏的盘剥①,尽管这种论述本身就带有某种政治色彩,但不管怎样,正如史料所揭示的,畲民的"反抗"或者被说成"叛乱"行为的确是出于面对国家力量推进时的一种反应,这种行为是基于一种对现实的不满与恐惧,但在宋元时期,这种不满只是即时性的、地域性的,因此,不曾出现以族群作为抗争旗号,在文人们的意识中也尚未发展成一种强调族群性差异的表述。而且在明代中期,赣闽粤交界区的动乱甚至引起朝廷的极大重视,身为兵部尚书的王琼分析其原因,认为:"江西南、赣二府,福建汀、漳二府,广东南雄、惠州、潮州、韶州四府,并湖广郴州,四境相接之处,素为盗贼渊薮,数为民患,不可尽除,比之寻常盗贼,迥然不同。"②说明赣闽粤湘毗邻处是一四省交界之处,因壤境相接,又高山连绵,造成长久以来的地域性"巢窟",但它并非明代所独有,明代的动乱因而也可视为一种具有某种内在连续性的区域性事件。而且,从王阳明对赣闽粤毗邻区的记载中,起初皆将其称为"贼"、"乱",少见对畲民的描

---

① 屈文军:《元代的畲族》,《暨南学报》2004年第1期。
② (明)王琼:《为申明赏罚以励人心事》,载《晋溪本兵敷奏》卷十《福建类》,第68页。

述，比较大量的描述则是出现在王阳明平定南安府的动乱之时，而且似乎"峯民"之称是特指南安府，却并未对其他各府的动乱之民冠以"畲"称，而是统称为"盗"为"贼"。因此，总体上说，宋元至明中期，人们对赣闽粤毗邻区的描述主要着重于区域性动乱的描述。但事情发展到明代中后期，似乎有了某种变化，作为异己的畲民描写大量见诸史料。

一 作为异己的畲民

明朝林大辂一组诗中的一首描写了畲民对现实的无奈：

自信疲吏务，徂山三宿归。山田夹丛薄，质争各是非。语与氓党辨，心疑刍牧违。赋平无横敛，鸡犬静相依。怪禽见人鲜，对之莽高飞。茅居八九尺，畲人生事微。歉岁食不饱，亦复悲无衣。输官岂贫佃，隐亩黠者肥。嗟予何扰扰，星露闲居稀。停车夜始旦，披襟役东曦。年华差可纪，民瘼迟音徽。愿言返初服，偃坐钓鱼矶。①

尽管诗中未明显表达畲民的族群性特征，但从明代中后期其他文人的记载中可以更多地感受畲民作为一个具有独特文化、经济甚至祖源特征的群体，这种特征在明代中后期得以凸显，且为文人们大肆渲染，并被一再表述，最后发展成为一种后世描述畲民的典范话语。

在明朝天启年间出版的一本时人文集中，作者描写了他一次外出在山间畲民家吃饭的情形，并对畲民的声音、外貌进行描述，从中可见畲民作为有别于汉人的人群存在：

万峰行尽鹧鸪啼，中有畲人结屋栖。珍重教儿耕白狭，殷勤留客杀黄鸡。生从异俗声音别，住向深山面目黧。编竹为门长不闭，早间烟起午蒸藜。②

诗中表现畲民生活山间田园的景象，颇与陶渊明之世外桃源相似，而从其中"异俗"、"别"、"深山"、"面目黧"等字眼，我们明显可辨别，

---

① （明）林大辂：《入山清田平者占籍述事五首》，载《愧瘖集》卷二《五言古》，《续修四库全书》1338集部别集类，上海古籍出版社1995年版，第516页。
② （明）徐𤊹：《芙蓉山下饭畲人宅》，载《鳌峰集》卷十八《七言律诗》，《续修四库全书》1381集部别集类，上海古籍出版社1995年版，第333页。

徐㷿已然将其视为一种"非汉"人群。而与徐㷿同时代的谢肇淛是当时对畲民描写较多的文人,事实上,徐㷿与谢肇淛还曾一起重刻《三山志》,交情不浅,谢氏在他的一首诗中对畲民的描述与徐氏有异曲同工之妙,描写情状极为相似:"畲人百口负山居,苦竹编篱草结庐。客到科头相问讯,呼儿剪蕨妇烹雏。"① 这位明代福建著名文人曾在游太姥山时亲眼见过"畲人烧草过春分"② 的景象,他一生爱好游历,曾经于"万历壬子初夏,余约二三同志,共命杖屦",游福州的寿山、九峰、芙蓉诸山,并写下游记一篇,文中说:

芙蓉之背,政当寿山之面,而径路迂回,又非人所常行。荻芦荟蔚,虎狼窟穴,兼以积雨,淅泥腐叶相枕藉,腻滑如脂,行者蹴淖则濡,践箨则仆,登石则喘,循畦则陷。初,舆者踬,易奴掖之。俄而,掖者踬,余与客无不踬者,凡十余里,止一畲人家,杀鸡为黍,采笋蕨以相劳也。③

上引诗作应是此次游历的写照,而徐氏亦在多处诗文提及福州之雪峰、芙蓉诸山,因而,这两位作者的游历经历有许多类似的地方,而上文中所说芙蓉山与前引徐㷿之诗中芙蓉山应同指福州附近之山,虽与赣闽粤交界区有一些距离,至少在明中后期后,人们对畲人异于汉人的身份认识却已是事实了。谢肇淛是当时闽派诗人的代表人物,在他的作品中,他不止一次地提到他所识所知所遇的畲民,而其中关于福建山中畲人有咒术之说也是出于谢氏之描述:

闽女巫有习见鬼者,其言人人殊,足征诈伪,又有吞刀吐火,为人作法事禳灾者。楚蜀之间,妖巫尤甚,其治病祛灾毫无应验,而邪术为祟,往往害人。如武冈姜聪者,乃近时事也。吾闽山中有一种畲人皆能之,其治祟亦小有验。畲人相传盘瓠种也,有苟雷蓝等五姓,

---

① (明)谢肇淛:《北山杂诗六首》,载《小草斋集》卷二十八《七言绝句二》,《续修四库全书》1367集部别集类,上海古籍出版社1995年版,第213页。
② (明)谢肇淛:《游太姥道中作》,载《小草斋集》卷二十二《七言律诗五》,第137页。
③ (明)谢肇淛:《游寿山九峰芙蓉诸山记》,载(清)徐景熹主修《福州府志》卷五《山川一·九峰山》,清乾隆十九年(1754)刻本,海风出版社2001年版,第103页。

不巾不履,自相匹配,福州、闽清、永福山中最多。云闻有咒术,能拘山神,取大木箍其中,云:"为吾致兽",仍设阱其傍,自是每夜必有一物入阱,餍其欲而后已。①

谢肇淛认为畲人所使用的是一种禁气之术,与闽女巫之邪术有区别,这种禁气之术比较灵验,其习得也是有一定难度的,是与道教有一定关系的,而畲民与道教的关系亦十分微妙,相传他们的始祖盘瓠就向茅山道士学法,而畲民中至今保存的一些仪式中仍有道教的成分,因此,关于畲民与道教之间的关系,是个很值得探讨的问题,不过,此是后话。文中另一处值得注意的是对畲人来源、姓氏及习俗的描述,这种描述在宋代刘克庄的《漳州谕畲》中曾有极简略的涉及,谓畲民"不悦不役,其来久矣",且其中有"自称盘护孙者",并善用机毒外,此外几乎无其他更多的信息,而且之后也少有提及,但在明代,很明显,这类描述却相当流行。无独有偶,在嘉靖年间姚虞所著之《岭海舆图》中对潮州府的描述中也有类似的描述:

　　猺獞种类颇繁,号峯户、斗老,与三大姓者盘、蓝、雷尤桀骜难驯,虽有统者,而狼性亢悍,先几而虑,乃克有终。②

峯户作为潮州对畲民的称呼广见史册。但将畲民与四大姓联系起来的说法,却是盛行于明中后期之后的,而方志在其中的塑造作用是毋庸置疑的。尽管我们并不能确切地知道上引几篇文集中所描述之畲民特性与方志描述之间是否存在某种前后继替关系,但同为这一时期的作品,从其遣词造句及所说内容中,至少说明他们是相互影响与相互模塑的。在明正德年间所修的《兴宁县志》中可见这种典范表述的最初模型:

　　猺之属颇多,大抵聚处山林,斫树为峯,刀耕火种,采山猎食,嗜欲不类,语言不通,土人与之邻者不相往来,不为婚姻。本县猺民

---

① (明)谢肇淛:《五杂组》,卷六《人部二》,《续修四库全书》1130 子部·杂家类,上海古籍出版社 1995 年版,第 464 页。
② (明)姚虞:《岭海舆图》,中华书局 1985 年版,第 32 页。

亦众，随山散处，岁输山粮七石正。①

在赣闽粤交界区，虽常以畲、輋、畬等字眼表示这一群体，但因其与瑶的特殊关系，文人们也常混称，这是十分常见的事情。从明朝中期《兴宁县志》的记载来看，地方志撰写者已注意到其言语、生产、习俗等特征，这种表述为后来者所吸纳，并加入其他的一些元素。在明嘉靖十四年（1535）所修的第一部广东通志中，记载了潮州的輋户："（潮州）其曰輋户者，男女皆椎发跣足，依山而居，迁徙无常，刀耕火种，不供赋役，善射猎，以毒药涂弩矢，中兽立毙。"②而在同书中，又再次提及惠州府的"猺人"和潮州的輋户，且这次更为详细，其文如下：

> 惠州府龙川县，猺人俱别境来者，居深山中，听征调，纳贡献，有官长为之抚领。

> 潮州府，民有山輋，曰猺獞，其种有二，曰平鬃，曰崎鬃。其姓有三，曰盘、曰蓝、曰雷。依山而居，采猎而食，不冠不履，三姓自为婚，有病殁则并焚其室庐而徙居焉。俗有类于夷狄，籍隶县治，岁纳皮张，旧态无所考，我朝设土官以治之，衔曰輋官。③

在这则史料中，明确将三大姓盘、蓝、雷作为畲民的代表姓氏，并认为他们自相婚姻，而其中"旧态无所考"几字颇值得回味，似乎透露对此前畲民的情况掌握极少。在之后不久黄佐所修的《广东通志》中，则记载了潮州府有畲长雷文用来朝之事：

> （永乐）五年（1407）冬十一月畲蛮雷文用等来朝。初潮州府卫卒谢辅言海阳县凤凰山诸處畲遁入山谷中，不供徭赋，乞与耆老陈晚往招之。于是畲长雷文用等凡百四十九户俱愿复业。至是辅率文用等来朝，命各赐钞三十锭彩币，表里绸绢衣一袭，赐辅晚亦如之。④

---

① （明）祝允明纂修：《兴宁县志》，明正德十年（1515）刻本，上海中华书局影印明正德稿本1962年版。
② （明）戴璟、张岳等纂修：《广东通志初稿》卷十八《风俗》，第331页。
③ 同上书，卷三十五《猺獞》，第576页。
④ （明）黄佐纂修：《广东通志》卷六十七外志四《猺獞》，第1760页。

也许出于对当时一种事实的记载，或许带有皇恩浩荡的宣扬，当时对"猺人来朝"记载广泛见于史册，尤其对南方诸省，"苗人散处"之乡，似乎存在大量的"来朝"举动。而据史料记载，他们"来朝"之后皆赐物赐币，但关于"畲民来朝"的记载则往往重复雷文用事例，成为对潮州府畲民的描写必提之事。

而嘉靖三十五年（1556）所修的《惠州府志》对畲民的记载成为对广东畲民描写的另一个重要来源，并被后世奉为典范，成为后世对描述畲民的蓝本。其文如下：

> 猺本盘瓠种，地界湖蜀溪峒间，即长沙黔中五溪蛮是也。其后滋蔓绵亘数千里，南粤在在有之。至宋始称蛮猺，其在惠者俱来自别境，椎结跣足，随山散处，刀耕火种，采实猎毛，食尽一山则它徙。粤人以山林中结竹木障覆居息为崒，故称猺所止曰崒。自信为狗王后，家有画像，犬首人服，岁时祝祭。其姓为盘、蓝、雷、钟、苟，自相婚姻，土人与邻者亦不与通婚。猺有长有丁，国初设抚猺土官领之，俾略输山赋，赋论刀为准，羁縻而已。……久之稍稍听征调，长枪劲弩，时亦效功。然此猺颇驯伏，下山见耆老士人皆拜俯，知礼敬云。（通志、旧志、各邑志）……论曰：夫猺疍二种，错居山河，侣禽兽，亲鱼鳖。先王不弃外焉，其来久矣。猺猜忍，喜仇杀，轻死，急之则易动，加以奸民与猺峒犬牙者，往往为乡道利分卤获，故数侵轶我边，踉跄篁竹，瓢忽往来。州县觉知，则已赶入巢穴，官军不可入，自古记之。弘治中，大望山胡彭之事可鉴也（详兴宁志）。近年邻峒土豪占夺猺山，反令输税，巡司假搜捕惊扰，甚者诬盗责贿，盖屡形塑言矣。①

作为对广东畲民的记载，其来源已广泛采用了《广东通志》及各邑方志，从这点来说，嘉靖三十五年（1556）之前已有不少对广东畲民的描述，而且在此前三四年，即嘉靖三十一年（1552）黄国奎所修的《兴

---

① （明）姚良弼修，杨宗甫纂：《惠州府志》卷十四《外志·猺疍》，明嘉靖三十五年（1556）蓝印本，上海古籍出版社1982年版，第14b—16b页。

宁县志》对此就已有详细论说，且其文中亦表明来源于旧志①，因此，这种书写的形成是经历了一段时期，而后慢慢趋于定型，并被后世广泛传抄。从后世的方志中，我们可见广东各邑志对畲民的描述基本循着这些理路，凡描写潮州府的，皆以上引《广东通志》为原型，而但凡惠州府诸邑志，则循上引《惠州府志》之说为正宗，而且从福建省畲民史料来看，嘉靖《惠州府志》的记载明显对福建省的畲民描述影响极大。在万历元年（1573）所修的《漳州府志》中首次见到方志对福建畲民的记载：

  猺种本出盘瓠，椎髻跣足，以盘、蓝、雷为姓，自相婚姻，随山散处，编获架茅为居，植粟种豆为粮，言语侏离弗辨，善射猎，以毒药涂弩矢，中兽立毙，以贸易商贾，居深山，光洁则徙焉。自称狗王后，各画其像，犬首人服，岁时祝祭，其与土人交，有所不合，詈殴讼理，一人讼则众人同之，一山讼则众山同之，土人莫敢与敌。国初设抚猺土官，令抚绥之，量纳山赋，其赋论刀若干，出赋若干，或官府有征剿，悉听调用，后因贪吏索取山兽皮张，遂失其赋，及抚驭失宜，往往聚众出而为患，若往年陈吊眼、李胜之乱，非猺人乎？故特志之，以见地方自有此一种族类，欲去之而不得，抚则为用，虐则为仇，为政君子，处之必有其道矣。②

  尽管其文中仍以"猺人"作为这一人群的称呼，但在其正文之前的引述中可知，在漳州，这一人群也被称为"畲客"，并且漳州旧志皆不曾记载，其言为："（猺人）属邑深山皆有之，俗呼畲客，旧志不载，今载之。"在前文中我们可知，从潮州府"民有山輋，曰猺獞"中，其实"山輋"二字还带有点动词的意味，是作为一种耕作方式来区分人群，而对他们的称呼还是"猺獞"二字。与惠州府直接用"猺人"指称是一样的，之后黄佐使用"畲蛮"则多少显示他们在对这一人群称谓上的不确定，这种不确定其实在后世的记载中也是常见的事。但至少从万历元年（1573）所修的《漳州府志》中我们可知，在漳州，他们拥有一个俗称，即畲客，这个称呼也在汀州府流行。从乾隆时其所修的《汀州府志》所

---

① （明）黄国奎等纂：《兴宁县志》卷三《人事部·猺獞》，嘉靖三十一年（1552）刻本，上海书店出版社1990年影印本，第1199—1202页。
② （明）罗青霄总纂，谢彬编纂：《漳州府志》卷十二《漳州府·杂志》，第219页。

引旧志中我们可知:

> 汀猺人与虔、漳、潮、循接壤错处,以盘、蓝、雷为姓,三姓交婚,女不笄饰,裹髻以布,男结髻,不巾不帽,随山种插,去瘠就腴,多于深山中编荻架茅为居,善射猎,以毒药敷弩矢,中兽立毙,其人入城贸易,多竹器蜂蜜及野兽山禽之类,不输官差,自食其力,了山主税赁尔。……楚、粤为盛。闽中高深山溪之处间有之,盘、蓝、雷其种类也,汀人呼为畲客。①

同一本方志还引用了清康熙年间范绍质的《猺民纪略》,对汀州府东南"猺民"的生活习俗等的记载颇详,成为之后汀州府方志中描述畲民的必引材料,其对畲民的具体描述为范绍质首次披露,但无论如何,其还是可见嘉靖《惠州府志》及万历《漳州府志》对畲民的基本界定。从后世的诸多方志中我们也可知,以上两部方志对畲民书写的影响。方志作为官修地方史料,其中许多内容皆因袭前志,或稍作修改,或略加评论,除去首次修志,很少会全盘重写。此外,在明清时赣闽粤畲民情况已然不被人们广泛知晓情况下,对其进行描述自然也不是容易的事情,除去少量亲历者外,大多数修志者皆从旧志,这种方志的书写模式甚至影响地方人士私家撰述,如族谱的记载等,在漳州南靖县南坑高港村《曾氏崇本堂世谱》中,其中关于畲民的描写就有方志书写的影子。其谱中记载:

> 吾族僻处深山,前朝(明朝)风气未开,惟服农亩而已,殆无余(异)武陵溪源,人自安□穆淳风。故终明代二百七十余年间,有读书之人不闻有出仕者。漳本边徼,自唐垂拱间陈将军元光乃请割潮之绥安、泉之龙溪、汀之龙岩,以建州治。元世又割三邑之地建南靖,而三团属焉。当未建邑之先,未知定属何县?但唐宋以前三团左右俱为蓝雷所居,未入版图。故今无从稽查也。三团之名,今罕有道及者,盖自山城缘溪上溯百余里,直至吾社,皆称三团,过岭乃为和(平和)辖,称芦溪焉。蓝、雷者,即传记所称猺人是也,乃盘瓠之

---

① (清)曾日瑛等修,李绂等纂:《汀州府志》卷四十四《艺文六·丛谈》,乾隆十七年(1752)修,同治六年(1867)刊本,成文出版社 1967 年版,第 650—651 页。

后，楚粤为盛。闽中唐宋以前亦在在有之。然多在深山穷谷中，又迁徙无常，故土人称之曰"客"，而彼称土人为其"河老"，为其自河南光州来，畏之也。凡三团左右有曰"畲客营"者，有曰"客仔寮"者，有曰"番仔寮"者，皆其旧址也。①

由此可知，嘉靖《惠州府志》及万历《漳州府志》成为畲民书写的典范，日后成为广为人知的"盘、蓝、雷、（钟）"书写模式，使得这几姓成为畲民特有的姓氏，他们代表了畲民"盘瓠集团"中一脉相承的血统与来源，也因此造就了他们与汉人迥异的祖源传说与兄弟情谊，故而也带有了某种族群性叙事，从宋元至明中期以前对作为地域性动乱的关注到明中后期强调畲民与汉人来源、习俗差异族群性区别的转变中，表明了这个长时段中文人们对畲民描述的一种转型，而这种由地域性到族群性的转型也正是与当时地域社会的历史文化过程相伴生的，它的转型背后有更为深刻的社会结构转变在起作用。

二 被展演的文化

明朝中后期以来，文人们一再强调畲民文化特性，关于其独特的生产方式、三姓自婚的婚姻关系、妇女们奇异的装饰及勤劳的禀性以及畲民内广为传唱的畲歌，等等，都成为文人们一直关注与反复吟咏的主题。而事实上，自明中后期以来，方志对畲民的书写使畲民的形象渐渐标准化、固定化，而这些被认为是畲民特质的元素在明清时就已类似博物馆里的陈列品，并不是所有书写者对其都有足够与充分的认识与了解。这种对畲民书写的文字很多时候都只代表了文人们的一种惯习，是种以疑存疑的传抄。但正是这种传抄使得文字中的畲民文化与汉文化的距离与差异越来越明显，在后世的文献中，畲民特性成为一种被展演的文化，流传下来。

（一）异俗的呈现

前文已探讨了畲民在明中叶以前的基本情况，也说明了明代中后期是畲民表述史上重要的一章。事实上，在清代的文献中，关于畲民的描写很大程度上还是在明代的书写框架之内。畲民刀耕火种、善于射猎、三姓通婚，并有独特的畲歌，等等，这些特性也是如今人们对他们最深刻的印

---

① 《曾氏崇本堂世谱》，清末抄本，不分卷，现藏漳州南靖县南坑高港村。转引自陈支平《从客家族谱所见的两个史实问题》，载陈支平、周雪香主编《华南客家族群追寻与文化印象》，黄山书社2005年版，第418页。

象，而这种印象的来源，正是文人们的反复强调与书写的。

1. 刀耕火种

尽管刀耕火种作为我国南方普遍且长期存在的一种农耕方式，是畬田人群广泛使用的耕作模式，但在中国东南，人们一说起刀耕火种，似乎就成为畬民耕作方式的特性。关于畬民的生产、生活方式的描述成为主要的叙事内容。后人得知畬民"刀耕火种"、"食尽一山则他徙"的习性也是基于文本的记载。他们分布于赣闽粤交界区，人们对他们基本情况的掌握正如纳兰性德所言："福建、江西、广东深山中有畬民……其人射鸟兽、种麦，此山住一二年移至别山，官府不能制，有数种姓，自相婚配。"① 射猎游耕的生活成为人们熟知的畬民生活方式，如在康熙《饶平县志》中，关于畬民的记载如下：

  猺人，又名輋客，有四姓盘、蓝、雷、钟，自谓狗王后，男女椎髻跣足，依山结茆为居，迁徙无常，言语侏离不可辨，刀耕火种，不供赋役。善射猎，以毒药涂弩矢，中兽立毙。居于本县深山中白沙潭、杨梅山、凤凰山、平溪、柘林、葵塘等处。②

文中涉及畬民的姓氏、祖源、语言、居住、服饰、生计及在饶平的分布情况。除去其中关于饶平的分布情况外，这几个考察畬民的关键点其实与别处皆无二致。包括其用词，都与明代某些方志、文献如出一辙。从以上所引方志中，我们看到了畬民的生产生活习俗。畬民"刀耕火种"、"随山散处"的生活方式成为这个族群明显不同于汉人的地方。其具体生产方式，在清代广东文人屈大均的《广东新语》中有详细描述。

  澄海山中有輋户，男女皆椎跣，持挟枪弩，岁纳皮张，不供赋，有輋官者领其族。輋，巢居也。其有长有丁，有山官者，稍输山赋，赋以刀为准者曰傜。傜所止曰䧕、曰峒、亦曰輋。海丰之地，有曰罗輋、曰葫芦輋、曰大溪輋。兴宁有大信輋，归善有窑輋，其人耕无犁

---

① （清）纳兰性德：《通志堂集》卷十五《渌水亭杂识一》，《续修四库全书》1419集部·别集类，上海古籍出版社1995年版，第453页。
② （清）刘抃纂修：《饶平县志》卷四《户口》，清康熙二十六年（1687）刻本，潮州市地方志办公室编印，2002年，第68页。

锄，率以刀治土种五谷，曰刀耕；燔林木使灰入土，土暖而蛇虫死，以为肥，曰火耨，是为畲蛮之类。志所称伐山而營，艺草而播，依山谷采猎，不冠不履者是也。潮州有山峯，其种二，曰平鬃，曰崎鬃，亦皆傜族。有莫傜，号白衣山子，散居溪谷治生，不属官，不属峒首，皆为善傜。其曰斗老，与盘、蓝、雷三大姓者，颇桀骜难驯。①

在此，屈大均不但详细说明了何谓刀耕火种，同时也表明畲民靠采猎维持生计。在其所撰的《广东新语》中，他还多次提及畲民，比如罗浮山的梅花村，有畲人种稻于该处："自中阁之南，尽梅花村西，皆稻区，畲蛮之所耕种。"② 畲民以石粪暖田、肥田③，还会伐木培植香菌④，这些山间生产技术皆被看成是畲民独有的，也是他们能在此处安身立命的根本。而日后居于赣闽粤三省交界区的客家人能在此处生存，皆被认为是从畲民处学习并掌握了这类技术。⑤

而与畲民的刀耕火种技术相伴随的是他们的易迁徙特性。正如清朝雍正年间所修的《广东通志》中对"峯户"所进行描述，其记载如下："峯户，居山中，男女皆椎髻跣足而行，其俗畏疾病，易迁徙，常挟弩矢，以射猎为生，矢涂以毒药，猛兽中之，无不立毙，旧设官以治，名曰峯官。"⑥ 这些特性使畲民看起来明显异于定居农耕的汉人。对他们生活习俗的描述因此更多地带有某种人群区分的意味。他们的迁徙习俗也成为日后解释赣闽粤畲民去向的最好理由，畲民的迁徙特性却成为人们对畲民最深刻的印象之一。

清朝人陶元藻在经过惠州时就作诗一首，诗中展现了一幅"岭外"已迁徙的畲村景象：

---

① （清）屈大均：《广东新语》卷七《人语·峯人》，第243—244页。
② 同上书，卷三《山语·罗浮》，第94页。
③ 同上书，卷五《石语·石粪》，第185页。
④ 同上书，卷二十七《草语·菌》，第714页。
⑤ Sow-Theng Leong, Migration and Ethnicity in Chinese History: Hakkas, Pengmin, and their Neighbors, Edited by Tim Wright, with an Introduction and Maps by G. William Skinner. Stanford, California: Stanford University Press, 1997. p. 34.
⑥ （清）郝玉麟纂修：《广东通志》卷五十七《岭蛮志》，清雍正九年（1731）刻本，岭南美术出版社2007年版，第1777—1778页。

铜鱼何处访罗浮,来续东坡岭外游。薙菜田收余篾在,峯人村徙断垣留。每逢塔影城将近,偶绕山根水便幽。强醉槟榔舵楼底,黄茆瘴里过循州。①

不论这种畬人迁徙景象是作者亲眼所见,还只是作为诗人为应和前人所作的一种推测与猜想,但关于畬民易迁徙的意象已深入人心,因此,诗人呈现给后人的便是这样一个人去村空、断垣余篾的村庄。

在漳州,畬民开山种畬,而在其迁徙之后则往往种竹以偿,如清乾隆的《福建续志》引《漳州府志》就说:

穷山之内有蓝雷之族,不知其始,无土著,随山迁徙,种谷三年,土瘠辄弃去,去则种竹偿之,无征税,无服役,以故俗呼之曰客。两家自为婚娶。朔望衣冠相揖,然不读书,语言不通,与世不往来,或曰混沌。②

关于霞浦县的一份资料也可作为一个侧面的佐证:

霞浦县……又有畬民崖处巢居,耕山而食,去瘠就腴,率数岁一徙,生女恶长,余悉溺之,男不巾帽,女不笄髻,饮食嗜好多有殊别。人死刳木纳尸,其中少长,群相击节。主丧者盘旋四舞,乃焚木拾骨,置诸罐,浮葬林麓间。将徙则取以去。志云其先世曰狗头王,尝有功,许自食,无徭役,赐盘蓝雷三姓,今又有钟姓,盖盘瓠之苗裔也。物产茶,田土瘠薄,稻谷不敷民食,多储山芋为粮,并赖台米接济。③

尽管霞浦县并非处于赣闽粤交界区,但居住于此的畬民却被认为与赣闽粤的畬民有极为密切的亲缘关系,从文人对霞浦县畬民的描写来看,其

---

① (清)陶元藻:《惠州舟中作》,载《泊鸥山房集》卷二十四《诗十》,《续修四库全书》1441集部·别集,上海古籍出版社1995年版,第691页。
② (清)杨廷璋等修,沈廷芳、吴嗣富纂:《福建续志》卷八《风俗·福建》,1989年江苏文陵古籍刻印社据乾隆三十三年(1768)刻本影印,厦门大学古籍室藏,第5b页。
③ (清)卞宝第:《闽峤輶轩录》卷一,清刻本,厦门大学古籍室藏,第10b页。

所记载的习俗与赣闽粤畲民的习俗也大都类似。而且，在这段文字中，还透露出畲民在人死之后的一些特异习俗。因为他们时常迁徙的习惯，有时人们也以流民看待他们，如孙承泽在其《春明梦余录》中记载："闽中有流民佘种，潘蓝吕三姓，旧为一祖所分，不入编户，凡荒崖弃地居之，耕猎以自食，不供赋役，椎髻跣足，各统于酋长，酋长名老人，具网巾长服，诸府游处不常。"① "佘种"即畲种，他们因在"诸府游处不常"，被认为属流民一类。

2. 善于射猎

因为耕于山食于山，他们的射猎技术也十分精湛，一直为人们所称道。如永定的巫宜耀在其所作的《三猺曲》中，记载了畲民所种之稻与所食之蔬，并对其射猎技术大加赞赏：

> 青山何地不为家，无数棱禾夹道斜。更问一年鲑菜美，斑衣竹笋紫姜芽。岁岁山房缀蜜脾，迢迢鸡唤五更时。可能粗识钱刀戒，市上来过漫自疑。生平射猎擅神奇，饱寝雄狐大咒皮。夜半酸寒闻角处，声声卷地雪风吹。②

以上引文提到的棱禾又作菱禾，与笋、姜、蜜等一直就被认为是畲民传统的经济项目。而射猎在畲民生活中所起作用也十分重大。在清初长汀人范绍质的《猺民纪略》中也有类似记载，他们对所猎之物还取了专用名词——"野菜"，其记载如下：

> 所树艺曰棱禾，实大且长，味甘香，所产姜、薯、蓣、豆、菰、笋品不一，所制竹器有筐篚，所收酿有蜂蜜，所畜有鱼豕鸡鹜，皆鬻于市。粪田以火土，草木黄落，烈山泽雨，瀑灰浏田，遂肥饶播种布谷，不耘籽而获，精射猎，以药注弩矢，着禽兽立毙，供宾客悉山雉野鹿狐兔鼠蚓为敬。豺豹虎兕间经其境，群相喜谓野菜，操弩矢往，

---

① （清）孙承泽：《春明梦余录》卷四十三《兵部二·舆图考》，《影印清文渊阁四库全书》子部174杂家类第868册，第753页。
② （清）杨澜：《临汀汇考》卷三《畲民附》，第30a—30b页。

不逾时，手拽以归。①

在广东的《浮山志》中，撰写者对惠州罗浮山上峒民射杀山兽所用药箭的制作过程进行了细致描述：

> 峒民所制药箭名三步跌，制法以雄鸡生去其毛，惟存两翼，缚挂黑蜂窠中，黑蜂俗名鬼头蜂，最毒者也。鸡振翼拍其窠，群蜂飞起刺之，须臾，鸡毙，皮肉黑色，乃取下合诸毒药同淹盅中，药成。洒猪血壁上，血下垂如溜，取药一滴，点其垂下末，即有黑气如线上奔至血尽处，故以药涂箭锋，射诸恶兽，血濡缕无不毙者。其射法以劲竹为弩机，迹恶兽出入，人不经行处，夜张机丛莽中，晓则收去，并□书于路，以告行人。至获乃止，峒氓言蓝粪山虎吼而食人，或阑入山中，则用此射杀之，以免患云。②

从记载看，峒民所制的名为"三步跌"的毒箭委实恐怖，目前虽不知其与畲民之射猎方法有何渊源，但畲民长于射猎、善于弩矢的技术在宋代刘克庄时就已为人所认识。后世也一直将其作为畲人崖居谷汲、刀耕火种的一种生存技能，因此，明代《漳平县志》就认为，其邑中方家山人善射，应该是猺人之余技："诸乡各隔越山谷，人以自卫，故有习武艺者，……方家山善射，则猺人之余技。"③ 无独有偶，在赣南的一则资料显示，崇义县民善射猎，这种技术被认为是沿自"峯俗"：

> 乡民沿峯俗，喜藏火器以猎虎豹。睚眦之争，轻则健讼，重则械斗，喜上控，破家不惜。桀骜者武断乡曲，其稍解字义者，为人作讼牒，以故士风醇驳相间。④

---

① （清）范绍质：《猺民纪略》，载（清）曾日瑛等修，李绂等纂《汀州府志》卷四十一《艺文·记》，第527页。
② （清）酥醪洞主著：《浮山续纪》，载（清）陈铭珪撰《浮山志》卷二，第41a—42a页。
③ （明）曾汝檀修，朱召校刊：《漳平县志》卷九《武备·武艺》，第4b—5a页。
④ （清）杨锌铮纂修：《南安府志补正》卷一《风俗·崇义》，清光绪元年（1875）刻本，赣州地区志编纂委员会办公室重印本1987年版，第919页。

很明显，文人们其实也将某种不合汉人惯习的习俗称为沿自"峚俗"。而在畲民的习俗中，三姓通婚或同姓为婚也是常有的事，这种较稳定的婚姻关系也被文人一再表述。

3. 三姓通婚

文献中常常可见对畲民三姓自婚的描述。早在明代的史料中，就常常出现"三姓自为婚"等字样，如明嘉靖《广东通志》、嘉靖《惠州府志》及万历《漳州府志》都对畲民三姓自婚情况有交代，明代其他方志中亦可见清代则沿袭前说，关于畲民的记载皆言他们三姓自婚，如清代的《罗浮山志会编》引《罗浮书》言：

> 苏罗石䃌之间多猺，有上、中、下三猺村焉，其在黄牛径者亦猺也。猺本盘瓠种，自言为狗王后，家有画像，犬首人服，岁时祝祭甚谨，分盘、蓝、雷、钟、苟五姓，自相婚姻，土人与邻者亦不与通。……同姓为婚，不以为嫌。①

畲民三姓自婚的叙述在明代已极为流行，清代更是广见诸多史料中，而"同姓为婚，不以为嫌"，进一步使其与汉人礼俗形成更大的差别。甚至在有的文献中还作了进一步发挥，认为其不嫁民家的原因是出于对本族人口繁衍的忧虑，如清朝康熙年间所修的《德化县志》云："（畲民）男子不冠，女脚无帛，无户籍力役。传云先世有狗头王，有功自食，不与国事，赐姓曰蓝、曰雷、曰盘，婚嫁三姓为姻，不通外姓，虽卖女为婢，而终必取赎，不嫁民家，恐绝其种也。"② 一直到清末，这种三姓为婚的情况才稍有改变，但只是在极少的情况和极小的范围内，如民国时期建阳县畲民：

> 其种类大抵食贫作苦，闻见囿于深山穷古之中，虽与汉人交接，历有年所，仍安朴陋，不稍染浇诈之习。近惟嘉禾一带畲民半染华风，欲与汉人为婚，则先为其幼女缠足，稍长令学针黹，坐闺中不与

---

① （清）宋广业：《罗浮山志会编》卷九《述考志·纪闻二》，《续修四库全书》725 史部地理类，上海古籍出版社 1995 年版，第 674 页。
② （清）范正辂纂修：《德化县志》卷二《风土》，据上海图书馆藏清康熙二十六年（1687）刻本影印，上海书店出版社 2000 年版，第 37 页。

习农事，奁资亦略如华人，居室仍在辟地，然规模亦稍轩敞矣。妻或无子，亦娶妾，亦购华人田产，亦时作雀角争，亦读书识字，习举子业。①

"畬民"即畲民，他们虽受汉文化影响，学习汉人习尚，与汉人通婚，所谓"半染华风"，只是其中一部分畲民如此，从文中隐含的意思来看，大多数畲民似乎还是依从旧例，因此，在历史的表述与再表述过程中，这种特殊的婚姻关系也和他们被标签化了的姓氏一样，成为畲民的一种标志性特征。

4. 畲歌

畲歌是畲民社会生活中一项重要的内容。关于历史上畲民好歌的记载虽不曾被广泛发掘，但却成为后世畲民好歌的最初源头。在闽东与浙南的畲民中，畲民好歌的传统得到许多关注②，而且至今也被认为畲民天生丽质的一个佐证。好歌被认为是畲瑶民族的共性，这从清代《广东新语》也可证明，其记载为："赵龙文云：傜俗最尚歌，男女杂沓，一倡百和。其歌与民歌，皆七言而不用韵，或三句，或十余句，专以比兴为重，而布格命意，有迥出于民歌之外者。"③ 将畲傜之歌与"民歌"对比，虽同为乡间俗文化的一种，却与民歌存在差别，这在明嘉靖年间所修的《广东通志》中再一次得到印证，其对潮州风俗的记载如下：

语音类闽，其为歌也，海阳音轻雅，潮阳音柔婉，揭阳音劲直，自白沙江门，而人士为江门之歌，其声高迈，自阳明倡学南赣，而人士为赣州之歌，其声和缓若里巷村落之俗。歌则自为一腔，有峯歌，如曰：一群鸟子间轮囷，飞来飞去宿田墩，那个父母不惜子，那个公婆不惜孙。④

---

① （民国）赵模修，王宝仁纂：《建阳县志》卷八《礼俗·畲民风俗》，据民国十八年（1929）铅印本影印，成文出版社1975年版，第919页。
② 对畲族音乐进行研究的代表性著作有蓝雪霏：《畲族音乐文化》，福建人民出版社2002年版。
③ （清）屈大均：《广东新语》卷十二《诗语·粤歌》，第362页。
④ （明）黄佐纂修：《广东通志》卷二十《民物志一·潮州府》，第534页。

黄佐在对潮州各地声歌进行对比之后指出,畬歌是其中"自为一腔"者,有趣的是,在接下来的记载中显示,黄佐对乡民用地方俗语进行交流表示出反感的态度,他说:"小人则鄙俚粗俗,甚官府面前犹以乡谈讲粗俗语,可恶也。"作为士大夫的黄佐对当地乡民俚俗的反感暗示我们,他对待"自为一腔"的畬歌也不会有太多好感。但作为一种地方传统,又不得不记载下来。道光年间所修的《广东通志》引《海阳县志》所言中我们了解到,尽管士大夫对畬歌并未表示出任何好感,但潮州府的乡民却竞相传唱。其记载"(潮州府)儿童以秋千为戏,斗畬歌,善者为胜"。①在《南越笔记》中,有对潮州人所唱的这种歌的详细描写:

  潮人以土音唱南北曲者,曰潮州戏。潮音似闽,多有声而无字。有一字而演为二三字。其歌轻婉,闽广相半,中有无其字而独用声口相授,曹好之以为新调者,亦曰畬歌。②

以上引文可见,潮州当地人所唱之歌中就包含了畬歌,畬歌之外,他们也还吟唱不同种类的当地歌谣。而从《广东新语》记载的始造歌者刘三妹的传说来看,其实这种畬歌与其他类别的歌谣之间最初的界限是很模糊的,其具体记载如下:

  新兴女子有刘三妹者,相传为始造歌之人。生唐中宗年间,年十二,淹通经史,善为歌,千里内闻歌名而来者,或一日,或二、三日,卒不能酬和而去。三妹解音律,游戏得道,尝往来两粤溪峒间,诸蛮种类最繁,所过之处咸解其言语,遇某种人即依某种声音作歌,与之倡和,某种人奉之为式。尝与白鹤乡一少年登山而歌,粤民及傜僮诸种人围而观之,男女数十百层,咸以为仙,七日夜歌声不绝,俱化为石,土人因祀之于阳春锦石岩。岩高三十丈许,林木丛蔚,老樟千章蔽其半,岩口有石磴,苔花绣蚀,若鸟迹书,一石状如曲,几可容卧一人,黑润有光,三妹之遗迹也。月夕辄闻笙鹤之音,岁丰熟则仿佛有人登岩顶而歌。三妹今称歌仙,凡作歌者,毋论齐民与狼、

---

① (清)阮元修,陈昌齐等纂:《广东通志》卷九十三《舆地署十一·风俗二·潮州府》,第158页。

② (清)李调元:《南越笔记》卷一《粤俗好歌》,中华书局1985年版,第11页。

猺、僮人、山子等类,歌成必先供一本,祝者藏之,求歌者就而录焉。不得携出,渐积遂至数箧,兵后,今荡然矣。①

从传说中我们可知,刘三妹的身份也是极为含糊的。她常"往来两粤溪峒间",且通晓各种语言,在其死后,被"齐民与狼、猺、僮人、山子等类"共同奉为歌仙,是"始造歌之人"。而就传说来看,刘三妹极有可能是"非汉"之人,而在此将其身份模糊,是因为传说的记载者为清代士大夫,是出于对当地"汉人"好歌习俗的一种解释。

对畲瑶人群好歌的记载也正反映汉人意识在起作用,所谓"少数民族"能歌善舞也是今天的一个通识。而在以前的王朝时代这一思想已然成风。事实上,甚至那些被认定为汉人的人唱歌、斗歌也被认为是"猺俗",在归善(即今惠州市惠阳县):"三峰丹竹洋岁时男女聚会,互歌为谑,猺之俗也。"② 歌谣,尤其是生产、生活中的民俗歌谣,常被认为俚俗不堪,不能登大雅之堂,所谓"下里巴人"的习俗,不可与"阳春白雪"一起登庙堂。而好歌则代表了一种与汉文化不一样的习俗,在南方,它们是与畲瑶苗等"非汉"人群联系在一起的一种传统,因此,当被认为是汉人的人们同样在实践这些习俗时,文人们不免将其视为"猺俗"遗留。

(二) 与世殊别的畲妇

畲民妇女的勤苦是畲民明显异于汉人的地方。畲民妇女不惧风日,不畏劳苦,与男子同耕共作。尽管事实上,汉人女性在多大范围与程度上拥有那种为士大夫们赏识的"养在深闺人不知"的气韵与步步生莲的缠足仍是个值得探讨的问题,但汉人妇女们给人的印象或者说她们应该给人的印象却与畲妇表现是迥异的。在传统中国,妇女们被期待精于女红与家务,这似乎在她们生活中占有极为重要的位置,男耕女织的理想王国里希望"男主外,女主内",至少在观念上存在很明显的男女分工。但通过畲民妇女的描写我们完全看不到这些被汉人看成妇女本该有的矜持与本该享受的清闲。也许文献中对畲民妇女的描写都有某些事实依据,但当这种妇女特性一再被强调与表述的时候,人们显然已将其作为特有的族群文化来

---

① (清) 屈大均:《广东新语》卷八《女语·刘三妹》,第261页。
② (清) 孙能宽等修,叶适等纂:《归善县志》卷七《都里》,据上海图书馆藏清雍正二年(1724) 刻本影印,上海书店出版社2003年版,第112页。

展示了。

从文献中可知，畲民无论男女皆与汉人不同，但其中尤其以妇女为甚。在明代的方志中我们就已看到畲民"男女皆椎发跣足，依山而居，迁徙无常，刀耕火种"。① 所谓跣足，即光着脚，在此应指天足，而不是如汉人妇女传统的缠足。这种男女同耕的场景在汉人间或许也能见到，但当方志撰修者在此对畲民进行描述时，则无疑带有了某种族群特性的意味了。在汀州著名的范绍质的《猺民纪略》中，我们看到了妇女不但服饰与汉人异，甚至连生育子女，也不避风日：

> 妇女不笄，饰结草珠，若璎珞蒙髻上，明眸皓齿，白皙经霜日不改。析薪荷畚，履层崖如平地，以盘、篮、篓为姓，三族自相匹偶，不与乡人通，种山为业，夫妇偕作，生子堕地，浴泉间，不避风日。②

生育在中国传统中是人们极为看重的事情，对初生婴儿与产妇的照顾，无疑形成了一种文化，但从范绍质的描述中丝毫看不到畲妇有任何"优免权"，"不避风日"反倒更像是人们生存的一种原初状态。而发式在中国传统文化中常常有极特殊的意味，它不但代表了人生的某一周期，而且也是一种文化与礼仪的表达。"笄"在传统中国亦代表了女子成熟时的一种发式，女子十五而笄，"不笄"无疑表示其与汉人文化存在差距。对妇女发式的描写成为带有奇风异俗的猎奇。《罗浮山志会编》所引《罗浮书》中描写了那里畲民妇女的发式：

> 苏罗石𥕟之间多猺，有上、中、下三猺村焉，其在黄牛径者亦猺也。……女子未嫁则作髻一叠，中妇二叠，大妇三叠，聘以金十六两为率，无则为妇父佣工，其值已足，乃得携妇以归。同姓为婚，不以为嫌。③

清乾隆十五年（1750）所修的《嘉应州志》中，方志撰修者同样为

---

① （明）戴璟、张岳等纂修：《广东通志初稿》卷十八《风俗·潮州》，第331页。
② （清）范绍质：《猺民纪略》，载（清）曾日瑛等修，李绂等纂《汀州府志》卷四十一《艺文记》，第527页。
③ （清）宋广业：《罗浮山志会编》卷九《述考志·纪闻二》，第674页。

第四章　明代赣闽粤毗邻区族群的文化表述 ·105·

人们展示了畲民辛苦劳作、与妇同耕的劳动景象："其畲民，尤作苦，崒峰嶒岩，率妇子锄辟，种姜薯芋粟之类，以充稻食。然世居深山，不知礼节，故性独顽鄙。"① 尽管用词极为简练，但从中可知妇女也是一同下地劳作。而在清朝南海著名诗人谭宗浚（1846—1888）的《咏波罗麻》中，我们得知波罗麻是一种独特的纺织品，而这种被称为波罗麻的布料正是出自畲妇之手，"售从畲妇手，披自野人躬"。② 而在他另一篇文章中，则描写了山谷间路遇畲妇的情形："畲妇挈笠，峒蛮负樵，攀条而来，援叶而去，篴韵悠渺，音流半空，寻声以求，已出烟际。"③ 赣闽粤交界区的畲民不断被文人们提起，但事实上，时至清代，这一地区的畲民已极少见，许多文献也透露，畲民对于撰写者都已是陈年往事，要么"化为土著"，要么迁移他处，只有极少数畲民还出现在这一地区。但同时，明清以来闽东、浙南的畲民却成为人们关注的人群，他们文化上的内在延续性及文人表述惯习的相对稳定，将丰富我们对闽粤赣交界区畲民的了解。如在清朝乾隆年间所修的《福州府志》引《连江县志》中，描写了连江、罗源、古田的畲民：

连深山中有异种者曰畲民，五溪盘瓠之后也。按《桂海虞衡》谓之猺。先是生于广之西南，自为区落，其壤接广右者，静江之兴安、义宁、古县，融州之融水、怀远县界，皆有之。不知何时而连、罗、古田间，多有是种，盖上游诸郡所无也。其民短衫跣足，妇人高髻蒙布，加饰如璎珞状，亦跣而杂作。以其远近为伍，性多淳朴，亦受民田以耕，谓平民曰"百姓"。④

被当地人视作"异种"的畲民无论从祖源，还是日常习俗，都被认为与当地百姓有别。如果说唐宋以来，畲輋等"非我族类"登上福建的

---

① （清）王之正等纂修：《嘉应州志》卷一《舆地部·风俗》，第45页。
② （清）谭宗浚：《咏波罗麻》，载《荔村草堂诗钞》卷五《谒京集》，《续修四库全书》1564集部别集类，上海古籍出版社1995年版，第226页。
③ （清）谭宗浚：《濂泉探梅记》，载《希古堂集》乙集卷五，《续修四库全书》1564集部别集类，上海古籍出版社1995年版，第446页。
④ （清）徐景熹主修：《福州府志》卷七十六《外纪二》，第735页。

历史舞台,表明福建人的"汉人"认同意识出现①,则至迟在乾隆年间,闽东的畲民"谓平民曰百姓",已形成对他者明显区分,闽东畲民族群意识在此也可见一斑,而且事实上,这一资料只显示闽中、闽东的情况,其各地形成时间可能还有差异,并且可能还要早许多。在这种有关畲民的表述中,畲妇无疑成为有必要加以强调者,畲妇"高髻蒙布,加饰如璎珞状"在福安等地也能见到②,这种妇女形象所具有的象征意味一眼便知。而林直笔下所描写的畲女更是让人生怜:

> 畲中女儿年十七,跣足蓬头面如漆。红巾覆额著峨峨,窄袖称身缝密密。百合山丹插满头,见人欲语却含羞。阿爷斫柴入山里,赚得钱归百不忧。东家婚男西嫁女,乡民争看迎公主(畲俗谓女曰公主)。亲朋五姓自朱陈(惟钟、苟、雷、盘、蓝五姓),走贺纷纷具鸡黍。入门先自拜翁姑,洞房烛烂闻欢呼。三朝突过天未曙,早向城中卖柴去。③

畲女被称作"公主"源自盘瓠传说中的三公主,但正与这个称呼相反的是,与公主金枝玉叶形象形成两个极端的反差,畲女所表现出的是一般汉家女儿也难有的勤劳与不矫饰。当然,作为诗歌,也许想象与夸张成分要超出实际的描述,但当这类主题的文章或诗作一再出现时,则表明当时文人中相互流传的某种意象与对畲民的认识。

而同样在浙南,畲女给人的印象也极为深刻,在清代陈树蓍所作的《畲女歌》中,我们看到了处州畲女的可敬与可爱:"处州畲女住深山,蓬头跣足声绵蛮。随山火种无常所,有时负薪来人寰。野花插鬓红斑斑,自掘葛根为夕餐,煨芋不食待夫还。"④ 在此,畲女不但是勤劳淳朴的妇人,还是极为难得的贤妻良母。而在陆以湉为陈学博《芝田》诗所作的

---

① 黄向春:《历史记忆与文化表述——明清以来闽江下游地区的族群关系与仪式传统》,第9页。
② (清)张景祁等纂修:《福安县志》卷三十八《杂记》,据清光绪十年(1884)刊本影印,成文出版社1967年版,第411页。
③ (清)林直:《畲女谣》,载《壮怀堂诗初稿》卷四,《续修四库全书》1557集部别集类,上海古籍出版社1995年版,第369页。
④ (清)陈树蓍:《畲女歌》,载(清)邓显鹤辑《沅湘耆旧集》卷八十五,《续修四库全书》1691集部总集类,上海古籍出版社1995年版,第558页。

注里，再一次说明浙江括苍畲女的勤劳异于常人。在陈学博《芝田》诗中写道："百里芝田隶括苍，一城斗大似村乡。龙须草细密成席，鹅卵石圆高筑墙。晓雨采樵闺女惯，夜灯课读塾师忙。何当群鹤重飞集，科目聊增艺苑光。"作为对"晓雨采樵闺女惯"句之注，陆以湉解释道："邑之八外都有钟氏，聚族而居，不婚外姓。生女不缠足，自幼耕田砍柴，嫁后入市交易，其夫守户而已，谓之畲民。"① 从文中我们还得知，陈学博晚年以岁贡官青田训导，此诗大概也就是作于那时。诗中显示了畲女不缠足，耕田砍柴的生活。在以男人为主导的时代里，畲妇的行为表现了极为不一样的男女关系，使得士大夫们愈加觉得那是一套不同于汉人的传统。曾为浙江督学的潘衍桐曾撰《两浙輶轩续录》，里面收录了吴世涵的一首《畲妇》诗，也正是在这样一种心态下记录了畲妇的不一般的表现：

  畲妇高戴狗头髻，银牌密串石珠细。短短麻衣窄窄裙，花鞋一尺红绒缀。家住南山更北山，百年遗俗仍苗蛮。负薪插秧好身手，风吹日晒如花颜。去年嫁与邻村去，畚物柴刀并农具。有犁一把牛数头，新娘衣食都无虑。五家男女自联姻（雷、蓝、钟、盘、娄五姓相为婚姻），乡里何曾有外人。休讶娇鬟异装束，须知少妇即耕民。妇赤脚兮夫短褐，陇上同耕亦同歇。日日相随到白头，不信人间有离别。②

  与将畲女看成公主一样，此处的发饰也是源自盘瓠传说。诗中不但展示了畲妇的发饰、着装、劳作、陪嫁等，而且还强调畲民与"苗蛮"的渊源关系。无论何时，将畲民与盘瓠作某种联系一直是文人们习惯性的联想，而畲妇的"赤脚"与"陇上同耕"也被看成某种类似天生的禀性。畲妇的这种形象一直到民国时期也还有人不断关注，如在民国的建阳，"女子不缠足，不施膏泽，无金银佩饰，服色惟蓝青与白，常披蓑戴笠，跣足负耒，日与男子同耕种。生子逾月，服农事如常，日止哺儿一次"。③ 这些虽都与赣闽粤腹地相去有些距离，但作为有着某种亲缘关系与内在一

---

  ① （清）陆以湉：《冷庐杂识》卷七《陈学博诗》，中华书局1984年版，第352—353页。

  ② （清）吴世涵：《畲妇》，载（清）潘衍桐《两浙輶轩续录》卷三十七，《续修四库全书》1685集部总集类，上海古籍出版社1995年版，第409页。

  ③ （民国）赵模修，王宝仁纂：《建阳县志》卷八礼俗《佘民风俗》，第917页。

致性的人群，还是可以作为一个考察的参数。

畲妇的勤劳与其在家中的特殊地位是一个为人关注的主题，以致到清中后期，当广东客家人意识高涨之时，客家妇女的勤劳再一次引来无数目光时，人们不自觉地会想到畲妇的影响。如被称为"客家宣言书"的《丰湖杂记》中所言：

> 客人妇女其先亦缠足也，自经国变，艰苦备尝，始知缠足之害，厥后生女不论贫富，皆以缠足为戒。自幼至长，教以立身持家之道，其于归夫家，凡耕种樵牧、井臼炊爨、纺织缝纫之事，皆能一身兼之。事翁姑，教儿女，经理家政，井井有条，其聪明才力，直胜于男子矣，夫岂他处之妇女所可及哉。又客人之妇女，未有为娼妓者，虽曰礼教自持，亦由其勤俭足以自立也。①

这是节录自《平和徐氏族谱》所载清嘉庆戊辰（1808年）该族徐旭曾先生所作《丰湖杂记》，该文成为客家运动中重要的一页。而关于妇女部分也是首次将赣闽粤妇女的特色与客家族群联系起来，成为日后关于客家妇女特质的一项重要指标。同样是居于赣闽粤交界区，同样是与别处不一样的勤苦妇女，这两个形成于不同时期的族群，且据说是族源完全不一样的族群之间有如此类似的风尚，他们到底是相互影响，抑或还有别的什么因素，也成为许多人思索的问题。要厘清这个问题，我们还应将目光集中到赣闽粤甚至中国东南这一广大区域的历史图景中来，考察这一区域历史上的男女关系及这一区域的传统女性形象，将有助于我们更好地理解文献中的畲妇形象。

在梳理历史上关于赣闽粤女性形象书写时，一些有趣的事情就开始浮现出来。无论在家庭还是社会生活中，这一区域的女性都表现出极为不同于中国传统女性的形象。早在宋代《太平寰宇记》中，我们就看到，该书在描写广东循州（今惠州）风俗时指出："织竹为布，人多獠蛮，妇市，男子坐家。"② 这一情形与文人们描述的中国传统女性形象相去甚远。这种独特的男女关系与士大夫眼中的人伦与礼仪如此相悖，而事实上这代

---

① （清）徐旭曾：《丰湖杂记》，载罗香林《客家史料汇编》，第298页。
② （宋）乐史：《太平寰宇记》卷一百五十九《岭南道三·循州风俗》，第488页。

表了这一地区长期存在的基本情况。刘志伟在对"姑嫂坟"的研究中,考察珠江三角洲的传统女性形象,指出宋代广东地区的文化风俗与所谓的"中国文化"之间存在着相当大的差异。① 我们在宋代的广州太守章粢的《广州学记》中看到,宋代的广州已呈现出一幅与中国文化迥然不同的图像来,其记载如下:

> (广州)又其俗喜游乐,不耻争斗,妇代其夫诉讼,足蹑公门,如在其室家,诡辞巧辩,喧啧诞谩,被鞭笞而去者,无日无之。巨室父子或异居焉。兄弟骨肉,急难不相救,少犯长,老欺幼,而不知以为非也。嫁娶间有无媒妁者,而父母弗之禁也。丧葬送终之礼,犯分过厚,荡然无制,朝富暮贫,常甘心焉。②

作为士大夫的黄佐将宋代人的描写记载于此,目的当然是想移风易俗,以符合王朝的礼仪与士大夫眼中的理想家园,但事实上,尽管王朝早已在这一地区设官管辖,但那些地方文化却长期保存。据明代嘉靖年间所修的《广东通志初稿》的记载也再一次证明了刘志伟的观点,方志中记载明代的惠州情况也还是类似:"其细民妇媪则有担负蔬薪出于市者,乡落之民每当月夜,男女聚于野外浩歌,率用俚语。"③

在这些不同于中国文化的事项中,女性地位与角色无疑是其中强调最多者。据日本学者牧野巽的研究,在本地文化传统中,女性在社会生活中的角色,与中原女性不同。④ 在明代甚至更早时期的潮州府,我们看到了普遍存在的纺织樵采的农妇:"(潮州府)旧志……良家妇女,勤于织纺,依山之妇,代夫樵采,濒海者或拾海错以为生,而插秧割稻,凡农妇皆然也。"⑤ 而乾隆时期所修的《嘉应州志》则显示,嘉应州的妇女也是辛苦异常:

---

① 刘志伟:《女性形象的重塑:"姑嫂坟"及其传说》,载苑利编《二十世纪中国民俗学经典·传说故事卷》,中国社会科学出版社2002年版,第357—378页。
② (明)黄佐纂修:《广东通志》卷二十《民物志一·风俗》,第519b页。
③ (明)戴璟、张岳等纂修:《广东通志初稿》卷十八《风俗》,第331页。
④ [日]牧野巽:《广东原住民族考》,载《牧野巽著作集》第五卷,御茶水书房1985年版。
⑤ (明)黄佐纂修:《广东通志》卷二十《民物志一·风俗》,第534页。

> 中上人家，妇女纺织缝纫，粗衣薄妆，以贞淑相尚。至村乡妇妪，椎髻短裳，任田园诸务，采山负檐，蓬跣往来，未免鄙野。然而自甘淡泊，服勤劳，其天性也。①

尽管认定自甘淡薄，勤劳朴素是该地妇女天性，方志撰修者还是表示出同情，在同本方志中，当描写兴宁县风俗时，撰修者再一次为妇女们的辛苦发出感叹："其妇女勤苦尤甚，采薪运水，道路不绝，有襁负而任肩担之重者，无怨心也。"② 同样，在河源，"民间妇女与男子均劳苦，采薪运水者不绝，有襁负提孩任肩担之重者，习以为常"。③ 这种现象普遍存在广东各地，因此，在清人吴震方的《岭南杂记》中，有这样的记载：

> 岭南妇女多不缠足，其或大家富室闺阁则缠之，妇婢俱赤脚行市中。亲戚馈遗盘榼，俱妇女担负，至人家则袖中出鞋穿之，出门即脱置袖中。女婢有四十、五十无夫家者，下等之家女子缠足则皆诟厉之，以为良贱之别。至于惠州水城门外妇女日日汲江水而卖，大埔石上丰市妇女挑盐肩木，往来如织，雇夫过山，辄以女应，红颜落此，真在羼提劫中矣。④

写作者当然是带有某种怜香惜玉的情结，对"红颜落此"表示十分地惋惜，在民国温廷敬所纂修的《大埔县志》中引同治《大埔县志》言："樵汲灌溉，苦倍男子，不论贫富皆然。"⑤ 而镇平县妇女也一样，令方志撰修者不免慨叹"天下妇女之勤者，莫此若也"，其文如下：

> 村庄男子多逸，妇女则井臼、耕织、樵采、畜牧、灌种、纫缝、炊爨，无所不为，天下妇女之勤者，莫此若也。盖天下妇女劳逸尚分

---

① （清）王之正等纂修：《嘉应州志》卷一《舆地部·风俗》，第45页。
② 同上书，卷九《兴宁县·风俗》，第423页。
③ （清）彭君谷修，赖以平等纂：《河源县志》卷十一《民风》，据清同治十三年（1874）刻本影印，上海书店出版社2003年版，第330页。
④ （清）吴震方：《岭南杂记》上卷，《四库全书存目丛书》史部第二四九册地理类，齐鲁书社1996年版，第502页。
⑤ （民国）刘织超修，温廷敬纂：《大埔县志》卷十三《人群志二礼俗·风俗》，1943年铅印本，厦门大学古籍室藏，第9a页。

贵贱贫富，吾乡即绅士素封之家，主母与婢妾种作劳逸均之。且天下妇人即勤苦抑或专习一事，吾乡则日用饮食皆出其手，不独田工女工已也。刘梦得连州竹枝词"银钏金钗来负水，长刀短笠去烧畲"，差堪仿佛矣。①

非但广东如此，在赣南，同样随处可见勤苦劳作的妇女，在乾隆年间所修的《定南厅志》中看道："妇女勤纺织，戒嬉游，贫者采薪负水，不辞劳瘁，苎绵衣服，皆自为之。"② 其情形与广东无二。同样，在龙南，"女仆多力作，负水采薪，辛苦习劳，颇以为惯"。③

福建也不例外，在彭光斗所撰的《闽琐记》中就呈现了福建妇女的勤苦：

> 闽妇女最勤苦，乡间耕种担粪斫柴等事，悉妇女为之。音裙赤足，逾山过岭，三五成群，有头插花枝而跣足肩负者，故奸拐颇便，惟漳泉妇女不然，毋论老少，出必幅布蒙遮头面，宽衫长袖，绰有古装。④

综观广东、江西及福建各省，历史上女性的传统形象就与士大夫期待中的有很大出入。而当这种形象又集中体现在妇女勤劳的表述上时，更显示了这一区域与中国文化传统差异之大。当然，所谓"中国文化传统"，其在各地的实践情况还有待考察，但至少，士大夫们都有自己心目中理想的标准，当士大夫遭遇到与其理想迥然有别的传统时，不免将其视作一种鄙野的行为，想以教化对其进行改造。但往往矛盾的是，士大夫们其实是基于一套传统理念对地方情状进行描述，将家史、地方史、国史看成某种内在一致的东西，并要将其向上表达，而在具体的撰修过程中，因撰修人大都为本地士绅，又不免为本地"特色"寻求合理的理由，使其尽量符

---

① （清）黄钊纂：《镇平县志》，又名《石窟一征》卷五《日用》，据清光绪六年（1880）刻本影印，上海书店出版社2003年版，第247页。

② （清）朱昕修，刘霖等纂：《定南厅志》（不分卷），《风俗》，清乾隆四十四年（1779）刻本，第486页。

③ （清）王所举、石家绍修，徐思□纂：《龙南县志》卷二《志地理·风俗》，清道光六年（1876）刻本，192页。

④ （清）彭光斗：《闽琐记》，福州郑丽生抄本，厦门大学古籍室藏。

合国家所提倡的正统性的要求。在关于赣闽粤妇女的描述中，我们明显地看到这种描述的张力。而从这种广泛存在的描述来看，其中尽管有地方情结虚饰与夸大，但此地妇女勤劳却是一个确实存在的事实。而事实上，苏堂栋的研究给了笔者极大的启发，他认为："在非汉族的群体中，文化与认同完全脱节：即使采用了汉族的文化形式，他们也可能坚持原有的族群认同；相反，即使改变了族群认同，他们也可能坚持原有的文化习惯。"[①]因此，当我们联系到文章开头所说的畲女劳苦时，我们不免会心存疑问：到底谁影响了谁？这个问题固然关系到赣闽粤交界区的族群互动的问题，但事实上，此时，我们更要思考的是，赣闽粤所处区域及其周围的区域内，女性形象其实一直就与中国传统文化格格不入，但当前普遍存在的一种畲妇勤劳对这一区域妇女的影响的论点为何会如此普遍？

换句话说，畲女的勤劳并非一个简单的事实，关于她们对赣闽粤居住区女性形象塑造的影响也不是简单的逻辑，与文人们的强调和一再表述分不开。而这种表述背后，我们要考虑的是，无论在何时，妇女都某种程度地被当作展示品来对待，中国传统的文人与士大夫们都知道如何以礼俗来进行文化的等级划分，以此达到排斥另一些人的目的。除去表面的猎奇与一定程度的哀怜之外，畲民妇女在此其实是作为士大夫们排斥"非我族类"的一种说辞与展品。萧凤霞对广东自梳女与不落家习俗的研究表明，这一被认为汉人的传统有可能是一种土著的遗留，而被称为士大夫的人们利用来作为区分人群的象征符号。[②]反过来讲，畲妇的描述同样也可这样思考，这些被描述为与汉人传统极其不同的女性形象其实是士大夫们用以区分"汉"与"非汉"的象征符号，某种程度上说，她们可以说是被展示的文化，是用以区隔人群之间的界限与标志。

（三）游历者眼中的畲民

并不是每个人都能亲眼见到畲民，从以前的记载来看，其中的许多记载都是互相传抄的。而关于畲民形象的固定化与典范化也部分是由于这个原因，在无法亲历畲民生活，亲眼目睹畲民情状的条件下，只能依据前人

---

① Donald S. Sutton, "Ritual, Cultural Standardization, and Orthopraxy in China: Reconsidering James L. Watson's Ideas", *Modern China*, Vol. 33, No. 1, January 2007, p. 7. 感谢厦门大学历史系刘嘉乘提供中文译稿。

② Helen F. Siu, "Where were the Women? Rethinking Marriage Resistance and Regional Culture in South China", *Late Imperial China*, Vol. 11, No. 2, 1990, pp. 32–36.

的描写来书写。这就使得方志中关于畲民书写的大量重复与程式化用语。尽管后人也能从中透视书写者的文化认同与族群心态，但对于揭示畲民生活无太多增益。明清时期，还是有部分文人在游历或亲见了畲民之后作了游记，并至今留存，使今日能够从中窥视畲民生活之鳞爪。在这些记载中，包括对潮州凤凰山、惠州罗浮山，甚至福州芙蓉山以及汀州、诏安、兴国等地畲民的描写。

1. 潮州凤凰山的畲民

凤凰山在今饶平、潮安两县交界处，被认为是畲民的祖山，在如今很多人眼中，"广东潮州市凤凰山是畲族始祖的居地，外省畲族都是由凤凰山迁徙而去，凤凰山成了畲族崇拜祖先的圣地"。① 尽管民间长期存在这类传说，但学术界最早提出这一说法却是德国人史图博，在他与李化民合著的《浙江景宁县敕木山畲民调查记》中，他们指出："我们所有的原始资料一致认为，浙江畲民原来的故乡是在广东东北部。这里，在汕头东北部的饶平城可能找到凤凰山。"② 正是这种学术上的确认与推动，凤凰山成为畲民历史上神秘的景象。不管这种"畲族始祖的居地"说法存在可商榷的余地，凤凰山之所以出现此类说法，却也不完全是空穴来风。其实早在明代，人们就对凤凰山有明确的记载，而且至今也还有畲民生活在那里，且自明代以来一直就明确记载有畲人活动。在明嘉靖年间所修的《广东通志》中，记载了凤凰山畲长雷文用朝奉事迹：

> （永乐）五年（1407）冬十一月畲蛮雷文用等来朝。初潮州府卫卒谢辅言海阳县凤凰山诸㟁畲遁入山谷中，不供徭赋，乞与耆老陈晚往招之。于是畲长雷文用等凡百四十九户俱愿复业。至是辅率文用等来朝，命各赐钞三十锭，彩币表里䌷绢衣一袭，赐辅晚亦如之。③

在之后各种版本的《潮州府志》及《海阳县志》等志书中也常重复这一信息。在早期的畲民历史上，凤凰山必定扮演了重要的角色。而这种文字的确认也正是后世之人可依之据，尽管离后世之人所要诉说的故事相

---

① 姜永兴：《潮州凤凰山畲族"祖坟"考察》，《中央民族学院学报》1988年第4期。
② ［德］史图博、李化民：《浙江景宁县敕木山畲民调查记》，中南民族学院民族研究所1984年版，第106页。
③ （明）黄佐纂修：《广东通志》卷六十七《外志四·猺獞》，第1760页。

去甚远，但终归不是平白无故捏造出来的地点。

关于凤凰山的描写，明代始多见于方志，而清朝人徐青曾游览潮州之凤凰山，并作游记，则使凤凰山更清晰地呈现在人们面前。其文如下：

<blockquote>
生平爱山心，胶结不可铲。凌晨蹋屐行，朝日露未泫。初行越平畦，绿草滑且软。频行渡山溪，秋水清且浅。滨溪有歧途，欲问语难辨。似云东北行，有山门可欵。危桥支两木，悫缩艰履践。兴剧步斯宽，翻觉道坦坦。老树二三株，枯根罩苔藓。古藤修如蛇，蜿蟺蟠山涧。峚田数十亩，流水注竹笕。匏瓜大如瓮，臃肿塞荒疃。蹋磴凌崖嵬，屏息不敢喘。循崖步屡侧，尽处获平衍。迤逦度石门，山势复旋转。越转越幽奇，越高越寒产。……出山穷野趣，落日归晼晚。山人导我行，淳意稍缱绻。茅舍多疏落，蓬门无扃键。峚民四五辈，胸袒目双矖。客问何姓名，以手画地板。或言宋遗民，逃元窜僻远。至今五百年，租税免征缮。生涯无别营，射猎足彪㹭。饷客陈山修，村醪酌盈盏。斯诚太古风，汹穆鲜欺诞。明晨相送行，十里始分伴。回眸看山容，白云自舒卷。①
</blockquote>

徐青，字又白，嘉应人，据《岭南群雅》中介绍所说，他居于象湖，"甚僻"，但却"博闻强识"，善诗。此诗描绘了游潮州凤凰山一路上的景色，所经过的险阻，因为游玩得太晚，借宿于峚民家中，得到峚民热情款待，更在第二天走了长长的山路为其送行。尽管诗中并未交代凤凰山中畲民的姓氏，但却说相传他们可能是宋代遗民，为避元乱而逃入山中，当代耕作于山间之人，而从清晚期广东名士丘逢甲的诗也屡屡提到凤凰山的峚民，这些人应确是自为一体的畲民无疑。丘逢甲在他诗中说道："椎结遗风尚宛然，凤凰山畔种畲田。山中自作盘瓠国，更在佗王左纛前。"且在诗后自注云："山中有盘、蓝、雷、钟四姓，土人云狗头王子孙也。"② 而且，他还不止一次提起凤凰山的峚民，在他的另外一首描写路过凤凰山的诗中写道："山中五六月，云过雨来时。岚气阴晴变，秋衣早晚宜。峚民

---

① （清）徐青：《游潮州凤凰山》，载（清）刘彬华辑《岭南群雅》二集卷二，《续修四库全书》1693集部总集类，上海古籍出版社1995年版，第328—329页。

② （清）丘逢甲：《饶平杂诗》，载《岭云海日楼诗钞》卷六《己亥稿下》，上海古籍出版社1982年版，第132页。

安世业，茶客话墟期。行道未应倦，夕阳蝉满枝。"① 诗中所谓茶客之言，按丘逢甲的自注云："凤凰山产茶"，说明茶叶是当地畲民一项主要经济收入。② 也许正是将凤凰山与畲民作如此近的联系，才使丘逢甲在凤凰山下遇见自称是宋代名臣文天祥后裔时，也仍忍不住说"凤凰山下野人村"③，将凤凰山视作王化之外的人所居之地，而那些自称为文公后裔的人居然也居住于此，自是十分意外的事。

凤凰山日后被塑造成畲民祖山正和如此多的记载有关。如民国年间饶宗颐所纂的《潮州志》中就指出："今浙江南部畲民，多自称其远祖出于潮之凤凰山……潮安山犁之畲，其始祖坟墓为清时物，盖自饶平凤凰分支而出。凤凰之畲今惟石鼓坪有之，其居民一部分于四十年前坑内村迁来，然凤凰山岭稠叠，溪峒回亘，畲民自宋元以后即聚处其间。明永乐时畲之归附者达百四十九户，明凤凰山仍属海阳，饶平犹未置县，故凤凰人语云：未有饶平，先有石鼓坪也。"④

2. 惠州罗浮山的畲民

罗浮山位于惠州博罗，"罗浮者，山总名也。罗山在番禺东二百里，浮山自海来，傅之崖巘，皆合为一，临于博罗之上，北望增城，南望东莞，高三千六百丈。"⑤ 罗浮山历来就被认为是神人居所，宋代苏轼被贬岭南即居于罗浮山下，并作诗咏山中木客，因此，后人由此认定罗浮山必定曾有木客。其记载为：

> 东坡诗云："木客馈山殽。"又云"山中惟木客"，盖屡用木客事。按徐铉小说载"鄱阳山中有木客，自言秦时造宫采木逃于山中，食木实，遂得不死"，时就居民饮酒为诗一篇曰"酒尽君莫沽，壶倾我当发。城市多嚣尘，还山弄明月"，罗浮必有此族也。⑥

---

① （清）丘逢甲：《饶平杂诗》，载《岭云海日楼诗钞》卷六《己亥稿下》，上海古籍出版社1982年版，第129页。

② 有关茶叶与畲民的相关著作参见王逍《走向市场：一个浙南畲族村落的经济变迁图像》，中国社会科学出版社2010年版。

③ （清）丘逢甲：《凤凰道中》，载《岭云海日楼诗钞》卷六《己亥稿下》，上海古籍出版社1982年版，第129页。

④ （民国）饶宗颐总纂：《潮州志》，新编第七册《民族志·畲民》，第3076页。

⑤ （明）黎明表：《罗浮山图经注》，载（清）宋广业《罗浮山志会编》卷一《名胜一》，第553页。

⑥ （明）陈琏撰，（民国）陈伯陶增补：《罗浮志》卷五《杂志下》，第12b—13a页。

此外，罗浮山还被认为是道家圣地，东晋年间葛洪上山修炼，并于其上著书立说，创立道观，其中之一就是酥醪观。因葛洪的原因，罗浮山成为岭南道教名山，被称为道教第七洞天，第三十四福地，之后诸多文人如苏轼、屈大均等人皆作诗吟咏。清朝有自称酥醪洞主者还专门著有《罗浮续纪》，其中提到酥醪观：

> 酥醪观故址，峒民相传在今观右之苏罗村，余细之，苏罗即酥醪之音转，虽年代悠久邈，差可信。且有一确证，屈翁山《广东新语》："苏罗乃广东最深处"，又言"苏罗猺人每社日以青精饭相饷"，而《翁山诗外》有酥醪村，盖亲至其地，知苏罗即酥醪也。今观虽不在苏罗，然其复旧名称酥醪，当由于此。①

上文提到的屈翁山即屈大均，在他所著《广东新语》中介绍一种叫南烛的树时，说到以前有"朱灵芝真人以其叶兼白秔米九蒸暴之，为青精饭，常服，人称青精先生"，并说苏罗"傜人"也如法炮制："今苏罗傜人，每以社日为青精饭相饷，师其法也。苏罗乃罗浮最深处，予诗：社日家家南烛饭，青精遗法在苏罗。"② 看似在屈大均时代的罗浮山还有"傜人"居住。

从现存的资料来看，早在明代，就曾有关于罗浮山畲民的记载。明代黎明表的《罗浮山图经注》说，罗浮"西南曰飞来峰，有梅花村……梅花村西皆稻区也，峯蛮近亦耕种其间"③。黎明表是明代人，曾撰《罗浮山志》，在他的另一首关于畲民献酒的诗中，他这样描写道："暂憩云门外，冬衣亦尚寒。风烟词客赏，薇蕨野人餐。白雨怀中落，残红岛外看。临流何所羡，吾已挂尘冠。"④ 明代广东著名的士绅黄佐也曾对罗浮之梅花村畲人荐酒一事作诗一首，所描绘景象与黎明表如出一辙，其诗曰：

---

① （清）酥醪洞主著：《浮山续纪》，载（清）陈铭珪撰《浮山志》卷二，第7a—7b页。
② （清）屈大均：《广东新语》卷二十五《木语·南烛》，第649—650页。
③ （明）黎明表：《罗浮山图经注》，载（清）宋广业《罗浮山志会编》卷一《名胜一》，第553页。
④ （明）黎民表：《水帘洞畲人献酒》，载《瑶石山人稿》卷八《五言律诗》，《影印清文渊阁四库全书》集部216别集类第1277册，第95页。

"落落梅花村，前有烧畲客。殷勤芳树下，酹以缥玉白。杯盘出古窑，鸡黍自山泽。陶然巾车去，和风荡长陌。"①

而在清代，关于罗浮山畲民的记载更为具体，在："罗浮山在粤东省会之东南，……罗山峙于西北，虎豹窟宅，猺獞居之。"②而同据此书所引《罗浮书》言：

> 苏罗石䃘之间多猺，有上、中、下三猺村焉。其在黄牛径者亦猺也。猺本盘瓠种，自言为狗王后，家有画像，犬首人服，岁时祝祭甚谨，分盘、蓝、雷、钟、苟五姓，自相婚姻，土人与邻者亦不与通。女子未嫁则作髻一叠，中妇二叠，大妇三叠。聘以金十六两为率，无则为妇父佣工，其值已足，乃得携娟以归。同姓为婚，不以为嫌。其大村在山巅者曰梅宠，稍知礼义，为诸猺之望。猺有长有丁，明初设抚猺土官领之，俾略输山赋，赋论刀为准，羁縻而已。罗浮之猺有抚猺官黎姓者为之，家增城，片纸传语，岽峯诸猺无不奉命，亦易治之猺也。③

引文中所提到的黎姓抚猺官实指增城人黎邦宁一家，从明朝隆庆年间始，其世代世袭，在康熙《增城县志》中对此有记载：

> （峒猺）迨隆庆间，又同从化松子寨寇作乱，邑人黎邦宁抚平之，授为抚猺官。邦宁故万历四十年（1612），其弟梦吉承顶。天启甲子（1624）饥，梦吉出赀市谷赈之，猺人感悦梦吉，故崇祯十四年（1641）吉子振彩承顶。清顺治四年（1647）大兵临增，振彩引猺归附本县，留猺众分守四门，录功在案。至七年（1650）又率猺众向化投诚，统兵左翼都督同知许尔显给与千总职衔，仍管各岽峯等猺，历百年间，猺之安靖固其所也。振彩故康熙十一年（1672），循

---

① （明）黄佐：《梅花村前畲人荐酒诗》，载（清）宋广业《罗浮山志会编》卷十五《艺文志六》，第738页。
② （清）宋广业：《罗浮山志会编》卷一《地理志·疆域》，第544页。
③ （清）宋广业：《罗浮山志会编》卷九《述考志·纪闻二》，第674页。

例推举给其子黎城壮承顶。①

从黎邦宁传至黎梦吉,再至黎振彩,并传其子黎城壮,而且在黎城壮之后,于清朝康熙三十六年(1697)由黎上遖袭其位,其后,雍正十二年(1734)传给黎观球,到乾隆三十八年(1773),再传给黎美兴,美兴力辞不准,仍着世袭。② 一家世袭两朝,是为抚猺官之较长久者,堪与明代时之张富、彭伯岭家族媲美,甚至更为成功。③

此外,关于罗浮山之猺的记载,其引文来自《罗浮书》,而作者却不甚详,因此,酥醪洞主猜测作者应为屈大均,因为《罗浮书》所记之事大都与屈大均所著之《广东新语》、《翁山诗外》同。而其中所记之最大猺村梅宠,也叫梅谷,在酥醪洞主的《罗浮续纪》中另有如下记载:

> 按苏罗、石甾、梅宠皆酥醪洞中村名,石甾今作石影,梅宠即梅谷,黄香石谓梅谷,又名梅宠是也。《罗浮书》盖屈翁山著,所记系明时事,云明初设抚猺土官,则诸猺盘踞洞中,盖自元时,洞自宋而后,游者罕至,亦由于此。今洞中诸村曰苏罗谭、李两姓百余丁,曰石影陈姓四十八丁,曰高屋高姓三十余丁,曰佃田高、王两姓十余丁,曰夹水口下陂黄姓三十余丁,曰大岭傅姓二十余丁,皆在观之前。曰茅坪黄姓百五十丁,在观之左。曰迳口塘王姓三十余丁在观之后,诸姓均土著,王姓为客家,无盘、蓝、雷、钟、苟五姓者。查洞中东自佛子凹,西至秃岭凹、分水凹,环洞四周,皆酥醪观中税田,诸姓亦皆观中佃户,盖明末诸猺因乱他徙,曾山师柯善智师承垦洞中田,别招佃户来居,非复盘瓠种族矣。查秃岭凹之东北今尚有猺人二十余家,盘、雷、蓝三姓,自设一土官,盘姓,猺人有事相争,由土官断结,峒民呼其地为山猺,洞不相往来,介生师谓酥醪观西峻岭有

---

① (清)蔡淑修,陈辉璧纂:《增城县志》卷十四《外志·峒猺》,清康熙二十五年(1686)刻本影印,上海书店出版社2003年版,第268页。
② (清)熊学源修,李宝中纂:《增城县志》卷十《职官·抚猺官》,第779页。
③ 关于明代张富、彭伯龄家族之抚猺,参见(明)姚良弼修,杨宗甫纂《惠州府志》卷十四《外志·猺疍》,第15a页。其记载如下:"抚猺土官:正统中东莞吏张富、兴宁人彭伯龄皆以能拊辑猺党,富受善政里巡检,管束广惠潮诸猺子孙,袭者三世。伯龄授水口副巡检,仍俾世袭。伯龄死,子玉袭。诸猺讼玉,革其职,第取其属一长者董之,号抚猺老人。其后兴宁练廷爵授职如伯龄例,今府及归善河源等邑皆有抚猺官,然大率出纳授矣。"

猺户，即此迁徙未尽者。①

由引文可知，清代酥醪观之西还有二十余家，以盘、蓝、雷为姓。尽管至清朝后期，罗浮山之"猺人"大都迁徙或者皆为土著②，但还是有一小部分留了下来，并保存着较独立的生活方式。在"酥醪院西，峻岭崇山，有猺户一二十家，山下垦田，人住山腰，犬豕同牢，地甚逼仄。分盘、蓝、雷三姓，自相婚姻，土人虽邻近，不通往来"③。而汤贻汾则有幸得到他们所献穿山甲与白鹤，有诗为证，其一为"罗浮山中畬人以鲛鲤来献，受而烹之，得诗"，诗文如下："畬人得鲛鲤，献我弗求金。不死宁无术，入山终未深。片鳞谁尔贵，多力已吾擒。食指朝来动，临轩一怆吟。"④ 其自注为鲛鲤，"俗名穿山甲"。而在另一首诗序言"猺人弋一鹤，予得而养之，瀛涛饮以药，有诗"，如下：

酥醪洞前白鹤多，山猺习见同鸡鹅。晨炊鬼芋不下酒，石上松闲来设罗。猺童溪畔已汲水，猺女灶前先束禾。须臾一鹤提在手，大笑跨涧行如梭。先生采药正相值，询所自得责以苛。偿钱笼取返深洞，铩羽不整为摩挲。治之以药饮之水，一昼夜喜今全瘥。意如德我不忍去，中心又复思岩阿。故群只在松树顶，尔去亦可常来过。可怜癯仙隐此亦已久，岂意林壑生风波，一日性命如飞蛾，偶然值此悲辚轲。

---

① （清）酥醪洞主著：《浮山续纪》，载（清）陈铭珪撰《浮山志》卷二，第44a—45a页。
② 参见（清）陈铭珪撰《浮山志》卷四，载（清）张九钺《罗浮六首》之一："桂父颜因入世灵，安期舃为避秦停。谁教五百童男女，尽种三千老茯苓。天地荒唐周甲子，衣寇庞古汉图经。而今耕稼无私地，望里虚看似画屏。"诗中自注："三十年来诸峰巨竹奇树为种輋者伐尽，悉垦荒种粟，仅存空寺观而已。按罗浮诸寺观古松甚多，云仅存空寺观，盖不尽然。惟垦荒种粟实自乾隆初，酥醪开辟亦在斯时。又按《广东新语》：归善有窖輋，其人耕无犁锄，率以刀治山土，种五谷曰刀耕，燔林木使灰入土，土暖而蛇虫死，曰火耨，是为畬蛮之类。此岘所称种輋即此，畬輋俗皆读如斜，今山中輋人已他徙。"（29b）
又（清）陈铭珪撰：《浮山志》卷五，载（清）石宗汉《紫虚游罗浮归述有作卷二》："振衣越岩岫，携屐入空蒙。流水长松外，斜阳野店中。村猺成土著，木客有仙风。才度分霞岭，烟光总不同。"（21a）
③ （清）赖洪禧：《罗浮新志》，载（清）陈铭珪撰《浮山志》卷一，第32a页。
④ （清）汤贻汾：《罗浮山中畬人以鲛鲤来献，受而烹之，得诗》，载《琴隐园诗集》卷九《南塞集》，《续修四库全书》1502集部别集类，上海古籍出版社1995年版，第181页。

不知人闲尘网更周密,齐将万贯期君驮。①

诗中之鬼芋产罗浮深谷中,状如薯芋。不知献物的是不是同样的人,但在作者的两首诗中分别以畲与猺二名称呼,说明此地之称呼很可能是畲、猺通用。在清朝嘉应人李光昭的诗中,我们同样可见到如此情形。其诗为:

山云积复化,大抵为流水。葛天无怀民,宛在流水里。蛮云横土屋,酿水成嘉醴。猺人与畲人,客到殊为礼。亦有冬烘生,骚歌拟盈纸。妇作麻姑妆,蓬头懒梳洗。木栅鹅刷翎,茅棚牛摆尾。竹外山桃花,斜映霜枫紫。沿流春色多,不谓秋声起。②

此诗题为《酥醪村》,描写了作者至酥醪村的情况,并且诗中还对此处妇女装饰进行描述。故而,笔者怀疑汤贻汾诗中描写的畲人与猺人可能就是同一群人,只不过用了不同称呼。综观文人们对罗浮山的描写,其实皆反映了类似的情形,有时将这一群人称为畲,有时则称作猺。

3. 福建之畲民

福建畲民同样亦称猺。福建的汀州,也被认为是畲猺的聚居地。因此,尽管时至清代,此处已无多少明确可辨识的畲民,但诗人们还是不遗余力地发挥着他们的想象力,对汀州历史上的居民进行大胆的描写。如在武平,有赵良生所作的《象洞》诗,其内容为:

新罗辟地自晋始,窟穴旧是南蛮居,九十九洞最辽阔,硁砑嵓崒皆山樗。传闻群象此中聚,何必刻舟知其数。彩布缠腰㛷女骑,红藤束背猺童坐。焚山烈泽年复年,深岩邃壑还依然。……③

诗中显示出诗人将象洞这一地区的原居民认定为"南蛮",且据说象

---

① (清)汤贻汾:《猺人弋一鹤,予得而养之,瀛涛饮以药,有诗》,载《琴隐园诗集》卷九《南塞集》,《续修四库全书》1502集部别集类,上海古籍出版社1995年版,第182页。
② (清)李光昭:《酥醪村》,载(清)陈铭珪撰《浮山志》卷五,第13a页。
③ (清)赵良生:《象洞》,载(清)刘旸纂修,赵良生续纂修《武平县志》卷十《艺文志》,康熙十一年(1672)修,康熙三十八年(1699)续修,上海书店出版社2000年版,第633—634页。

洞因有大象出没闻名，故诗人想象当时"僰女"、"猺童"乘坐在象背上的情景。此诗多出于想象，但却也不是毫无依据，据宋代所修的《临汀志》载，旧传有大象出没其地，只是到宋代时已无大象，而是有民人居之。其记载为：

> 象洞，在武平县南一百里，接潮、梅界。林木蓊翳，旧传象出其间，故名。后渐刊木诛茅，遇萦纡怀抱之地，即为一聚落，如是者九十有九，故俗号"九十九洞"。其地膏沃，家善酝酿，邑人之象洞酒。洪刍有《老酒赋》，正谓此。但僻远负固，多不乐输，故置巡检寨以镇焉。①

与对象洞的想象一样，甚至有过之而无不及，诗人周亮工对上杭城外所居人群的夸张描述更让人震惊。其诗名为《夜登杭川城楼有感》，共四首，其中两首如下：

> 秋老沧溟夜舞鲸，依然刁斗旧时声。艰虞剩有囊书坐，饥饿惭看负楫耕。象洞云迥迷鸟道，龙岩雨过认獠城。郊峒半是盘蓝篓，十载汀南未罢征。
>
> 岩前新月学弓弯，子舍云边未肯还。永夜涛声三折水，孤城秋色七峰山。都人拥树曾同鸟，畲客编茅别是蛮。异土临风须自慰，亲心万里苦相关。②

诗中同样用到象洞作为衬托，而其诗中的"獠城"、"郊峒半是盘蓝篓"无疑是对这一地区居民带有歧视性的说法，这种虚指与夸张虽不能作为实指来相信，但同时却也反映出当时人对这一区域的某种污化的事实。被文人们这样想象的汀州，其畲民情况到底如何，范绍质的《猺民纪略》多少为我们提供了些答案。其文如下：

---

① （宋）胡太初修，赵与沐纂：《临汀志》不分卷《山川》，宋开庆元年（1259）修，福建人民出版社1990年版，第52页。
② （清）周亮工：《夜登杭川城楼有感》，载（清）蒋廷铨纂修《上杭县志》卷十《艺文志下》，清康熙二十六年（1687）刻本，国家图书馆分馆编，第844—845页。

汀东南百余里有猺民焉，结庐山谷，诛茅为瓦，编竹为篱，伐获为户牖，临清溪，栖茂树，阴翳蓊郁，窅然深曲。其男子不巾帽，短衫阔袖，椎髻跣足，黧面青眼，长身猿臂，声哑哑如鸟，乡人呼其名曰畲客。妇女不笄，饰结草珠，若璎珞蒙髻上，明眸皓齿，白皙经霜日不改。析薪荷畚，履层崖如平地。以盘、篮、篓为姓，三族自相匹偶，不与乡人通，种山为业，夫妇偕作，生子堕地，浴泉间，不避风日。所树艺曰棱禾，实大且长，味甘香，所产姜薯蒨豆菰笋品不一，所制竹器有筐筐，所收酿有蜂蜜，所畜有鱼豕鸡鹜，皆鬻于市。粪田以火土，草木黄落，烈山泽雨瀑灰浏田，遂肥饶播种布谷，不耕籽而获。精射猎，以药注弩矢，着禽兽立毙，供宾客悉山雉野鹿狐兔鼠蚓为敬。豺豹虎兕间经其境，群相喜谓野菜，操弩矢往，不逾时，手拽以归。俗信巫事鬼，祷词祭赛，则刑牲庀具，戴树皮冠，歌觋者言，击饶吹角，跳舞达旦。送死棺椁无度，号泣无文，三日而葬，远族皆至导饮，极欢而去。其散处也，随山迁徙，去瘠就腴，无定居，故无酋长统摄。不输粮，不给官差，岁献山主租毕即了公事，故无吏胥追呼之扰。家人嗃嗃，妇子嘻嘻，各食其力，亦无阋墙御侮之事。其性愿愨，其风朴陋，大率畏葸而多惧，望见衣冠人至其家辄惊窜。入市贸布易丝，率俯首不敢睥睨，亦有老死不入城郭者，噫嘻！是殆所谓山野自足，与世无求，与人无争者欤！

按《桂海虞衡志》：猺本盘瓠之后。范晔《后汉书》：盘瓠，帝喾之畜狗，负少女入南山，止石穴中，生六男六女，织绩木皮，染以木实，以为服饰，号曰蛮夷，兹盘、篮、篓固其遗种也。楚粤为盛，吾闽有之，然不甚蕃，三五七家而已。庚子，陈大中丞檄县绘图以进，因纪其略。①

《猺民纪略》成为对汀州畲民进行描写必须参考的资料，而在此后的汀州多本方志中，我们也看见此文被重提或转述，成为描写汀州畲民的典范描写。

而漳州则在更早些时候就有关于畲民的记载了。从南宋刘克庄的

---

① （清）范绍质：《猺民纪略》，载（清）曾曰瑛等修，李绂等纂《汀州府志》卷四十一《艺文记》，第527—528页。

《漳州谕畲》发表以来，入元又有陈吊眼、李志甫等人起事，这些人皆被认为是畲民。陈吊眼等逃入畲洞，到民国年间尚传有其曾藏身之洞曰"乌山十八洞"①，而漳平之百家畲更为闻名，即以畲为地名，同时也被认为是畲洞：

> 百家畲，畲洞。在县南永福里，界本州安溪、龙溪、南靖、漳平，四面阻塞，洞口陡隘，仅通人行，其中宽广，可容百家畲田播种，足以自给。四方亡命者逋聚其间，凭恃为乱。宣德正统间有江志贤、李乌嘴、卢赤髻、罗正兴者乌合跳梁，至动方岳，守臣连年剿捕，始得靖息。②

尽管从宋以来对漳州畲民的记载一直不断，但至明清时期，真正了解畲民生活、亲历畲民状况的人却不多见。关于畲民的记载很多来自前人的记载。明朝万历年间，诏安人沈鈇曾亲自到畲民居住地六峒丈量学田，亲见畲民生活。其文为：

> 余邑僻壤，以都名者有四，而二都在万山中，丛谷峭岭，半插天表，至六峒则畲民所居者。峒有田数十亩，九侯岩僧主之会土姓争佃不决，前邑令公判田入学宫，嗣为许氏富豪获焉。今邑大夫夏公奉督学洎郡二千石，檄查前田，力请还学舍，业有成议矣。先檄庠友陪涂三尹勘量之，诸友怵富豪气焰，无敢逞。夏大夫恳余同行，余曰："舍其田而芸人之田，孟轲氏所诫也。顾学田为养士之需，先圣精神命脉系焉，不佞敢惮劳与避怨哉？"二博士江君、李君命庠士十二生约余于闰八月六日起程，届期则何生先遁矣，许生亦不至。诸友曰：何生为避咎也，许生为避嫌也。匪有它者，余与林生树观、许生琦、叶生经、林生魁期、沈生经纶、沈生侃、沈生汝栋、沈生东、黄生正色、吴生鲠臣并辔而驱，午餂于李公树，余戏谓诸生曰："昔宣尼父过宋，群弟子习礼树下，桓司马伐木而逐之，诸君子今得无戒心

---

① （民国）陈荫祖修，吴名世纂：《诏安县志》卷五《大事志》，民国三十一年（1942），上海书店出版社2000年版，第678页。

② （清）彭衍堂修，陈文衡纂：《龙岩州志》卷一《封域志·山川》，清道光十五年（1835）修，成文出版社1967年版，第26页。

耶？"午复渡一溪涧，水迅急，假竹筏以济，历金溪诸社，乡人以壶浆迎，谢却而去。日晡饷于神宫坑，盖庠生沈登瀛寓所也。是晚移宿于沈生东田舍，其地曰坪林，去六峒不遥矣。诸友余步山巅，睹新月如斗大。余曰："苏东坡谓山高月小，盖自下而观之也。兹自上而观之，则山愈高而月愈大矣，非去天稍近者哉？"诸友领之。七日，质明起扪萝涉险，望峰峦如揖如拱，不啻迓客也。迤逦抵枫树岗，盖畲客境界矣。中隔坑堑，石笋嵯峨，流泉满衢，行者苦之。过此则崇岗叠巘，一举目，魂摇摇作怔悸状。两人相披方达山顶，上下山谷皆畲人所种植者。良久至峒，编篱为垣，覆以菅茅，鳞次而居者，仅三四家。男子束发脑后，妇女椎髻于前，与城邑迥别。余拉诸友坐峒屋中，睹高山当户，溪涧流前，别是一小洞天也。涂君洎巡宰，陈君、宋君至促诸役，持衡较量田亩，旦问土人疆界，云自峒口赤竹坪起至桂子寮中，有山腰、纸寮塘、岍横、石洞里、桂子寮，前后直至龙漈而止，皆六峒境内者。其云六峒则山之总名也。峒凡延袤五六里，田凡若干亩，丈勘凡两日始毕事。涂君率二巡宰胼胝泥中，唯恐负邑大夫任使，间以禾苗方茂，圳亩参差，不无挂漏，大都尽，六峒田已还黉舍，则尺土非富家物矣。前亩乃僧产也，溯其初，不谂舍之何人，但先是邓蔡二令尹已送庠中为师生肄业费，庶几有逃墨归儒气象，富家豪即攘之缁流，又欲夺之胶庠，此不惟孔氏鼻入，亦佛氏所共恶也。自非邑大夫夏公扶植斯文，则原田终为富室有矣。原所自盖系圣道大明，幽谷必照，即六峒虽称荒服僻区乎，而济济衿佩联翩云集，无论沃土，颗粒得荐清庙，而馨俎豆，俾六峒畲民一旦喁喁从善，将易侏离而为驯雅之习，固于今卜之矣。语云：君子居之，何陋之有？余且为六峒山灵幸，为六峒畲氓幸，不啻为胶庠士私庆耳矣。是行也，犇走凡五日始抵舍，呼灯篝笔，命侍子纪之以传好事，且质之有道者，夏公名宏，东粤海阳人；涂君名来，觐江右丰城人；江君名化鲤，闽之惠安人；李君名若标，粤之高要人；陈君名本道，粤之全州人；宋君名民信，浙之山阴人；庠士林树观辈皆余邑产也。记成为万历丙申闰（1596）八月十有一日。①

---

① （明）沈鈇：《游六峒丈量学田记》，载（清）秦炯纂修《诏安县志》卷十二《艺文志》，康熙三十年（1691）修，上海书店出版社2000年版，第596—597页。

文章记载了作者去六峒丈量学田的前因后果,并记载其沿途艰难跋涉,行走两日始到,在六峒见到畲民"仅三四家,男子束发脑后,妇女椎髻于前,与城邑迥别"。文中对畲民所居住的环境进行描写,颇为详备。作者仅丈量学田就花了两三天,可见山间跋涉之不易,而三四家畲民要耕种如此多土地,也是很难想象的辛苦。作者沈鈇为明代进士,曾为顺德令,"仕终江西九江府知府"①,其"居家倡置学田以赡儒生,创桥路以便行旅,建文昌公诸祠以兴文学,置亭观以开福田,接引承学,教诲子弟"②,是个积极倡学之人,而入六峒丈量学田自然成为不可推卸之责任了。另据康熙年间所修之《诏安县志》的记载,六峒"在县西北六十里,连接金溪诸山,旧有银矿,奸民藉官射利,往往生事呈采。明正德初浦令胥文相奏罢之,堙塞已久,万历年间奉勘合开采陵谷为墟,商贾杂还,豪民假虎,鸱张更甚,二都之民岌岌惊变,后奉旨停革,民乃安堵。洞已封闭,仍以南诏所千户一员更番守之,然盗矿如故,今废"。③

4. 江西畲民

江西畲民,明代记载寥寥可数,但南安峯民是记载的重心。④ 王阳明巡抚南赣,主要任务是平定赣闽粤三省交界区的动乱,在对谢志珊、蓝天凤等动乱平定之后,其上《立崇义县志疏》,文中说到南安之峯民动乱的来由:

> 上犹等县横水、左溪、长流、桶冈、关田、鸡湖等处,贼巢共计八十余处,界乎三县之中,东西南北相去三百余里,号令不及,人迹罕到。其初峯贼原系广东流来。先年奉巡抚都御史金泽行令安插于此,不过砍山耕活。年深日久,生长日蕃,羽翼渐多,居民受其杀戮,田地被其占据。又且潜引万安、龙泉等县避役逃民并百工技艺游食之人杂处于内,分群聚党,动以万计。始渐掳掠乡村,后乃攻劫郡

---

① (清)秦炯纂修:《诏安县志》卷十《选举志》,康熙三十年(1691)修,上海书店出版社 2000 年版,第 551 页。
② (清)秦炯纂修:《诏安县志》卷十一《人物志》,康熙三十年(1691)修,上海书店出版社 2000 年版,第 573 页。
③ (清)秦炯纂修:《诏安县志》卷七《武备志·关隘》,康熙三十年(1691)修,上海书店出版社 2000 年版,第 492 页。
④ 对赣南畲族专门研究的有:黄向春:《赣南畲族研究》,硕士学位论文,厦门大学,1996 年。

县。近年肆无忌惮，遂立总兵，僭拟王号，罪恶贯盈，神人共怒。①

王阳明平定赣南之畲后，赣南畲民便长期隐匿于世人眼中，人们很难在赣南找到畲民的活动迹象。数量如此巨大的畲民去向何处，成为后世之人纷纷猜测的悬疑。在这寥若晨星的畲民记载中，兴国算是个例外，在清代的两部《兴国县志》中皆提及畲民，成为了解赣南畲民不可多得的史料。在兴国，畲民又被称为山野子，在康熙时所修的兴国县志《潋水志林》中，收录了一篇介绍兴国畲民的文章，其内容为：

> 太平乡崇贤里有山民户。国初兵燹，土旷人稀，流遗争集。闽、广之侨户，自为党类，势遂张，来自郴、连间者，相率摈而孤之，号为"山野子"，其人多雷、蓝、毕三姓，占耕其土，自为婚姻，不敢出里巷。既久，力农蓄积，属籍输赋。邑人之狡者，笼其田于已籍中，而蚀其盈羡，遇有逋粮，辄归之山民。官欲为清厘，不可得也。甲寅寇孽既平，某巡简指为余盗负固，欲请兵禽狝之，乃号哭，泥首丐死，而畏匿益甚，邻郡皆哂兴邑山民为异类，与猺、獞、狼、黎比。黄君惟桂始诱化之，俾自立户。黄去则仍匿迹，诡寄笼田之徒愈恐吓，使不敢出。又二十余年，予因编册审丁，广为劝谕，按户敦其诡寄，重惩之。三阅月，始就厘正，削去山民之名，与土著一体。有名之丁，悉造庭听唱，鱼贯抃踊。盖迩年来其人固益驯习晓畅，就其初特为奸民所愚，岂真狉狉野鹿哉！予之术，非有加于黄君，不过踵而行之。但黄君著《治兴异迹》，作山民图，圈目缺舌，出入必挟刃，妇稚皆能搏生，与予所见大相径庭焉。②

文中以"山野子"称呼当地的畲民，为"闽、广之侨户"，受到来自郴、连之人的孤立。而文中提到的黄惟桂则曾是兴国县令，其所见或是所描述的畲民皆"圈目缺舌，出入必挟刃，妇稚皆能搏生"，与张尚瑗之所见大为不同。在另一本兴国县志中，则收录了一首咏兴国凌云山之山民的诗作，其诗为：

---

① （明）王守仁：《立崇义县治疏》，载《王文成公全书》卷十《别录二》。
② （清）张尚瑗纂：《潋水志林》卷十七《志事近录》，康熙五十年（1711）修，2001年重印本，第187页。

凌云山绵数百里，牙鼓灵峒中峰起。险溪怪壑暗灵湫，中有毒龙潜渊底。时时只见云雾兴，微雨常飞晴明裏。毵毵高木啸阴风，白昼晦冥魑魅喜。此中闻有山野人，无识无知同鹿豕。其族来从万历中，种类难名声嗟哜。腰悬笭篡各不同，意疑以此标姓氏。二家男女互为婚，与世通姻遂为耻。到处尝土识土宜，觇土厚薄为行止。所居多至三五年，土力既尽辄他徙。徙日山山广植杉，殷勤便报山租礼。居倚木石略覆苫，结芒遂安床与几。婴儿常挂树枝头，星风露月犹锄理。树艺五谷俱怪奇，高岭插禾不须水。垦草无事敬人时，但看花开为岁始。俗喜虞机口腹赀，亦尝徒手格虎兕。含血倮虫食何疑，往往并及蝎与蚁。长幼自然合彝伦，片言要约无回齿。不受王章天地宽，仁义礼智反可鄙。吾尝抚时动深思，太古遗风不再矣。安知山泽有黄农，醇闷居然在于此。兵寇充斥近年来，厥类潜踪绝首尾。先几复与齐民殊，反笑豪英束缚死。隐耶仙耶何处归，凌云之山生无已。①

畲民在此又被称作"山野人"，这些"山野人"于明朝万历年间迁来，从该诗序中可知，他们要么是广东迁来，要么从福建迁来，与当地人习俗、语言殊别，该诗之序言："凌云山直宜黄、永丰、兴国诸县间，有山野人，万历中来居是山，不受结绳书契，译其语言，非广之排猺坜鬼，必闽之滨海岛所居民也。其俗女勤而男惰，以耕织自足，亦不甚异人，性能生食诸虫毒，冬夏无寒热，二十年来种渐繁，近以世乱，稍稍徙去云。"而事实上，上面这段引语在乾隆六年（1741）所修的《宁都县志》中已收录其中，道光《宁都直隶州志》再引乾隆志亦载此事。② 载《兴国县志》的魏书之诗题名《纪闻》，此诗作者魏书是宁都人，是当时宁都一位颇有名望的画家，宁都与兴国邻县，因此，对于兴国之事应较熟悉。

---

① （清）魏书：《纪闻》，载（清）孔兴浙修，孔衍倬纂《兴国县志》卷二十四《志言·国朝诗》，乾隆十五年（1750）刻本，兴国县方志办藏，第1b—2b页。

② 笔者查阅藏于宁都县档案馆从国家图书馆复印的乾隆《宁都县志》，刚好缺了该页，幸亏在道光《宁都直隶州志》中再次见到此条史料，故引后者为证。（清）刘丙撰：《宁都直隶州志》卷三十二《杂志》，1982年据清道光四年（1824）刊本手抄油印本，第10册，第162页。其文如下："凌云山界宜黄、永丰、兴国诸县。明万历中，间有山野人来居是山，不受结绳书契，听其言语，类广之排猺坜鬼，或曰闽之海岛所居民也。其俗女勤而男惰，以耕织自足，亦不甚异人，性能食诸虫毒，冬夏无寒热，二十年种渐繁，后稍稍徙去。"（《辛酉志》）

第三节　书写背后的历史过程与文化认同

一　书写背后的历史过程

刘克庄对畲民的描述基本限于畲民之乱的议题上，此外只对畲民"不悦不役"、"有自称盘护孙者"、"崖栖谷汲"并善机毒作了简单的交代，其地点也只限于福建漳州，此外，并未对畲民作更多的展开，在南宋刘克庄的记载之后，终元之世，除了对畲民之乱及畲军的描述之外，基本上看不到关于畲民更多的记载，但到了明代，我们看到文人笔记及地方志中出现大量关于畲民的记载，这些描述都将畲民描写成与汉人有极大区别的特异人群，他们有较固定的人群构成，有典型的四大姓团体，而他们的祖先崇拜也因此成为一个明确区分汉与非汉的标志，那么，从宋元到明代的这段历史过程中，到底发生了什么事，才会导致人们认识上与书写上如此巨大的差别呢？这就需要重新审视明代这段历史了。

（一）畲名的变化与定型

据现存史料，畲民作为一个特定人群的称呼始于南宋刘克庄的《漳州谕畲》，但关于畲民得名之由来与人群之渊源，却一直是困扰学术界多年的一个问题。厘清了这个问题，对畲民源流无疑具有重大贡献。畲族来源、迁徙、信仰构成了畲族研究的几个核心问题，畲民名称正是了解其来源的一种重要的方式，因此，对畲民名称之形成与变化的研究与推测，也是必要的一步。

关于畲民来源，学术界一直存在争议。20世纪40年代之前，学者们就提出不同观点，大多数学者皆认为，畲族是瑶族的一支，支持这一观点的学者包括胡先骕、史图博、张其昀、何联奎、徐松石、林惠祥等人[1]，此外，董作宾则认为畲民是农民的一种，因为他们善火耕、喜迁徙，而得

---

[1] 胡先骕：《浙江温州、处州间土民畲客述略》，《科学》1923年第7卷第3期；[德]史图博、李化民：《浙江景宁敕木山畲民调查记》，中南民族学院民族研究所1984年版，第105—106页；张其昀：《中国民族志》，商务印书馆1933年版；何联奎：《畲民地理分布》，《民族学研究集刊》第2集，1937年；徐松石：《粤江流域人民史》，中华书局1939年版，第128页；林惠祥：《中国民族史》，第221—233页等。

名"畲"。① 20世纪50年代之后，随着民族识别的进行，中国民族史研究史无前例地热闹起来，成为一门显学，关于畲民之来源也再次成为学者关注的话题。围绕畲民来源，形成如下观点：畲源于武陵蛮；畲为越人后裔；畲源于"南蛮"一支；畲源于河南夷；畲源于武陵蛮与赣闽粤越人后裔以及客家及其先民的融合；及畲族中不同群体的不同来源。② 综观前人研究，学者们皆从不同角度对畲民来源作了有益探讨，但因史料阙如，无法进行更细致的论述。笔者在前人研究成果的基础上对畲民名称的形成作的考察与推测，认为，从畲民名称的形成来看，畲民其实是瑶民的一支，他们与瑶民一样，从事刀耕火种，而其居于赣闽粤的一支正是因其"刀耕火种的"的"畲田"耕作方式，被人们称作"畲民"，并在长期的历史过程中，逐渐定型成特指一定人群的名称。也许此种猜测有些大胆，但作为一种可能，还是可作一尝试。

畲田作为唐宋时代南方的一种普遍耕作模式，早已为学术界所公认。关于南方畲田民族及其耕作方式的探讨，是农史研究的一项重要议题。③ 日本学者大泽正昭对唐宋时代的畲田农业进行了系统的研究，指出汉代以来烧田方式改变，而畲的概念最终表示山地烧田的意思，唐宋时期实行畲田地域相当广大，包括唐代山南、江南两道的大部分以及剑南道的东部，后来特别著名的与畲田相关的地区则是岭南道。他还指出："在采伐、干燥、焚烧、播种、覆土的一连串作业以外，直到收获基本不用其他作业，其间不事田作，由此来看这是一种相当原始粗放的农法"④，因此认为，"唐宋时畲田的农耕技术，从当时一般技术来看，其是一种相当粗放的落后技术"。⑤ 目前有关畲田耕作方式的记载，主要源自贾思勰、韩鄂、范成大等人⑥，韩鄂说："凡开荒山泽田，皆以此月（指七月）芟其草，干，放火烧，至春而开之，则根朽而省功。若林木绝大者，劚杀之，叶死不

---

① 董作宾：《说畲》，《北京大学研究所国学周刊》1926年第2卷第14期，第41页。
② 详细研究回顾，参见郭志超《闽台民族史辨》，第451—531页。
③ 关于唐代南方畲田耕作技术的研究，参见［日］大泽正昭《论唐宋时代的烧田（畲田）农业》，亿里译，《中国历史地理论丛》2000年第2期；另有周尚兵《唐代南方畲田耕作技术的再考察》，《农业考古》2006年第1期。
④ ［日］大泽正昭：《论唐宋时代的烧田（畲田）农业》，《中国历史地理论丛》2000年第2期，第246页。
⑤ 同上书，第249页。
⑥ 周尚兵的《唐代南方畲田耕作技术的再考察》（《农业考古》2006年第1期）对此有较详细的记载。

扇，便任耕种。三岁之后，根枯茎朽，烧之则入地尽矣。耕荒必以铁爬漏凑遍爬之，漫掷黍稷，再遍涝。明年乃于其中种谷也。"① 由此可见，正如大泽正昭所言，畲田农作是一种粗放型农法，它包括砍伐、烧畲、耕种几个关键环节，与精耕细作的稻作农业有着极大的区别，主要靠的就是烧畲后的地力之肥，而不追加肥料，因此，等土地肥料退却之后，有几年一易的必要。畲民的"食尽一山则他徙"就是由于这个原因。唐代著名诗人刘禹锡也对这种耕作方式进行了描述，他在其诗作《畲田行》中这样描写道：

何处好畲田，团团缦山腹。钻龟得雨卦，上山烧卧木。惊麇走且顾，群雉声咿喔。红焰远成霞，轻煤飞入郭。风引上高岑，猎猎度青林。青林望靡靡，赤光低复起。照潭出老蛟，爆竹惊山鬼。夜色不见山，孤明星汉间。如星复如月，俱逐晓风灭。本从敲石光，遂致烘天热。下种暖灰中，乘阳拆牙蘖。苍苍一雨后，苕颖如云发。巴人拱手吟，耕耨不关心。由来得地势，径寸有余阴。②

诗中"巴人拱手吟，耕耨不关心"应该是指蜀地之人，表明作者描写的地点所在，此外，诗中描述了畲田景象，上山烧畲情况，在烧畲过程中有可能出现的一些情况，其中尤其是"照潭出老蛟"一句，在其他的文献中也常可见到类似的描述，所谓烧畲见龙的传说，也许正是这种情况。明代人费元禄这样描述烧畲的场面："才经沓嶂看畲火，恐向重林认荔枝"③，说明烧畲场面之壮观。南方的畲田在唐宋时代广为人们所关注，李时珍在《本草纲目》中也曾记载："南方多畲田，种之极易。舂粒细，香美，少虚怯，只于灰中种之，又不锄治，故也。"④ 而在宋代人朱胜非所撰的《绀珠集》中，对江南畲田也作了详细交代：

江南人多畲田，先纵火谓之燎炉，俟经雨下种，历三岁，土脉竭

---

① (唐) 韩鄂撰，缪愉样释：《四时纂要校释》，中国农业出版社1979年版，第173页。
② (唐) 刘禹锡：《畲田行》，载《刘梦得文集》卷九《乐府》。
③ (明) 费元禄：《九日赋得千山红树送方子豐》，载《甲秀园集》卷十四《诗部》，《四库禁毁书丛刊》集部第62册，北京出版社1998年版，第356页。
④ (明) 李时珍：《本草纲目》卷二十三《谷之二·稷粟类》，第459页。

不可种，复生草木。宋西阳王子尚云：山湖之俗，燎山封水以种，名曋田，即谓此也。《尔雅》田一岁曰菑，田二岁曰新，田三岁曰畲。田凡三岁，不可复种，故名畲。①

关于"畲字"的含义，据《尔雅》记载为："一岁曰菑，二岁曰新田，三岁曰畲。"陈元煦认为畲是指刚开垦出来的二年或三年田地。② 此外，在唐宋诗词与文章中，我们也时常见到关于畲田的记载，在宋人蔡梦弼为唐代著名诗人杜甫之诗所作的注释中我们同样可见宋代人对于畲田技术的描写。杜甫在其诗作《秋日夔府咏怀奉寄郑监审李宾客之芳一百韵》中有一句诗为"煮井为盐速，烧畲度地偏"，宋代人蔡梦弼之注言：

楚俗烧榛种田曰畲，先以刀芟治林木曰斫畲。其刀以木为柄，刀向曲，谓之畲刀。③

畲田农法利用的就是烧畲后土地肥力，这种肥力有时来自农人们长期的实践，在广东，人们就利用石粪肥田。李调元就说，"风阻龙头影，野步江浒，见团煤为饼者，云烧石粪田，其古人火种之一端乎？诗以记之。"并作诗记载了烧石粪田，其诗如下：

非铜非矿非钰瓿，石炭焚空何焱焱。万夫斫山龙脉坼，坐令后媪无完宅。团团化饼嚼不得，黑石烧为蔚蓝色。云以畲田助农力，以阳补阴理或直。所惜龙身碎鳞甲，迩来旱魃甘霖乏。瓮鞭蜥蜴同一法，故与割耳相欺狎。斧声雷硍崩声耷，筋脊已断应悔惜。胡为逆风吹瀣瀣，不恶农人恶行客。④

屈大均对广东人以石粪田有详细记载，其文如下：

---

① （宋）朱胜非：《绀珠集》卷十一，《影印清文渊阁四库全书》本子部178杂家类，第872册，第501—502页。
② 陈元煦：《浅谈"畲"字含义与畲族名称》，《福建师范大学学报》1987年第3期。
③ （唐）杜甫撰，（宋）蔡梦弼笺：《秋日夔府咏怀奉寄郑监审李宾客之芳一百韵》，载《杜工部草堂诗笺》卷三十，《续修四库全书》1307集部别集类，上海古籍出版社1995年版，第216页。
④ （清）李调元：《童山集》，《诗集》卷二十一《戊戌》，中华书局1985年版，第274页。

从化之北九珠山是多青石,居民燔灰以粪田,名曰石粪。盖田之瘠,以石而肥,以灰,灰有火气,田得其暖,而阳气乃生。火生于地,地之火不足,以人力之火补之,亦一道也。英德阳山诸县耕石田者十家而九,亦纯用石粪,以石而瘠,亦以石而肥,故其田多谷。①

而且,屈大均曾作《畲田》诗云:"畲客石为田,田肥宜石粪。英州石太多,燔石无人问。"又云:"火烧土膏暖,阳气发畲田。尽斩阴阳木,斜禾种绝巅。"② 石粪的原理就是利用其火气暖田。

畲田作为唐宋时期南方一种普遍的生产方式长期存在,但到底何时畲田开始成为专指非汉的畲瑶人群的代称,有待考究。大泽正昭参照《新唐书·南蛮传》,指出畲田的分布地域与少数民族的居住区域有相当程度的重合,包括莫瑶的蛮从事畲田是明确的,畲田与民族性的关联特别紧密。③ 但却无法确定那时的汉人是否也从事这样的耕作方式。在现代民族史的书写中,畲田成为区分汉与非汉的人群功能的指标,但对于这种说法之最初源头,及引起此种认识的历史原因,却一直不曾得到很好的重视。

历史上,畲田往往又和另一个词"刀耕火种"联系起来。早在唐宋时人们就对南方的畲田进行描述,而在宋代陆游所著的《老学庵笔记》中就记载了猺人焚山而耕的耕作方式。其记载为:"辰、沅、靖州蛮有犵狑,有犵獠,有犵㹨,有犵㺄,有山猺,俗亦土著,外愚内黠,皆焚山而耕,所种粟豆而已。食不足则猎野兽,至烧龟蛇啖之。"④ 而刘禹锡之《莫猺歌》也同样说明瑶民一支的莫猺也是实行刀耕火种,其诗如下:

莫猺自生长,名字无符籍。市易杂鲛人,婚姻通木客。星居占泉眼,火种开山脊。夜渡千仞溪,含沙不能射。⑤

---

① (清)屈大均:《广东新语》卷五《石语·石粪》,第185页。
② (清)屈大均:《畲田》,载《翁山诗外》,《五言绝句一》,《四库禁毁书丛》刊集部第121册,北京出版社1998年版,第210页。
③ [日]大泽正昭:《论唐宋时代的烧田(畲田)农业》,亿里译,《中国历史地理论丛》2000年第2期。
④ (宋)陆游:《老学庵笔记》卷四,中华书局1985年版,第32页。
⑤ (唐)刘禹锡:《莫猺歌》,载《刘梦得文集》卷八,《四部丛刊初编》118集部,上海书店出版社1989年版。

第四章　明代赣闽粤毗邻区族群的文化表述 ·133·

诗中对莫徭的描绘也和其他许多文献有异曲同工之妙，唐代著名诗人刘禹锡的作品中有多处描写瑶民之事，此即为一。而明朝天顺年间闽县人张浚所作的一首描写广东四会的诗作中，也明确地将"猺民"与畲田联系起来，在其诗中言："今识绥州地，孤城瞰海腰。人家尽编竹，村巷半栽蕉。墟市三朝货，畲田八峒猺。喜闻周茂叔，遗祀在山椒。"① 在广东，文人们对猺人峯居的记载也不少，"杉皮屋子半峯居，尚是猺人种秋余。老寨时时掘乌米，新村勃勃见春畲。树阴下有祈年社，水曲中开卖酒墟。土俗爱他存古朴，跨牛儿亦解诗书。"② 这种焚山而耕的耕作方式被称为"畲"，亦曰"峯"。此诗中自注就说，峯"音斜，粤呼山居者为峯客"。另一种说法则认为峯指的是山脊，如民国《龙门县志》记载："土人谓山低缺处为凹，谓山谷为迳，谓山脊为峯"③，而明代邝露所著的《赤雅》中，就将猺与峯一并提起，这也是将猺与峯相提并论的较早史料，后世研究者很多将其视为认定猺与峯的渊源关系的重要举证。其文说道：

> 猺名峯客，古八蛮之种，五溪以南，穷极岭海，迤逦巴蜀。蓝、胡、盘、侯四姓，盘姓居多，皆高辛狗王之后。以犬戎奇功，尚帝少女，封于南山，种落繁衍，时节祀之。刘禹锡诗：时节祀盘瓠是也。其乐五合，其旗五方，其衣五彩，是谓五参。奏乐则男左女右，铙鼓、胡卢、笙、忽雷、响瓠、云阳。祭毕合乐，男女跳跃，击云阳为节，以定婚媾。侧具大木槽，扣槽群号。先献人头一枚，名吴将军首级。予观祭时以桄榔面为之，时无罪人故耳。设首群乐毕作，然后用熊罴、虎豹、呦鹿、飞鸟、溪毛各为九坛，分为七献，七九六十三，取斗数也。七献既陈，焚燎节乐，择其女之娇丽娴巧者劝客，极其绸缪而后已。十月祭多贝大王。男女联袂而舞，谓之蹋猺，相悦则男腾跃跳踊，负女而去。④

---

① （明）张浚：《到四会》，载（明）曹学佺编《石仓历代诗选》卷四百四十二《明诗次集七十六》，《影印清文渊阁四库全书》集部331总集类第1392册，第840页。
② （清）赵希璜：《横峯》，载《峰草堂诗钞》卷二《古今体诗五十八首》，《续修四库全书》1471集部别集类，上海古籍出版社1995年版，第590页。
③ （民国）招念慈、邹庆时纂修：《龙门县志》卷四《县地志四·山川》，民国二十五年（1936）广州南关增沙街汉元楼铅印本，厦门大学古籍室藏，第42b页。
④ （明）邝露：《赤雅》卷上《猺人祀典》，第2页。

关于"畲"与"輋"二字之义，有研究者专门立文探讨。陈元煦就认为，"畲"字是与粗放的农耕生活紧密联系在一起的，它反映了一个民族尚处在生产力低下，初期农业经济的生产特点。而"輋"字侧重于居住形式，反映的是畲族的山居特点。它与"畲"字含义的差异，主要是由于对不同地区畲族经济生活方式观察的着重点和角度不同，所以产生异称。① 而郭志超对畲族族称与客家族称的源流探讨中认为，"瑶"是畲族最早的古称，"畲"或"輋"是"瑶"名称出现后的新族名，先是他称，后亦兼为自称。从汉族记载看，两宋以后，"瑶"、"畲"并用，明清以"畲"、"畲客"为主。而这个"客"字，便是客家名称的来源。② 大多数学者也并未对此二字作如此细致的区分，认为"畲"与"輋"二字只是写法不同而已，并不表示它们二者之间有什么本质的不同。③ 正如明嘉靖年间黄佐所修的《广东通志》中所言，"畲"与"輋"二字是相通的：

> 潮州府畲猺：民有山輋，曰猺獞。其种有二，曰平鬃，曰崎鬃；其姓有三，曰盘、曰蓝、曰雷，依山而居，采猎而食，不冠不履，三姓自为婚。有病没则并楚其室庐而徙居焉，俗有类于夷狄。籍隶县治，岁纳皮张，旧志无所考，我朝设土官以治之，衔曰輋官，所领又有輋。輋当作畲，实录谓之畲蛮。④

在此引文中，輋又当作畲，已成为指代特定人群的用词。他们的特点就是实行刀耕火种的农耕方式。也正是以"畲田"进行耕种，因此，人们又将这种称呼对应于采用这种耕作方式的人群。在修于明嘉靖年间的《惠州府志》就说：

> 猺本盘瓠种，地界湖蜀溪峒间，即长沙黔中五溪蛮是也。其后滋蔓绵亘数千里，南粤在在有之。至宋始称蛮猺，其在惠者俱来自别境，椎结跣足，随山散处，刀耕火种，采实猎毛，食尽一山则它徙。

---

① 陈元煦：《浅谈"畲"字含义与畲族名称》，《福建师范大学学报》1987 年第 3 期。
② 郭志超：《畲族族称的"客"与客家名称的源流考察——罗香林"混化说"说的一种探讨》，《客家研究辑刊》2007 年第 2 期。
③ 如饶宗颐总纂《潮州志》，新编第七册《民族志》，第 3068—3069 页。
④ （明）黄佐纂修：《广东通志》卷六十七《外志四·猺獞》，第 1765 页。

粤人以山林中结竹木障覆居息为輋，故称猺所止曰輋。①

这些在山林中"结竹木障覆居"者过着随山散处、刀耕火种的日子，被广东人称作猺民，又叫輋民。因此，由唐宋时代南方普遍存在的"畬田"耕作方式而引申出来的"畬民"称谓，实与畬田有莫大关系。明代广东名士黄佐有言："輋户皆洞中猺獞也"②，明显的就是认为猺獞所实行的是輋耕的方式，因此，这些从事刀耕火种的人群在广东惠潮地区被称为"輋民"，亦即"畬民"。

出于某种歧视的看法，畬民有时被冠以"蛮"的称谓，又叫"畬蛮"："畬蛮，岭海随在皆有之，以刀耕火种为名者也。"③清代人张九钺曾对广东輋人种輋进行过详细描述，其诗《种輋篇》择要如下：

大輋赧驳高插天，猱颠鹰堕愁攀缘。小輋砐硪互倚伏，木楣竹笆低架屋。輋人走险不用径，侧耕危获为性命。燔山伐石虎为悲，欲辟千峰万峰鏖。④

诗人自注云："粤山险斗，可种者曰輋人，曰輋户，见诸记载，按輋音斜。"因此，所谓的"輋人"、"輋户"、"輋民"、"畬民"、"畬蛮"皆是出于对居于赣闽粤的瑶民的称呼，而这一称呼的最初渊源可能就是与其所进行的生产生活方式有关，从刀耕火种的畬田农耕方式中提炼出来的指代农法之词也就这样被汉人用于称呼这些非汉人群。

此外，畬民又称为菁民、寮民，在明代就有记载汀州的畬民种菁为活，其言："菁民者，一曰畬民，汀上杭之贫民也。每年数百为群，赤手至各邑，依寮主为活，而受其庸值。或春来冬去，或留过冬为长雇者也。今之五七人私出作贼者，畬民也，寮主未必知。若二三十人出掠者，则寮主实使之，……至山主取息太刻，每激菁民走险，法当并禁。"⑤

---

① （明）姚良弼修，杨宗甫纂：《惠州府志》卷十四《外志·猺獞》，第14b—15a页。
② （明）黄佐纂修：《广东通志》卷二图经下《潮州府图经》，明嘉靖四十年（1561）刻本，岭南美术出版社2007年版，第41a页。
③ （清）郝玉麟纂修：《广东通志》卷五十七《岭蛮志》，第1778页。
④ （清）张九钺：《种輋篇》，载（清）邓显鹤辑《沅湘耆旧集》卷九十三。
⑤ （明）熊人霖：《防菁议下》，载《南荣集》卷一二，崇祯十六年刻本。

随着畲民/輋民这个词的固定，与其相关的事物也被加以畲字，如畲稻、畲禾等。这种畲稻种于山间，为畲民所种之物，"又有畲稻，畲人种之山，然山有肥瘦，率二三年一易其处，非农家所宜。"① 至清代，在赣闽粤交界区，这种生产方式还在广东流行，屈大均对此多有记载。比如，畲人所种之禾曰畲禾，"其种山者曰輋禾"②，又曰山禾，其具体如下：

> 其生畲田者曰山禾，亦曰山旱，曰旱稻。藉火之养，雨露之滋。粒大而甘滑，所谓云子，亦曰山米也。当四五月时，天气晴霁，有白衣山子者，于斜崖陡壁之际，劚杀阳木，自上而下悉燔烧，无遗根株，俟土脂熟透，徐转积灰，以种禾及吉贝绵。不加灌溉，自然秀实，连岁三四收，地瘠乃弃，更择新者，所谓畲田也。③

在汀州，畲人所种之禾又叫棱禾，又名菱禾，明代崇祯年间所修的《宁化县志》就有记载，"棱稻耐旱，山畲间可种"④。这种畲禾被认为是"猺民"所种："猺民所树艺曰棱禾，实大且长，味甘香，粪田以火土，草木黄落，烈山泽雨，瀑灰浏田，遂肥饶，播种布谷，不耘籽而获。"⑤ 棱禾又叫畲米，分两种，"畲客开山种树，掘烧乱草，乘土暖种之。分粘不粘两种，四月种九月收，六月八月雨泽和则熟"⑥。其实早在宋代，祝穆就曾对梅州程乡的菱禾有记载："土产菱米，不知种之所自出，植于旱山，不假耒耜，不事灌溉，逮秋自熟，粒米粗粝。"⑦ 宋代的祝穆尚说不知种之所出，到明清，由山畲间可种之棱禾变成为畲民所种物产，本为山间所种之稻的棱禾，变成一种具有明显族群特色的物产，与汀州府畲民（猺民）紧密相连。明嘉靖年间所修的《惠安县志》就明确将畲稻归入獠蛮所出，"畲稻种出獠蛮，必深山肥润处伐木焚之，以益其肥，不二三

---

① （清）吴宜燮修，黄惠、李畴纂：《龙溪县志》卷十九《物产·稻》，清乾隆二十七年（1762）修，成文出版社1967年版，第285页。
② （清）屈大均：《广东新语》卷十四《食语·谷》，第396页。
③ 同上书，卷十四《食语·谷》，第373页。
④ （明）张士俊、阴维标纂修，《宁化县志》卷二《土产·谷之属·稻》，明崇祯刻，清顺治修补本，福建师范大学古籍室藏，第27a页。
⑤ （清）刘国光、谢昌霖等纂修：《长汀县志》卷三十《风俗农事》，据清光绪五年（1879）刊本影印，成文出版社1967年版，第482页。
⑥ （清）杨澜：《临汀汇考》卷四《物产考》，第15a页。
⑦ （宋）祝穆：《方舆胜览》卷三十六《梅州·土产》，中华书局2003年版，第650页。

年，地力耗薄，又易他处。近漳州人有业是者，常来赁山种之"。① 同样地，另一种名为畬粟的物产也被认为是畬人所种之物，其实在福建晋江，这种名为畬粟的品种还得到当时官方推广，"福建安溪有旱稻名畬粟，不须溉灌，前总督郝玉麟得其种，教民试艺有获。因令有司多购，分给各州县，俾民因地种植"。② 尽管如此，文人们还是将其视作非汉之物，认为"畬稻，种出獠蛮，晋江四十七都多种之"。③

与畬田耕作方式一样的，某些特定的物产也被认为是与非汉人群紧密相连的，因此，畬田、畬稻带有了明显的族群特性，成为描述畬民的特定用语，使畬民作为人群称呼更加稳定。从唐宋时普遍流行南方的畬田耕作模式变为南方非汉人群，尤其是"猺民"的生产方式，再进一步成为居于赣闽粤毗邻区的非汉人群的称呼，并最终成为畬民的标志性生产方式与生产物种，其变化是与畬民人群的称呼相伴随的，也成为追溯畬民人群称呼之依据。

（二）盘瓠信仰人群与畬民姓氏的变化与确定

盘瓠被认为是畬瑶民族独特的图腾崇拜，成为指认畬民的关键指标，也是维系畬民自我认同的一个重要因素。《后汉书》以来成为典范书写的盘瓠信仰模式被文人们一再重述，期间也存有不少争议，但无论如何，人们只要一提起畬民，就会想起盘瓠崇拜，我们不禁要问，是怎样的机缘使畬瑶人群与盘瓠结下了这么长久的"不解之缘"呢？因而，在历来对畬民的研究中，盘瓠崇拜就成为考察的一个重要方面，学者们不断地关注畬民中的盘瓠信仰，对其来龙去脉进行梳理，对各种不同版本的传说进行比较，并试图从盘瓠崇拜中寻找突破前人研究的路径。但我们要问的是，盘瓠崇拜真的和历史上的畬瑶人群这么高度吻合吗？在漫长的历史过程中，畬民的形成与盘瓠信仰之间有怎样的内在联系？盘瓠何时成为畬瑶人群独特的文化因素。与此同时，所谓畬民传统姓氏的四大姓氏盘、蓝、雷、钟的书写模式与盘瓠信仰之间到底存在多大的一致性？这些都成为本节要考

---

① （明）莫尚简修，张岳纂：《惠安县志》卷五《物产·谷属》，明嘉靖九年（1530）刻本，上海古籍书店1981年版。

② 赵尔巽等撰：《清史稿》卷三百七，列传第九十四《陈大受》，中华书局1977年版，第10552页。

③ （清）唐赞衮辑：《台阳见闻录》卷下《谷米·粳稻》，台湾银行经济研究室1958年版，第153页。

察的问题。

1. 关于畲民盘瓠崇拜的问题

关于盘瓠的书写古已有之，但以晋朝干宝的《搜神记》较为系统，范晔的《后汉书》再次完善，使盘瓠记载典范化，成为后世人们追溯畲瑶人群盘瓠信仰的源头。但事实上，无论是《搜神记》还是《后汉书》，描写的都只是当时人认为的南蛮习俗与传说，却从未将其与畲瑶人群直接建立联系。但如今大多数研究者都将源头追到汉晋时的典范书写中，是因为在多年之后，尤其是明代的记载中，文人们将许多《搜神记》与《后汉书》中对"蛮夷"的记载如数地搬到对畲瑶人群的描述上。从文人们的著作到地方志的书写中，许多关于畲民的记载多少都可以在汉晋时代的典范书写中找到原型。从盘瓠信仰到高辛之女配盘瓠，到结为夫妻，生儿育女，自相匹配，再到风俗习惯，等等，一系列的关于畲民盘瓠崇拜的主要元素，皆源出自汉晋时代的书写。

关于畲民盘瓠崇拜的直接记载最早见于南宋刘克庄的《漳州谕畲》一文。在该文中，刘克庄在描述了漳州畲民之动乱平息后，亲眼所见"诸畲款状"，发现其中有自称为"盘护孙者"，其原文为："余读诸畲款状，有自称盘护孙者。彼畲曷尝读范史，知其鼻祖之为盘护者，殆受教于华人耳。此亦溪峒禁防懈而然欤。"①"盘护"即"盘瓠"，从刘克庄的描述看来，至少在南宋时，畲民就已有自称盘瓠孙的说法，刘克庄认为他们这种说法是源于范晔的《后汉书》，是受教于华人。而此条资料的另一个重要信息是，"有自称"三字，从刘氏的遣词造句中可知，"有"字说明并非所有畲民皆自称为盘瓠子孙，这种表述与后来的表述差异，在明代，我们很清楚地看到，地方志撰写者在对畲民进行描述的时候，都提到畲民"自信为狗王后"，以明代到清代潮州、惠州及漳州、汀州的记载最为明显，这说明从宋元到明代的"畲民"一词所指称的人群还可能存在某些出入，也就是说，在这段历史过程中，可能还有一些事情发生过，还需要我们进行进一步的挖掘与解释。

明代赣闽粤地区动乱中，参与动乱的人群种类不一，而且畲瑶人群似乎是其中极为主要的力量。王阳明受命征抚，他在议论赣闽粤三省情形时认为，"三省贼巢，连络千里，虽声势相因，而其间亦自有种类之分、界

---

① （宋）刘克庄：《漳州谕畲》，载《后村先生大全集》卷九十三《记》。

限之隔。利则争趋，患不相顾，乃其性习"。① 说明当时统治者也十分清楚构成这一地区动乱的人群复杂。而在其征剿的过程中，以谢志珊、蓝天凤为首的桶冈之乱最为厉害，他们最明显的特征就是，纠集各路不同人群，并自称为"盘皇子孙"："其大贼首谢志珊、蓝天凤，各又自称'盘皇子孙'，收有传流宝印画像，蛊惑群贼，悉归约束。即其妖狐酷鼠之辈，固知决无所就；而原其封豕长蛇之心，实已有不可言。"② 在元代的几百年的历史书写中，除了关于畲民之乱与畲军的记载外，我们不曾见到过关于畲民作为独特人群的更多记载，而关于畲民与盘瓠的关系，更是难得一见。而到明代，以"盘皇子孙"自称的谢志珊、蓝天凤出现在人们的视界中，使人们再次想起了自汉晋以来的盘瓠传说，以及刘克庄所记载的盘瓠子孙——畲民。鉴于明代赣闽粤人群流动性的频繁，以及赣闽粤湘交界区复杂人群种类的关系，陈永海认为，被谢志珊、蓝天凤等人大肆宣扬的盘皇子孙这种"畲"的身份其实是一种战斗策略，它可以用来作为抵制政府控制的"象征"。被称为"畲贼"的这些人可能并非是因对付外来移民而团结的一群人；相反，他们才正是外来移入者，利用盘瓠作为象征及团结附近土著的手段，以对付当地精英。畲人的迁徙传统与逃亡、走私人群的经验产生共鸣，这个传说可能有助于新来者与邻近声称盘瓠后裔的人建立密切关系。且盘瓠信仰人群的"免徭"优惠政策也使加入盘瓠集团更具吸引力，这样，加入者不但可与畲民一样享受免徭特权，而且，其政治上的重要性也显而易见，它有利于团结瑶民，并宣称对山区的占有权。③ Jacpues Lemoine 对瑶民的研究也显示瑶民最重要的隐含义就是免税/徭。④ 但正如陈永海所强调的，明代谢志珊等人以盘瓠为旗帜组织起来的动乱更关注的是其所具有的政治方面的重要意义。

南宋刘克庄的《漳州谕畲》中就已明确提及畲民免徭，他说"畲民

---

① （明）王守仁：《议夹剿方略疏》，载《王文成公全书》卷十《别录二》。
② （明）王守仁：《横水桶冈捷音疏》，载《王文成公全书》卷十《别录二》。
③ Wing-hoi Chan, Ethnic Labels in a Mountainous Region: The Case of She "Bandits", in Pamela Kyle Crosley, Helen F. Siu, and Donald S. Suttoned ed., *Empire at the Margins: Culture, Ethnicity, and Fronter in Early Modern China*, Berkeley and Los Angeles: University of California Press, 2006, pp. 255-284.
④ Jacpues Lemoine, "On Yao Culture and Related Problems", pp. 591-612. 转引自 Wing-hoi Chan, Ethnic Labels in a Mountainous Region: The Case of She "Bandits", in Pamela Kyle Crosley, Helen F. Siu, and Donald S. Sutton ed., *Empire at the Margins: Culture, Ethnicity, and Fronter in Early Modern China*, Berkeley and Los Angeles: University of California Press, 2006, p. 278.

不悦，畲田不税，其来久矣"。① 其中，"悦"字当作役解，说明南宋时的畲民就免差徭了。而明代永乐帝时也记载了畲民免徭，在《明太宗实录》中记载了永乐五年（1407）十一月潮州凤凰山畲民免徭赋："海阳县凤凰山诸处畲蛮，通入山谷中，不供徭赋。"② 此外，明清方志中也大量记载了畲民不供赋役的情况。正是这种不供徭赋，使与畲瑶毗邻而居的汉人也纷纷逃入畲瑶族群。如明代王阳明就曾记载，"吉安府龙泉、万安、泰和三县并南安所属大庾等三县居民无籍者，往往携带妻女，入峯为盗"③，且这些人与畲瑶族群人数众多，数以万计：

> 据南安府知府季斅呈：备所属致仕省祭义官监生杨仲贵等呈称，上犹等县横水、左溪、长流、桶冈、关田、鸡湖等处，贼巢共计八十余处，界乎三县之中，东西南北相去三百余里，号令不及，人迹罕到。其初峯贼原系广东流来。先年奉巡抚都御史金泽行令安插于此，不过砍山耕活。年深日久，生长日蕃，羽翼渐多；居民受其杀戮，田地被其占据。又且潜引万安、龙泉等县避役逃民并百工技艺游食之人杂处于内，分群聚党，动以万计。始渐掳掠乡村，后乃攻劫郡县。近年肆无忌惮，遂立总兵，僭拟王号；罪恶贯盈，神人共怒。④

而清朝广东潮州府惠来县则有"雷公岭……层冈叠嶂，为潮惠二县之界，奸民逋赋役者，辄藉口邻封，彼此窜避，或托为猺獞逃化外"。⑤ 与此同时，在时局动荡的年代，畲民与汉人之间的界限时时漂移，许多汉人也逃入畲民之中，以求庇佑。如南宋时的赵必㟓，字次山，"乡寓公吴允文浚奉密诏以江西招讨使举义反正，结约次山协谋兴复，战不利。允文奔漳州为都督文丞相天祥所杀，次山解兵隐汀州之畲中，逾年以疾终"。⑥ 正因为人群之间界限的模糊与不确定，一般乡民往往见机行事，如明代时

---

① （宋）刘克庄：《漳州谕畲》，载《后村先生大全集》卷九十三《记》。
② 《明太宗实录》第七册，卷七三，上海古籍书店1983年版，第1015页。
③ （明）王守仁：《咨报湖广巡抚右副都御史秦夹攻事宜》，载《王文成公全书》卷十六《别录八》。
④ （明）王守仁：《立崇义县治疏》，载《王文成公全书》卷十《别录二》。
⑤ （清）周硕勋：《潮州府志》卷十六《山川》，第204页。
⑥ （元）刘埙：《隐居通议》卷九《诗歌四·云舍赵公诗》，《影印清文渊阁四库全书》子部172杂家类第866册，第97页。

的南赣之乱也是人群复杂,王阳明记载如下:

> 南赣之盗其始也,被害之民恃官府之威令,犹或聚众而与之角,鸣之于官;而有司者以为既招抚之,则皆置之不问。盗贼习知官府之不彼与也,益从而仇胁之。民不任其苦,知官府之不足恃,亦遂靡然而从贼。由是,盗贼益无所畏,而出劫日频,知官府之必将己招也;百姓益无所恃,而从贼日众,知官府之必不能为己地也。①

正是在这样的情况下,"畲"的身份成为一种有力的组织旗帜,而加入盘瓠信仰集团成为识别人群与队伍的一种手段。这种作为旗帜的畲民身份成为号召人群起事的重要煽动性标志。在元代的汀州:

> 汀之为郡,山重复而险阻……西邻赣,南接海湄。山林深密,岩谷阻窈,四境椎埋顽狠之徒,党与相聚,声势相倚,负固保险,动以千百计,号为畲民。时或弄兵,相挺而起,民被其害,官被其扰。盖皆江右、广南游手失业之人逋逃于此,渐染成习。
>
> 武平南抵循梅,西连赣,篁竹之乡、烟岚之地,往往为江广界上逋逃者之所据。或曰长甲,或曰某寨,或曰畲峒,少不如意,则弱肉强食,相挺而起。税之田产,为所占据而不输官。②

这说明在元代其实已有人以畲民旗号为组织起事的手段,但如今却几乎找不出元代对这方面的记载,而直到明代,人们才对这种行为加以重视。从记载中我们可知,这些"号为畲民"的人,许多都是"避役逃民并百工技艺游食之人",或者是"游手失业之人",畲民成为组织人群的一种方式,而盘瓠则成为一种极好利用的旗帜。因此,今日畲民中盘瓠崇拜的原型也许是源自汉晋时代的记载,但其真正与畲民盘、蓝、雷、(钟)几姓形成独有的联系却可能是在明代动乱时期,让盘瓠信仰得到彰显。当然,在这一过程中及王阳明成功平息动乱之后,在这一地区大量设立县治,在南赣巡抚设置前后,赣闽粤交界区共设新县达22个之多,其

---

① (明)王守仁:《申明赏罚以励人心疏》,载《王文成公全书》卷九《别录一》。
② 赵万里辑:《元一统志》卷八《汀州路·风俗形胜》,中华书局1966年版。

中 4 县为南赣巡抚设置前所添。① 县治的建立使国家权力直接下达到赣闽粤交界区，虽然其事实上的权力也许并不能马上得到全面彻底地实践，但不能否认的是，明代在赣闽粤交界区大量设县对这一地域社会的社会结构影响是巨大的，这其间就包括人群的重新整合，陈永海就认为，正是在这一过程中，畲民与客家人分化。② 具体来说，一种可能的解释就是，在明王朝对这一地区进行直接管辖并设县之后，居于赣闽粤交界区的畲瑶人群只有一部分还继续保持其盘瓠信仰，而另一部分人群则接受儒家的礼仪，积极地从事建构家族的活动，发展成为后来的客家人。在这个过程中，人们表现出对自身身份选择的自主性，正如美国历史学家娜塔莉·泽蒙·戴维斯（Natalie Zemon Davis）在《马丁·盖尔归来》一书中所揭示的：人，包括被认为缺乏主体能动性的底层农民，在社会的规定与限制之下可以通过对身份的塑造，甚至虚构，来选择自己的生活、改变自己的命运。③

固然，盘瓠信仰一方面成为与王朝对立者团结人群的旗帜，也成为汉人尤其是汉人精英用以区分人群的手段。从明代方志的记载中可以发现，许多关于畲人盘瓠崇拜的记载，也许是为了更强烈地显示他们的认同与区分，盘瓠也常常被汉人称为"狗王"，畲瑶人群则被贬称为"狗王后"。如修于明代嘉靖年间的《惠州府志》在记载惠州府的"猺蛋"时，就说：

> 猺本盘瓠种，地界湖蜀溪峒间，即长沙黔中五溪蛮是也。其后滋蔓绵亘数千里，南粤在在有之。至宋始称蛮猺，其在惠者俱来自别境，椎结跣足，随山散处，刀耕火种，采实猎毛，食尽一山则它徙。粤人以山林中结竹木障覆居息为峯，故称猺所止曰峯。自信为狗王后，家有画像，犬首人服，岁时祝祭。其姓为盘、蓝、雷、钟、苟，

---

① 唐立宗：《在"盗区"与"政区"之间——明代闽粤赣湘交界的秩序变动与地方行政演化》，第 367—368 页。

② Wing-hoi Chan, Ethnic Labels in a Mountainous Region: The Case of She "Bandits", in Pamela Kyle Crosley, Helen F. Siu, and Donald S. Sutton ed., *Empire at the Margins: Culture, Ethnicity, and Fronter in Early Modern China*", Berkeley and Los Angeles: University of California Press, 2006, pp. 255 – 284.

③ Natalie Z. Davis, "*The Return of Martin Guerre: Imposture and Identity in a Sixteenth - Century Village*", Cambridge, Mass.: Harvard University Press, 1983.

自相婚姻，土人与邻者亦不与通婚。①

这种明显带有污化色彩的用词反映出当时汉人精英对畲民强烈的排斥，而这种记载不止一处，明朝正德年间《兴宁县志》在措辞上也如出一辙。其记载为"猺人之属颇多，传记多载之。余尝得其世出图观之，大抵祖盘瓠，亦有次第，自信为狗王后不讳，故谓猺獞狑猪之数，皆从犬，亦信。然散处南粤，在在皆有之"。② 从文中可知，《兴宁县志》的撰修者亲眼见他们的祖图，知道他们大抵祖盘瓠，并认定他们"自信为狗王后"，当然，从其言下之意也可知，并非全部"猺人"皆明确提出以盘瓠为祖。"猺人"这种未"祖盘瓠"的可能性有多种，但联系到南宋时刘克庄的记载，也许可以看出甚至到了明代中期，尽管经过了谢志珊等人的宣扬，但还是存在部分畲民未明确其特有的盘瓠崇拜的现象。

修于明嘉靖年间的《惠州府志》成为后世描述畲民的一个蓝本，而明代万历年间修成的《漳州府志》则在嘉靖《惠州府志》的基础上，开启了对畲民描写典范化的模式。在该志中，直接以"畲客"称呼这一族群，也赋予了这一族群极其特异的习俗与来源，包括他们的渊源、姓氏、习俗等，为了说明方便，将其原文引述如下：

> 徭人，属邑深山皆有之，俗呼畲客，旧志不载，今载之。
> 徭种本出盘瓠，椎髻跣足，以盘蓝雷为姓，自相婚姻，随山散处，编荻架茅为居，植粟种豆为粮，言语侏离弗辨，善射猎，以毒药涂弩矢，中兽立毙，以贸易商贾，居深山，光洁则徙焉。自称狗王后，各画其像，犬首人服，岁时祝祭，其与土人交，有所不合，詈殴讼理，一人讼则众人同之，一山讼则众山同之。土人莫敢与敌。国初设抚徭土官，令抚绥之，量纳山赋，其赋论刀若干，出赋若干，或官府有征剿，悉听调用，后因贪吏索取山兽皮张，遂失其赋，及抚驭失宜，往往聚众，出而为患，若往年陈吊眼、李胜之乱，非徭人乎？故特志之，以见地方自有此一种族类，欲去之而不得，抚则为用，虐则

---

① （明）姚良弼修，杨宗甫纂：《惠州府志》卷十四《外志·猺獞》，第14b页。
② （明）祝允明纂修：《兴宁县志》卷四。

为仇，为政君子，处之必有其道矣。①

文中提到的畲民基本情况也成为后人对畲民描述的主要依据，也就是说，万历《漳州府志》对畲民的记载使畲民书写成为一种定式，直接或间接影响了后世读者对畲民的认识。而其中最重要的是对畲民种出盘瓠与盘、蓝、雷、钟四大姓的叙述，使这二者成为畲民作为一个独特族群的核心要素。如清康熙《平和县志》就明显受其影响。陈永海就认为，正是万历《漳州府志》的这个记载，开启了"畲"民书写的标准，并将畲民定性为几个自称为盘瓠后裔的固定姓氏。② 在此后的方志中，随处可见这种书写模式的影子。

2. 关于畲民姓氏的问题

畲民的姓氏与他们祖先崇拜一样，是构成畲民人群独特于其他人群的显著标识，也是探讨畲民历史问题的关键面相。至今，盘、蓝、雷、钟被认为是畲民典型的四大姓氏，其中盘、蓝、雷被认为是纯正的畲民后裔，而钟姓则是入赘畲民，娶盘瓠之女而成为畲民。今日，畲民中的盘姓极少，但这种看法却还普遍流行，但正如上文所讨论的畲民盘瓠崇拜一样，畲民团体与四大姓真的就如此吻合，畲民是不是就仅此四大姓呢？如果不是，那是什么原因造成畲民四大姓的说法如此流行？

关于畲民姓氏的问题，学者们一直很关注。早在1933年，何子星就注意到畲民姓氏的问题。他在《畲民问题》一文中首次指出，畲姓除了盘、蓝、雷、钟四大姓外，还有苟、娄、胡、侯、刘、林、李七姓。③ 而1944年，管长墉在其《福建之畲民》一文中再次讨论了畲民姓氏的问题，指出畲民姓氏不限于盘、蓝、雷、钟，在此四姓之外，还有章、邱、鼓、患、陈、罗、李、何、许、篓等十姓，并对其分布作了交代。④ 同年，傅

---

① （明）罗青霄总纂，谢彬编纂：《漳州府志》卷十二《漳州府·杂志·徭人》，第219页。

② Wing-hoi Chan, *Ethnic Labels in a Mountainous Region: The Case of She "Bandits"*, in Pamela Kyle Crossley, Helen F. Siu, and Donald S. Sutton ed., *"Empire at the Margins: Culture, Ethnicity and Frontier in Early Modern China"*, Berkeley and Los Angeles: University of California Press, 2006, p. 274.

③ 何子星：《畲民问题》，《东方杂志》第30卷第13号，1933年。

④ 管长墉：《福建之畲民——社会学的研究与史料的整理》，《福建文化》1941年第1卷第4期。

衣凌发表《福建畲姓考》，认为除盘、蓝、雷、钟四姓外，畲民还有其他十七个姓氏，分别是陈、黄、李、吴、谢、刘、邱、罗、晏、许、张、余、袁、聂、辜、章、何。① 至此，关于畲姓的探讨长期沉寂，直到1998年，郭志超与董建辉合作之《畲姓变化考析》再次将此话题延续并深入。根据郭志超的研究，畲姓其实远远超出盘、蓝、雷、钟四大姓氏，经广泛查阅资料并统计发现，除盘、蓝、雷、钟四大姓外，福建省还有畲姓33个，广东有14姓，江西有5姓，浙江有7姓。此外，不能明确确定省籍的畲姓还有10个。具体来说，除去盘、蓝、雷、钟四姓之外，畲姓还有：荀、程、潘、吕、篓、李、吴、韩、朱、林、陈、杨、连、赖、魏、孔、冯、洪、邓、邱、黄、谢、刘、罗、晏、许、张、余、袁、聂、辜、章、何、廖、蒙、胡、伍、温、叶、盆、黎、栏、来、毕、高、卯、娄、丘、周、千、羊、王、宗、世、爰、曹、方、康，共计58姓。② 当然，这其中有些姓也是字异而实同，如雷与篓、吕等，学者们将宋元以来出现在史料中的畲民姓氏作了仔细的考察，并得出以上结论。史料记载中的畲民姓氏与如今畲民主要以盘、蓝、雷、钟为主体姓氏形成如此巨大的反差，究其原因，前辈学者们皆认为最有可能的原因就是汉化的结果。历史上，畲民因各种原因改成汉姓，融合于汉人。而郭志超教授更是发现，造成畲民姓氏出现如此大的变化，是由于国家和民族关系场域起作用的结果。其中有畲人变汉人，也有汉人变畲民，以及汉畲通婚等原因。当然，由于考证方法、方式及对史料的理解很难做到十分精确，因此，所作出的结论可能还有待商榷。总体来说，事实上存在的畲姓确实要比盘、蓝、雷、钟丰富许多，而前人的这些考证皆为此提供了证据与支持。

前辈学者们对畲姓问题已作出了极为有益的探讨，但总的来说，他们都是将宋元以来史料中出现的畲姓作归类与统计，并大都认为造成畲民盘、蓝、雷、钟说法的主要原因是畲民的汉化，言下之意就是，尽管历史上存在诸多畲姓，但因那些盘、蓝、雷、钟之外的畲民皆因汉化而归入汉

---

① 傅衣凌：《福建畲姓考》，《福建文化》1944年第2卷第1期。
② 郭志超、董建辉：《畲姓变化考析》，《民族研究》1998年第2期。此外，在郭志超《闽台民族史辨》一书中亦有记载，第185—192页。若依此计算，此外还有第姓、侯姓等姓，参见饶宗颐总纂《潮州志》，新编《民族志》第七册，第3059页。另外，还有白姓，参见（清）邱豫鼎编《光泽县乡土志》，《人类六》，清光绪三十二年（1906）铅印本，厦门大学古籍室藏，第30b页，等等。

人，只有盘、蓝、雷、钟四姓还继续其畲民传统与特色，保持下来。但正如黄向春所揭示的，事实可能是并非畲族包含许多姓氏，而是有许多人以"峒"、"畲"为聚落形态、社会组织和生产活动的形式，或者有"畲"依附于各姓豪族，他们与其他"贵家"、"豪干"一样，共同构成各据其地的地方势力集团。① 早在明代，盘、蓝、雷、钟就已广泛出现在书写中，并发展成畲民书写的某种定式。而早期的畲民以各种形式出现诸多姓氏，但到明代，出现了盘、蓝、雷、钟四大畲姓的说法，其形成可能与一种表述定式也有很大关系，是长期的表述使畲姓固定并狭隘为四姓，而这种表述定式背后，反映的则是四姓之外的其他诸姓人等在努力改变身份，完成身份转换。

综观历史，宋代刘克庄的《漳州谕畲》记载了畲长李德归顺之事，"（卓侯）命陈鉴入畲招谕，令下五日，畲长李德纳款，德最反复黠者"②。李姓是福建畲姓中出现较多的一个姓氏，在元代，南靖的李志甫之乱也被认为是畲乱。如在万历《漳州府志》中，就说："若往年陈吊眼、李胜之乱，非猺人乎？"③ 而且在至元"十九年（1281），南胜畲寇李国祥合潮贼王猛虎陷南诏新翼，万户罗良率兵讨败之"。④

相对于宋代的零星记载，元代对畲民及畲姓的记载多起来。除了李姓外，上面提到的陈姓也是畲姓中出现较多的，如陈桂龙、陈吊眼父子，据《元经世大典序录》云："（至元）十七年（1280）八月，陈桂龙父子反漳州，据山砦，桂龙在九层漈畲，陈吊眼在漳浦山砦，陈三官水篆畲，罗半天梅泷长窖，陈大妇客寮畲。"⑤ 桂龙后来被镇压，逃入畲洞，《元史》对此有记载："陈桂龙据漳州反，唆都率兵讨之，桂龙亡入畲洞。"⑥ 而广东的陈满也于元至正十一年（1351）起事，"至正十一年辛卯峯寇陈满等

---

① 黄向春：《"畲/汉"边界的流动与历史记忆的重构——以东南地方文献中的"蛮獠—畲"叙事为例》，《学术月刊》2009 年第 6 期。
② （宋）刘克庄：《漳州谕畲》，载《后村先生大全集》卷九十三《记》。
③ （明）罗青霄总纂，谢彬编纂：《漳州府志》卷十二《漳州府·杂志·猺人》，第 219 页。
④ （清）李维钰原本，沈定均续修，吴联薰增纂：《漳州府志》卷四十七《灾祥》，《乾隆志》卷三十一《寇乱附》，据清光绪三年（1877）芝山书院刻本影印，上海书店出版社 2000 年版，第 1131 页。
⑤ （元）苏天爵：《元文类》卷四十一《杂著·招捕》，第 1367—537 页。
⑥ （明）宋濂：《元史》卷十一《本纪第十一·世祖八》，第 228 页。

啸聚梅塘，攻陷城邑，二十年壬辰（1360），招讨使陈梅克梅塘寨，峯寇乃灭"。① 在《元史》中，还记载了其他几个畲姓人等，如畲民妇许夫人，在元世祖十五年（1278）十一月"建宁政和县人黄华，集盐夫，联络建宁、括苍及畲民妇自称许夫人为乱，诏调兵讨之"②。黄华因所统之人称畲军，因此也常被认为是畲民。此外还记载了畲民丘大老，在元世祖二十六年（1289）春正月，"畲民丘大老集众千人寇长泰县，福州达鲁花赤脱欢同漳州路总管高杰讨平之"。③ 此外，元代还有南胜的吴仲海："至正十一年（1351），因擒龙溪反囚，驻漳州，未几，南胜畲寇吴仲海等继发江西，詹天骥掠边境，良悉讨平之，升漳州新翼万户，用兵专以设伏取胜，以弧矢威敌，远近盗贼皆畏其名。"④

除此之外，元代的记载还有不少，明代继续有新姓氏出现，如谢志珊等，不过因前人已有详细的叙述，在此只作简略的梳理，意在说明其早在宋元时代畲姓的复杂而非仅限于四大姓，到明清还常有新的畲姓出现。郭志超总结说："畲姓之增开始出现于南宋，渐多于元，续增于明清。"⑤ 从现存史料看，确实存在这一趋势，但造成这种情况的原因可能有多种，笔者更倾向于认为有可能的是史料保存的原因，或者书写者与人们认识不断推进等诸多原因。那么，到底盘、蓝、雷、钟是什么时候成为畲民的标志性的姓氏的呢，在方志撰修者将其作为一种表述范式之前，会是什么样的可能促成撰修者及汉人精英出现这种书写倾向的呢？刘志伟在对明代中期广东社会动乱的研究中发现，洪武末年以后，随着军事镇压取得成效，明王朝对广东地区的"化外之民"实行的政策逐步转变为以招抚为主。⑥ 陈永海更进一步强调，正是永乐朝，永乐帝特别关注不同部族，因此常有非汉人群朝见皇帝，而这些活动都被明代史料记载，这些记载影响并塑造了

---

① （清）吴宗焯等修，温仲和纂：《嘉应州志》卷三十一《寇变》，清光绪二十七年（1901）刻本，厦门大学古籍室藏，第7a页。
② （明）宋濂：《元史》卷十《本纪第十·世祖七》，第206页。
③ （明）宋濂：《元史》卷十五《本纪第十五·世祖十二》，第319页。
④ （清）李维钰原本，沈定均续修，吴联薰增纂：《漳州府志》卷二十四，乾隆志卷三十二《宦绩一·总管》，第494页。
⑤ 郭志超：《闽台民族史辨》，第192页。
⑥ 刘志伟：《在国家与社会之间：明清广东里甲赋役制度研究》，中山大学出版社1997年版，第93—94页。

后世对当时畲民的认识，畲姓亦是其中之一。① 这确实为我们解答这一问题提供了很好的思路，纵观永乐帝时的"猺人来朝"的记载，确实讲述了许多非汉人群朝见皇帝，如广东畲民雷文用就在永乐五年（1407）朝见皇帝，在《明太宗实录》中这样记载：

> （永乐五年十一月）广东畲蛮雷纹用等来朝。初潮州卫卒谢辅言海阳县凤凰山诸处畲蛮遁入山谷中，不供徭赋，乞与耆老陈晚往招之。于是畲长雷纹用等凡四十九户俱欲复业。至是，辅率纹用等来朝，命各赐钞三十锭，彩币一，表里绸绢衣一袭，赐辅晚亦如之。②

盘、蓝、雷、钟书写模式固定，但事实上的畲姓却还在不知不觉中时时显现，明清的几百年，文人们一再重复典范的书写，但同时，四大姓之外的畲姓也常见于记载，这并不是一时能改正与抹杀的事实，如万历《漳州府志》在说完畲民以盘、蓝、雷为姓之后，却接着反问，"若往年陈吊眼、李胜之乱，非猺人乎？"出现这种表述的前后矛盾的原因就是，盘、蓝、雷、钟的说法已成定式，但同时又不经意间将不在四大姓范围之内的其他姓氏说出来，在典范的表述与日常的认识上形成一种不合，但随着时间的推移，这种不合会慢慢改变，盘、蓝、雷、钟的表述对日后畲民的认同与畲民群体的构成形成极大的影响，在清到民国之后，四大姓的传统日见明显。形成于明代的盘、蓝、雷、钟书写模式短期来讲只是影响人们部分表述，而长期来讲，它却塑造了一个族群的形成，并赋予这个族群独特的崇拜与人群。如民国《永春县志》就反映了此时人们对畲民的普遍界定，其记载为：

> 按永春旧时土族有钟雷而无盘蓝，或以迁徙之故。又钟姓闻亦有改为章者，今皆与齐民无别，足见一道同风之盛。而汉族之同化力最强，能融铸无数民族而成大国者，又不仅同洲同种已也。且天之生

---

① Wing-hoi Chan, *Ethnic Labels in a Mountainous Region: The Case of She "Bandits"*, in Pamela Kyle Crossley, Helen F. Siu, and Donald S. Sutton ed., *"Empire at the Margins: Culture, Ethnicity and Frontier in Early Modern China"*, Berkeley and Los Angeles: University of California Press, 2006, pp. 255–284.

② 《明太宗实录》第七册，卷七十三，第1015—1016页。

材，固无畛域，微论拓拨呼延中古久登仕籍，即吾闽翠庭、鹿洲，谁敢复以畲民视者夫，亦生聚而教训之，以达一视同仁之准则而已矣。①

民国时期，盘、蓝、雷、钟已成为畲民的标志，其实以上记载的两人在他们生活的年代中皆无明确记载为畲民，翠庭即雷铉，宁化人，其所在处雷姓居多，却并未曾有明确畲民身份的记载，而鹿洲即蓝鼎元，漳浦人，出身书香世家，父蓝斌，祖父蓝继善，都是当地有名望的知识分子，蓝鼎元一生著述颇丰，却从未见其关于自身族群的表白，因此，这种族姓的标志性作用使他们在民国时被人们记忆且强化为畲民的代表人物，恐怕他们在世也不曾想到过吧。

二　书写者的文化认同

历史上文人对畲民的描述不管是出于对弱者的同情，或是有意贬低，都代表当时主流社会的立场。但同为汉人知识分子的立场，我们亦可见其对于畲民的认识是有些许差异的。我国传统的华夷观念常常影响了知识分子对周边人群的认识，历来就有所谓东夷、南蛮、西戎、北狄的说法，形成"内诸夏而外夷狄"的说法。具体到畲民，从宋元到明清传统知识分子表述中，可见某种诉说的张力，总体来说，基本认为畲民非汉，"非我族类"，在这点上宋元到明清的文人们基本达成共识，但同时，虽然畲民"不与齐民等"，但于字里行间，我们还可见文人们并未将畲民与"北狄"同等看待，畲民的地位似乎是稍低于汉人，虽总记载于"外志"中，但却不致"外"到"狄"的状态。给人们的总体印象是，畲民是比汉人略低一等的人群，他们可以通过教化变为与"齐民无别"。

从文人对畲民的描述中，我们可知，文人们首先就从来源上将畲民与汉人作了严格的区分。所谓"猺人猺种"②，反复强调其作为盘瓠子孙的身份，是被看成与汉人有着完全不同来源的人群，而且从对他们习俗的描述中可知，"不冠不履，三姓自为婚，有病殁则并焚其室庐而徙居焉"，实行的是一套完全异于汉人礼俗的习俗，因此，被汉人视为"俗有类于

---

① （民国）郑翘松纂：《永春县志》卷十五《礼俗志》，据民国十九年（1930）铅印本影印，成文出版社1975年版，第518—519页。
② （清）李铉、王相等修，昌天锦等纂：《平和县志》卷十二《杂览志·猺獞》，清康熙五十八年（1719）修，成文出版社1967年版，第258页。

夷狄"①，文化上的差异足以使畲民成为"非我族类"的人群，但传统文人们似乎都有这样一种倾向，即为了寻求并确立族群间的差异，他们往往还会以族群上的差别来作为支持，而不论这种差异实际上是否存在。而且事实上，这种差异往往也只是一种"想象"，但却时时被当作事实来一再表述。作为与汉人有别的畲民当然也难以逃脱这一被诬蔑的命运，嘉靖十四年（1535）所修的《广东通志初稿》中在描写完各地"猺獞"情况之后，不无感慨地叹道："呜呼！猺獞人面鸟形，移山以食，藉火而耕，譬彼硕鼠，倚社凭陵，食我禾稼，昼伏夜行；譬彼猛兽，依山为生，□如趑如，莫之敢撄。……"②将"猺獞"说成"人面鸟形"，并比作硕鼠、猛兽，对他们进行人种降格，以显示与汉人之间的差距。而这种情况并非独有，在清朝康熙年间的范绍质所写的著名的《猺民纪略》中所显示的，畲民在外貌上和习俗上与汉人甚至人类的巨大差异，其文如下：

> 汀东南百余里有猺民焉，结庐山谷，诛茅为瓦，编竹为篱，伐荻为户牖，临清溪，栖茂树，阴翳蓊郁，窅然深曲。其男子不巾帽，短衫阔袖，椎髻跣足，黎面青眼，长身猿臂，声哑哑如鸟，乡人呼其名曰畲客。③

范绍质是清朝初年长汀县人，他对汀州东南的"猺民"记载详细，似乎对当时这一人群有相当的了解，但从其对他们外貌上的描写来看，同样显示出汉人知识分子惯有的傲慢与对畲民的蔑视。故而，明朝于谦将广东的"衣服言语，与中国不同"的这群人说成"异类"④，也就不足为怪了。而方志中也有许多处皆能见到这类表述，尽管方志编撰者常非常谨慎地表述，但仍掩饰不住这种"非我族类，不无盗心"⑤的思想。

因为这种意图在人种上对非汉人群进行降格的汉人集体行为，作为

---

① （明）戴璟、张岳等纂修：《广东通志初稿》卷三十五《猺獞》，第576页。
② 同上书，卷三十五《猺獞》，第582页。
③ （清）范绍质：《猺民纪略》，载（清）曾日瑛等修，李绂等纂《汀州府志》卷四十四《艺文六·丛谈》，第527页。
④ （明）于谦：《抚绥猺獞疏》，载（明）孙旬《皇明疏钞》卷六十二《弭盗》，四库禁毁书丛刊补编第19册，北京出版社2005年版，第498页。
⑤ （清）林述训等修，单兴诗、欧樾华等撰：《韶州府志》卷十一《舆地略·风俗·附猺俗》，同治十三年（1874）刊本，成文出版社1966年版，第229页。

"南蛮"的畲民，因此自然也被打上了"蛮"的烙印。人们常常将不同人群间习俗上的差异上升为人种的差异，将异于己的人群皆视为具有某种动物性特征的群体。如明代姚虞就说："瑶獞种类颇繁，号輋户、斗老，与三大姓者盘、蓝、雷尤桀骜难驯，虽有统者，而狼性亢悍，先几而虑，乃克有终。"① 将"瑶獞"、"輋户"等同于极具攻击性的动物——狼，他们要么被说成是"处深山而玩狼虎者"②，要么将其所出入之处也称为"虎狼之区"，"盖畲客所往来，与虎狼互出入之地"。③

如果说这些还带有某种地域性的歧视，或者说是文人对整个南方情形不熟情况下的一种臆测与污化的话，而将畲民贬称为"畲狗"④则无疑是极具挑衅性与攻击性的话语了。从广东与福建大量的方志中我们可见，方志编撰者常以畲民"自称为狗王后"为托词，在表达某种诬蔑性话语的同时，却又借畲民之口来表述，以使畲民自己承担这一话语带来的诋毁与诬蔑，因此，从这个角度上说，文人书写畲民的时候，无疑将自己置于一个人种与文化的较高等级，将畲民当成"异类"，多少带有"耻"与畲民为伍的意识的。而对于畲民的记载也毫无例外地放在《外志》之中也说明了这一人群的区分。在嘉靖三十五年（1556）所修的《惠州府志》中对《外志》所记载之人事作了说明，揭示《外志》所要遵循的内外、阴阳的撰写规则，其言如下：

外志何？志仙释、志方伎、志宦者、志猺蛋也。志之外，何外之也？何外乎尔？二氏之于正学也，小伎之于大道也，刑臣之于士大夫也，猺蛋之于齐民也。不类犹之乎阴之于阳也，故外之，内阳而外阴，天之道也，内君子而外小人，内中国而外夷狄，易春秋之义也。⑤

尽管如此，在同样这本方志中，我们可见汉人对于这一人群的表述上

---

① （明）姚虞：《岭海舆图》，第32页。
② （清）熊学源修，李宝中纂：《增城县志》卷一《舆地·猺人》，第229页。
③ （清）钱澄之：《宝幢精舍碑记》，载《田间文集》卷十一《碑记》，《续修四库全书》1401集部·别集类，上海古籍出版社1995年版，第129页。
④ （清）李铉、王相等修，昌天锦等纂：《平和县志》卷十二《杂览志·猺獞》，第258页。
⑤ （明）姚良弼修，杨宗甫纂：《惠州府志》卷十四《外志》，第1a页。

的张力。将其与疍民视为同一类别，是作为略次于汉人的人群而存在的，而非完全类乎"夷狄"。故而又说："夫猺疍二种，错居山河，侣禽兽，亲鱼鳖。先王不弃外焉，其来久矣。"① 虽然记载在《外志》之中，但仍"不弃外焉"，这种看似矛盾的做法其实正好反映了汉人对畲民特殊的暧昧关系。因此，虽说文人们认为其"俗类夷狄"，但当真有人将其视为"夷狄"时，则又遭到文人们的质疑与否定。在明朝嘉靖年间所修的《兴宁县志》中，我们见到了不同表述与分类间的紧张与对话：

> 吴志名猺疍曰夷狄，令人愕然。求其说而不得，此非山戎氏羌之北错居中土，衣冠与世同，无复椎结之习，一耕于山，山有粮，一渔于河，河有课，既籍其名于版，子孙数十世势能徙居塞外矣乎？出入同乡井，又能区分限域矣乎？王者无外，听其蠕飞蠕动于穹壤之间，亦齐民矣。已恶得而狄之。②

这本修撰于嘉靖三十一年（1552）的《兴宁县志》指正的是前志《吴志》，当看到《吴志》将"猺疍"说成"夷狄"时，方志撰修者表现出十分的惊讶与疑惑。认为他们与汉人同居一处，衣冠习俗也与汉人同，与塞外的"山戎氏羌"是有本质区别的人群，现在又因教化，行同齐民，故而不能因个人好恶将其视为"狄类"。而清代的秦瀛就认为，为政者应广布德化，而不应将畲民视同异类，发出慨叹曰："畲民岂异族，不与民等伦。"③

区分化内与化外的关键因素是他们是否与平民一样承担赋税，正如刘志伟指出的："作为一种正统性的身份标记，蛮夷与'王民'的区别，还在于是否具有'编户齐民'的身份，而这种身份是需要通过'入籍'并承担赋税差役义务才得以确认的。"④ 尽管这一观点是从制度史本身出发，而制度与实际情况之间存在差异，但也确是有充分根据的，如明代嘉靖年间李永茂所纂的《兴宁县志》在介绍兴宁县瑶人之后，说他们"皆化为

---

① （明）姚良弼修，杨宗甫纂：《惠州府志》卷十四《外志·猺疍》，第 16a 页。
② （明）黄国奎等纂：《兴宁县志》卷三《人事部·猺疍》，第 1202 页。
③ （清）秦瀛：《畲民》，载《小岘山人诗文集》诗集卷九《古今体诗一百五十四首》，《续修四库全书》1465 集部·别集类，上海古籍出版社 1995 年版，第 593 页。
④ 刘志伟：《在国家与社会之间：明清广东里甲赋役制度研究》，第 102 页。

土著"①，而他的这一记载在被康熙年间的《兴宁县志》转录后，紧接着就被质疑，在后者的按语中说："按宁赋有瑶人山米，即瑶僮之岁输山粮也。然久无。瑶人输糠者，据前志云今皆化为土著，独不记其何年始将山米并归民粮，其化为土著亦不记其承籍与否，卒不可考，一阙事也。"②同样，从明代一份资料中也显示出瑶赋在划分族类时的重要性，明代海丰令叶维荣就认为不能因为他们不交瑶赋就将他们视作"异类"，并认为他们那时已无异俗，不应鄙视他们。其言：

> 天生蒸民，司牧惟君，与君代此，惟令最亲。监司岳伯，帘虎弥尊，弥尊弥隔，堂下九阍。医尔黎萌，实余赤子，疾痛呼号，应声乃喜。不问遐迩，与同咻噢，海畲山峯，亦无殊俗。毋亢而高，毋坠而卑，昂霄捧日，以下为基。岂无棰朴，弼教以刑，岂乏瑶赋，催寓拊情。一人向隅，满堂不乐，谁诒此者，思而闭阁。诗亦有之，父母孔迩，弦之韦之，一言而已。③

正是这样一种矛盾心态，使畲民在汉人眼中的地位显得极为微妙。他们"非我族类"，但又只是"俗类夷狄"，而不应以"异族"视之，文人在对畲民认识与表述上的紧张，正好反映了畲民在王朝国家中特有的地位。从一份资料中我们发现，畲民与疍民等被明显地视同贱民，"光绪季年，各省督抚奏请改疍户、畲民、堕民□□等为平民，谓之脱籍，当时以为特例，不知唐末阳城已行之于千余年前，诚属圣王仁政之一也。"④ 从中我们可知，畲民与疍民拥有类似的地位，皆被汉人视为贱民，这在方志书写中常将畲疍放在一起介绍也可体会。"贱民"是中国历史上长期存在的现象，他们既非"狄类"，又不与平民享有同等地位，而事实上畲民在汉人眼中的地位多少与贱民还有一些差距，贱民只是民人等级中处于低端的那种，而畲民则明显处于民人边缘。

---

① （明）刘熙祚修，李永茂纂：《兴宁县志》卷六《杂纪·瑶疍》，明崇祯十年（1637）刻本，中国书店出版社1992年，第556页。
② （清）王纶部纂修：《兴宁县志》卷六《人物志·瑶疍》，清康熙二十年（1682年）刻本，中国书店出版社1992年版，第685页。
③ （明）叶维荣：《近民箴》，载（清）刘溎年、张联桂修，邓抡斌、陈新铨纂《惠州府志》卷二十三《艺文》，清光绪三年（1877）修，上海书店出版社2003年版，第438页。
④ 刘声木：《论有庳》，载《苌楚斋四笔》卷六，中华书局1998年版，第795页。

因此，当清朝广东著名文人屈大均再次论及"外志"时，认为将"徭僮"记载在《外志》上是因为他们本来就处王道之外，与王法不合，与齐民不同，而之所以又要记载他们，是因为要行仁义，施王化，因此将他们记载下来，以行道义，但又将他们归入"外志"，以辨仁义：

> 王者无外，志有外，何因？其外而外之。孰外？仙也，释也，徭也，僮也，皆外也。仙、释、徭、僮之为外何？仙释蔑弃人伦而诡言出世，徭、僮傲狠王法，而自异齐民，皆外于圣人之教，明王之治者也，故外之。然则遂外之乎，固将内之也。……是故志而外之，所以明有义也；外而志之，所以明有仁也，仁义立而王道备矣。①

在此，文人所秉持的最基本原则还是"王道"，所谓"王道"，自然与国家的礼义习俗不相违背。他的这一说法有助于我们理解文人们对畲民表述中所出现的紧张。中国的传统文人向来自认为有治国平天下的职责，因此，他们在对待畲民的问题上，多少也有所表现。将畲民视作"异类"，是因为文人们认为畲民异种异俗，本来就与汉人不同，而当这种表述太过尖锐或者明显时，文人们又显出类似拯救的姿态，希望能通过王化将畲民纳入"王民"的范畴。另一个需要指出的是，畲瑶可能仅仅是一种标签，是官员为逃避责任的一种策略，将动乱者说为畲，与中国固有的华夷观与边缘观也吻合，"蛮类"善惊喜斗，被认为是其本性，如明代王临亨就说："百粤之民，喜于为盗，见利如膻，杀人如饴，其天性也。"②而这在清代的方志中亦有所反映，如清代《增城县志》所说："攻劫好杀，其天性也"③，正如陈永海对咸同年间土客械斗的理解，土著把客家人指为"蛮族"，不仅在贬低他们，也有助于争取中央在处理地方上的武力斗争时，采取对自己有利的措施。④ 因此，文人们在为地方"失序"或"扰国"寻找借口时，往往将地域性的特征归为族群类别的差异。

---

① （清）屈大均：《广东新语》卷十一《文语·外志》，第332页。
② （明）王临亨：《粤剑编》卷二《志风土》，第74页。
③ （清）蔡淑修、陈辉璧纂：《增城县志》卷十四《外志·峒猺》，清康熙二十五（1686）年刻本影印，上海书店出版社2003年版，第268页。
④ 陈永海：《作为中国国族事业的客家言说——从香港看近代客家文化认同性质的变迁》，载刘义章主编《香港客家》，广西师范大学出版社2005年版，第19—37页。

小　结

　　本章主要对明中后期以来关于赣闽粤毗邻区畲民描述的梳理。在主流社会将畲民族群性特征强调的过程中，汉人知识分子对所谓的"畲民异俗"反复书写，如畲民刀耕火种的生产方式，畲民善于射猎、三姓通婚，并有独特的畲歌等风俗皆被加以凸显，其中尤其是对畲妇形象的描绘更是比比皆是，这些汉人知识分子有的通过自身的游历、有的通过阅读与传抄前人文献，尽管所得资料的途径不一，却有一个普遍的趋势，即将畲民描述为"盘瓠子孙"，以"盘、蓝、雷、（钟）"几姓为基本特征，而这种书写模式的定型可以追溯到明代赣闽粤方志的撰述，在方志中形成了对畲民书写的典范化，它与明代中期赣闽粤毗邻区的大规模动乱有紧密联系。在明代中期以前的文献中，赣闽粤交界区延续了其自宋代以来的地域性动乱的记载，而从元代的记载及王阳明对谢志珊、蓝天凤的活动的记载中可知，明代中期以前的畲民并无确定姓氏与人群，"盘瓠"信仰甚至成为明代动乱中组织与团结人群的旗号，这与它"免徭"的政治功能有一定关系。而王阳明在对畲民族群性特征的认识上似乎也并不敏感，他一开始基本上以"贼"、"盗"或者"猺"称呼这群人，而其所称之"輋"也专指江西南安府，并未用于其他各地。但从明中后期起，文人对畲民的描述开始出现明显的转变，对畲民族群性特征的描述广泛见于各地方志，而其中明代嘉靖《惠州府志》及万历的《漳州府志》成为畲民书写的典范，在这些方志及其后的各邑志中，畲民被广泛记载，其族群性特征得到反复地凸显与强调，而这一类型的记载与前人对畲民的认识其实已相去甚远，畲民概念在明代的重组大大影响了后世之人对畲民的理解，也就是说，明代中后期以后由方志主导的畲民概念与刘克庄认识的畲民不同，也与王阳明眼中的"輋民"相异，但正是明代中后期方志中对畲民的界定，引导了后世之人对畲民的认识与书写。而导致这种书写模式的出现并定型的，是由于地域社会的族群意识与社会结构的转型。

第五章　明清赣闽粤毗邻区的族群意识

在赣闽粤毗邻区的动乱平息之后，以方志为主导对畲民的大量书写，畲民概念在明代经历了重新界定，明确将"盘、蓝、雷、（钟）"作为畲民特有姓氏，而这个重新界定的过程是与明代赣闽粤毗邻区的大规模动乱相关，这种书写定式的出现，实际上是源自动乱平息后当地人群对自身族群身份的重新选择。陈元光的建构是赣闽粤交界区人群较早进行身份重构的一个结果，最初直接源自于各姓族谱对祖源的追溯，而后为方志所阐扬。它是漳州闽南人汉人意识下的产物。而后畲民对自身身份的确认，对盘瓠形象的改造及对本族群特征的强调，则代表了畲民在族群认同上的取向，也显示了其在族群身份选择上的能动性。而清代以来客家人的中原南来身份的建构，则在日后成为席卷赣闽粤毗邻区的主要族群取向。这些不同时期出现，由不同人群主导的族群身份的选择与认定从一个侧面反映了地域社会的重组与转型。

第一节　陈元光的建构

陈元光是漳州历史上重要人物，他的开漳事迹至今为人传颂，闽南各地普遍奉祀陈元光，关于他的传说也极普遍。但是就是这样一位声名显赫的"开漳圣王"，却未曾在新旧《唐书》及《资治通鉴》中留下只言片语。

对陈元光的研究非常深入，包括对他的家世、生平、诗作、官职、事迹，等一系列问题都已有学者作了详细精辟的论述与考证[①]，后世对陈元

[①] 谢重光：《陈元光与漳州早期开发史研究》，（台北）文史哲出版社1994年版；杨际平：《也谈〈龙湖集〉真伪》，《东南学术》1992年第1期；郭志超：《陈政、陈元光在漳州平蛮的证伪——兼涉陈元光与潮州的关系》，潮州畲族文化学术研讨会论文，2007年12月。

光的建构正反映了这一区域的历史进程,陈元光在此被建构成为中原汉人的象征,对陈元光事迹的强调与一再重构,是本地土著借机将之前的历史蛮荒化,而借一位中华圣人代言自己文化的过程。这里隐含了许多民族史的研究资料,这也使笔者能在前人透彻的研究之后还有可能作些探讨。

一 作为将军的陈元光

陈元光最为人称颂的,在于他开漳的丰功伟绩。陈元光其人及事迹,后世有详细记载。而因其有功于漳,故见诸漳州史料最繁,如明万历元年(1573)所修的《漳州府志》有详细记载:

> 陈元光,字廷炬,号龙湖,其先河东人,后家于光州之固始,遂为固始人。元光生而敏异,自幼博通经史,总章己巳领光州乡荐,未第,从父政戍闽,父没代领其众,以功授玉钤卫翊府左郎将,仪凤二年,会广寇陈谦联结诸蛮苗自成、雷万兴等进攻陷潮阳,守帅不能制,公轻车讨平之。永隆元年(680),潮人以事闻,请乞公兼戍潮阳,永淳九年〔考唐史永隆开耀永淳俱元年(682),无永淳九年,今止作永淳元年为是〕,诏进岭南行军总管。嗣圣三年(即垂拱三年),上疏请建一州于泉潮间,以控岭表。乞注刺史以主其事,时宰相侍从裴炎娄、师德裴行立、狄仁杰等建议,以为遐方僻壤,不沾圣化,万一建官不谙土俗,则民反受其害,况元光父子久牧兹土,蛮畏其威,民怀其惠,如兼其秩,俾领州事,则事不烦而民不扰,遂可其请。并给告身,俾建漳州漳浦郡邑于绥安地。仍世守刺史,州自别驾以下,县自簿尉以上,得有廉干人员,听自注用。元光复疏:山林无贤,而部曲子弟多有才干,朝可其请,遂授部将马仁等为司马等职,乃躬率部曲,剪荆棘,开村落,收散亡,营农积粟,与贩陶冶,以通商贾,以阜财货。又奏立行台于四境,或以时巡逻,或命将戍守。(事见古迹)由是,东距泉建,西逾潮广,南接岛屿,北抵虔抚,方数千里,无桴鼓之警,号称治平。已而蛮寇苗自成、雷万兴之子复起于潮,潜抵岳山,公率轻骑讨之,援兵后至,为贼将蓝奉高所刃而死,百姓闻之,如丧考妣,相与制服哭之,权葬于绥安溪之大峙原,先天元年(712)诏赠豹韬卫镇军大将军兼光禄大夫、中书左丞,谥曰忠毅文惠。贞元二年(786),徙州治龙溪,敕有司改葬于州治之

北九龙里松州保之高坡山,春秋享祀。五代吴越王追封赠保定将军太尉尚书令,宋累朝历封至灵著顺应昭烈广济王。男珦,举明经,不仕(见人物志),孙酆,(前志郭误)举秀才,授振州宁远令,未上官,袭元光爵。曾孙咏以荐辟为恩州录事,谟,漳州刺史,吁,四门博士云。(出元光家谱,唐欧阳詹行状及诸志。按,元光家谱载,时从元光入闽者婿卢伯道、戴君胄、医士李茹、前锋将许天正、分营将马仁、李伯瑶、欧哲、张伯纪、沈世纪等五人,军谋祭酒等官黄世纪、林孔著、郑特中、魏有仁、朱秉英等五人,府兵校尉卢如金、刘举、涂本顺、欧真、沈天学、张公达、廖公远、汤智、郑平仲、涂光彦、吴贵、林章、李牛、周广德、戴仁、柳彦深等一十六人,及其余不能悉载,今其子孙散处于漳,犹有人云,内许天正、卢如金有传。)

前志元光筚路蓝缕,以启山林,立郡县,置社稷,化家为国,至捐躯殒命而后已,丰功传烈,唐史传缺而不载,使后人有遗憾焉。①

这是明万历年间所记载的事情,包括的信息量很大,所反映的情况也颇为有趣,学者们对陈元光的研究基本不出该史料所涉及的内容。

此文明确指出,陈元光的家先为河东人,后徙于光州固始,故认定陈为固始人。他的官职是玉钤卫翊府左郎将,并进岭南行军总管。事件则是广寇陈谦联结诸蛮苗自成、雷万兴等进攻陷潮阳,为陈元光所败。之后上疏请建一州于泉潮之间,即漳州,并领州事,开发漳州。后来,苗、雷之子复返,元光被蓝奉高杀死,其子珦复仇,并四世守漳。据此,陈元光被描述成一位中原武功世家,代表王朝力量来南方征"蛮",并取得成功,后世守漳土,致力开发。其为朝廷效力,武功卓著,在王朝不能制的地方立足,"化家为国",故而备受尊享,庙食于漳。如此顺理成章的事,但当我们检视以前史料时,发现事情并非如此简单。

(一) 关于陈元光籍贯的问题

首先,关于陈元光为固始人之说,学界争议最多。基本有两派,一派认为,陈元光是固始人,从中原南迁。依据便是明万历的《漳州府志》、

---

① (明) 罗青霄总纂,谢彬编纂:《漳州府志》卷四《漳州府·秩官志下·名宦·刺史陈元光》,第67—68页。

《闽书》等①，而另一派则认为陈元光郡望河东，至少从祖父时世居揭阳，故为岭南土著。其依据是明嘉靖黄佐所修之《广东通志》。② 同时，少数学者则采取保守做法，认为陈元光是河东人。③ 厘清陈元光籍贯对于我们理解南方民族史有至关重要的作用。

最早记载陈元光籍贯的是唐代《元和姓纂》的诸郡陈氏中："右鹰扬将军陈元光……河东人"④，但在此，河东是为郡望而非实际的籍贯。《元和姓纂》是中国唐代谱牒姓氏之学的专著，唐宪宗宰相李吉甫命林宝修撰，唐代承袭汉魏之风，极重门第，因此朝廷对此也颇重视，由宰相监修，但也因此故，存在许多攀附现象。从中可以说明，在唐代，陈元光还不被认为是固始人。而明嘉靖四十年（1561）所修的《广东通志》则指陈元光为广东揭阳人："陈元光，揭阳人，先世家颍川，祖洪，丞义安，因留居焉。父政，以武功著，隶广州扬威府。元光明习韬钤，善用兵，有父风，累官鹰扬卫将军。"⑤ 在该文的按语中表明这条史料是来源于广州旧志与一统志，由此可知，这条史料的形成时间还可前推。与唐代史料不同，《广东通志》说陈元光先世家颍川，谢重光认为此一则史料颇为可信，原因就是陈元光长期在广东一带活动，建功于漳，广东保存陈元光早期活动的记载应不像漳州那样大力神化；其次就是这一史料除陈元光"先世家颍川"与前书不同外，其他都可与唐宋史料吻合。⑥ 谢重光的观点为许多人所认同。因此，至少至明代前期，陈元光作为固始人的身份还未确立。而这样的记载也非单一，如清乾隆《潮州府志》与清道光《广东通志》皆承袭其说。

明中期对陈元光家世的描述开始趋于"光州固始"化。最明显的莫过于文章一开始所引的万历《漳州府志》。但事实上，在此之前，已有史料隐约表示陈元光为光州固始人。这一说法见于明嘉靖年间毛宪所著的《武进知县陈公行状》中，在这篇他为陈烈所写的行状中，他说："公讳

---

① 张耀堂：《陈元光籍贯身世考辨及其他》，《中州学刊》1990年第5期；何池：《陈元光〈龙湖集〉校注与研究》，鹭江出版社1990年版。

② 谢重光：《陈元光与漳州早期开发史研究》；郭志超：《陈政、陈元光在漳州平蛮的证伪——兼涉陈元光与潮州的关系》，潮州畲族文化学术研讨会论文，2007年12月。

③ 徐晓望：《闽台汉族籍贯固始问题研究》，《台湾研究》1997年第2期。

④ （唐）林宝：《元和姓纂》卷三《诸郡陈氏》，中华书局1994年版，第348页。

⑤ （明）黄佐纂修：《广东通志》卷五十五《列传十二·人物二》，第1423页。

⑥ 谢重光：《陈元光与漳州早期开发史研究》。

烈，字朝臣，别号坦夫，其先光州固始人。唐垂拱间，有讳某者从玉铃卫将军陈元光往平漳潮之乱，遂居漳浦之鉴湖坊。"① "玉铃卫将军"即"玉钤卫将军"之误，这里虽不言明陈元光是光州固始人，但说其先人随陈氏往漳潮，则可知毛宪所说陈元光也为光州固始人无疑。这从万历《漳州府志》也可得到佐证，在该志中载有陈元光部从，皆从光州固始而来。如许天正："河南光州固始人，陈元光首将也。从元光入闽。"同样记载的还有卢如金："河南光州固始人也。唐总章元年闽越岭南等处盗贼蜂起，金奉命领兵从主将陈政戍闽，讨贼，授府兵校尉，兼领本州岛司仓、司户、参军。"②

此后何乔远的《闽书》，康熙二十三年（1684）所修的《福建通志》等福建众多方志皆言陈元光是光州固始人。如《闽书》记载："陈元光，字廷炬，固始人。祖克耕，从唐太宗攻克临汾等郡。父政，以从征轼，拜玉铃卫翊府左郎将、归德将军。总章二年，泉潮间蛮獠啸乱，居民苦之，金乞镇帅，以靖边方。"③ 清代记载则基本沿袭此说，故而，陈元光及其部将为光州固始人一说广为流传。非但如此，在漳浦还有一个谢东山庙，相传为陈元光从光州带来香火，与陈元光同来的五十八姓同祀之。"谢东山庙，漳浦乡里在处皆有之，相传陈将军自光州携香火来浦，五十八姓同崇奉焉。故今皆祀于民间。"④ 这五十八姓据传正是同陈元光入闽者。

正因为南方普遍的"光州固始"情节与祖先来源叙事模式影响，河南也积极迎合南方士人的心理，在他们的忠烈先贤中增加这一内容。如雍正时修的《河南通志》在其忠烈中就将陈元光纳入其中，其文如下：

> 唐陈元光，字廷炬，光州人，年十三领乡荐第一，总章间从其父政领将兵五十八姓以戍闽，政卒，代领其众，任玉铃卫翊府左郎将。

---

① （明）毛宪：《武进知县陈公行状》，载《古庵毛先生文集》卷五《行状》，齐鲁书社1997年版，第504页。
② （明）罗青霄总纂，谢彬编纂：《漳州府志》卷四《漳州府·秩官志下·名宦·刺史陈元光》，第68页。
③ （明）何乔远：《闽书》卷四十一《君长志》，明崇祯四年（1631）刻本，福建人民出版社1994年版，第1012页。
④ （清）陈汝咸修，林登虎纂：《漳浦县志》卷二《方域志下·庙》，清康熙三十九年（1700）修，成文出版社1968年版，第189页。

会广寇诸蛮陈谦等攻陷潮阳，元光率轻骑往平之，诏进岭南行军总管。垂拱二年疏请建州治于泉潮之间，以控岭表，设刺史，主其事。时宰相侍从裴炎、娄师德、狄仁杰等建议，以为非元光不可，遂可其请。由是，方数千里无桴鼓之警。未几，蛮寇鸥张潜抵岳山，元光轻骑以往，步兵后期，为贼所殒，百姓如失怙恃，立庙祀之。事闻，诏增秩谥忠毅。①

此文一看便知源于明朝以来对陈元光的典范化描写。而方志大体采用陈元光为光州固始人之说的很大原因是因为直接采自各姓谱牒。文献中引用最多的家谱为陈氏家谱、许氏家谱、卢氏家谱及《白石丁氏古谱》。如前引许天正、卢如金记载，方志皆注明来自各自的家谱。也正是家谱，最容易出现对先世的攀附。如明代陈氏家谱中记载：

  间尝窃闻前辈流传及诸里社崇祀陈将军者，俱云吾陈上祖也。盖闽粤汉前尚未入版图，其君蛮夷酋长统隶不一，自唐将军领益州兵，以镇泉潮，扫荡蛮气，开漳郡邑，移固始之民以居，而将军有亲丁五十余人，皆即官职，与俱故今漳泉，皆固始祖。而陈姓皆将军后裔也。将军开土元勋，其功甚巨，其泽甚深，是以处处崇祀，惜乎史鉴不载，以故府志碑碣但纪其概而不甚悉。②

从落款可知，其写作时间是在明崇祯八年（1635）。漳州陈氏之人，俱言由固始陈元光而来。另从方志中我们可知，在陈元光的龙湖谱中，还详细记载了与他同来的将士，如万历《漳州府志》皆言来自光州固始。

而从宋朝就开始断续修纂的《白石丁氏古谱》则一再被方志拿来作材料，此谱详细记载了开漳之事，丁氏祖先丁儒事迹被不断完善。丁儒者，据《白石丁氏古谱》云：

  始祖唐开漳名宦军谘祭酒佐郡别驾九承事郎丁府君，讳儒，字学道，一字维贤，先济阳人，徙光州固始，府君童岁举进士于乡，

---

① （清）王士俊修：《河南通志》卷六十三《忠烈·光州》，《影印清文渊阁四库全书》史部296地理类第538册，第73页。
② （明）陈无复：《陈氏大成谱》，附漳南事迹，旧钞本，厦门大学古籍室藏，第1b页。

未第,曾镇府以女许之,高宗麟德间甲子,曾以诸卫将军镇闽,府君就闽赘焉。总章二年戊辰,天子遣将军陈政与曾镇府更代,而曾遂留寓龙江,府君通经术,喜吟咏,练达世务,将军政与语慕焉,引为军谘祭酒,有所注措悉与筹画,为莫逆交。政没,子元光代,府君复佐元光平寇开郡,功专帷幄,置郡治漳浦,垂拱间承诏任佐郡承事郎。①

陈元光来漳之前,已有曾镇府在此,丁儒为曾镇府赘婿,也应在陈元光来漳之前已在此地。据该族谱所云,丁儒亦是从光州固始徙来。谱中有一段重点强调了白氏为中原移民:

> 余阅宗史,见始祖承事郎始奉王命,同曾镇府、陈将军入闽,式避漳土,自河南至此,自唐初至今,以一人立万民之命,以一时垂万世之基,男子哉。然余于是不无感焉,往哲之生,祖天地,父山川,古称嵩岳降神生甫,及申嵩在河南,天地之中气也,故河南其韵最正,今吾乡之声韵气习尚有似之,此其所自,岂偶然欤。愚于是不无悲焉。人生如瓜子也,而始于脆脆,必有蔓蔓,必有亩。吾祖居漳焉,吾宗祖其瓜亦硕矣,是必有为之蔓为之亩者,今不知其谁为父之母之高之祖之,与其始之先之,吾辈观于木主有其卒之时,无其生之岁,生与卒,一人而不相属,生己者与生于己者,一室不相闻,此事吾祖虽和诗所为思乡国之迥也。②

在此,丁氏古谱认为,其祖丁儒来自河南,并认为河南是天地之中气,其韵也最正,至今由河南入闽者皆保有中州之声韵气习。文中的一个漏洞是,光州在唐之前不属河南,宋代《太平寰宇记》记载为:

> 光州,弋阳郡光山县,今理定城县,禹贡扬州之域。……唐武德三年(620)平江淮改为光州,置总管府,以定城县为弦州,殷城县为义州,以宋安郡废为谷州,凡管光、弦、义、谷、庐五州。光州领

---

① 《白石丁氏古谱懿迹记》,载《白石丁氏古谱》上册,漳州市方志办编,影印抄本,厦门大学古籍室藏,第31b—32a页。
② 《文峰丁氏宗史叙》,载《白石丁氏古谱》上册,第13b—14a页。

光山、乐安、固始三县。武德七年（624）改总管府，为都督府，唐贞观元年（627）罢都督府，省弦州及义州，以定城殷城来属。又省谷州，以宋安并入乐安，天宝元年改为弋阳郡，乾元元年（759）复为光州。①

直到元代设立河南江北等处行中书省，辖领光州，光州才与河南联系上。谢重光认为，这种情况反映了族谱中文字乃出自元明人之手。这说明族谱编撰中常出现的一种现象，即附会。不管其先世到底何出，修谱者都会尽量使其与中原挂上关系。所以，对已被遗忘的远祖籍贯的修改，普遍地发生于努力寻求取得某种话语的宗族中。而这样的情况在宋代的福建就已开始。对宗族的建构与远祖籍贯的发明也是宋元以来福建社会的一个重要特征。宋代著名文学家方大琮就曾对福建人的这一行为有过论述：

> （大琮）曩见乡人凡诸姓志墓者皆曰自光州固始来，则从王氏入闽似矣。又见旧姓在王氏之前者，亦曰来自固始，诘其说，则曰固始之来有二，唐光启中王审知兄弟自固始携诸姓入闽，此光启之固始也。前此晋永嘉乱，林、王、陈、郑、丘、黄、何、胡八姓入闽，亦自固始，此永嘉之固始也。非独莆也，凡闽人之说亦然。且闽之有长材秀氏旧矣，借曰衣冠，避地远来，岂必一处，而必曰固始哉？况永嘉距光启，相望五百四十余年，而来自固始，前后吻合，诚切疑之。及观《郑夹漈先生集》，谓王绪举光寿二州以附秦，宗权王潮兄弟以固始之众从之，后绪拔二州之众南走入闽，王审知因其众以定闽中，以桑梓故，独优固始人。故闽人至今言氏族者皆云固始，以当审知之时贵固始人，其实非也。然后释然，知凡闽人所以牵合固始之由。……其达且温者，各以家世为念，而其贫者，犹能保其为士人之家，以待其兴，此所以为入闽三百余年之贵姓而犹有望于来者。②

方大琮此番慨叹虽针对莆田人，但同时也说明，非独莆田人如此，全闽皆然。并且认为闽人好曰光州固始来，实是起因于唐朝"王审知兄弟

---

① （宋）乐史：《太平寰宇记》卷一百二十七《淮南道五·光州》，第251页。
② （宋）方大琮：《跋方诗境叙长官迁莆事始》，载《宋忠惠铁庵方公文集》卷三十七《题跋》，第737页。

自固始携诸姓入闽"。无论贫贱富贵，各人皆有自己考虑，达者欲长久，贫者想转兴，光州固始遂于宋代就在闽地流行。故而，无论先世居福建多久，都附会于光州固始了。这反映的也是福建土著在宋元以来就已开始注重对身份的建构了。而方大琮所指的夹漈先生指的是南宋著名史学家郑樵，因其曾居夹漈山，即东山，在福建莆田西北，故世称夹漈先生。而弘治《八闽通志》正好收录了郑樵的这段话：

> 按郑樵家谱后序云：吾祖出荥阳，过江入闽，皆有沿流，孰为光州固始人哉？夫闽人称祖皆曰自光州固始来，实由王潮兄弟以固始之众从王绪入闽，王审知因其众克定闽中，以桑梓故，独优固始人，故闽人至今言氏族者，皆云固始，以当审知之时贵固始也。其实滥谬。①

郑樵、方大琮皆是宋朝莆田人，他们对家乡的评论中肯有力，兴泉人皆祖王审知，而漳人则多祖陈元光，亦称固始。康熙《漳浦县志》就认为：

> 自唐陈将军入闽随行有五十八姓，至今闽人率称光州固始，考《闽中记》，唐林谞撰，有林世程者重修，皆郡人，其言永嘉之乱，中原仕族林、黄、陈、郑四姓先入闽，可以证闽人皆称光州固始之妄。②

即便屡屡为人们怀疑的附会问题，却又世世被人们重复。所谓光州固始反映的其实是区域社会的重整与人群身份的重塑，是该时期区域社会的历史文化过程转变的写照。

（二）用夏变夷到闽漳——关于陈元光"征蛮"的探讨

将陈元光籍贯一再地表述为光州固始，可以说是宗族与地方官员的"合谋"，而与此相并行的，则是关于陈元光"征蛮"的问题。无疑，至少在明万历元年（1573）以前，关于陈元光为光州固始人、南来"征蛮"

---

① （明）黄仲昭修纂：《八闽通志》卷八十七《拾遗》。
② （清）陈汝咸修，林登虎纂：《漳浦县志》卷十九《杂志》，第1536页。

的表述模式已出现,而万历《漳州府志》可说是这一说法的一个集大成者。故而,今人说起陈元光,便将其视为平蛮将领,清曾虎文称赞陈元光诗就说:"变夷用夏到闽漳,唐代将军陈圣王。"① 而所谓的"蛮"在明初时就被明确指称为苗自成、雷万兴、蓝奉高之辈,无疑,这是当时畲民的代称了,也是当时人对作为异己的畲民的认识了。

梳理陈元光史料可发现,关于陈元光"征蛮"的表述经历了一个较长的历史过程,在这个过程中,对于陈元光所征之"蛮"愈加详细。在明之后的文献中介绍陈元光都以征蛮进行描述,典型者如万历《漳州府志》,但奇怪的是,与后世大肆渲染不同的是,作为唐朝时代的人,陈元光所生活的唐朝对他的记载却寥寥无几,即便有少量的记载,也与今日之陈元光形象大不一样。唐代张鷟的《朝野佥载》"周岭南首领陈元光设客,令一袍袴行酒,光怒,令曳出,遂杀之。须臾,烂煮以食客,后呈其二手,客惧,攫喉而吐"。② 这是目前所见文献中最早记载陈元光事迹的,文中之周指唐代武周,即武则天主政时改唐为周。作者张鷟,字文成,生卒年不详,生于武后到玄宗朝前期,因属时人记时事,所载内容,多为第一手资料,所以颇有参考价值,为《太平广记》、《资治通鉴》以及后世治唐史者广为引用。但退一步说,即便只是道听途说,其意义也是相当明显,它至少表明当时人认为陈元光极为残暴,其职位也只是"岭南首领"四字。离后世中原带兵,南下"平蛮"相去甚远。也就是同样这条史料,被宋代《太平广记》引用,安排在酷暴一节中,与唐代著名酷吏索元礼、周兴、武承嗣、来俊臣等相提并论。③ 张鷟《朝野佥载》对陈元光的记载是现存唐代仅有几条记载陈元光的史料之一,他对陈元光的描述算是信息比较多的。另一条则是前引《元和姓纂》中将陈元光放在诸郡陈氏中,记载其职位为右鹰扬将军。

但除此直接资料外,在清代人冯登府辑的《闽中金石志》中收录了唐代一块陈元光威烈庙碑记,碑云:"公姓陈,讳元光。永隆三年,盗攻潮州,公击贼,降之。公请泉潮之间创置一州,垂拱二年遂勅置漳州,委

---

① 《漳州杂诗》第二首,转引自何池《陈元光〈龙湖集〉校注与研究》,第1页。
② (唐)张鷟:《朝野佥载》卷二,中华书局1991年版,第15页。
③ (宋)李昉:《太平广记》卷二百六十七《酷暴一》。

公镇抚。久之，蛮贼复啸，公讨之，战殁，因庙食于漳。"① 此碑中对陈元光击盗及战殁皆有记载，虽用语不多，但却成为后世对陈元光事迹书写的基本模式。而此碑在宋代王象之的《舆地碑记目》中亦有载其碑名："陈元光威烈庙记，唐垂拱二年"②，此碑收入该书的漳州碑记条中，在《闽中金石志》中亦提到王象之书中有载此事。此外，宋代祝穆的《方舆胜览》也证明了此碑的存在。③

福建仅存的几部宋代方志也是仙游最早的方志，赵与泌的《仙溪志》记载了宋代仙游的威惠庙："威惠、灵著王庙二，在风亭市之南、北。按《漳浦威惠庙集》云陈政仕唐副诸卫上将，武后朝戍闽，遂家于温陵之北，曰风亭。灵著王乃其子也。今风亭二庙旧传乃其故居。"④ 威惠、灵著皆为宋时对陈元光的敕封，此文中只说陈元光随父政入闽，但未详何故，更不曾提及"平蛮"之事。而这样的记载绝非特例，宋代著名理学家朱熹在他的《晦庵集》中也只说："漳以下州领军事，唐垂拱二年用左玉钤卫翊府左郎将陈元光奏置，领漳浦、怀恩二县，而治漳浦，开元四年徙治李澳川。"⑤ 只简单提到陈元光官衔，不过此次也是首次见陈元光被称为"左玉钤卫翊府左郎将"。

陈元光所处的唐朝，非但新旧《唐书》未载陈元光之事，从以上所引资料中也可看出，此时关于陈元光的记载寥寥，除去《闽中金石志》中提到"蛮贼复啸"，宋代资料也不曾将他与"蛮""夷"牵上关系。因此有研究者指出，"陈政、陈元光从来没有在漳州平所谓的'蛮獠'"，他们平的皆是潮州之"盗"。⑥ 而笔者对此话的理解是，所谓的"盗"或者"蛮"之称，应放回到具体时代与语境中考虑，对陈元光所平的那群人何

---

① （唐）《陈元光威烈庙记》，载（清）冯登府辑《闽中金石志》卷一，《续修四库全书》912 史部金石类，上海古籍出版社 1995 年版，第 344 页。
② （宋）王象之：《舆地碑记目》卷三《漳州碑记》，中华书局 1985 年版，第 78 页。
③ （宋）祝穆：《方舆胜览》卷十三《漳州·祠墓》，第 225 页。其记载如下："陈侯祠庙碑云：公姓陈，讳元光。永隆二年，盗次潮州，公击贼，降之，请置漳州，委公镇抚。久之，蛮贼复啸聚，公因战殁，庙食于漳。"
④ （宋）赵与泌撰：《仙溪志》卷三《祠庙》，宋宝祐五年（1257）修，福建人民出版社 1989 年版，第 65 页。
⑤ （宋）朱熹：《漳州守臣题名记》，载《晦庵先生朱文公文集》卷八十，《四部丛刊初编》181 集部，上海书店出版社 1989 年版。
⑥ 郭志超：《陈政、陈元光在漳州平蛮的证伪——兼涉陈元光与潮州的关系》，潮州畲族文化学术研究会，2007 年 12 月。

时被称为"盗",而何时又被称为"蛮"进行考察,可能会是一个更有趣的话题。因此,平蛮之说起于何时又兴于何时,成为一个亟须解决的问题。

除清代《闽中金石志》所引唐陈元光威烈庙碑记外,我们在明代以前的资料中尚未找到关于陈元光漳州"平蛮"的说法。而明代关于陈元光"平蛮"的说法却大为流行。关键者当推弘治年间所修的《八闽通志》。该志记载了有关陈元光"平蛮"事迹、福建陈元光信仰的威惠庙情况及陈元光"平蛮"的遗址。其对于陈元光的记载如下:

> 唐嗣圣三年,广寇陈谦等联结诸蛮攻潮州,左玉钤卫翊府左郎将陈元光讨平之,请置一州于泉潮之间,以抗岭表,遂析福州西南境置漳州,并于其地置漳浦县以属,开元四年(716)耆老余恭纳等以其地多瘴疠,请徙治李澳川。①

由上引可知,所谓"蛮"在此指的是广东陈谦领导的人群,陈元光因此建功授职,开漳建治。此外,《八闽通志》在另一处则以极其尊崇与赞美的语气将陈元光事迹重述一遍,但此次与前次矛盾的是,陈元光要对付的是徐敬业的余党:

> 隋末盗贼蜂起,自刘武周而下四十有九处。唐太宗渐次芟夷,独闽广间犹有遗孽。嗣圣元年(684)徐敬业起兵维扬潮梅间,又有梁感者为之羽翼,朝廷遣玉钤卫大将军梁郡公李孝逸提三十万众以破之,而梁感之徒尚在也。陈元光父子奉命讨贼,兴建营屯,扫除凶丑,方数千里间无桴鼓之警;又为之立郡县,置社稷,筚路蓝缕,以启山林,至捐躯殒命而后已。唐史传阙而不载,使元光之丰功伟烈无传焉。因志于此,以待后之补唐史者。②

不知此徐敬业余党"梁感之徒"与"广寇陈谦"之间到底有什么样的关系,但关于陈元光"击贼"则在当时已是定论。故而明代王冕将

---

① (明)黄仲昭修纂:《八闽通志》上,卷一《地理·漳州府》,第15—16页。
② (明)黄仲昭修纂:《八闽通志》下,卷八十六《拾遗·漳州府》,第1423页。

陈元光编入《历代忠义录》中，谓陈元光："为将官，永隆初击降潮州盗，请创置漳州，就命元光镇抚，久之，以讨贼战死，庙食于漳。"①即不言其击降的"潮州盗"为何人，后人也就唯有推测了。不过无论前说如何，后世之说则多采用陈谦说。如修于嘉靖年间的《广东通志》这样说：

  陈元光，揭阳人，先世家颍川，祖洪丞，义安，因留居焉。父政，以武功著，隶广州扬威府。元光明习韬钤，善用兵，有父风，累官鹰扬卫将军。仪凤中，崖山剧贼陈谦攻陷冈州，城邑遍掠，岭左闽粤惊扰，元光随父政戍闽，父死代为将，潮州刺史常怀德甚倚重之。时高士廉有孙琔，嗣封申国公，左迁循州司马。永隆二年（681），盗起，攻南海边鄙，琔受命专征，惟事招慰，乃令元光击降潮州盗，提兵深入，伐山开道，潜袭寇垒，俘馘万计，岭表悉平。还军于漳，奏请创置漳州，谓周官七闽宜增为八，诏从之，就命元光镇抚。久之，残党复炽，元光力战而殁，事闻，上旌其忠，初赠右豹韬卫大将军，诏立庙漳浦。开元四年（716）追封颍川侯，诏赐彤弓二，以彰有功，谥昭烈。②

在此，"广寇陈谦"有了更明确的身份，即"崖山剧贼陈谦"。而陈元光只是唐初重臣高士廉之孙高琔的副将，高琔才是此次事件主帅，关于高琔的此次出征，唐朝著名诗人陈子昂有记载，如下：

  永隆二年（681），有盗攻南海，广州边鄙被其灾，皇帝哀洛越之人罹其凶害，以公名家之子，才足理戎，乃命专征，且令招慰公奉天子威令以喻越人。越人来苏，日有千计，公乃惟南蛮不讨之日久矣，国有大命，将布远方，欲巡御象林，观兵海裔。彼苍不吊，天我良图，因追寇至广州，遇疾薨于南海之旅次，时年若干。呜呼哀哉！③

---

① （明）王冥：《历代忠义录》卷十三，《四库全书存目丛书补编》第93册，齐鲁书社1997年版，第318页。
② （明）黄佐纂修：《广东通志》卷五十五《列传十二·人物二》，第1423—1424页。
③ （唐）陈子昂：《唐故循州司马申国公高君墓志并序》，载《陈伯玉集》卷六《志铭》，《四部丛刊初编》103集部，上海书店出版社1989年版。

第五章　明清赣闽粤毗邻区的族群意识 · 169 ·

文中提到的永隆二年（681）伐盗之事，也有些地方认为是仪凤二年（677），不过都是指陈元光平"潮州盗"之事。作为副将，陈元光受命专征，战功卓越，因此后世文献也常出现"守帅不能制"的字样。

至此也只看到陈谦，所谓的"蛮"即是陈谦所部。但万历《漳州府志》对陈元光的描述无疑是大开先河，大力渲染其所平之"蛮"即苗自成、雷万兴，之后则死于蓝奉高之手。其文如下：

> 陈元光，字廷炬，号龙湖，其先河东人，后家于光州之固始，遂为固始人。元光生而敏异，自幼博通经史，总章已巳领光州乡荐，未第，从父政戍闽，父没代领其众，以功授玉钤卫翊府左郎将。仪凤二年（677），会广寇陈谦连结诸蛮苗自成、雷万兴等进攻陷潮阳……嗣圣三年（垂拱三年），上疏请建一州于泉潮间，以控岭表，乞注刺史以主其事。时宰相待从裴炎娄、师德裴行立、狄仁杰等建议，以为遐方僻壤，不沾圣化，万一建官不谙土俗，则民反受其害，况元光父子久牧兹土，蛮畏其威，民怀其惠，如兼其秩，俾领州事，则事不烦而民不扰，遂可其请。并给告身，俾建漳州漳浦郡邑于绥安地。仍世守刺史，州自别驾以下，县自簿尉以上，得有廉干人员，听自注用。元光复疏：山林无贤，而部曲子弟多有才干，朝可其请，遂授部将马仁等为司马等职。乃躬率部曲，剪荆棘，开村落，收散亡，营农积粟，与贩陶冶，以通商贾，以阜财货。又奏立行台于四境，或以时巡逻，或命将戍守。（事见古迹）由是，东距泉建，西逾潮广，南接岛屿，北抵虔抚，方数千里，无桴鼓之警，号称治平。已而蛮寇苗自成、雷万兴之子复起于潮，潜抵岳山，公率轻骑讨之，援兵后至，为贼将蓝奉高所刃而死，百姓闻之，如丧考妣，相与制服哭之，权葬于绥安溪之大峙原，先天元年诏赠豹韬卫镇军大将军兼光禄大夫、中书左丞，谥曰忠毅文惠。贞元二年，徙州治龙溪，敕有司改葬于州治之北九龙里松州保之高坡山，春秋享祀。五代吴越王追封赠保定将军太尉尚书令，宋累朝历封至灵著顺应昭烈广济王。男珦，举明经，不仕（见人物志），孙酆，（前志郭误）举秀才，授振州宁远令，未上官，袭元光爵。曾孙咏，以荐辟为恩州录事，谟，漳州刺史，吁，四门博

士云。①

该文反映的变化是明显的，它从"广寇陈谦联结诸蛮"到"广寇陈谦联结诸蛮苗自成、雷万兴等进攻陷潮阳"，将所谓"诸蛮"明确化，而陈元光之死也是因为"蛮寇苗自成、雷万兴之子复起于潮，潜抵岳山，公率轻骑讨之，援兵后至，为贼将蓝奉高所刃而死"，有趣的事情就是，陈元光抵御的"蛮"是苗自成、雷万兴，而杀他的则是蓝奉高，苗、雷、蓝诸姓被认为是"苗蛮"人群的主流姓氏，是居于赣闽粤交界区的畲民。如清初顾炎武在其《肇域志》中所记载：

> 漳浦县，初治在梁山之下，开元四年徙李澳川，即今治府南一百里……云霄镇……镇故怀恩古县，南距橎林，延袤数百里，深林丛莽，群不逞多啸聚其间，迤东通溪埔山窦，菁畲猺獞时出为寇。②

明代中期表述上的变化，是与居于赣闽粤这一区域的土著人群的身份辨识有极大关系的。在宋元以前，他们只作为王朝的边鄙之人，化外之民，偶尔在王朝的边陲引起关注，因此，在宋元以前，赣闽粤交界区的土著多被称为"寇"、"盗"，又因所居之处被呼为峒，又叫"峒寇"，但明朝开始则明显发生了变化，这些以前统称为"盗"的人群中，有些人被有意的排除出去，"畲民"成为一个未开化的象征，而盘、蓝、雷、钟则成为其姓氏上辨别的标志。他们被认为曾与"苗蛮"集团有过渊源，故上引文内的诸种表述出现在此时也就不足为怪了。因此，结合唐宋史料，学者们就断言，陈元光所平之"蛮夷"即是畲民。③

明朝初年对被呼为"蛮"的人群身份的确立极为必要。而最关心此事的人则无疑是这些标榜为中原后裔的人，他们为表彰自己华裔贵胄的高贵与纯正血统，成为最先也是最积极指认谁为"蛮獠"的人。上引明万历漳州府志所引资料之所以如此翔实，描写之所以如此生动，比之前代学

---

① （明）罗青霄总纂，谢彬编纂：《漳州府志》卷四《漳州府·秩官志下·名宦·刺史陈元光》，第67—68页。
② （清）顾炎武：《肇域志》（福建省卷），《续修四库全书》595史部地理类，上海古籍出版社1995年版，第341—342页。
③ 谢重光：《陈元光与漳州早期开发史研究》；蒋炳钊：《畲族史稿》。

者有诸多"创新",除去文笔不说,其中最重要的原因便是撰史者大量引用了私家谱牒作为资料。在其所引陈元光介绍后,就明确表明资料来源是陈氏家谱,并在方志所引书目中将陈氏家谱《龙湖谱》列入其中①,同样,新增二位陈元光部将许天正、卢如金的资料则全部来源各自的族谱——许氏族谱和卢氏族谱。

同样值得注意的是,《白石丁氏古谱》作为从宋以来不断完善的私谱,其对地方事物的描写常被认为极具价值。在该谱描写丁儒辅佐陈元光开漳一事中,有这样的记载:

> 先是,泉潮之间故绥安县地,负山阻海,林泽荒僻,为獠蛮之薮,互相引援,出没无常,岁为闽广患,且咒顽杂处,势最猖獗,守戍难之。……会有潮寇陈谦者,结土蛮苗成、雷再兴等攻陷潮阳,又佐将军元光讨平之。其西北山峒之黎,林木阴翳不相通,乃开山取道,兴陶铸,通贸易,因土民诱而化之,渐成村落,拓地千里,请置郡漳浦,注刺史以镇压之。垂拱二年(686)乙酉,诏元光以玉铃卫左郎将,为漳州刺史,得专制境内,丁儒以左承事郎佐郡,参理州事,统漳浦怀恩二邑,至南诏镇,于是劝课农田,惠工通商,财用以阜,其负固未服者,率轻锐捣平之。上下闽广间,始得相安故业云。②

此文首先表明泉潮之间故绥安地为"蛮獠"之薮,国家难治。而陈元光所遭遇的则是"土蛮苗成、雷再兴",此二人名与前苗自成、雷万兴皆一字之差,让人觉得其中颇可寻味。据此推测,明初时各谱虽各自修撰,但也互通声气,互相观望,故而出现陈氏《龙湖谱》与丁氏古谱类似的现象,但各有一字之差则代表当时地方乡绅对重构唐代陈元光平蛮这段历史尚有一些小分歧,待到万历府志修撰时得以折中统一。此后各志对苗、雷二人之名基本未作变更,还将蓝姓加入故事。也正因为史料上有如此记载,据李林昌透露,时至清末,漳浦县"红白械斗"时,族长利用这一段史事,鼓动族群对立,说陈、蓝二姓是世仇。后来群众悔悟,械斗

---

① (明)罗青霄总纂,谢彬编纂:《漳州府志》,第17页。
② 《白石丁氏古谱懿迹记》,载《白石丁氏古谱》上册,第31b—33a页。

结束，互相通婚。① 这种矛盾甚至还以各种形式存留至今，如漳浦县赤岭、湖西一带的蓝姓畲民，认为陈元光是他们的仇人，从不供奉祭祀陈元光的"圣王节"。②

丁氏此谱广为流传，后世许多描写陈元光事迹者皆以其为蓝本，如清人顾祖禹就引丁氏古谱，描写陈元光征蛮所遇困难以及陈元光与"蛮獠"斗智斗勇的情景：

> 柳营江，府东四十里上有虎渡桥，志云九龙江水自华峰而来，注九江，山下为漫潭，两山如壁，流十余里，漫而不湍，渊而不测，即梁时龙跃处。南流经香州渡，又南经蓬莱峡，出两峡间，亘虎渡桥，为东偏要害。丁氏古谱云：六朝以来，戍闽者屯兵于龙溪，阻江为界，插柳为营。江当梅溪之交，两山插峙，波涛激涌，西岸尽属蛮獠。唐总章间诸卫将军陈政戍闽，征没，子元光代领其众，阴遣人沿溪而北，就上溪缓处结筏连坡，从间道袭击之。遂建寨柳江之西，以为进取。③

清朝康熙年间，一份关于令陈政、陈元光父子南下征蛮的诏书在方志上出现，诏书以唐高宗口吻发出，其文如下：

> 泉潮据闽广之交，岭南为獠蛮之薮。玉钤卫翼府左郎将、归德将军陈政，刚果有为，谋猷克慎。其进尔朝议大夫，总岭南行军总管事，挂新铸印符，率府兵三千六百名将士，自副将许天正以下一百二十三员，从其号令，前往七闽百粤交界绥安县地方，相视山原，开屯建堡。靖寇患于炎荒，奠皇恩于绝域。筮辰佥吉，明发斯征。莫辞病，病则朕医；莫辞死，死则朕埋。斯誓斯言，爰及苗裔。尔往，钦哉！④

---

① 李林昌：《漳浦畲族》，载《漳浦文史资料》第二十五辑，2006年12月，第110页。
② 蒋炳钊：《畲族史稿》，第165页。
③ （清）顾祖禹：《读史方舆纪要》卷九十九《福建五·漳州府》，《续修四库全书》610 史部地理类，上海古籍出版社1995年版，第232—233页。
④ （唐）《诏陈政镇故绥安县地》，载（清）陈汝咸修，林登虎纂《漳浦县志》卷十七《艺文志上·唐文》，第1259页。

北人南来，本来就苦于瘴疠，而"蛮獠窃发"加上人为的心理恐惧，所谓"莫辞病，病则朕医；莫辞死，死则朕埋"，更有一种"风萧萧兮易水寒，壮士一去兮不复返"的意味，更加渲染了叙事的效果。至此，对陈元光事功的赞扬基本完成，但在对陈元光的武略褒奖的同时，陈元光的文才也被进一步凸显，作为将军的陈元光又多了一份儒士的风范。

二 作为儒士的陈元光

陈元光向来以武功称世，唐宋以来对陈元光的记载都表明，他是武将出身，因此，他平蛮征寇的事迹也一再被称颂。但同时自明以来，陈元光也是作为诗人出现在方志中，他在文学上的成就丝毫不比武功成就低。甚至被人称为"南方边塞诗"的开拓者，成就了第一部完整的南方边塞诗诗集——《龙湖集》[1]，将其与唐代著名诗人岑参、高适等相提并论。

那么，我们要问的是，是什么时候陈元光从一名有赫赫战功的武将成为了文采飞扬的诗人呢？是谁在强调其武功的同时念念不忘其文学上的贡献呢？又是谁在原本单薄的陈元光身世与事迹中浓墨重彩地予以补充与建构？

迟至明嘉靖时还看见"元光明习韬钤，善用兵，有父风，累官鹰扬卫将军"[2]，而类似的记载一直从唐宋到明，除却对陈元光征蛮建功的颂扬外，从未见陈氏之文风。但之后不久，又是在万历的《漳州府志》中，对陈元光的记载已甚详于前。在前节中，笔者通过考察陈元光籍贯与征蛮事迹的记载，就已发现万历《漳州府志》在对陈元光塑造方面的"丰功伟绩"，同样，他的文学修养又在此得到初步肯定："元光生而敏异，自幼博通经史，总章己巳领光州乡荐，未第。"[3] 而修撰于万历年间的《闽书》则更进一步确定，指出陈元光所领乡荐为第一："元光通儒术，习韬钤，年十三则已领乡荐第一。"[4] 从一名武将至一名乡荐，再到乡荐第一，方志撰修者对陈元光的描述较为谨慎，但当林登虎掌修康熙《漳浦县志》时，对陈元光的文学神化达到巅峰。首先，在此志中，将陈氏文学天赋重新丰富："陈元光，字廷炬，号龙湖，政子也。通儒术，习韬略。所著

---

[1] 何池：《陈元光〈龙湖集〉校注与研究》，第116—121页。
[2] （明）黄佐纂修：《广东通志》卷五十五《列传十二人物二》，第1423页。
[3] （明）罗青霄总纂，谢彬编纂：《漳州府志》卷四《漳州府·秩官志下·名宦·刺史陈元光》，第67页。
[4] （明）何乔远：《闽书》卷四十一《君长志》，第1012页。

《兵法》、《射诀》与黄石公《素书》及太公《韬略》相表里。年十三，领乡荐第一。"① 黄石公《素书》是一部类似"语录"体的书，流传甚广，影响很大。另名《钤经》，又名《玉钤经》，书中阐释了做人的处世之道与治国安邦的经验。而太公《韬略》本指《六韬》、《三略》，太公即姜尚，俗称姜太公，两书均为古代兵书，并被认为是武学必读之书。方志中认为陈元光所著《兵法》、《射诀》堪与前几书相比，果然是器重有加。如果说在此，地方精英还只将陈元光视为武将的话，该志接下来大量安排陈元光的诗作则不能视为无心。在该志的艺文志中，收录两篇陈元光上奏的表文，一为《请建州县表》，一为《谢准请表》，此两文还被收录进《全唐文》②，其《请建州县表》全文如下：

> 泉潮守戍左玉钤卫翼府左郎将臣陈元光言：伏承永淳二年（683）八月一日制，臣进阶正议大夫，岭南行军总管者，受命战兢，抵官弥惧。臣以冲幼，出自书生，迨及童年，滥膺首选，未习干戈，守至懦至柔之质；惟知饱暖，无日区日处之能。辛赖先臣绪业，叨蒙今日国恩，寄深都阃，任事专征。爰从视职以来，不敢少有宁处，况兹镇地极七闽，境连百粤，左衽居椎髻之半，可耕乃火田之余。原始要终，流移本出于二州；穷凶极恶，积弊遂愈于十稔。元恶既诛，余凶复起，法随出与奸随生，功愈劳而效愈寡。抚绥未易，子育诚难。窃惟兵革徒威于外，礼让乃格其心。揆兹陋俗，良田职方久废，学校不兴。所事者搜狩为生，所习者暴横为尚，诛之则不可胜诛，徙之则难以屡徙。倘俗生全，几致刑措，其本则在创州县，其要则在兴庠序。盖伦理讲则风俗自尔渐孚，治法彰则民心自知感激。切以臣镇地曰安仁，诚为治教之邦，江临漳水，实乃建名之本。如蒙乞敕，定名号而复入职方，建治所而注颁官吏。治循往古之良规，诚为救时之急务。胡越百家，愈无罅隙，黩荒一德，更有何殊。臣谬居外镇，忝在封疆，所得事宜合奏，谨具厥由，伏侯敕旨。③

---

① （清）陈汝咸修，林登虎纂：《漳浦县志》卷十四《名宦志·刺史》，第996—997页。
② （清）董诰辑：《全唐文》卷一百六十四《陈元光》，中华书局1983年版，第1674—1675页。
③ （唐）陈元光：《请建州县表》，载（清）陈汝咸修，林登虎纂《漳浦县志》卷十七《艺文志上》，第1260—1262页。

这篇表文表达了陈元光平蛮成功,认为极有必要建立州县,传达国家的思想,表文的基本思想与唐宋以来所谓陈元光"请于泉潮间建一州县,以控岭表"一脉相承。而表文的出现使陈元光漳州平蛮事迹更加完美。而另一篇《谢准请表》以陈元光在漳建治成功,感激皇恩浩荡,更让此事看来有头有尾,天衣无缝。其文如下:

> 左玉钤卫翼府左郎将进阶正议大夫岭南行军总管臣陈元光言:伏奉垂拱四年(688)六月二十九日制,除臣中郎将,右鹰扬卫率府怀化大将军,轻车大都尉,兼朝散大夫,持节漳州诸军事,守漳州刺史,赞治尹营长春官使者。伏以社稷初开,首有官僚之建,皇天眷命,重兹樗栎之才。山川顿改,人物更生。窃念臣州背山面海,旧为蛇豕之区,椎髻卉裳,尽是妖氛之党,治理诚难,抚绥未易。恭维陛下,威震百灵,气消六沴。自东自西,不违于指顾;我疆我理,咸得其区分。民心有系,土俗转淳。党昨非而今是,必旧去而新更。窃惟治巨室者,不用乎条枚,盖明堂者,不参乎瓦砾。兹遇陛下日月其明,乾坤其量,知臣朴忠有守,寒松不改乎,调年瞽力犹刚,老马或谙于故道。申命曲加,因邮传赐。宠之以二政之隆,升之以十州之重。虽则殊乡,还同昼锦,光华奚止于一身,爵禄许推于后裔。人皆谓荣,臣独知惧,粉身未足报深恩,万死实难酬厚德。已从此日望阙谢恩,继当恪守诏条,征庸俊乂,平均徭赋,示以义方。持清净以临民,重修前志;守无私以奉国,再劢于衷;展驽骀之力,申鹰犬之劳。庶荒陬蛮獠,尽沐皇风,率土生灵,备闻斯庆。臣无任感恩陨越之至。①

谢重光先生经过严密的考证,认为出现如此之晚的表文,他的遣词造句与陈元光所处唐代制度、习俗不相吻合,首先就是文中出现的官职称谓与唐代的职官制度不符。如"泉潮守戍"指戍守泉潮地界的戍主,其职阶极低,而表文中却与左郎将这样正五品以上的中级将官并称;而玉钤卫之称出现在唐光宅元年(684),而文中陈元光则在永淳二年

---

① (唐)陈元光:《谢准请表》,载(清)陈汝咸修,林登虎纂《漳浦县志》卷十七《艺文志上》,第1262—1264页。

（683）之前即任此职；另外，岭南行军总管是只在重大战事时临时任命的统兵大将，且通常要在行军总管之前冠某某道字样，而这里的道是指比岭南道之类按察区小得多的地域名称；此外还有右鹰扬卫率府、轻车大都尉、长春宫等皆存在混淆虚构等问题，故而，从此可知，表文首先就与唐代制度有悖。其次，表文中多处犯讳。在王朝时代，避讳是一个重大的伦理原则和政治原则，犯讳是很严重的罪名。两篇表文中却再三犯讳，如犯高宗之讳："治法彰则民心自知感激""诚为治教之邦"，"建治所""治理诚难"等，而犯太宗世民讳的有："民心有系"、"持清净以临民"等，犯家讳陈政的有"宠之以二政之隆"等。再次，从地名看，两篇表文使用的地理与地理概念不合唐代情况。而最后则是文体问题，据谢重光研究，唐代表章行文皆有一定格式，如开头或作"臣某言"，或将某字直接点出上表人的名字，行文语气也应是谦卑恭敬的，而上引两篇表文却明显有傲慢语气，不符合上表者的身份地位。因此，经过如此严密的考证，谢重光还是十分谨慎地认为，出现这种情况，有两种可能，要么确有其文，被后人删改成现今的模样，要么两文根本就不存在，纯系后世编造。无论哪种情况，结论却是肯定的，即目前我们所见并被收入《全唐文》的这两篇表文确属伪作。[①] 时隔十几年之后，谢重光进一步考证，断定其有多处明显剽窃柳宗元之表文，为伪作无疑。[②]

若说上引两文还只算是呼应文献对陈元光的记载，康熙《漳浦县志》所录的陈元光诗作则无可争辩地试图展示陈元光的文学才华。在其艺文志中引了六首陈元光诗作，分别是《漳州新城秋宴》，反映的是陈元光历经艰险，平定战乱，并上表建治后，筑造新城、欢宴庆功的情景。《晓发佛潭桥》是陈元光亲自巡逻的事情，《落成会咏》反映的则是其在一切甫定之后，建造府第于云霄的情况。此外，还有《半径寻真》、《太母魏氏半径题石》，据说陈元光在祖母魏氏死后守制三年，结庐墓侧，此诗流露出对祖母真挚的感情与深深的怀念。《示珦》则是教

[①] 谢重光：《陈元光与漳州早期开发史研究》，第37—65页。
[②] 谢重光：《〈全唐文〉所收陈元光表文两篇系伪作考》，载《中华文化论坛》2008年第3辑，上海古籍出版社2008年版，第285—307页。

诲其子珦之作。①

　　以上诗集皆收入陈氏家谱，且与其他几十首一起被编为陈元光诗集《龙湖集》。《龙湖集》中共收陈元光诗作三十三首，何池将其点校出版。但对于《龙湖集》的真伪，一直是学界争论的焦点，有力挺其确为陈元光之作的，如何池所点校《龙湖集》，并将其整理出版《陈元光〈龙湖集〉校注与研究》，认为这些诗确属陈元光真迹，反映了陈元光开漳时的实际情形，是难得一见的历史素材。② 但也有对其证伪的，且认为其为伪作的声音一浪高过一浪。先有谢重光两度讨论《龙湖集》的真伪。指出《龙湖集》为伪作，其所收诗、赋字句错讹，用词鄙俚，其所犯错误包括

---

①　（清）陈汝咸修，林登虎纂：《漳浦县志》卷十八《艺文志下》，第1452—1455页。各诗内容具体如下：

《漳州新城秋宴》：地险行台壮，天清景幕新。鸿飞青嶂杳，鹭點碧波真。风肃天如水，霜高月散银。婵娟争泼眼，廉洁正成邻。东涌沧溟玉，西呈翠巘珍。画船拖素练，朱榭映红云。琥珀杯方酌，鲛绡席未尘。秦箫吹引凤，邹律奏生春。缥缈织歌遏，婆娑妙舞神。会知冥漠处，百怪恼精魂。

《晓发佛潭桥》：朝暾催上道，兔魄欲西沉。去雁长空没，飞花曲径深。车沿桥树往，诗落海鸥吟。马鬣嘶风耸，龙旗闪电临。峰攒仙掌巧，露重将袍阴。农唤耕春早，僧迎展拜钦。看看葵日丽，照破艳阳心。

《落成会咏二首》其一：泉潮天万里，一镇屹天中。筮宅龙钟地，承恩燕翼宫。环堂巍岳秀，带励大江雄。轮奂云霄望，晶华日月通。凌烟乔木茂，献宝介圭崇。昆俊歌常棣，民和教即戎。盘庚迁美土，陶侃效兼庸。俨醴延张老，开诗礼吕蒙。无孤南国仰，庶补圣皇功。其二：云霄开岳镇，日月列衙瞻。胜日当佳庆，清风去积炎。山畬遥猎虎，海舶近通盐。龙泽覃江浦，螭拗耀斗蟾。文床堆玉笏，武座肃金签。奇计绳陈美，明诚学孔兼。忠勤非一日，箴训要三拈。千古清泉水，居官显孝廉。

《半径寻真》：半径寻仙迹，危峰望帝州。千山红日媚，万壑白云浮。坐石花容笑，穿林鸟语愁。招呼玄鹤下，燃捋紫芝柔。铸鼎龙归洞，惊旗虎负丘。高楼谋未遂，胜境至须留。岩谷连声应，漳潮合派流。飘然歌一曲，缥纱在瀛洲。

《太母魏氏半径题石》：乔岳标仙迹，元启妥寿姬。乌号非岭海，鹤仰向京师。系牒公侯裔，悬弧将相儿。清贞蛊简籍，规范肃门楣。万里提兵路，三年报母慈。剑埋龙守壤，石卧虎司碑。忧阕情犹结，祥回禫届期。竹符忠介凛，桐杖孝思凄。许史峋嶙篆，曹侯咸旧诗。鸿蒙山暝启，骏彩德昭垂。华表瑶池宴，清漳玉树枝。昭题盟岳渎，展墓庆重熙。

《示珦》：恩衔枫陛渥，策向桂渊宏。载笔沿儒习，持弓绩祖风。祛灾巢猛虎，溥德朔飞龙。日阅书开士，星言驾劝农。勤劳思命重，戏谑逐时空。百粤雾纷满，诸戎泽普通。愿言加壮努，勿坐鬓霜逢。

②　何池：《陈元光〈龙湖集〉校注与研究》。

地名之误，人物、官职、制度混淆，并有犯讳之失，甚至还有欠妥的语气、诗作韵律等各种迹象，皆使其讹误百出，可推断为后世伪作。① 而厦门大学杨际平则以其多年治史的经验及对制度史的把握再次指正《龙湖集》为后世伪作。②

由此，对陈元光的塑造已登峰造极，连陈元光的子孙与部将也都个个文才武略，深谙儒学。如万历《漳州府志》言："男珦，举明经，不仕，孙酆，举秀才，授振州宁远令，未上官，袭元光爵。曾孙咏以荐辟为恩州录事，谟，漳州刺史，吁，四门博士。"③ 康熙《漳浦县志》则又更进一步指出，其子珦非但武功卓绝，杀了蓝奉高，报了父仇，且更重要的是，他天生就是一个儒生：

> 珦，字朝佩，自幼不群，元光通商贾积财谷，珦悉无所与，乃从许天正受学，讽诵有得，播诸楮翰，元光曰此台院秀儒也，非戈戟丁士。嗣圣十三年，举明经及第，授翰林承旨直学士，见武后称制，上疏乞归养，使主漳州文学，龙溪尹席宏聘主乡校，乃辟书院于松洲，与士民论说典故。④

从小颖异的陈珦，被陈元光赞为"台院秀儒"，举明经，抗武后，主乡校，辟书院，所有这些表明其是个忠臣孝子，也完全符合传统儒家伦理规范。此外，还在嗣圣"十九年登王维榜进士"，作为陈氏子孙，又是一个完全的儒生，且功成名就，却在此前的几百年间不曾得到关注与记载，实属怪事。难怪谢重光要怀疑。就连参与神化陈元光的方志撰修者们也有些莫名其妙。嘉庆《云霄厅志》云：

> 谨考龙湖家谱，珦公生于唐长安二年壬寅（702），至开元九年辛酉年（721）二十岁，邑郡志载通天万岁元年丙申（696）珦举明经，通天万岁丙申在长安壬寅（702）前六年，是珦时尚未生，何能

---

① 谢重光：《陈元光与漳州早期开发史研究》，第9—34页。
② 杨际平：《也谈〈龙湖集〉真伪》，《东南学术》1992年第1期。
③ （明）罗青霄总纂，谢彬编纂：《漳州府志》卷四《漳州府·秩官志下·名宦·刺史陈元光》，第68页。
④ （清）陈汝咸修，林登虎纂：《漳浦县志》卷十四《名宦志·刺史》，第1000页。

应举也？又现府志辨前志称珦登王维榜，王维乃开元九年（721）进士，志称十九年，非是。兹据谱牒谓通天万岁元年（696）举明经，固非，谓开元十九年（731）举进士，亦非。查开元九年辛酉、十九年辛未谱云：辛未举明经，或辛酉之讹。其云登王维榜，辛酉乃王维登第，珦或亦于是年举明经，误以为登其榜耳。但前志未便改易，姑仍之而附论于此。①

此外，除元光之孙酆也被认为曾举明经，曾孙谟则是四门博士。同时，陈元光别驾许天正也被描写成"博学能文，领泉潮事，以儒术饬吏治"，甚至"时裴采访与张燕公荐于朝，俗抡掌史馆，天正力辞"②。被儒化的陈氏部将还有丁儒，嘉庆《云霄厅志》说他"儒能经术，喜啸咏，练达世务"③，而此话的原始出处，非丁氏家谱莫属。《白石丁氏古谱》如是说：

> 丁儒，通经术，喜吟咏，练达世务，陈政引为军谘祭酒，元光嗣政，引儒佐郡，与元光驱盗贼，剪荆棘，营置漳郡，劝农重本，国用以周，负固不服者，率轻锐平之，漳人颂元光父子则辄称佐郡丁承事。④

而其谱则又引自漳浦县志名宦卷，互相援引。白氏古谱中还引丁儒诗作二首，作为佐证。

为何至明初时会出现大量伪造的陈元光诗作，并在后来的方志中屡被重复，且与其有关的子孙与部将也一个个深谙儒术，是值得深思的一个问题。当人们创造出了陈元光满腹经纶、英勇报国的身世之后，又反复吟诵他为贼蓝奉高所杀的冤屈灵魂，而冤死与早亡又往往是使死者成为神的条件。成为神的陈元光，庙食于漳，至今不衰。

三 作为神明的陈元光

陈元光信仰遍及闽台及其邻省甚至海外，尊称开漳圣王，又称灵著

---

① （清）薛凝度修，吴文林纂：《云霄厅志》第十一卷《宦绩》，清嘉庆十一年（1806）修，成文出版社1967年版，第401—402页。
② （明）罗青霄总纂，谢彬编纂：《漳州府志》卷四《漳州府·秩官志下·名宦·刺史陈元光》，第68页。
③ （清）薛凝度修，吴文林纂：《云霄厅志》第十一卷《宦绩》，第404页。
④ 《白石丁氏古谱》上册《漳浦县志名宦卷》，第39a页。

王，陈圣王，是福建著名的开基祖神灵。与作为儒将的陈元光相比，作为神的陈元光更是超凡至圣。作为开漳将领，陈元光由一名"岭南首领"变成中原南征的儒将，再变为如今享誉盛名的开漳圣王，其文化上的意义远甚于心灵的信仰需求。

唐代关于陈元光的记载寥寥无几，正史中更是难寻其踪，难怪宋代漳州令吕璹感叹道："当年平贼立殊勋，时不旌贤事忍闻？唐史无人修列传，漳江有庙祀将军。"[①] 也正因"漳江有庙"，陈元光的事迹才一再彰显，一再重塑。

（一）漳江有庙祀将军：信仰与赐封

作为唐代人，唐朝对陈元光却记载不多，入宋陈元光便被逐渐神化。崇奉陈元光的庙宇此时就已见诸史籍。最早记载陈元光信仰的是宋代赵与泌的《仙溪志》，该志记载了宋代仙游的威惠庙："威惠、灵著王庙二，在枫亭市之南、北，按漳浦《威惠庙集》云陈政仕唐副诸卫上将，武后朝戍闽，遂家于温陵之北，曰枫亭。灵著王乃其子也。今枫亭二庙旧传乃其故居。"[②] 在该志中，不但记载了仙游的威惠庙，还记载了陈元光之父陈政墓："敕灵著王父墓，在县南四十里赤湖陈墓头。"[③] 陈元光又被誉为灵著王，故其父之墓被称为灵著王父墓。《集》指漳浦《威惠集》[④]，其实在该志完成之前，宋朝嘉定年间的李俊甫在他的《莆阳比事》中就有记载："枫亭，在仙游县西南，旧传何氏九仙结枫为亭，处其上，故名。郡志按：《漳浦威惠庙集》，陈王，父政，武后朝戍闽，因家于泉之枫亭，即其地也，今枫亭亦有威惠庙，北望有坟岿然，而长老相传为王祖茔。"[⑤]《莆阳比事》成书于南宋嘉定（1208—1224）年间，比《仙溪志》修成早约三四十年，所记此事与《仙溪志》吻合，应是先后继承关系。这是莆仙地区的记载。

潮州一块碑文显示，宋时，潮州就已信奉陈元光久矣。其碑文是以主持重修庙者之弟的口吻写成，碑文如下："威惠庙日就圮坏，邦人无有身其责者。玉牒赵希蓬毕力就事，以嘉定壬申（1212）三月朔兴役，逾年

[①] （明）黄仲昭修纂：《八闽通志》下，卷八十六《拾遗·漳州府》，第1424页。
[②] （宋）赵与泌撰：《仙溪志》卷三《祠庙》，第65页。
[③] 同上书，卷三《冢墓》，第66页。
[④] （明）黄仲昭修纂：《八闽通志》下，卷六十《祠庙·仙游》，第571页。
[⑤] （宋）李俊甫：《莆阳比事》卷七，《续修四库全书》734史部地理类，上海古籍出版社1995年版，第252页。

春告成。敬书以志岁月，六弟希樬书。"① 由碑文看来，在宋嘉定（1208—1224）之前，潮州威惠庙就已存在多年，并久无修葺，日久年湮，以致圮坏。另外，在清代的文献中，笔者还发现对此碑的记载，只是由于某些原因，并未看清碑文内容："修威惠庙记，赵希樬书，正书，嘉定六年（1213），潮州。"因未看清正文内容，作者紧接着就说："臣等谨案：威惠庙记字迹残缺不可读。"②

陈元光号为开漳圣王，漳州祭祀陈元光的庙当然不少。清代人冯登府的《闽中金石志》收录了一块唐代陈元光威烈庙碑记，碑云："公姓陈，讳元光。永隆三年，盗攻潮州，公击贼，降之。公请泉潮之间创置一州，垂拱二年遂勅置漳州，委公镇抚。久之，蛮贼复啸，公讨之，战殁，因庙食于漳。"③ 按此说，则漳州威惠庙自唐垂拱年间即已创置，因郡治在漳浦，此庙最早在漳浦之云霄，《八闽通志》亦证明了此庙创置于唐朝，其记载的漳浦威惠庙，"在县西门外三里许，唐嗣圣中建于邑之云霄，开元四年（716）随州县徙今所。"④ 若据以上两条材料所言，可初步断定漳州威惠庙建于唐代，但事实上，作为后世文献，无论是《闽中金石志》还是《八闽通志》，可能有某些讹传与杜撰的成分。至宋代，此地已广泛信奉陈元光已是定论。龙海人陈淳在给赵寺丞的上书中对漳州的淫祀大加贬斥了一番，而唯一的正祀陈元光虽入祀典，却也难免"私祭浪祀"。

> 某窃以南人好尚淫祀，而此邦之俗为尤甚。自城邑至村墟，淫鬼之名号者至不一……今此邦之所崇奉者，大抵皆非此族，其无封号者固无根原来历，而有封号者亦不过出于附会，而货取何者，而非淫祀。惟威惠一庙，为死事，捍患于此邦，国朝之所封赐，应礼合制，号曰忠臣义士之祠，邦人之所仰。然既载在公家祀典，则春秋荐享常仪，盖有司之事必肃其坛宇，严其扃鐍，岁时禁人闲杂来往，止于朔望启钥与民庶瞻礼，乃为得事神严恭之谊，上不失乎敬鬼神而远之智，下不陷于非其鬼而祭之谄，阴阳人鬼不相乱，庶几称情而合宜，

---

① 感谢中山大学陈景熙博士提供此碑照片。
② （清）嵇璜：《钦定续通志》卷一百六十八《金石略二·今有》，《影印清文渊阁四库全书》史部152别史类，第394册，第652页。
③ （唐）《陈元光威烈庙记》，载（清）冯登府辑《闽中金石志》，第344页。
④ （明）黄仲昭修纂：《八闽通志》下，卷五十九《祠庙·漳州府》，第534页。

固非民庶所得私祭而浪祀者也。今帐御僭越，既不度庙貌丛杂，又不肃，而又恣群小为此等妖妄媟渎之举，是虽号曰正祠，亦不免均于淫祀而已耳，非所祭而祭之曰淫祀。①

在此，"淫祀"一方面指对未收入国家祀典的信仰；另一方面则指虽收入国家祀典，却未按规制进行祭祀。如陈元光信仰，虽入正祀，却因"庙貌丛杂"、"非所祭而祭之"，大为陈淳所痛恨。但无论如何，陈淳的这番话至少表明，至宋代时，陈元光信仰在漳州已极为普遍与流行。而对祭祀陈元光之庙的封号则更有力地表明了这点，陈元光祠自宋神宗政和年间赐名"威惠"以来，屡有加封，如宋代张扩之《漳州威惠庙神英烈忠泽显佑公加康庇二字制敕》一文对漳州威惠庙加封一事记载曰：

惟尔神自唐以来，庙食一方，捍患御灾，民实赖之，利物之功，久而弥著，增崇显号，以昭威灵，惟神尚克享之。②

这次对陈元光威惠庙的加封实是宋高宗绍兴十二年（1142），因为从另一份文献中可更详细了解宋朝对陈元光屡次加封：

陈元光祠，在漳州漳浦县，神宗熙宁八年（1075）六月封忠应侯。徽宗政和三年（1113）十月赐庙额"威惠"，宣和四年（1122）三月封忠泽公，高宗建炎四年（1130）八月加封"显佑"二字。绍兴七年（1137）正月又加"英烈"二字。十二年（1142）八月，加封英烈忠泽显佑康庇公。十六年（1146）七月，进封灵著王。二十三年（1153）七月，加封"顺应"二字。三十年，又加"昭烈"二字。王父政、母吐万氏，绍兴二十年（1160）六月封父曰胙昌侯，母曰厚德夫人。王妻种氏，建炎四年（1130）八月封恭懿夫人，绍兴二十年（1150）六月加封"肃雍"二字。王子珦，绍兴二十七年（1157）四月封昭贶侯灵著顺应昭烈王，孝宗乾道四年（1168）九月

---

① （宋）陈淳：《上赵寺丞论淫祀》，载《北溪大全集》卷四十三，《影印清文渊阁四库全书》集部107别集类第1168册，第851—852页。

② （宋）张扩：《东窗集》卷九《制四》，《影印清文渊阁四库全书》集部68别集类第1129册，第95页。

加封灵著顺应昭烈广泽王。考胙昌侯加封胙昌开佑侯；妣厚德夫人加封厚德流庆夫人；妻恭懿肃雍夫人加封恭懿肃雍善护夫人；子昭贶侯加封昭贶通感侯；曾孙咏封昭仁侯，谋封昭义侯，䜣封昭信侯。①

上引文献出自《宋会要辑稿》中的"陈元光祠"条。文中除了对陈元光本人的加封外，还惠及其父母妻子及儿孙。而"威惠"一称也正是始于宋徽宗政和年间之赐封。国家的赐封使其成为正统的神明，民间对他的崇祀也因此更为广泛。因此，有诗说他："莫道盖棺方事定，将军身后更封侯。"②

而且，作为陈元光建功立业之处，漳州府对其大加崇祀，从历次漳州府威惠庙的重修中就可看出重视程度。漳州最早开屯于漳浦之云霄，云霄威惠庙因此也具有典型的代表性。上引《八闽通志》中只记载龙溪县有威惠庙：

> 威惠庙，在府城北门外，以祀唐将军陈元光。嗣圣中建庙于漳浦之云霄，贞元二年（786）州治始迁于龙溪，民多祠之，五代暨宋，累封灵著顺应昭烈广济王。建炎四年（1130）始建今所，淳祐六年（1246）郡守方来因县尉陈首龙之请，岁春秋致祭，郡人争捐资买田以相祀。事后郡守章大任复以废净安寺嘉政庄、迎福寺永安田地共六有奇隶于庙以益之，大任有庙记。朝正统九年（1444）佥事陈祚重修庙宇，十四年（1449）毁于寇，景泰元年（1450）知府马嗣宗、四年知府谢骞先后修建，岁久复圮。化二十二年（1486）知县李荣重修大堂及建两庑仪门，并府县齐宿之所，焕然一新。③

材料揭示，此庙最初建于漳浦之云霄，后随州治而迁于龙溪，故《八闽通志》将其置于龙溪县之下，但宋建炎四年始又迁回漳浦之府城北门外。继上引重修外，在万历《漳州府志》中重修信息还有所增添：

> 嘉靖二十八年（1549）知县林松复侵田若干段，松因请于院司给将军后陈巨潜衣巾拔租钱与之为香火费，庙久倾圮。嘉靖二十九年

---

① （清）徐松辑：《宋会要辑稿》第二十册《礼·二零》，中华书局1997年版，第835页。
② （明）黄仲昭修纂：《八闽通志》下，卷八十六《拾遗·漳州府》，第1424页。
③ （明）黄仲昭修纂：《八闽通志》下，卷五十九《祠庙·漳州府》，第541—542页。

(1550)知府卢璧重修,基殿一新,庙后有地甚广,度支,其近者围之,余悉为官地,庙左畔之前旧有多景楼,乃即庙后为亭,曰揽胜,以代之修庙。有漳浦林策、长泰王惟恕记其庙租,经龙溪知县林松、漳平知县刘铸查理,具载惠民公田志。①

以上引两文可知,漳浦云霄威惠庙从宋淳祐年间开始春秋致祭,章大任于宋淳熙间为漳州郡守时拨废净安寺、嘉政庄、迎福寺、永安庄田地共六顷隶于庙,明正统九年重修,景泰元年(1450)、四年(1453)相继修建,成化二十二年(1487)重修,嘉靖二十八年(1549)拨租钱,并于次年再次重修,历经宋、元、明三个朝代,不断重修,说明当地官员对其极为重视。章大任另有碑记《威惠庙祭田记》,其文如下:

灵著顺应昭烈广济王庙食于漳,历年数百,祭血未尝一日干也。然丰杀视情,不度于礼者,尊奉之典,犹有所未备,狃于俗欤,抑歉于力欤。淳熙乙巳(1185),郡侯方公因祠者之请,于是定为春秋二祀。其行事也,以仲月之吉春日祈歌载芟,秋日报歌良耜,如周人之祀社稷焉。又取黄汪二公祀神,曲次第歌之笾豆簠簋粢醴牲币,既仿诸古,其有宜于今者,亦不尽废礼。视州社而微杀焉。行之四年,余适守是邦,贡生萧桂芳与其众请曰礼之始行,费以缗计者百,桂芳给其半,余则预庙事者共助之。嗣是以褒资为例,惧弗克久,预白于郡。将出众力置田助之祭,使奉祀者递掌其租,入以给厥,事既得之,而余桂芳复捐田以助,计其费,幸可以无乏,盖志之以遗后人。余谓:"漳介泉潮间,其初惟荒徼如也。自王惠绥兹土,始创为州,夷群盗之薮,聚邑居之繁屹,然为闽壮藩,建邦启土之功,诚不在社稷下,至以死勤事,使圣人复生,亦当以杀身成仁归之。然则方侯俾邦人以祀社稷者祀王宜也。夫自古礼不存,世之人惮于周旋登降之劳,而习于侈美游观之饰。其祀神也,以渎为恭,岂理也哉。方侯尝为天子从臣,是举诚知所本者,诸君又能不爱其力,相与扶植之,是可传也,是可书也。"②

---

① (明)罗青霄总纂,谢彬编纂:《漳州府志》卷二《漳州府·规制志·坛庙》,第33页。
② (宋)章大任:《威惠庙祭田记》,载(清)李维钰原本,沈定均续修,吴联薰增纂《漳州府志》卷四十三《艺文三》,第1030页。

此碑记载了章大任为郡守时，贡生萧桂芳与众人合议置田助祭之始末。但至明代因年湮日久，庙宇圮坏，以致庙址无考，至明成化年间（1465—1487），里人吴永绥重建。清嘉庆《云霄厅志》有记："威惠庙：祀将军陈元光。唐嗣圣间建，遗址莫考。现庙在镇城西门外，明成化间里人吴永绥建，宏治辛亥（1491）男道初重修，捐田延僧住持，每岁上元迎神，率乡人醵钱，董其事。"①

除上述记载的数次重修外，后世皆有修葺。诏安林日瑞，明万历四十一年（1613）进士，历任户部河南司主事、湖广司郎中、浙江右参政、江西任参政、浙江提刑按察使，后调任广东右布政使，升陕西左布政使、甘肃巡抚、都察院右副都御史等职，他也十分关注漳州事，所撰《唐玉钤将军庙碑》收入《漳州府志》，其文如下：

> 县西山迢递瞰城内，绘绫龙鳞，下平衍有地如宫阙，数石马卧丰草中，故玉钤庙在焉。其带城面阳，与东南楼控引者，则郡司农朱公捐俸所建新宫也。西庙自前朝近代不可考，今址又即嘉隆间庙废时迁庙而拓之前后，为楹若干，丹镂黝垩，不饰不朴，兴废将百年，戎马荆榛，亦皆可数，而故老无在者，但肃弁冕。稽首庭下，则庙之所以世食是邦，与司农公所以力倡斯庙之意俨若告语焉。……且尔乡人知朱公所以议举兹庙之意乎？公丁丑摄令，谒庙慨然谓：玉钤公水木兹土，于谊为主为父，而堂庑湫庳，殊失尔民所以昭事高曾之意，欲复于西，不果，因即其迁庙而张之，而许之，先太尉公天正故尝立功事神，为州将故，趋事独勤，然世为太尉，公后即安焉，而不知一旦知之来趋，其主若父，恐后者不可谓非公之训也。凡公所为，比礼比乐，周防固围，皆有干城腹心之略，其大者即在兹庙，而禂福之说不与焉，煌煌巨典，上下交让，故凡过庙者，忠孝之心油然而生，盖神默然相之矣。②

文章详细记载了郡用朱公捐俸所建新宫。而文中所言"西庙自前朝

---

① （民国）徐炳文修，郑丰稔纂：《云霄县志》卷五《典礼》，民国三十六年（1947）铅印本，成文出版社1975年版，第146页。

② （明）林日瑞：《唐玉钤将军庙碑》，（清）李维钰原本，沈定均续修，吴联薰增纂：《漳州府志》卷四十五《艺文五》，第1074页。

近代不可考，今址即嘉隆间庙废时迁庙而拓之"，此"嘉隆"指明嘉靖（1522—1566）、隆庆（1567—1572），废庙应是上述里人吴永缓成化年间所修之庙，因成化（1465—1487）与嘉靖、隆庆相去约百年，故应同指一庙。如今云霄之威惠庙建筑据说基于明代重修。①

再至清代，漳州知府童华再为之作重修碑记，其文如下：

> 恩命来守漳州，漳州人祀开漳陈王于北门之外，华检阅郡志，考其世系，喟然而叹曰：王之世祀也宜哉。盖自唐以前，漳固未隶版图也，汉平闽粤，以其地属会稽，终汉之世，未尝建郡，晋宋以后，始置晋安，其间负山滨海，王化未及之区，羁縻弗绝而已。况漳在七闽之外，山蛮海寇，豺狼鲸鳄之所盘踞。省方问俗，绣衣直指之所不至；民生不见化日，而死于流离盗贼者，不知凡几矣。王之父子屏辟而镇定之，身经数十战，王临阵受命，没而为神，世有封号，自侯而王，庙食至今不替，是漳开疆守土之正神也。……龙溪令申君景云议修开漳庙，华助俸钱三万，以其前殿奉王之像为飨堂，又新其后室，置木主五座，玉钤公南向而坐，以子孙昭穆配焉，聚忠孝于一堂。郡人之祀祷报，赛四方之君子游览茬止，溯其渊源，可以奋兴感叹也已，后之官兹土者，嗣而葺之，无俾倾废，是国家崇德报功之一事也与。②

文中省略内容大都为颂扬陈元光开漳建治之草创之功，认为陈元光有莫大功劳于漳州之民，而庙食于漳，理所当然。

以上虽只是云霄威惠庙之历次修葺情况，但从其历次重修我们可见乡民对陈元光极其重视，事实上，从各地方志，我们可知明清时漳州各地已极普遍祭祀他，其庙宇遍及龙溪、平和、诏安、龙岩等地，不一而足。非但祭祀陈氏的庙之多，且关于他的传说、遗迹也遍及各处。

（二）漳人至今思圣王：遗迹与传说

陈元光信仰显于漳州，对他祭祀的祠庙随处可见，关于他的传说与遗址遍布漳州及邻近地区。早在宋代，《仙溪志》就已记载了陈元光父陈政

---

① 沈元坤主编：《漳州民间信仰》，海风出版社2005年版，第112页。
② （清）童华：《重修威惠庙碑记》，（清）李维钰原本，沈定均续修，吴联薰增纂：《漳州府志》卷四十五《艺文五》，第1084—1086页。

的墓。随着宋元以来对陈元光儒将身份的建构,陈元光信仰更广为流传,关于他的传说与遗址也散见方志中。

最早记载陈元光遗址与传说的是明弘治年间所修的《八闽通志》,据载,在漳浦县有将军父墓、将军山、将军澳、将军礁等,其记载如下:

> 唐将军陈元光初征蛮寇,筑城居之,故名。今有将军父墓在其麓,宋祥符图经云将军山……今自南抵潮梅界又有将军山,而大海之滨北岐有将军湾,鸿儒有将军礁,岂皆元光之迹乎?①

尽管弘治《八闽通志》中已录蔡如松之辨,但后世方志还是照录不误,一代一代,相沿成习。在该志中还记载了将军屿和磨剑石,相传分别是陈元光驻兵与磨剑处:

> 将军屿在十五都,盘石叠笋,舟舶不通,滨海者多乘筏取蜡于此,相传陈元光尝驻兵于其上,故名。
> 磨剑石,在县西南二都石塍溪,世传唐将军陈元光平寇磨剑于此,故名。②

在康熙的《漳浦县志》中则除以上记载外,又增加大臣山、试剑石、火田溪、火田村及陈将军庐。

> 大臣山,一名云霄山,正德郡志云:云霄山在县南七十里,高耸云汉,故名。癸酉志云:俗呼大臣山。通志作大神山。淳祐志:山下有城,今为重镇。按历志俱以云霄为大臣山。县志云:将军山在云霄城西,与大臣山隔溪列峙,唐戍将陈元光征蛮居此,故名。则似以云霄为将军山,今考历志,云霄乃古之镇名,《玉铃集》中所谓屹然一镇,《云霄表》又云:云霄开岳镇是也。不以名山,漳人之言于云霄者,但云将军、大臣、玉女、仙人,则镇自镇而山自山明矣。谓之大臣者,或者以其与将军山对峙,端重严凝,有垂绅缙笏之象云尔,何

---

① (明)黄仲昭修纂:《八闽通志》上,卷八《地理·山川》,第207页。
② 同上书,第207—208页。

乔远《闽书》云：其地多御人马。

试剑石：在云霄，石分为二，如一剑剖开，相传陈元光试剑于此，陈景隶诗云：一日试利亦，断石倚两山。

火田溪：在六都，其地为火田村，唐陈将军政建宅处也。①

火田村，火田，畲也。凡畲惟种黍稷，皆火耨。此县西向尽山，因开畲焉。唐陈元光《请建州县表》云："可耕乃火田之余。"光父政建宅于此。

陈将军庐，在六都之半径。元光既葬祖父母而自结庐墓侧，承重守制三年，有题石诗云：竹符忠介凛，桐杖孝思凄。时称为半径将军。②

在此，与将军山相对的是大臣山，而与磨剑石相对的则是试剑石，火田溪配有火田村，所谓为祖父母守制三年又留有陈将军庐。火田溪、火田村源于同是本志中收录陈元光《请建州县表》中所谓的"可耕乃火田之余"之句，而陈将军庐亦出本志陈元光《太母魏氏半径题石》：

乔岳标仙迹，元启妥寿姬。乌号非岭海，鹤仰向京师。系牒公侯裔，悬弧将相儿。清贞蜚简籍，规范肃门楣。万里提兵路，三年报母慈。剑埋龙守壤，石卧虎司碑。怃阕情犹结，祥回禫届期。竹符忠介凛，桐杖孝思凄。许史岣嶙纂，曹侯咸旧诗。鸿蒙山暝启，骏彩德昭垂。华表瑶池宴，清漳玉树枝。昭题盟岳渎，展墓庆重熙。③

因此，陈元光也称半径将军。而康熙《平和县志》除载将军庐、试剑石等外，又添加了燕翼宫、寻仙迹、将军庙、军营山、陈圣王墓、陈圣王旧址。

燕翼宫：在云霄，陈将军宅也，有落成会诗："筮宅龙钟地，承恩燕翼宫。环堂巍岳秀，带砺大江雄。轮奂云霄望，晶华日月通。"

寻仙迹，半径陈元光寻真处也，有诗云：半径寻仙迹，危峰望

---

① （清）陈汝咸修，林登虎纂：《漳浦县志》卷一《方域志上》，第81—83、110、120页。
② （清）陈汝咸修，林登虎纂：《漳浦县志》卷十九《杂志》，第1503—1505页。
③ （清）陈汝咸修，林登虎纂：《漳浦县志》卷十八《艺文志下》，第1455页。

帝州。

将军庙，在云霄将军山下，时著灵异，犯者立死，乡人祈祷，多杀生命。宋时有释法超者过此庙，为五说因果升坠之戒，自此将军灵威，无所害扰。……

军营山，在西林之西，唐将军陈元光追寇驻营于此，今军沟尚存。

陈圣王墓，一在大峰山。一在将军山。………

陈圣王旧址，在清宁暗竹欧寮山，世传有陈公，陈吊眼混称陈圣王，贮金宝于此。①

其中，所增之燕翼宫与寻仙迹亦源与康熙《漳浦县志》所记之陈元光诗《落成会咏二首》及《半径寻真》。此外，明末清初顾祖禹顺治至康熙年间撰写的《读史方舆纪要》也记载了陈元光遗址，如龙溪天宝山、柳营江，漳浦县的漳浦故城、云霄山、盘陀岭。

龙溪县天宝山：府西三十里五峰峭立，周百余里，郡之望山也。……其下有唐屯军营故址，上有营头亭，相传唐陈元光屯兵处。

柳营江：府东四十里，上有虎渡桥，……丁氏古谱云：六朝以来戍闽者屯兵于龙溪，阻江为界、插柳为营，江当梅溪之交，两山插峙，波涛激涌，西岸尽属蛮獠。唐总章间诸卫将军陈政戍闽征没，子元光代领其众，阴遣人沿溪而北，就上溪缓处结筏连坡，从间道袭击之，遂建寨柳江之西，以为进取，恩威并济，士黎归附。……

漳浦县漳浦故城：县南八十里，唐初置县于此，为漳州治，在梁山之下，地名云霄，其南漳水出焉，因名漳浦。……

云霄山：县西南八十里，以高耸云汉而名。旧志山形端重，一作大臣山，亦名大神山。……邑志云唐戍将陈元光征蛮时据此，因名也。

盘陀岭：县南三十里……②

---

① （清）李铉、王相等修，昌天锦等纂：《平和县志》卷十二《杂览志·古迹》，第269—271页。

② （清）顾祖禹：《读史方舆纪要》卷九十九《福建五·漳州府》，第229—242页。

其中，柳营江源自丁氏古谱的记载，而云霄山又被称为大臣山。至清乾隆《福建通志》中，则又多了巡罗台。

> 巡罗行台，总章二年（669）归德将军陈元光奏置于漳泉邵之四境。《图经》一在兴化仙游乡，一在漳州安仁乡，一在漳州佛潭桥，一在漳州新安里。①

此外，还增加了唐陈元光祖母魏氏墓，以上两处皆源自被引入康熙《漳浦县志》之陈元光诗《晓发佛潭桥》与《太母魏氏半径题石》。

除了这些遗迹外，陈元光的传说也不少。对其灵迹的宣扬使陈元光信仰更显神秘。关于宋漳浦令吕璹所遇陈元光显灵事就不少。其中在宋代吴曾的《能改斋漫录》"虎伏罪媪之子复苏"条中记载了一少年偷食陈元光庙中供品而死，为吕璹所救一事：

> 仁宗时光禄卿吕璹少为漳州漳浦令，为政得人心，既去邑人为立生祠。方在邑时，……有邑媪之子戏于陈将军庙，盗其所供之果，出门，而媪子仆于阶下而死。媪哭之甚哀，听者恻然。璹因以文讼于庙，引盗宗庙酒食律，罪当黥。而将军人臣，宜处以等杀，则盗食供果，益不当死，且蠢愚者，法所宜赦，不废公直也。既焚，而媪子复苏。②

而另一则则是漳浦县关于陈元光显灵退敌之事：

> 宋庆历中，有群寇自汀虔直抵漳浦，民皆遁窜，令吕璹祷于神，俄而空中有金鼓之声，贼徒敛手就缚者三百七十余人。自言四顾皆神兵，无路以逸。绍定间汀邵寇犯县境，居民竞奔走哀告于神，俄而庙有大蜂，千百为群，飞集道路，盗不敢过，邑赖以全。③

---

① （清）杨廷璋等修，沈廷芳、吴嗣富纂：《福建续志》卷十七《兵制一·续兵制志》，第49b页。
② （宋）吴曾：《虎伏罪媪之子复苏》，载《能改斋漫录》卷十八《神仙鬼怪》，中华书局1985年版，第441—442页。
③ （明）黄仲昭修纂：《八闽通志》下，卷五十九《祠庙·漳州府》，第543页。

第五章　明清赣闽粤毗邻区的族群意识　·191·

史载吕璹之遇陈元光显灵之事一再发生，而吕璹即是"唐史无人修烈传，漳州有庙祀将军"的作者，尽管这首明初才出现在方志上的诗之作者的真实身份还有待考证，但此诗与传说却无疑是当时之人的一般心声。而在宋代的另一则史料则记载了漳浦令陈某向陈元光庙祷雨显灵的故事，其中因祈雨心切而责怪陈元光，致使神怒，但最终没有辜负人们对神的企望。其文如下：

邑西有陈将军祠者，郡图云：仪凤中勋府中郎将陈元光也，年少强魂，邦人立庙，享祀甚谨，日奉牲币无算。岁大旱，遍走，群望弗雨，公乃斋洁诣祠下祷云："政不修者令之负，祷无验者神之羞。国家崇祀典所以祈民福也，祀苟不应，何用神为？"即钥扉与神约曰："七日不雨，此门不复开，丛祠为烬矣。"行未百步，霾风拔巨树仆于道。俗素信鬼，及是吏民股战神之怒。公徐曰："民方瘁，何怒之为？"乃援轡截树而去，果大雨，田收皆倍，邑人刻词以纪其异。①

此外，方志上还有陈元光显灵去省城赊袍服的传说：

诏安城西良峰山有九落庙，祀唐将军及裨将许天正、马仁、李伯瑶、欧哲、张伯纪、沈世纪等，有灵异。明正德间神以袍服不鲜，自诣省城赊缎，称南诏人，家良峰山，屋九层。铺主见容貌魁梧，坐下有据，赊之。至期诣取，无九层屋者，顾瞻庙貌，俨然当时人。忽殿下见黄袍内银两如数，或盗贼所弃赃物也。然其事奇矣。②

而在晚近所修的一种《陈氏族谱》中，陈元光俨然如神：

忠毅文惠公谥元光，字廷炬，号龙湖。行百五二，生于显庆六年丁巳（661）二月十六日子时。状貌魁梧，丰采卓异。其表二十有九，天头地足，凤眼龙髯，丰唇均颐，辅喉犀齿，眷龟掌虎，泽股声

---

①（宋）余靖：《宋故殿中丞知梅州陈公墓碣》，载《武溪集》卷二十《墓志下》，书目文献出版社1998年版，第192页。
②（清）李维钰原本，沈定均续修，吴联薰增纂：《漳州府志》卷四十八《纪遗上》，第1164页。

雷，阜颓方肠，林北渊脐，准末三山，口含一字，色如傅粉，眼若流波，丹缀双珠，眉生八彩，后看如轻，前望如轩，手垂过膝，发立委地，身高七尺四寸二分，腰大九围一寸三分，胸有文曰辅世长民，是以聪（应为"明"）时盖于一时，事业垂于万世。①

这则资料出自晚近所修《陈氏族谱》，在此，陈元光的形象已完全是现代人塑造神的标准了，达到如此无以复加的地步，尽管夸张，却也是造神的必定结果。从前面几节的探讨中我们可知，这种由族谱主导，由地方精英发挥的重塑陈元光的过程，其实并非简单的事件，故事的不断叠加使原本记载简略的陈元光形象不断丰满，对陈元光的追忆与重塑与明清以来赣闽粤交界区的族群分类意识有着脉络上的内在一致性，反映的是居于赣闽粤毗邻区的人们通过对祖源的建构来完成对自身身份转变的过程，而身份不断叠加的陈元光正是这个过程中创造出来的象征之物。

四　作为象征的陈元光

陈元光从普通将领到儒将及神的身份的叠加，这种建构完成于明中后期，并在之后不断丰满，陈元光因此兼具了人与神的双重身份。而在对陈元光身份建构的过程中，漳州土著——当地汉人及部分畲民也完成了整体的祖先重构的过程，言必固始的祖先移居传说被一再表述。传说中带领将士南下"征蛮"的陈元光成为中原衣冠之象征，而与之对抗的则是明代被典范化了的畲民"雷万兴、蓝奉高"，对陈元光身份建构背后的撰写者的意识结构进行研究，无疑有利于我们更进一步把握华南土著与王朝一体化的进程，因此，考察陈元光建构的最有意义的地方在于，被移民传说正统化了的漳州土著与被平蛮传说蛮荒化了的畲民，这两个看似相反实则同一的实践背后的文化过程。

（一）移民传说的兴起

祖先移居传说并非特例，赣闽粤范围内就存在三种典型的案例，分别是南雄珠玑巷传说、宁化石壁传说与漳州人乃至整个闽人的固始说。若从更大范围的区域进行考察，则类似的祖先同乡传说比比皆是。因此，考察陈元光建构应将其置于更大范围的移民传说中，至少应从赣闽粤这一区域的情况进行分析。

---

① 槟城缎罗申鸿文印：《陈氏族谱》，转引自谢重光《陈元光与漳州早期开发史研究》。

第五章 明清赣闽粤毗邻区的族群意识

南雄珠玑巷传说流行于广东土著,其内容大致是说,在宋代,有一个皇妃从宫中逃出,并嫁给了南雄珠玑巷一富商,因害怕官兵的剿杀,珠玑巷人民迁移至珠江三角洲。在迁移之前,他们申请到南雄的路引,而珠江三角洲也接受了他们,允许他们定居。这是一个关于定居的传说,传说有多种版本,但基本有四个要素,分别为逃跑的妃子、结为夫妻、向政府申请官方文书及移民定居过程,定居时也得到地方政府的同意。这个看似发生在宋代的传说,经过科大卫(David Faure)的研究,发现其实讲述的是明代的事情。主要原因是珠玑巷传说中隐含了与国家密切的联系,例如需得到官方允许,而宋代国家在乡村体现较为微弱,国家意识较强的珠玑巷传说,应发生在里甲制确立的明代。而传说所要反映的实际上是关于宗族定居过程中居住权的问题,也即是强调其入居时所具有的正统性。[①]

另一则宁化石壁的传说则普遍通行于粤东及闽西的客家人中。他们的族谱中大都记载祖先从中原迁徙并途经宁化石壁,而至今宁化也确有一处叫石碧村。这个祖先移居传说强调的是中原移民,关于客家宁化石壁传说,从罗香林以来一直有学者关注,但存在的一个普遍的问题是,将传说当作信史解读。而日本学者牧野巽与濑川昌久则提出异议,牧野巽认为宁化石壁传说及葛藤坑传说其民间传说故事的色彩浓于历史记载的文本[②],而濑川昌久则强调对传说背后的意识进行分析,认为"宁化石壁传说的内容中包含着处于边境上的人们对于自己的自我认定,以及对于自己在中华世界中存在的正统性的认定"[③]。他还发现,南雄珠玑巷传说与客家的宁化石壁传说具有大量相似性,因为两处地点都位于从江西进入福建或广东的交通要道之出口处,而这两个传说都选择这类场所作为故事发生的舞台,故而濑川昌久推测,有可能曾经有过一个时期,那里是从江西一侧的汉族"华界",进入福建、广东一侧"夷"界的最前线,这类场所就以明

[①] David Faure, The Lineage as a Cultural Invention – The Case of the Pearl River Delta, Modern China, 15.1 (1989), pp. 4–36. David Faure, "Becoming Cantonese, the Ming Dynasty Transition", in TaoTao Liu and David Faure ed., *Unity and Diversity: Local Cultures and Identities in China*, Hong Kong: HongKong University Press, 1996.

[②] [日] 牧野巽:《中国的移居传说》、《广东原住民族考》,载《牧野巽著作集》第五卷,(东京)御茶水书房1985年版,第86页。

[③] [日] 濑川昌久:《族谱:华南汉族的宗族·风水·移居》,钱杭译,上海书店出版社1999年版,第210页。

确的形式体现出了汉族与原住民之间的族群分界。① 也就是说，传说中的南雄与石壁确是历史上华夷之分的边界，而选择这些场所作为传说的地点，更多是从象征而非实际事实出发，以这些场所为界，是汉夷的分界，是化内与化外的区别，这些场所只具象征意义。讲述者希望通过这些场所与中原正统性之间发生联系，在时间与空间坐标中重新确立自己祖先的踪迹，以此来宣扬自己具有的某种正统性。

陈元光及其部将从固始迁来的传说也正是在这个意义上创造出来的。和南雄珠玑巷传说及宁化石壁传说不一样的是，陈元光固始传说直接选取了位于王朝中心的固始作为祖先迁移前的居住地，这种方法直接将自己与中原建立联系，而此固始说多少受王审知固始说的影响，因此，具有某些地方性相似之处。正如华德英对华南渔民的探讨中呈现的，她将列维·施特劳斯的意识模型引入解释框架之中，认为其实大多数中国人的意识中，都存在三种针对中国社会秩序而生的模型。第一种称为目前模型，是对他们自己的社会及文化制度的一种构想；第二种称为意识形态模型，是他们对传统文人制度的构想；第三种为局内观察者模型，是针对其他中国社群的社会文化秩序的构想。大多数时候，对传统文人制度的构想并不能实际的付诸实践，乡民们其实是根据其他中国社会的秩序来行事，华德英的研究已经超出了对香港水上居民的范围，而提升到对一般中国人的意识形态的层面的考察，在此，华德英想要解决的是同化的问题。② 她的研究提示我们，在漫长历史过程中，中国各类人群尤其是处于华夏边缘的非汉人群，他们是怎样想象自己，想象帝国，又是怎样通过对周边其他人群的模仿与学习而达成心目中帝国规范。在这个过程中，也许并不是帝国的标准真正在他们的文化与社会中得到实践，而是那些居于其周边的，在政治与文化上相对强势人群的文化与社会制度成为这些人心目中想象的帝国规范，被他们认定为中国方式的标准。因此，陈元光传说可能更多的是参考闽人关于祖先来源的传说而建构的，故而，陈元光传说与前两则传说一样的是，讲述者都试图通过祖先移居传说来取得某种优于其他宣称为土著的

---

① ［日］濑川昌久：《族谱：华南汉族的宗族·风水·移居》，钱杭译，上海书店出版社1999年版，第228页。
② ［英］华德英：《从人类学看香港社会——华德英教授论文集》，冯承聪等编译，香港大学出版印务公司1985年版，第37—54页。

人群的正统性，而且，此外，它还是一种"双重同乡观念"①，这种同乡观念加强了同居一区域的人的认同意识，濑川昌久更将此观点推进一步，认为更有可能的是，后世的地方文化集团，由于共同拥有这类自我认同意识和纽带意识，于是追溯过去，创造出这一虚构的传说。②

陈元光及其部将的固始说应该就是这类虚构的传说，至少从陈元光祖父开始，陈氏其实就已在岭南生活，林天蔚认为其士卒俱为蛮人，而陈氏亦只是"溪峒首领"③，只是随着层累地叙述与制造，陈元光事迹才慢慢变成中原南下征蛮的版本。这种固始说最早出现在私家族谱中，之后被地方士绅当成信史，写入方志，这种由家谱开始的固始说与族群整合的关系甚密。在对陈元光祖籍地进行重构的同时，除了对其武将身份的肯定外，对其文学成就的宣扬无疑也是一种创造。郑振满通过对莆田平原的宗族与宗教的考察就认为，中国历代大一统的意识形态与国家制度，对区域社会文化的发展具有深刻的影响④，刘永华则通过对闽西四保地方神邹公从法师到状元的身份转换的研究，认为这是两种传统的反映，作为法师的邹公折射的是早期这一区域的道教传统，而作为状元的邹公则反映了自明中叶以来礼仪与士大夫文化的影响，这两个过程是彼此叠加而非取代的关系。⑤ 与闽西紧临的漳州情况应该类似，如对陈元光文学成就的肯定与宣扬，不但将陈元光塑造成能文能武的全才，其部将及子孙也都被描述为博学通儒，生而颖异，这与明中叶以来，国家礼教与士大夫文化在这一地区的渗透是分不开的。甚至可以说，以陈元光为代表的所谓中原将士其实都只是当地土著，他们通过重建祖先居住地来表达自我意识。这与日本学者松元光太郎对中国少数民族的研究有异曲同工之妙，松元光太郎认为，所谓汉族的子孙，其实，"并不意味着为汉族所同化、所吸收，在某种意义上说它显示了少数民族在面对现实的民族关系时的一种摸索"。⑥ 这对以

---

① ［日］牧野巽：《牧野巽著作集》第五卷，第162页。
② ［日］濑川昌久：《族谱：华南汉族的宗族·风水·移居》，第192页。
③ 林天蔚：《地方文献研究与分论》，北京图书馆出版社2006年版，第408页。
④ 郑振满：《莆田平原的宗族与宗教——福建兴化府历代碑铭解析》，《历史人类学学刊》2006年第四卷第一期。
⑤ 刘永华：《道教传统、士大夫文化与地方社会：宋明以来闽西四保邹公崇拜研究》，《历史研究》2007年第3期。
⑥ ［日］松元光太郎：《作为"汉族子孙"的少数民族》，载《民族学研究》第五十二卷第三号，第255页。转引自［日］濑川昌久《族谱：华南汉族的宗族·风水·移居》，第226页。

往汉化说无疑是个极大挑战,它暗示了作为少数民族的人民与汉族人一样处于一个平等的关系之中,濑川昌久将其看作是一种"位于边缘部分的人们表达自我意识的一种形式",是被置于社会边缘位置的人们"通过在中华世界的时间轴与空间轴中重新确定自己祖先的踪迹,来试图主张自己具有某种正统性"的努力。①

(二)族群分野的完成

与陈元光被建构成中原南来的儒将的同时,另一群人也慢慢浮现并清晰。他们就是被陈元光所平之"蛮"。

从最初"诸蛮"到明初确定为"苗自成、雷万兴",而后又加上"蓝奉高",这不仅仅是表述的问题,也不仅是传说层累的问题,它实际上反映了从明代以来的族群身份的重新界定。在最初的"蛮"里面,这几姓被强调并标签性地成为畲民的代名词。回溯历史,宋元以来一直被称为"寇""盗"的这一批人到明代嘉靖年间则被明确为一个独立的族群——畲。作为一个明显有异于汉的族群,畲民的各种习俗被强调,当作奇风异俗写入文献,正如日本学者铃木正崇所说,在中国传统性华夷秩序中,并不存在今天意义上的民族概念,在中原人民与周围的蛮族之间,只存在文化上的差异。"中国式的'正当性'理论,就是华夷思想,即便是'夷',也可通过文化的变革而成为'华'。这里存在一个软性结构。也就是说,只要掌握了汉族的主流文化,就可以无差别地被容纳入汉民族之中,这是追溯中央与地方、中心与边缘通过'汉化而联结起来这一历史性脉络的结果。"②换句话说,是文化而非别的,成为华夷区别的标志,故而,从文化上纳入主流文化,"夷"可变"华";反之亦然,由"华"变"夷",也只是文化上的区分而已。

因此,发生在明初的将畲民作为明显异于汉人的书写的一再重复,表明该时期地方社会正在经历族群分野的过程,那些标榜祖先中原南来的人被看成汉人正统的代表,陈元光成为这群人的最重要的象征,以其"征蛮"事迹的宣传来稳固这一群体作为正统与权力的代言人,而被他们所征之"蛮"的不断清晰,带有明显族群指向性的话语得到时下的肯定,

---

① [日]濑川昌久:《族谱:华南汉族的宗族·风水·移居》,第226页。

② [日]铃木正崇:《被造出来的民族——中国少数民族与国家形成》,载[日]饭岛茂编《发生内讧的"民族"与国家》,京都:学士院出版社1993年版,第220页。转载自[日]濑川昌久《族谱:华南汉族的宗族·风水·移居》,第220页。

"苗自成、雷万兴、蓝奉高"成为"蛮"的具体所指,这与明清对畲民书写的历程也正好吻合。

事实上,这种族群的华夷之别,化内化外的界限并不明确,因此,无论其原本是什么族群,为盗者也常被冠之以"蛮"的称号,在东南,畲民成为这种"蛮"的集中代表。陈吊眼就是典型的案例。元朝陈吊眼因组织地方反抗朝廷,常被说成"汀漳剧盗",而万历《漳州府志》则直接将其与李志甫之乱并提,认为皆为"畲寇猺种",该志在介绍猺人时就说"若往年陈吊眼、李胜之乱,非猺人乎?"① 以化内/化外作为区分族群的标志,顺者为内,乱者为外,国家无法控制的那些人自然被划至化外了,被说成"畲寇猺种"也是常有的事。这种族群的界限常隐含于各种文本中。如康熙《漳浦县志》记载了一个陈吊眼与陈圣王之间较量的传说,传说讲述了陈吊眼攻漳州时去奉祀陈元光的灵著王庙祷告,希望作为同姓的陈元光能许其入漳,但遭神意反对,故而怒将该庙焚毁,其记载如下:

> 至元十七年(1280)陈吊眼攻漳州,致祷于灵著王庙,其辞曰:"吊眼,王同姓也,得入漳,其祀王以极礼,我许则珓兆。"三阳乃小,不兆,再亦如之。三卜而庙后有声如柱折石坠之状,吊眼竦立,怒视曰:"王其格诚从卜,否则吾将焚祠而毁像。"又卜而珓解,吊眼惊愤,纵火焚之,庙烬而像如生,吊眼令取妇人衣压之,乃四火交发,城民远望,但见油薪呜呜,红光有声,直射霄汉,漳民莫不泣拜,而神去矣。②

这则传说背后隐含着几种关系的对立,陈元光与陈吊眼代表两股力量,虽然同姓,却分别是正统与非正统的代表,陈元光代表了正统的中央王朝的象征,而陈吊眼则是与朝廷分庭抗礼的动乱的畲民的影射,通过对陈吊眼焚庙事件,看出书写者明显的道德取向,而更重要的是,在该则记载后面,有"龙湖谱云孙陈汶辉记"字样,说明讲述此传说的最初与最有力的人群其实是标榜为陈元光后人的陈氏家族,他们通过传说界定正与邪的对立,企图以神意宣扬他们心中的"蛮汉"分野。

---

① (明)罗青霄总纂,谢彬编纂:《漳州府志》卷十二《漳州府·杂志》,第219页。
② (清)陈汝咸修,林登虎纂:《漳浦县志》卷十九《杂志丛谈》,第1548页。

另一个与陈元光有关的传说是由陈元光平蛮事迹所写成的小说《平闽十八洞》，其中隐含大量民族学的研究资料。《平闽十八洞》是一本流行于闽南、台湾地区及南洋各地的传统章回体小说。小说叙述了宋嘉祐年间杨文广平南闽王蓝凤高之乱，约十万字。故事中涉及地点多位于福建境内，并参用方言，林语堂早在1928年就对平闽十八洞所载古迹进行梳理，是为《平闽十八洞》研究之开创性学者。① 与其同时的陈家瑞亦是开创者之一，关于《平闽十八洞》所载杨文广平闽故事的原型，陈家瑞在1928年就怀疑其为陈元光事迹所转变，并将两方人物进行对照，认为小说中所载蓝凤高即蓝奉高，杨文广即陈政、陈元光，等等。② 而厦门大学叶国庆先生在1935年对其进行颇为详细的剖析，认为该小说形成于明末清初，并对其史实考证、版本比较、小说演变及文化风格多方面进行论述③，而其中最值得注意的是书中关于福建少数民族的描述。李亦园在叶国庆研究的基础上给予民族学的解释，并认为小说中所谓的十八洞其实就是畲民。④

无论如何，小说反映的是后人对唐宋时期漳州乃至中国东南人群的想象，小说中各洞主的妖术与幻术其实是明清时人对该地早期居民的认知。陈元光事迹的一再转述与重构，反映的则是漳州人士在对自身进行正统性言说的同时，找出一个明显异于自己的群体作为反面的衬托，以使其正统形象得以更具说服力。在国家意识对该地影响日深的时候，一些占据较有利地位的人抢先把持了正统性代言人的位置，将本集团尽量与国家意识保持一致，而与此同时，另一些人则不断被表述所蛮荒化，表明了正统意识与汉人意识在该地的形成与流行，而据葛兆光的研究，儒家伦理的文明意识其实在宋朝时就已形成，并扩散到中国各地，"宋以来一直由国家、中央精英和士绅三方面合力推动的儒家（理学）的制度化、世俗化、常识化，使得来自儒家伦理的文明意识从城市扩展到乡村、从中心扩展到边

---

① 林语堂：《平闽十八洞所载的古迹》，《民俗》第34期，1928年11月14日，上海书店出版社1983年影印。
② 陈家瑞：《杨文广平闽与陈元光入闽》，《民俗》第34期，1928年11月14日，上海书店出版社1983年影印。
③ 叶国庆：《平闽十八洞研究》，《厦门大学学报》1935年第三卷第一期。
④ 李亦园：《章回小说〈平闽十八洞〉的民族学研究》，载庄英章、潘英海编《台湾与福建社会文化研究论文集》，（台北）中研院民族学研究所1994年版，第23—41页。

缘、从上层扩展到下层，使中国早早地就具有文明的同一性"。① 言外之意是，早在宋代，"中国意识"就已发展出来，但从陈元光的建构看，相对其他地方而言，赣闽粤毗邻区的正统意识可能在宋代确已存在，但却是在明代大行其道，得到伸张，而这又与这一地区纳入国家的进程直接相关。

第二节 来自畲民的声音

传统民族史研究认为，"畲"作为一个民族形成于唐宋时期，因此，对畲民的溯源研究成为传统民族史研究的重要内容，而随着近几十年来族群概念的引入，在理论上给我们提供了重新反思传统民族史研究方法的可能，对族群认同与族群意识的考察使我们对民族史研究有了一种新的视角与认识，正是借着这种新的视野，畲族研究才能在前人皓首穷经的研究成果之后，尚有一点探讨的可能。

本书正是借助现代族群概念对畲族研究作一些反思性的探讨。笔者通过考察畲民表述与被表述的历程，认为在宋代到明代，汉人皆将畲民置于传统华夷观念下进行表述，因此，明代以前的畲民是作为汉人意识产物下的一种异己形象。因材料缺乏，关于畲民自身对本族历史的叙述却难为人们倾听，从目前所存资料看，清朝畲民对盘瓠传说的改造及其对本族特性的宣扬成为畲民表达身份认同的重要方式。正如王明珂对中国西南羌人的研究所表明的，非汉人群在由族群到民族的转变过程中，会对本族历史进行重构，其强调的重点一个是古老华夏，即比华夏更古老，另一个则是本民族特色，即强调本族是有特色的少数民族。② 此话虽是突出由族群到民族转换过程，但事实上，在族群发展中，常常可见类似的行为，中国东南的畲族在其发展过程中，亦曾经历了这样的过程。在传说中，盘瓠是与中国三皇五帝高辛同时代存在的，在畲民的传说中亦极力强调这一点，正如万建中所言，盘瓠传说是中国畲、瑶、苗等族群的集体记忆，实际是这些族群神圣的口述史，坚固着这些族群的自我认同，也成为区别其他族群的

---

① 葛兆光：《重建关于"中国"的历史论述——从民族国家中拯救历史，还是在历史中理解民族国家》，《二十一世纪》2005 年 8 月号。

② 王明珂：《由族群到民族：中国西南历史经验》，《西南民族大学学报》2007 年第 11 期。

显要文化表征。① 但因为族群关系中特殊的原因，由汉人描述的盘瓠最初形象却在历史发展中不断被畲民改造，以符合畲民的要求。

一 对盘瓠形象的不断改造

盘瓠信仰在中国东南历史上被认为是认定畲民的一个显著标志。当今有部分畲民极力主张去盘瓠，这是由于"盘瓠即犬"的族群污蔑对畲族人民造成心理阴影。但在中国历史上，盘瓠一直被认为是南方苗、瑶、畲族群的祖先图腾，作为一种信仰，其在中国历史上反复被记录与表述，也正因此，也不断被辩驳与澄清。但综观这些记载，尤其是明朝以前的记载，皆为汉人知识分子的一种传疑与好奇，目前可见畲民本族群对盘瓠的文字描述，则只保存有清代以后的材料。从现存的材料中我们也可见畲民在对本族祖先图腾——盘瓠形象的描写中，存在一些微妙的差异，正是这种对盘瓠形象的改造，也帮助我们大略地看出历史发展中畲民族群意识的一些变化，对其人群心态史的探讨也构成对该族群历史发展探讨一个必要的方面。

关于盘瓠形象的描写，中国历史上早已有之。以范晔《后汉书》为经典的盘瓠传说，对盘瓠故事及盘瓠形象定下了一个基调与轮廓，使得后世对盘瓠的认识极大地受其影响。在《后汉书》中这样记载：

> 昔高辛氏有犬戎之寇，帝患其侵暴，而征伐不克，乃访募天下，有能得犬戎之将吴将军头者，赐黄金千镒，邑万家，又妻以少女。时帝有畜狗，其毛五采，名曰盘瓠。下令之后，盘瓠遂衔人头造阙下，群臣怪而诊之，乃吴将军首也。帝大喜，而计盘瓠不可妻之以女，又无封爵之道，议欲有报而未知所宜。女闻之，以为帝皇下令，不可违信，因请行。帝不得已，乃以女配盘瓠。盘瓠得女，负而走入南山，止石室中。所处险绝，人迹不至。②

人们对传说"时帝有畜狗，其毛五采，名曰盘瓠"记忆深刻，并不断流传，也正因为来源于正史的权威性，这种传说时时被人重提，甚至成

---

① 万建中：《传说记忆与族群认同——以盘瓠传说为考察对象》，《广西民族学院学报》2004 年第 1 期。

② （宋）范晔撰，（唐）李贤注：《后汉书》卷八十六《南蛮西南夷列传第七十六》，中华书局 1965 年版，第 2829 页。

为对不同人群进行攻击的工具。在畲民的祖源神话中，早期的文字记载为其提供了传说的母本，却制约了其改造的可能。也正是这种文字上的基调与定型，使后世畲民在其族群崇拜的传说改造中不能走得太远，无论如何改造，总还依稀寻得见《后汉书》中的影子。

现存关于畲民自身的文献中，可见的只早到清代，但也正是在清代，我们可以发现畲民对本族祖先崇拜传说的改造与加工。如于清代道光二十一年（1841）重修的潮安县凤南镇山犁村雷氏《护王出身为记》是这样描述盘护生平的：

> 护王原东海苍龙出世，生于大耳婆左耳。请医，医（取）出耳卵，放于殿角，百鸟俱朝，取与医生剖之，出一狗子。养八个月，身长八尺，高四尺，有五色斑文（纹）毛。行至大路中心，超群拔异，号□□□□□。辛帝治天下，时有滨夷房突王作乱，杀死良民无数，官兵不能收服。辛帝出榜，有能收房突王者，愿将三公主任选为妻。榜挂三日，无人收得。龙狗见之，遂取其榜。丞相郭子英带狗见帝，帝大喜，问狗何能？犬对丞相□：有阴战之形，变化无穷。即辞帝，过海至滨夷之国，见房王。王大喜，赐狗酒肉，召诸军会饮，不意酒醉。三更时，龙狗将番王头咬断，军兵追赶，感龙王，差河伯水官六丁六甲神将，护送过海，军士等接。丞相带见帝，帝大喜，又治（怕）不是。时有乡里老人，年九十岁，识房之面目，召而视之，果是真。帝封狗重职，狗不愿，只要公主为妻。帝思，一言已出，驷马难追，问狗能变身否？狗曰，能。遂与七日与之变。不料至五日，大王闻听，狗头不能变，选日成亲。二十年，生三子一女，带见帝，帝赐姓盘、蓝、雷、钟，男女自相嫁娶，永世无异，又分天地。狗王奏辛帝，我之不要平阳田地。帝曰，为何？我要百姓，耕纳粮供国。分深山，离田三尺，离水三尺三分，年黍（由吾）子孙永远耕种，不许军民人等混争。如坟林，只留中一十八步，亦不许官员子弟争阻。如有此情，送官治罪。又奏，不要京城大屋居住，要深山空谷居住。帝准奏，差军兵护送出城。后学法茅山，不意（幸）被山洋（羊）角蹋落于身，中谷树丫归世。御葬后，三子一婿遂散处，各领路引于福建、广东四处，具照旨施行。其后子孙于汉、唐、宋、明，累朝护国，不能胜记，谨记其身图，以便览云。

> 岁次道光辛丑二十一年（1841）秋月□□日重修。
> 画祖像吉旦遗后。①

这篇记文对盘护的名称等用词上丝毫未经修饰，这个极具污辱性的词在这份畲民自家所藏的文本中却反复被使用，使其与后世其他许多畲族文本与口传形成巨大的差异。而且与此相配套的是，同时在其祖图中，我们可见到在对祖图进行解释的文字中，反复出现与此类似的词汇。② 这样一些明显为畲民们避之不及的词汇大量出现在他们的文献中，应与其流传年代较早有关，尽管文中所言重修于道光二十一年（1841），但从"重修"二字可知，在其之前已存在，只可惜无法追溯了。尽管如此，从畲民心态与意识考虑，可猜测其出现时间应较早。同样的，在丰顺县潭山镇凤坪村蓝氏《汝南堂长房族谱》中，对盘瓠形象的描述也与上文类似：

> 高辛皇帝宫中，刘家老妇耳患一疾，医者取出一物。物中有蚕茧，以匏（瓠）取一载将盘复定，须臾化为一犬，狗头，身一百二十四斑点花色，因名盘匏（瓠），号为雷宗子，作为盘犬。③

在这本修于清光绪戊申年（1908）的蓝氏族谱中，畲族人民将盘瓠的出生神化为蚕，即将晋代干宝《搜神记》中的蚕化盘瓠的情节添加进去，同时，含糊地描述盘瓠初生的情状。而在另一本广东增城市正果镇上水村畲族《盘蓝雷氏族谱》中，对盘瓠的外形描述则着墨不多，只作简单交代，其文如下：

> 淳熙二年（1175）十月□日给。敕书唐总管，元（原）有祖开山公据彼（批）今明永定元年，子孙永远照者（着）大中祥府（符）六年（1013）五月□日，平皇盆大护当初争国有功，平皇取丙孙生只盆大护，盆古大王送铁胜一道。盆古殿前各猛将军，看谁人有

---

① （清）潮安县凤南镇山犁村雷氏《护王出身为记》，载朱洪、李筱文编《广东畲族古籍资料汇编——图腾文化及其他》，中山大学出版社2001年版，第1—2页。
② 参见朱洪、李筱文编《广东畲族古籍资料汇编——图腾文化及其他》，彩页。
③ （清）丰顺县潭山镇凤坪村蓝氏《汝南堂长房族谱》，清光绪戊申年（1908）桂月春圆手抄历代族谱，载朱洪、李筱文编《广东畲族古籍资料汇编——图腾文化及其他》，第5页。

计？人身狗头等皇甚醉，盆大护咬一人心，有计取得燕皇头来与尔。七州所管盆大护到田三锹之地是我徭人采斩，不得富豪之家争占一岗，具状京州县准一千条罪。①

文中所说盆大护即盘瓠别称，其记载与潮安县凤南镇山犁村雷氏及丰顺县潭山镇凤坪村蓝氏等文中所记总体还是一样，而且在惠东县多祝乡陈湖村《盆盘蓝雷黎栏族谱》中，对盘瓠的描写几乎与增城一样。②

然而，在潮安县凤凰镇石古坪村蓝氏《图腾画卷》叙文中，其对盘瓠的描述虽有诸多类似，但其实在其遣词造句及叙述细节各方面讲，其实已有巨大的差别。其文如下：

□駙王原系东海□龙出世，生于大耳婆左耳。请医，医（取）出其卵，即放殿角，百鸟具朝，取与医生割之，出一犬子。养八个月，身长八尺，高四尺，身有五色斑文（纹）。行至大路中心，超群拔异，号召（曰）盘瓠。幸有□辛帝皇治天下，时有夷滨房突王作乱，杀死良民芜（无）数，官兵无能收服。帝出榜文，有能收服房突王者，愿将三公主任巽（选）为妻。榜卦（挂）三日，无人敢外（揭）。龙犬见之，遂取其榜。丞相郭子英带犬见帝，帝大喜，问犬何能？犬对曰："我有阴战之形，变化无穷。"即辞帝过大海，至夷滨之国，见房王。王大喜，赐大肉酒三杯，召请诸军会饮，不意酒醉，扶□床卧。三更时候，龙犬将番王头咬断，军兵追赶，感龙王，差出河伯水官、六丁六甲帅将，护送过海，军士等□□□。丞相见帝犬，帝大喜，又恐不是。时有乡里一老人，年有九十余岁，识房王面目，召而视之，果是真。帝封龙犬重职，犬不愿，只要公主为妻。帝自思，一言与（既）出，驷马难追，问犬能变身否？犬曰，能变。遂许七日变之。变，不料至五日，犬（后）门厌头，被他喜笑，不能全变，选日成亲。二十年，生三子一女，带见帝，帝赐姓盘、蓝、雷、钟，男女自相嫁娶，永代无异，又分天地。犬王奏帝，犬言：我

---

① 增城市正果镇上水村畲族《盘蓝雷氏族谱》，载朱洪、李筱文编《广东畲族古籍资料汇编——图腾文化及其他》，第16页。
② 惠东县多祝乡陈湖村《盆盘蓝雷黎栏族谱》，载朱洪、李筱文编《广东畲族古籍资料汇编——图腾文化及其他》，第22—24页。

之不要平洋田地。帝曰，何？我要百姓，并免用纳粮供国。我深山，离田三尺，离水三分，并（由）吾子孙永远耕种，不许军民人等混争。如坟林，只留中心一十八步，亦不许官员子弟争阻（执）。如有此情，送官究治。又奏，不要京城居住，我要深山空谷居住。帝准奏，差军兵护送出城。□学法茅山，不意被山羊触死于石树丫下。御葬南京大路上，后三子一婿，各给路引，于福建、广东，具照圣旨施行。其子孙于汉、唐、宋、明，累朝护国，不能胜记，谨记其身图，以便览云，永远图记。①

上文与潮安县凤南镇山犁村雷氏《护王出身为记》有诸多相似之处，但在选词用语上却有着极大的差别。

相对这种以更换字词以消解族群污蔑的努力而言，对盘瓠来历及形状保持沉默，则是另一种畲民消解污化的办法。1954 年，江西省博物馆的同志发现了江西贵溪县樟坪乡姜山村畲民蓝春祥所珍藏的《重建盘瓠祠秩书》，该书未载编纂年代，仅据编排和装帧的情况看，初步断定似为清代编印。该书主要内容包含序言，木刻图像七幅，盘瓠王像，正文《敕赐开山公据》和《高皇歌》等。在其盘王《敕赐开山公据》中，不曾对盘瓠所自来及形象作任何交代，详见其文：

大唐皇帝治国为霸。燕王结集英勇，吴将军流党作乱，侵害国界。旨敕招烈士，收伏者分国共治，及赐第三宫女为妻。众臣不敢奉令，惟有盘瓠游来殿前，……七日不食。帝问何意不食？群臣奏明，奉敕出朝。盘瓠口称："我去必然收伏番王。"群臣口呼"万岁"。有云："汝能助国安邦，便将朕第三宫女赐为妻。"……即辞而去。飞过海洋，七日七夜，随波逐浪，直至燕王殿前，会集百僚欢乐饮宴，迨王沉醉，被盘瓠口咬断燕王头，复奔回本国，呈上皇帝，龙颜大悦。

帝自思曰："今日万民安乐，盘瓠之功也不小。"愿设饰妆成一女，称为宫女，与盘瓠为妻，盘瓠不愿，直上宫殿前识认，将口咬定

---

① 潮安县凤凰镇石古坪村蓝氏《图腾画卷》叙文，载朱洪、李筱文编《广东畲族古籍资料汇编——图腾文化及其他》，第3—4页。

第三宫女裙脚，就为婚姻。……

皇帝问曰："今朕女与盘瓠相配何如？"群臣慨然奏曰："蛮兵侵界，他七日七夜之功，遂致万民皆安，百官尽乐，宜乎结亲。"众卿又奏曰："我皇宫女与盘瓠配合，当归何处，共享安乐？"皇上准奏，谕曰："三公九卿会议，合送诸会稽山七贤洞。幽岩自适之所，巢居鸟宿之方，自供身口。招集军马三千，并锣鼓差点左右，文武官员邓从成等即便送入广东会稽山七贤洞。支备国家钱粮，收买铜瓦遮盖，创立都殿，一同助王治国安民。亲兑三千七百户口，不使纳粮税，应上盘瓠。"①

在此，沉默代表了无言的反抗与抵制，自始至终，全文无一字透露盘瓠的来历，也不曾对盘瓠样貌作任何评价与交代。

在对盘瓠的出生来历上，也经历了一个变化过程。从上引诸文我们看到，盘瓠一开始只是大耳婆耳中一卵，但随着传说的流行与变异，慢慢地出现蚕化盘瓠的神秘情结，且大耳婆的身份也在渐渐地改变，成为高辛帝之皇后，甚至说是姜源耳中所取之物，其由来变得高贵，自然其地位亦应另当别论了。而需要说明的是，这其中的基本元素其实早在《搜神记》与《后汉书》中就已具备。如流行于广东丰顺县畲民中的《祖源歌》唱道：

话说古时高辛皇，皇后刘氏耳生疮，请来郎中割肿物，割出金虫三寸长。金虫外有蚕茧包，金盘装起盖上瓠，忽然电光雷鸣闪，金虫变成犬一条。龙犬降生吉祥兆，五色花斑尽炫耀，满朝文武皆欢喜，皇帝圣旨命"盘瓠"。②

此文中，盘瓠最初即由蚕茧所包之金虫而变犬，"龙犬"之说与潮安县凤凰镇石古坪村蓝氏《图腾画卷》叙文如出一辙，而在其创世神话《高皇歌》中所唱，盘瓠又被冠以"龙王"的美名，其文如下：

---

① 施联朱、张崇根、娜西卡：《江西铅山县太源、贵溪县樟坪畲族情况调查》，载《中国少数民族社会历史调查资料丛刊》福建省编辑组编《畲族社会历史调查》，第254—255页。

② 丰顺《祖源歌》，载朱洪、李筱文编《广东畲族古籍资料汇编——图腾文化及其他》，第94—99页。

笔头落纸字算真，且说高皇的出身，当初娘娘耳朵起，先是变龙后变人。高辛娘娘耳里疼，觅尽无有好郎中，百般草药都医尽，后来变出一条虫。虫乃变出用盘装，皇帝日夜捡来养，二十四米给他食，后来变做是龙王。①

在《高皇歌》中，这条由高辛娘娘耳中所出的虫最终变作龙王，而在江西省兴国县畲族《盘蓝雷钟姓氏出身源流传》中，龙王则变成为鱼龙，系帝后姜源耳中之物了，并借姜源之口说，"此物吾身所生，恐是护国之宝"，对盘瓠身份作了诸多神化与褒扬，其文具体如下：

帝后姜源大耳夫人左耳发一痈疮，旨命岐伯街人医治。取出一生物，飞蚕虫现星光灿，取盘盛之，献帝求功讨封。辛帝见之大悦，姜后曰：此物吾身所生，恐是护国之宝，将金盘盛之，用糜肉喂之。待他出处，不觉三七寅夜，乌云黑暴，鱼龙变化一犬，名曰盘匏。②

在始兴县顿岗镇乌泥塘和澄江镇暖田村雷民宗祠、南雄县黄坑镇许村和乌迳以及乳源县的洛阳乡深洞村蓝氏宗祠的厅堂横梁两侧，各安放一对精致的木刻鱼龙，鱼龙鲤鱼身龙头，欲跳跃状，形象逼真。其中许村蓝姓祠堂供奉的鱼龙全长55厘米，宽24.5厘米，其中龙头长23厘米，头宽17厘米。头顶竖一对角，头部正中有羽翅三片，全身布满鳞状。据老人介绍，相传是他们的祖先传下来的神物，有的说，就是盘瓠的化身。③ 而根据上引材料"鱼龙变化一犬，名曰盘匏"正好可以相互印证。

相对"鱼龙"的名称，以"龙期"称盘瓠则更被人们知晓。在《华安县少数民族族谱》中所录的《高皇歌》中即有此称："医出一物似虫蚁，我来变成龙麒丝，皇帝介娘耳不痛，用尽已多人心思。金丝虫蚁罗盘

---

① 雷楠、陈焕钧收集整理：《高皇歌》，载朱洪、李筱文编《广东畲族古籍资料汇编——图腾文化及其他》，第80页。
② 江西省兴国县畲族《盘蓝雷钟姓氏出身源流传》，载朱洪、李筱文编《广东畲族古籍资料汇编——图腾文化及其他》，第118—119页。
③ 朱洪、姜永兴：《广东畲族研究》，广东人民出版社1991年版，第101—102页。

装，一日三时捧来养，一日三时捧来养，都是奉祀龙麒王。"① 需要说明的是，这本由华安县民宗局修于 21 世纪的华安县少数民族族谱所引资料并不能全面地反映漳州地区早期对盘瓠的称谓，但龙期之说却并非空穴来风，在闽东，早在清代就已广泛称呼盘护为"龙期"，为"忠勇王"了。如福建宁德八都漈头的《原序》中就记载：

> 高辛皇帝四十五年五月初五日，正宫刘帝后梦见金龙下降投怀托生，后惊醒，忽然耳内疼痛，早期，帝即召医调治，耳内取出一物如蚕，稀奇秀美，以瓠盛之，后变为龙期，身纹锦绣，灿然可观，即名龙期，号曰盘瓠。②

而从其敕书结尾落款"大清道光二十九年岁次己酉桂月吉旦各乡府县雷姓裔孙仝立"可以知道记载年代为清道光二十九年（1849）。说明早在清代，闽东龙期之名已流传广泛。而一份清代光绪年间（1886）美以美会传教式地对福州畲民的描述则让人清楚地感受到这个族群强烈的族群意识，武林吉在他的观察报告中这样描写道：

> 我们很快就发现，当我们问一个他们（畲民）谨慎的问题时，他们就会对我们报以怀疑的眼神，他们中的两个人曾帮我们往回载了 8 英里路，并且很机灵地回答了我无休止的询问。在接近主题的时候我谨慎地问道："所以你决定当皇帝的后代子民，是吗？"一段气氛不好的沉默之后，他说："我们一般老百姓怎么知道这个，文化人知道关于它的所有事情。"然后他们互相低语道："是不是有人已经告诉他们这个情况，他们是如何知道这一切的？"十分让人惊讶的是，当他们说当地汉族人的时候，总是频繁地拐弯抹角地用"人们"这个词，这也说明了他们非常有意识在认识到他们是一个独立的且优等的群体，甚至于说他们是统治阶级，但是不喜欢被称为"畲婆"，而

---

① 《高皇歌》，载华安县民宗局编《华安少数民族族谱》，2004 年。
② 转引自陈国强、周立方、林加煌《福建畲族图腾崇拜》，《中央民族学院学报》1989 年第 2 期。

通常他们喜欢称自己为"山民"。①

作为对盘瓠改造的后续,江西安远县畲民更将盘瓠传说中的盘瓠与龙期分离,将龙期说成是龙王赠送给盘瓠的礼物,与盘瓠相依为命,其盘瓠始祖的传说这样记载:

>相传早在公元前23世纪中叶,中原古国,帝喾(高辛氏)即位,四海升平,国泰民安。有一天碧空如洗,海不扬波,突然旋风卷起,云聚惊雷,见一条赤龙,金光出道,化作一缕青烟失于云雾之中,此时京城外偏僻山庄,有一户善良人家,女主人身怀六甲,年余未娩,即产下一球胎。男主人得知,疑之何怪,手持利剑,忙上前用刀一劈,只听"哎唷"一声,一阵亮光射得人睁眼不开,蹦出一个孩童,口呼"父亲饶命"。主人一看,惊喜交集,忙上前抱起抚养。龙王差遣青衣秀士押着聚宝盆、瓠瓜果、龙麒三件礼品登门作贺。主人将盘放左,瓠摆右,指物为儿取名盘瓠,龙麒与盘瓠相伴。数年后,盘瓠习就文武双全,以成大器。二八之期,父母相继而亡,盘瓠与龙麒相依为命,在山中过着狩猎的生活。②

传说将盘瓠得名、龙期由来作了新的解释,使其与传统的盘瓠故事迥然有别,与前期描述已大不相同,在这个过程中,不能不说汉文化在起着关键作用。杨正军通过对盘瓠形象改变的研究指出,汉晋时期记载的盘瓠传说具有浓重的神话色彩,盘瓠形象为纯动物的犬形,这一形象在唐宋得到延续,没有发生变化,而直到明清,盘瓠形象出现重大转变,成了龙或龙与麒麟的组合,并命名为龙期。而盘瓠形象的转变过程正与畲汉两族由接触到了解再到融合的历史过程同步。③汉化说在民族史领域成为解释少数民族文化变迁的不二法门,作为畲族同胞的蓝万清也十分赞同,但同时也注意到这种所谓的汉化绝非简单的被动接受,而是少数民族同胞有着多重考虑的抉择。蓝万清在其《论畲族盘瓠传说的演变》中,将传说中的

---

① F. Ohlinge, *A visit to the Dogheaded Barbarians or Hill People*,《教务杂志》1886年第17期,感谢福建师范大学社会历史学院吴巍巍提供并翻译。
② 安远:《蓝氏族谱》,赣南师范学院客家研究院藏,2007年。
③ 杨正军:《从盘瓠形象变化看畲族文化的变迁》,《漳州师范学院学报》2005年第2期。

盘瓠形态分为初生形态、次生形态与再生形态三种，其中再生形态的盘瓠传说主要源自畲族人民的改造，他认为畲族盘瓠传说社会意义与文化内涵随着盘瓠形态变化而变化，盘瓠传说原来的图腾所起的宗教和社会功能逐渐丧失，盘瓠成了畲族祖先崇拜直接对象，成为畲族文化的中心意识。[①] 石奕龙通过考察闽东、浙南地区不同的盘瓠传说指出，盘瓠传说是明清以后"传统的再发明或文化的再生产"，是在迁徙中为其占有他人私有山地或田地并可能引起纠纷时建构的一种"法律"。[②] 通过对畲民文本中的盘瓠形象变化的考察，笔者认为，在畲民发展历史上，汉化固然是一定的，但问题亦可一体两面的分析，与其将畲民对盘瓠形象所作的改造简单地归因于汉化，不如说是畲民更注重强调自身的传统，是利用与传说时代的正朔保持某种关系，使其族人更好地存活于世，同时也是追求正统的另一种形式。

尽管在当今畲民研究中盘瓠问题如此敏感，但作为有着历史连续性的记载，畲民的历史与盘瓠传说却不是能轻易规避的。对这种记载思路的梳理，对记载者与传抄者作深层的心理意识与历史环境的探讨，对何以会出现诸如此类的描述的深究，则显得尤为重要。同时，尽管部分畲民在积极地改造盘瓠形象，以求更好地生存，而另一些畲民则是通过隐匿身份，建构汉人谱系，而寻求汉人身份。如从上杭庐丰蓝氏所修之谱中收录的旧序中我们可知，他们早在明成化与正德时就已修撰族谱，作了谱序，但却只讲开基祖为念七郎公，上世不可考，而到了清康熙五十一年（1712），则开始建构其宁化石壁传说。[③]

二 强调本族群特色

随着历史的发展，畲民与汉人交往更为频繁，正是在与汉人的交往过程中，畲民族群意识不断明显，对盘瓠形象的改造明显地就是一种族群意识的反映，将盘瓠名称与盘瓠形象不断改造，并再三确认盘瓠与古代圣人正朔的密切联系，奠定畲民在传说来源上的合法性与权威性，与此同时，他们还对本族群的优免特权给予了大肆的渲染与传扬，"免徭"成为其宣

[①] 蓝万清：《论畲族盘瓠传说的演变》，《民族文学研究》1991年第3期。
[②] 石奕龙：《明清时期畲族盘瓠传说的再发明及其原因》，潮州畲族文化学术研讨会论文，2007年12月。
[③] 《闽杭庐丰蓝氏族谱》，《旧序》民国三十三年（1944）种玉堂镌，第11b—16a页，厦门大学历史系陈贵明提供。

传祖上有功，后人受惠反复强调的话题。对本族群特色的肯定与阐扬无疑大大地增强了畲作为一个族群的族群认同与族群意识。

中国广泛存在着各类的族群传说与移民传说，就历史上畲民的聚居区赣闽粤三省而言，亦有客家人的宁化石壁传说、广府人的南雄珠玑巷传说、福佬人的中原移民传说、潮州人的福建莆田传说，等等，诸如此类的各种移民传说屡见不鲜，在这众多的传说中，畲民的盘瓠传说的最大不同便是，它与瑶族一样，传说反复强调本族群免差瑶的特权。不纳粮供国，青山任其耕作，是盘瓠传说中极为重要的立论。南雄珠玑巷移民传说中的重要特色就是强调他们是在政府允许的情况下获得路引，并在移入地入籍纳税，是国家的编户齐民，因此，承担赋税成为判断是否为王朝合法居民的标志，纳税在政治上的意味比经济上的意味还要强烈。纳税意味着安定，意味着受王朝国家的约束，常常会成为王朝对"民"与"盗"区分的指标。但正是在这样一种政治环境中，畲民却依然坚持免瑶特权，反复强调王朝国家对其族群的优惠与待遇，甚至在与汉人一样，需要承担赋税，"承赋如平民"已久的时代，他们对此依然念念不忘，政治的、经济的、族群文化的因素交融在一起，这背后的意味是颇值得深思的。

如丰顺县潭山镇凤坪村蓝氏《汝南堂长房族谱》记载：

> 盘瓠一十八载，与公主合生三男一女，尽是美貌端庄，长大，生死同葬在会稽山七贤洞幽僻之处。永免难役，系抚安乐，代代子孙不纳粮税，不与庶民交婚，无占庶民田地，望青山刀耕火种，自供口腹，及赐木弩游猎为生，仍有异记，各籍盘瓠。
>
> ……
>
> 敕赐御书录券与子孙都记。三姓俱是盘、蓝、雷，宗祖摇人，居会稽山七贤洞，免差役，不纳税粮，永乐人，兹将垂记，谨具于后。①

此谱除了对盘瓠出身交代外，最显著的就是强调其族人免差役，至少三次提及"不纳税粮"，而且同时，还明确地将其范围圈定在盘、蓝、雷

---

① （清）丰顺县潭山镇凤坪村蓝氏《汝南堂长房族谱》，清光绪戊申年（1908）桂月春圆手抄历代族谱。载朱洪、李筱文编《广东畲族古籍资料汇编——图腾文化及其他》，第5—7页。

三姓人中，自称为"摇人"，认定这些才是他们眼中的同胞。同样，在增城市正果镇上水村畲族《盘蓝雷氏族谱》中，这种表达更为明显，甚至用词显得极为强硬，在对本族优免特权问题上，有着强烈的认识，甚至以法律的形式表达了对本族特权的保护与维持，若有人违犯，则要负极重的后果，其记载如下：

> 朝廷出给据，分与日后子孙，任从去往居住，不得军民侵占。
> ……
> 平皇问：摇（瑶）人居住何处？青山为活，面过乡村，求乞官司，不得妄行取问徭（瑶）人税租，具状赴官。若乱追户徭人租，准一条罪。……
> 盆大护税租并行放兑。世代子孙定六姓为婚，不得百姓交婚，有人差使，准一千条罪。自令，任在山居住，刀耕火种为生，有富贵不得争夺，欺凌妄行，籍据家财，准此斩罪。……
> 朝廷出给公据付与后来子孙，任从去往，不得住及军民协赫受财，仰朝廷敕命，乞科赏钱三百贯，准一千罪施行。①

从这些不厌其烦引用的畲民族谱可知，这些文献遣词造句有些微妙的区别，它在对盘瓠出身及功过方面描述着墨并不太多，而整个叙述中，都在反复地强调其优免特权，主张若有人违犯，则是"若是有人来收税，柴头木棍过头缠，打死不使常（偿）名（命）钱"，尽管畲民的各类《开山公据》中皆在叙述类似的事件与特权，但这种自信与强硬在别的谱中却所见不多。他们将对他们特权的违背看作是对王朝的冒犯，要"准一条罪"、"准一千条罪"，甚至"准此斩罪"。

除族谱中所录《开山公据》外，畲民的《高皇歌》所唱内容与其也极为相似，只是在基调上，《高皇歌》却与其相去甚远，在《高皇歌》中，他们的族群意识展露无疑，而他们的苦难记忆也随之流露出来，他们这样表达：

---

① 增城市正果镇上水村畲族《盘蓝雷氏族谱》，载朱洪、李筱文编《广东畲族古籍资料汇编——图腾文化及其他》，第16—18页。极其类似的记载还可见惠东县多祝乡陈湖村《盆盘蓝雷黎栏族谱》，同上书，第22—24页。

龙期自愿去作田，去□皇帝分半山，自种山田无纳税，不纳租税已多年。文武朝官都来送，送落凤凰大山宫，皇帝圣旨吩咐过，山场田地由你种。皇帝圣旨吩咐过，蓝雷三姓好结亲，千万人女由你拣，莫来嫁给百姓人。高辛皇帝话原真，吩咐蓝雷三姓人，女大莫去嫁阜老，阜老翻脸便无情。……今来不比当初好，受尽乡村华老欺，一从原先古人礼，多让华老由其欺。……广东路上已多年，蓝雷三姓去作田，山高作田无米食，赶落别处去作田。赶落别处去作田，别处作田又作山，作田作土无粮纳，作田亦是靠天年。①

在这种免税特权已成空话的年代，畲民子孙更是以歌谣形式诉说他们对昔日的向往，痛斥"官家百姓"对他们的不公平待遇，畲民心中所感受到的这种族群的苦难更是激发了他们对本族同胞互助互济的期待，希望通过其特有的语言，独有的姓氏，区分自己的族人，"蓝雷讲话各人知，蓝雷三姓莫相欺"，苦难的记忆总是容易激发起人们的同情与共识，通过这种族群的苦难意识阐发，达成族群的认同与团结。郭志超、董建辉通过对不同时期、不同地区畲族赋役状况的考证辨识认为，畲族地区的封建赋役制始于南宋末，局部扩张于元明，普遍实行于清代。早在明代，粤东大部分畲族地区已推行赋役制度，而到清代，闽西、闽南（九龙江以西）及赣南畲族地区赋役制度亦得到普遍推行。②但尽管如此，多少年后，畲民却依然对其传说时代的免差徭抱着热切的希望与期待，对现实的交纳公粮形成强烈的心理抵触，甚至将其看作是一种汉人对其族群成员的欺压，或者将其在与汉人接触中出现的族群矛盾等归因于其族人优免特权的消失上。

从畲民的言语中可知，"不纳粮税"最基本的意思当然是对畲民在经济上的优免特权的肯定，但在这种特权表达与向往的背后，更隐含着畲民作为一个族群对本族历史的集体记忆，他们希望通过这种诉说表达其在政治身份上的特殊性，同时也以此区隔他们与一般汉人在身份和族群上的区别。

而除对免徭特权的强调，对畲民姓氏的确定及对本族语言的认识外，

---

① 《高皇歌》，《畲族社会历史调查》，第366—367页。
② 郭志超、董建辉：《畲族赋役史考辨——与蒋炳钊先生商榷》，《民族研究》2000年第2期。

畲民还有与其祖先图腾相配套的一整套仪式与宗教活动，即"招兵"仪式。招兵仪式主要存在于广东，相传"招兵"与始祖盘瓠有关。一说，驸马王猎取番王头时，被番兵追赶，到了海边，得到六丁六甲神兵相助，凯旋而归，为感谢神兵神将而举行招兵仪式，以献祭叩谢。一说，为展现驸马王茅山学法后的神威。① 为纪念他们祖公驸马茅山学法后统领各路兵马，扶正压邪，祝贺平安，子孙昌盛，每五年一次，石古坪每两年一次。每次规定农历年终十二月二十四以前择吉日举行，连续两天两夜，或三天三夜，由族内年长者为首，各户自愿凑钱，请法师主持。石古坪则由上次定了法名的长者主持，代代相传。招兵时，在公厅举行，搭一高木台，设神坛，以斗米作香炉，上饰有各路兵马的令旗。法师作法，口中念念有词，吹牛角，全村男女老少参加助兴。然后用两个蚶钱抛在案桌上，如是胜杯（一阴一阳），表示兵马已到，台下经挑选过的几个男子，各去领一令旗到公厅下面拜祖。仪式结束后叫"推龙"，每家每户各备一鸡一鸭和金银首饰到村口去拜，送别法师，法师收鸡鸭作报酬，金银首饰保留不动。② 如今存在于九连山畲族地区的招兵仪式，已由早期纪念型向祈祷型发展，仪式除了承续传统意识外，重点已转移到旨在祈求阖族平安与子孙昌盛。③

仪式对族群认同与历史记忆的延续上所具有的作用是非同小可的，保罗·康纳顿（Paul Connerton）的研究表明，仪式不是日记，也不是备忘录，它的支配性话语并不仅仅是讲故事和加以回味，它是对崇拜对象的扮演。④ 以保罗·康纳顿的分类，在社会记忆中，招兵仪式属于典型的纪念仪式。在招兵仪式中搬演传说中盘瓠统领各路军马的神威，将有关过去的意象与有关过去的记忆知识，通过招兵仪式的形式来传达与维持，联系盘瓠传说所具有的显著的族群特性，招兵仪式则又是对族群历史与认同的一种表达与阐扬。

畲民通过强调族群特色，使其与周边汉人保持着一定的界限与距离，

---

① 吴永章：《畲族与瑶苗比较研究》，福建人民出版社2002年版，第259页。
② 施联朱、朱洪等整理：《广东潮安县凤凰山区畲族情况调查》，载《中国少数民族社会历史调查资料丛刊》，福建省编辑组编：《畲族社会历史调查》，第267页。
③ 朱洪、姜永兴：《广东畲族研究》，第105—106页。
④ ［美］保罗·康纳顿（Paul Connerton）：《社会如何记忆》，纳日碧力戈译，上海人民出版社2000年版，第81页。

也正是这种心理上的有意隔防，使赣闽粤毗邻区的畲民尽管身处汉人重围，却依然以某种明显或者潜在方式表达其特有的族群意识。但同时我们也注意到，在历史的发展过程中，在不断与汉人交往中，这种对族群认识的刻意强调也只存在于少量的畲民之中，而曾经居住于赣闽粤的大量畲民，则早已"忘其所自来"，而与平民无异了。

第三节　客家人意识的兴起

在赣闽粤毗邻区，比畲民意识出现稍晚的是客家人意识的兴起。自从20世纪30年代罗香林奠定客家学研究以来①，客家研究渐渐成为一门显学，八九十年代，涌现了众多研究者，而众多的研究中，客家源流一直是最为学者们所关注的，关于客家源流的专著就有不少。② 在这些论著中，讨论焦点大都集中在客家的来源、客家的迁徙、客家的语言、客家的特质、客家精神等问题上，学者们对客家研究做了大量梳理工作，对创立和发扬客家学贡献巨大，使后辈追随者有个清楚的脉络可循。但其所采用的传统民族史溯源法，带有的本质主义倾向使研究者很容易将历史中多变、流动的族群视为有一贯传统与源流清晰的连续整体，而如今再做客家研究，如果说还有些什么突破的话，也是借着前辈们的成果与努力，作些新的尝试。

客家形成问题一直是学者们关心的问题。传统民族史研究方法指导下的客家学研究对此就极为关注。随着20世纪六七十年代西方族群理论的流行，学者们开始思考族群认同与族群意识的问题，族群理论认为这对于族群的形成是一个关键的因素，在关于"客家观念"、"客家意识"形成的研究方面，也出现突破前人的成果。华裔学者梁肇庭是当代对客家学研究贡献颇大的学者。其遗著《中国历史上的移民和族性：客家、棚民及其邻居》（*Migration and Ethnicity in Chinese History*：*Hakkas*，*Pengmin*，

---

① 罗香林：《客家研究导论》，希山书藏；《客家源流考》，中国华侨出版公司1989年影印版。

② 如陈运栋：《客家人》，东门出版社1991年版。房学嘉：《客家源流探奥》，广东高等教育出版社1994年版；谢重光：《客家源流新探》，福建教育出版社1995年版；陈支平：《客家源流新论》，广西教育出版社1997年版；等等。

and their Neighbors, Stanford, 1997) 结合施坚雅的宏观区域理论与人类学族群理论,对客家史研究进行全新的理解。在施坚雅的宏观区域理论中,赣闽粤交界区处于边缘地区,受经济中心的发展周期影响极大,客家人的动态迁移、经济活动、族群矛盾被区域性的发展周期所形塑。并认为在13—15 世纪,蒙古入侵,明朝对外交流与贸易闭关。这一地区所属的宏观经济区同时经历了萧条,这阻止客家人顺河谷而下的迁移,最终没有与其他汉人接触并被同化,发展出稳定的客家文化;而在 16 世纪经济复苏,促进人口向不同方向迁移。到清代,则又因经济衰退,导致部分地区出现土客矛盾。客家意识就是在这样的形势下激发出来的。[①] 而事实上,早在 1982 年,梁肇庭就以中文发表了《客家历史新探》一文,在该文中,梁已经提出以种族集团与区域系统观念来理解客家史,他认为,区域及区域周期与客家关系:(1) 成为客家老家的赣闽粤边区是由三个巨区(即东南沿海、岭南和长江中游)的外缘组成的;(2) 伴随地区性商业繁荣和衰落,出现人口流动。这是一个核心和边缘的相互作用,核心的经济发展吸引外缘的移民寻找新的机会,经济萧条造成相反方向的移动。十三四世纪三区出现经济萧条,是客家酝酿期。该期演化了客家人自己共有的特点。如果这时核心的经济是繁荣的,他们就有可能向下移动,在未形成自己的文化、社会特点以前就被同化。但事实并非如此,经过二百年的独立,孤立在山区,没有下山往核心移动的可能,客家便演化成有文化社会特点的集团。这个集团在某个时候,因经济核心的繁荣,他们便下山顺河流向核心移动。在同别的汉人接触,并在经济社会、政治上发生竞争时,自觉感便发生了。[②] 梁氏将族群与文化群进行区别,认为共享文化及传统的只能称"文化群",族群是与他者对应的,因此,只有当客家人与其他族群接触并发生摩擦时,才产生族群的自觉感。因为这一研究,梁肇庭无疑成为客家史研究最前沿的代表人物,唯一对其有所苛求的是,有学者还是指出梁肇庭亦多少有本质主义倾向,"尽管在他们的理论想象中,族群有异于文化群体,可是,它仍旧具有一些文化'特质',并因之区别于其他族群。因为这个原因,他们必须假设说,一方面,这些特质是该族群共

---

① Sow – Theng Leong, *Migration and Ethnicity in Chinese History: Hakkas, Pengmin, and their Neighbors*, Edited by Tim Wright, with an Introduction and Maps by G. William Skinner, Stanford University Press, Stanford, California, 1997.

② 梁肇庭:《客家历史新探》,《中国社会经济史研究》1982 年第 1 期。

享的。另一方面，它们是其他族群所没有的。这样，他们将自己置于理论上的危险之地"①，但这并不导致对梁肇庭客家史研究成就的否认，相反，是一种弹性的发挥与阐扬。

梁氏之后讨论客家观念、客家意识的学者也取得了突破性的成果。如陈春声在对韩江流域民众"客家观念"演变的考察中发现，在"客家人"最重要的聚居地韩江流域，把"客家人"视为一个族群的观念，是在数百年漫长的历史演变过程中逐渐形成的。这一观念的形成，明显受该地域百姓口耳相传的关于祖先来源的"历史记忆"的影响，但其关键之处在于实现对日常生活经验所形成的人群分类观念的超越。在这一过程中，近代族群分类意识的传入、近代教育的推广和近代城市兴起所引起的生活方式的改变，起了重要的作用。②而在其另一文中，亦提出，清末民初"客家"认同的形成，不仅仅是少数知识精英建构的结果，更重要的是社会经济变迁的大势使然。③程美宝对广东客家人研究指出，客家人的历史撰述，是从别人撰述的历史，演变为自己写自己的历史过程。这个过程其实正是客家人自我发现的过程。并发现，在嘉庆至光绪年间，已经具有强烈的"客家"身份意识的客家士人用以说明"客家"文化的中州渊源时，所用的论据主要还是以地域和方言分类为基础的"移民说"的话，那么，到光绪末年以后，在这种移民说上叠加了更浓厚的以血统为基础的种族色彩，这个转变与近代种族观念和国家观念根植中国相应和。④程以"从方言到种族"精辟地概括了这一转变。另一个对客家族群意识研究的是中国香港学者陈永海。陈以19世纪初广东新安县的土客学额争议切入，认为"客家族群主义"在现代中国早期的兴起，是一个不寻常的现象，但它并非独立于国家概念的社会现象，而是深受"国家的肇建"所影响的。他认为，从徐旭曾开始的客家人对中国性的强调很可能是因为在武力冲突斗争中被指为"蛮族"，在当时的国家意识形态脉络中可以构成实际的威胁。而中国性问题真正成为"客家族群主义"讨论的核心则是在辛亥革

---

① 刘永华：《梁肇庭先生的客家史研究》，未刊稿。
② 陈春声：《论1640—1940年韩江流域民众"客家观念"的演变》，《客家研究辑刊》2006年第2期。
③ 陈春声：《清末民初潮嘉民众关于"客家"的观念——以〈岭东日报〉的研究为中心》，载陈支平、周雪香主编《华南客家族群追寻与文化印象》，第49—64页。
④ 程美宝：《地域文化与国家认同：晚清以来"广东文化"观的形成》，生活·读书·新知三联书店2006年版，第66—96页。

命前，当时的种族和民族意识高涨，带来了新的族群主义，民族和种族成为根本性的政治概念，客家人对他们是不是汉人后裔反应越来越强烈。①学者们对"客家观念""客家族群意识"的研究，都将其置于近代中国特殊的历史背景中进行考察，也唯其如此，才能让我们更深刻地理解作为族群的客家是如何形成演变的。

一 作为流民的客民

"客家"作为人群指称，一开始是作为他称出现的，且时时以反面形象出现，并在书写时被有意污化。但在形成污化之称前，其实文献中已有对客民的记载。在修于清代雍正初年的《归善县志》中，记载了明代中期归善县有"异邑民入县"的情况，这些异邑民被称为客民，他们进入惠州租佃土地，因常与当地土人发生矛盾，引起了当局的注意。其具体情况如下：

> [神宗万历十六年（1188）] 异邑民入县界田。自山寇炽，民岁（疑为卒）于锋镝者殆尽，至是将二十年，生齿犹未复也，田地荒芜，灌莽极目，于是异邑民入界而田之，多兴宁、长乐人，而安远、武平人亦间有之，其中多犷悍好斗，始至则厚馈田主，得耕之后，惟其所欲。与惠人租斗有加一二至加五六者，皆其初量田所出定之，不知所始矣。此属强悍，讼之官，官不知因俗，为政遽减斗，徇之又或有争讼，多屈土民，以直之，彼益骄狠无严，则亦何所不至，长塘客火至劫辱人家，与贼无异，土民畏懦不敢控诉，长此安穷哉？缮约虽似可行，而未必见重，徒令约正副等受累，故贤者避而不为，流移之党无所拘系，甚可忧也。②

在这些异邑民中，有兴宁、长乐、安远、武平之人，涉及三省，实际上却是相邻县份，他们因租佃时表现强悍，被认为是"客火"、"与贼无异"。又因他们流动性较强，不在当地人口登记之列，形成官府无法控制的局面，因此，方志撰修者提醒当局要求这些客民要有路引，才准收保。其具体做法为："按令甲军民出百里外，官给路引，今当下令客民各赴领

---

① 陈永海：《作为中国国族事业的客家言说——从香港看近代客家文化认同性质的变迁》，载刘义章主编《香港客家》，第19—37页。

② （清）孙能宽等修，叶适等纂：《归善县志》卷二《事纪》，第30页。

本县路引以来，引目内开原某都某图某约某户长下丁，今移居某县某村佃耕某人田土，带妻子几名口。既领引矣，诣所居县籍之署。其引曰验讫，乃付约正收保。盖纲在，纲则有条而不乱也。当事者图之。"作为一种事后建议，明代肯定无法参考，不过几年后两广都御史陈大科的一项举动表明，这种做法在明王朝时其实已实行。

    （神宗万历）二十三年（1595）邓镰知归善县，两广都御史陈大科下檄令有司拘客民入约：为督抚地方事，照得惠州府属如归善、永安、河源、海丰等县，土旷人稀，近有隔府异省流离人等蓦（疑为募）入境内佃田耕种，初亦少，藉其翰纳，乃久之递相呼引，蚁聚蜂屯，藐兹土著之民数翻不胜矣。浸浸客强主弱，日欺凌我众，甚至有夜聚晓散者，有格斗健讼者，有偷牛盗马者，有推埋探丸者，见谓不属本管，无如我何，而官府亦惮其管辖之难，莫之谁何矣。此痛终有一溃，殊属可忧，即就严督招主，一切驱逐出境，亦何难焉。但念流人即吾人，彼其悍然冥行不顾者，为其无以约束之，荡如不系之舟，剽如不羁之马，势则然也。兹思所以束约而整齐之，之要莫若重乡约之法以渐驯而樱之耳。拟合申饬遵行为此牌，仰本府官吏即查各属县客户，繁夥之处，务令着实，修举乡约之法，督各招主将各客户俱赴附近约正处报告编管，有如作奸犯科如前项者，许约正据实开报到县，以凭拘审。事情小者许约正从公径自处分，行之既久，彼虽实繁有徒，将渐入吾条约准绳之中，自有以折其气而慑其党，此强干弱枝之道，遏乱杜衅之方，所当着实举行者也。再查约正之中，如果奉公守法，众情遵服，官府不妨假之辞色，稍优接之，以明任使，如有因而恣肆生事扰众者，即随之以三尺之法，毋贷也。①

    作为"流人"的客民在当时对移入地最大的威胁就是他们不受约束，当局无法有效控制，而又因移入人口比当地原住人口还多数倍，造成社会不安与动乱，使当地土著在心理上也难以接受他们。对付其最有效的方法就是拘其入约，使移民有所约束。而修于清乾隆年间的《海丰县志》证实了这一猜测。作为与归善相邻的海丰县，在该志中，亦记载了两广都御

---

① （清）孙能宽等修，叶适等纂：《归善县志》卷二《事纪》，第32—33页。

史陈大科下令拘客民入约的规定,此外,对客民进入海丰的记载亦表明,其时间与归善大概相去不远。

> (万历)十七年(1589),异邑民入界。自山寇炽,三邑民死于铎镝者殆尽,至是将二十年,生齿犹未复也,田地荒芜,灌莽极目,于是异邑民入而田之,海丰则多漳潮人,归善、永安则多兴宁、长乐人,而近来四方人则俱有之,其始以分土著寓居相形,今百年生聚,敦睦姻戚人文互盛,稍成一岩邑也。二十二年,两广都御史陈大科下檄有司拘令客民入约。①

这些记载同样说明,异邑流入之民其实皆是与其毗邻之地的人民,因移入者数量增多,与土著形成相对的寓居人群。但这种一开始用于约束客民的入约之法等于在事实上承认这些客民在移入地居住的合法性,一旦这种合法性得到承认,而客民人口又远远大于本地土著时,土客之间的矛盾是最初无法预料的。在乾隆《增城县志》中看到本地人对外地移入开垦者的不满与怨恨:

> 自明季兵荒叠见,民田多弃而不耕,入版图后,山寇仍不时窃发,垦复维艰。康熙初,伏莽渐消,爰谋生聚,时则有英德、长宁人来佃于增,村落之残破者,葺而居之。未几,永安、龙川等县人亦稍稍至。清丈时,山税之占业浸广,益引嘉应州属县人,杂耕其间,所居成聚,而杨梅、绥福、金牛三都尤夥。客民习田勤耐劳勩,佃耕增土,增人未始不利。然其始也,不应使踞住荒村;其继也,又不应使分立别约,遂致根深蒂固,而强宾压主之势成。②

虽然这些外来佃耕的客民曾为增城创利不小,但因客民在增城落地生根,不断引带、繁衍,使移入地形成宾强主弱的情形,矛盾自然也就生发出来。但一开始,这种矛盾却还只是潜隐的,这从上引几部清代早期的广

---

① (清)于卜熊修,史本纂:《海丰县志》卷十《邑事》,据清乾隆十五年(1750)刻本影印,上海书店出版社2003年版,第672页。
② (清)管一清纂修:《增城县志》卷三,清乾隆十九年(1754)刻本,第9—10页。转引自程美宝《地域文化与国家认同:晚清以来"广东文化"观的形成》,第70页。

东方志中亦大略可见。在这些记载中，撰述者所关注的还只是客民作为流民的身份及这些流民所引起的一些社会问题，在对作为流民的客民诸政策中，也不曾显现任何族群区分的意味。如果说客民有什么显著特征为时人所关注的话，那就是客民强悍的性格，如《归善县志》记载："闽人犁来……其依山燔岭而樵，负户而汲，多与兴长转徙民垦草土为田，引流泉灌之收获自倍，亦致中富，然俗喜狠斗，男壮遭服皂衣，役官寺持吏短衣相告，言故常乐讼。"① 在清代嘉庆年间所修的《增城县志》中同样显示了客民在这方面的能力："客民最健讼，其颠倒甲乙，变乱黑白，几于不可穷诘，大率客民与土人讼，必纠党合谋，客民与客民讼，亦分曹角胜。"② 即便如此，也丝毫不构成任意族群意义上的暗示。最多表示某种判断，或者夹杂着一丝本地人对众多外来者的不满与恐惧。

二 作为族群的客家

作为族群的客家意识的产生，是在与土著的不断接触与摩擦中产生的，而其最初的称呼，则大多出于其他人群对他们的称呼。据刘丽川的研究，有"客家"称谓记录的，是清康熙二十六年（1687）的《永安县志》。因为永安县历史上有"三志"：首志为明万历十四年（1586）由知县郭之藩主持、叶春及撰写的二卷《永安县志》；次志为清康熙二十六年（1687）由知县张进修、屈大均纂十七卷《永安县志》；三志为道光二年（1822）由知县叶廷芳续修的七卷《永安县志》。明万历年间的首志，并无关于客家的记载，而次志卷一《地理五·风俗》载："民多贫，散佚逋赋，县中雅多秀氓，其高曾祖父多自江、闽、潮、惠诸县迁徙而至，名曰客家。比屋诵读，勤会文。"因此，刘丽川认为客家称谓的出现是与清初"迁海复界"而引发的垦民潮有关。③

而客家人作为一个独立群体，其最显著最易为人所辨识的特征便是客家话。因此，语言自然成为用以区分不同族群的可显著识别的标志。在族群分野还不明显的时候，客家话就已受人们的关注，在清代早期的香山"或有客话，有东话。客话自城内外及恭常之半为一，通于四境"④ 在增

---

① （清）孙能宽等修，叶适等纂：《归善县志》卷七《都里》，第111—112页。
② （清）熊学源修，李宝中纂：《增城县志》卷一《舆地·客民》，第228—229页。
③ 刘丽川：《"客家"称谓年代考》，《北京大学学报》2001年第2期。
④ （清）申良翰修，欧阳羽文撰：《香山县志》卷一《舆地·风俗》，清康熙十二年（1673）刻本，1958年中山图书馆油印本，厦门大学古籍室藏，第240页。

城，这些说客家话的人尽管迁入多时，却还保存着自己的方言，因此人们一听便知："至若客民隶增者，虽世阅数传，乡音无改，入耳嘈嘈，不问而知其为异籍也。"① 目前所知最早出现的以语言作为分类标志的有关"客"的文字，则是雍正《揭阳县志》，该志记载了顺治初年，揭阳爆发的"九军之乱"，在此，语言成为划分不同人群标志。在乾隆年间所修的《揭阳县志》中，方志编撰者采取了与前志一样的手法，将此事记载如下：

> 顺治元年甲申正月獠贼通闽贼、阎王老等数千人突至县西关，知有备，遁去。
>
> （顺治二年）七月初六日獠贼寇官溪，乡兵奋击，杀贼众四百余人，弃之于水。
>
> （顺治三年十一月）是月獠贼引众欲尽杀平洋人，平洋诸乡知其无援，远近互救，贼宵遁。②

县志将不同语音引起的斗争载入其《兵燹》一节，明显将"九军之乱"视为一种非正义的行为。

正是在这种土客矛盾中，客家由一个方言群发展而成为一个有某种族群自觉意识的群体，而嘉庆年间徐旭曾所著的《丰湖杂记》则被认为是客家宣言书。徐旭曾是广东和平县人，嘉庆年间取得进士资格，在嘉庆年间，徐主持惠州丰湖书院，时值博罗、东莞土客械斗，他的有些学生来自博罗，询问他关于客家的来源，徐便作了此文，由学生记载下来。他认为"客"是与"土"相对的概念，客家人是中原衣冠旧族的后裔，随宋室南渡，具体如下：

> 今日之客人，其先乃宋之中原衣冠旧族，忠义之后也，……粤之土人，称该地之人为客，该地之人亦自称为客人。……客人以耕读为本，家虽贫亦必令其子弟读书，鲜有不识字不知稼穑者，日出而作，日入而息，即古人负耒横经之教也。客人多精技艺，客人之技艺，传

---

① （清）熊学源修，李宝中纂：《增城县志》卷一《舆地·风俗》，第205页。
② （清）刘业勤修，凌鱼纂：《揭阳县志》卷七《风俗志·兵燹》，乾隆四十四年（1779）刊本，1937年铅印本，厦门大学古籍室藏，第5b、6a、10b页。

自少林真派,每至冬月,相率练习,拳脚刀矛剑梃之术,即古人农隙讲武之意也。客人妇女,其先亦缠足也,自经国变,艰苦备尝,始知缠足之苦害,厥后生女不论贫富,皆以缠足为戒。自幼至长,教以立身持家之道,其于归夫家,凡耕种樵牧井臼炊薪纺织缝纫之事,皆能一身兼之。……客人之先,本自中原之说,为不诬也。客人语言,虽与内地各行省小有不同,而其读书之音,则甚正,故初离乡井,行经内地,随处可相通,唯与土人之风俗语言至今犹未能强而同之,彼土人以吾之风俗语言,未能与彼同也,故仍称吾为客人,吾客人亦以彼之风俗语言,未能与吾同也,故仍自称为客人。①

在徐氏表述中,客家特征有以下几点:一是客家是中原衣冠旧族的后裔,南迁而来;二是客家妇女不缠足,勤劳淳朴;三是客家语言风俗本自中原。惟其有这种族性的自豪感,徐氏坚称:"客者对土而言,土与客之风俗语言不能同,则土自土,客自客,土其所土,客吾所客,恐再阅数百年,亦犹诸今日也。"正是因其首次以客家人的身份,对客家源流作如此详细的阐发与宣扬,《丰湖杂记》被视为客家族群的宣言书。在此,尽管徐氏论证了客家人的诸多优点与特性,但认定客家人的标准似乎还是语言与风俗,因其风俗语言与土人异,故而被称为客人。从徐氏"客者对土而言"的认识中,程美宝认为这说明当时的人对于所谓的"客人"尚未有一种清晰的认识和本质性的界定,而语言风俗仍是认定客人的基础。②徐氏之后,对客家来源与特性阐述最有影响的是大埔林达泉。他将徐氏的观点发扬,并作了进一步论述。在他的《客说》一文中,认为客家语音为先民之逸韵,有着高度的统一性,他指出,在大江南北语音各异的情况下,客家音却不一样,而这与客家人来自中原有密切的关系:

客之对为主人,主人者,土人也。……大江以南徽音异苏,苏异浙,浙异闽,闽异粤,粤异于滇黔,滇黔异于楚南江右,其土既殊,其音即异,惟于客也否,客于县,而他县之客同此音也;客于府,而他府之客同此音也;于道于省,无不如此。是称客无殊,其音即无异

---

① (清)徐旭曾:《丰湖杂记》,载罗香林《客家史料汇编》,第297—299页。
② 程美宝:《地域文化与国家认同:晚清以来"广东文化"观的形成》,第72页。

也。且土之音或不叶于韵，客则束发而授《语》、《孟》，即与部颁之韵不相径庭，盖官韵为历代之元音，客音为先民之逸韵，故自吻合无间，其有间则杂于土风耳，非其朔也，是为客之音。……由是观之，大江以北无所谓客，北即客之土；大江以南无异客，客乃土之耦生，今之世而欲求唐虞三代之遗风流俗，客其一线之延也。[①]

与徐旭曾认为客音最正一样，在林达泉的论述中，客家话具有明显优于其他各种语音的品质，而在对客家话强调之外，林达泉论证的另一个要点是客家人的中国性，即强调客家人为中原南迁的"唐虞三代之遗"，是具有正统来源的中华贵胄之后，后人想要识得"唐虞三代之遗风流俗"，只有通过客家人了解。与徐氏突出客家人为忠义之后类似，这种对客家人中国性的强调进一步将客家人高贵化，而这种对中原起源的在意，很大程度上是与传统的华夷观念相关的。因为在林达泉写作此文之前，在广东西路发生了一场声势浩大，旷日持久的土客大械斗，这场械斗持续十三年，波及十七县，其规模之大，死伤之众，影响之深，在中国历史上是仅见的。但因为它被当时的政府及后来的学者视为"民间私斗"而不予重视，加上当时有太平军、洪兵、第二次鸦片战争等关系国家社稷的事件和战争，这场械斗渐渐隐退到后台，被当时政治所忽视。[②] 正是在这场械斗之后，林达泉认为人们对客家存在认识上的误解，因此作此文以溯其源，并表明："客与土斗，客非与官仇，世之有司听土人之诬捏，遂因械斗而目以叛逆，竟助土人而驱之灭之，必使无俾易种于斯土也。呜呼！何不溯其所由来也？"[③] 从行文中可推测，在林氏及当时人眼中，出身中原，华族后裔，代表着一种文化与道德上的高端，确认客家人的中国性，无异于确认客家人在行为上的正当性。陈永海就指出，帝国时期客家论述对中原起源的强调，很可能是因为在武力斗争中被指为"蛮族"，而该标签在当时的国家意识形态脉络中可以构成实际的威胁。也就是说，在斗争中，客家被指称为"蛮族"，不仅是在贬低他们，而且有助于争取中央在处理地方

---

① （清）温廷敬辑：《林太仆文钞》，载沈云龙主编《近代中国史料丛刊》第三辑，（台北）文海出版社1967年版，第131—133页。
② 刘平：《被遗忘的战争——咸丰同治年间广东土客大械斗研究》，商务印书馆2003年版。
③ （清）温廷敬辑：《林太仆文钞》，载沈云龙主编《近代中国史料丛刊》第三辑，第135页。

武力斗争时采取对客家不利的措施。① 难怪林达泉在其文章中无奈又愤然道："汉回斗犹曰戎不乱华，土客斗奈何指客为匪？"② 在此，将土客问题与汉回问题作截然的区分，自然显得极为必要。

三 宁化石壁传说

正是对这种中原后裔的强调，客家人愈发注重在祖先来源上的撰述，对祖源的追述成为证明其为中原移民后裔的主要方法。而这必当涉及宁化石壁传说。据罗香林的研究，这个传说在客家地方极为普遍，罗香林便是从其伯父处听得这一传说，传说内容为：

> 在昔，黄巢造反，隔山摇剑，动辄杀人；时有贤妇，挈男孩二人，出外逃难，路遇黄巢。巢怪其负年长者于背，而反携幼者以并行，因叩其故，妇人不知所遇即黄巢也，对曰：闻黄巢造反，到处杀人，旦夕且至，长者先兄遗孤，父母双亡，惧为贼人所获，至断血食，故负于背；幼者固吾生子，不敢置侄而负之，故携行也。巢嘉其德，因慰之曰：毋恐！巢等邪乱，惧葛藤，速归家，取葛藤悬门首，巢兵至，不厕杀矣。妇人归，急于所居山坑径口，盛挂葛藤，巢兵过，皆以巢曾命勿杀悬葛藤者，悉不敢入，一坑男女，因得不死。后人遂称其地曰葛藤坑，今日各地客家，其先皆葛藤坑居民。③

这个故事常常被认为是客家人共同的历史记忆，但从故事强调的重心来看，其实其中关于客家人中原南来的观念却只字未提，除了对黄巢之乱这种对战乱的苦难体验之外，读者很难发现其中关于族群的言说。如果说故事还反映了什么的话，笔者倒是觉得它与其他许多道德教化类体裁的故事一样，是在做一种道义的宣扬，对该妇女为保全他人孤儿，而牺牲自我的一种褒奖。而这一类故事其实在中国古代的小说体裁中所见颇多。但由于无法在时间上确定这一传说的起源及其流行，因此，对民国以前这一传

---

① 陈永海：《作为中国国族事业的客家言说——从香港看近代客家文化认同性质的变迁》，载刘义章主编《香港客家》，第31页。
② （清）温廷敬辑：《林太仆文钞》，载沈云龙主编《近代中国史料丛刊》第三辑，第135页。
③ 转引自罗香林《客家研究导论》，第66页。

说与客家人的关系就无从确考。不过所幸的是，从民国以前各地所修的族谱中我们还是可以寻些蛛丝马迹，这对石壁传说的解读多少有些帮助。如在由李耀莹主稿，修于光绪二十五年（1899）的《兴梅源远李氏谱》中，其记载了先人曾居石壁村："宋季李孟公生李珠公，移居石壁村居住，即邵武大源地方。"而该谱的这条资料其实是转抄自邵武李谱中所载永乐四年（1406）李诚所撰的《陇西李氏族谱序》①，这也是目前所见族谱中关于先人居于石壁村的较早记载。

《丰顺吴氏族谱》卷终《杂录》亦记载了吴氏先人来自宁化石壁，《丰顺吴氏族谱》修于民国三十一年（1942），由吴桂芳等纂修，其中收录了明景泰四年（1453）六世孙吴江重修闽汀上杭汤湖吴氏族谱李嗣英讷斋先生序，在该序中这样记载："吴氏，其先宁化县石壁人也。元间，鼻祖四六郎公，偕其兄四五郎公，避兵于兹，家焉。"李嗣英即指出吴氏先人居于宁化石壁。而同样在该谱中，吴氏后人亦记载了先人教诲，在吴六奇所撰的《吴氏渤海堂谱序》中说：

  忆方幼龄，即闻诸祖考云：我先人来自宁化石壁，与杭之汤湖，共为一脉。虽以闽粤异处，支派遥分，未得遽详世系，然遗言在耳，中心固耿耿不忘也。迨考五世祖伯桂轩公，所编汤田族谱云：我入潮之祖，当洪武中，由汀杭迁程乡之万安（按：万安即今大埔县），寻徙汤田（按：汤田即今丰顺县），列祖递传，源流甚晰……比较近又得汤湖旧祖图，及重订永定大埔等派，附述谱记，一一参考，若合符节。断以宁化承顺公，即仁郎公为鼻祖也。嗟夫，余派与汤湖，自石壁鼻祖而下，三传始分，又十二传而至余。历元而明，迄今三百有余岁矣。②

这样的例子还有不少，《兴宁石马陈氏四修族谱》则收录了其初时明嘉靖年间的修谱弁言，其言为："考其鼻祖，肇自宋朝。七世祖陈祖文，世居福建宁化。后迄元大德间，徙居广东循州石马乡，生八世德贵。"兴宁石马陈氏族谱初修于明嘉靖元年（1522），主其事者为陈道，其后数

---

① 罗香林：《客家史料汇编》，第48页。
② 同上书，第66页。

世，有陈静轩者，复为续修。至清康熙十八年（1679），有陈铉者，起而重修，民国十五年（1926），其族陈冶欧、陈筠雅诸人，复出而为第四次之纂修。而这篇修谱弁言是初修时就已有的，于嘉靖元年（1522）孟秋赐进士出身翰林院编修兼国史馆江西泰和王思所撰。①

对作为私人撰修的族谱的生产年代感到怀疑，是完全可以理解的。因此，尽管有数量不少的关于先人世居宁化石壁的记载，但我们仍可以质疑史料生产时间上的可信性。但结合民国大量谱牒对宁化石壁的记载我们会发现，至少在民国以前的较长时间里，这种关于祖先居于宁化石壁的说法就已相当流行。如《兴宁廖氏族谱》云："唐时我祖由江西雩都，避黄巢乱，迁汀州宁化石壁寨，后子孙因乱，又迁顺昌，廖氏居于闽者遂众。"②而民国七年（1918）的《兴宁河西刁氏族谱》亦记载："初自福建汀州府宁化县石壁葛藤坪，始迁潮州府揭阳县蓝田村第八图小迳村。明洪武三年（1370）十一月十六日再迁海阳县丰政大椹，为吾刁氏入粤之始祖。"③而民国三十年（1941）《梅县兰陵萧氏宝亭公世系谱》也说："嘉靖松源萧氏，以梅轩为始祖。其先代自江西历迁宁化县石壁村，宋末，梅轩由宁化徙梅州，而家于梅之松源都焉。"④ 等等，如此众多的谱牒皆记载其先世来自宁化石壁，当然并不代表一种人群迁移的事实，但因其如此流行，却暗示了这一区域的人群在观念上的认同。

尽管宁化石壁传说如此盛行，族谱亦大量记载，但"宁化石壁"常常被当成是客家人的迁出地，却并不暗示其中原中转站的地位。也即是说，从上面所引史料看来，当时人们对宁化石壁的记载颇多，但却并不反映他们对祖先从中原迁来的观念的流行。结合徐旭曾、林达泉等人对客家人中原后裔的强调，我们可以更好地理解这一现象。因为在土客矛盾中被指为"匪"，甚至污称为带"犭"旁的客，客家人对其中国性的强调才显得尤为重要。如《崇正同人系谱》卷二《氏族篇》罗氏条云："罗氏……历代相承，繁殖中土……据罗氏族谱称，唐末有铁史公之子景新，因避黄巢之乱，与父子分散于虔州，乃迁于闽省汀州宁化石壁洞葛藤村紫源里家

---

① 罗香林：《客家史料汇编》，第82页。
② 同上书，第377页。
③ 同上书，第210页。
④ 同上书，第191页。

焉。"① 所谓《崇正同人系谱》其实就是客家系谱，于民国十三年（1924）香港崇正公会赖际熙、李佐夫等纂辑，而崇正会是香港客家侨民的组织，从组织名称上便可看出其宗旨，着力强调客家人的中原纯正性，其所出刊物自然由此思想主导。

当然，这种对中原南迁的说法并非此时才出现，在徐旭曾、林达泉之后，黄遵宪、丘逢甲等人亦大力提倡，黄遵宪就曾作诗云："筚路桃弧展转迁，南来远过一千年。方言足证中原韵，礼俗犹留三代前。"而该诗的自注中有对此诗的解释："客人来州，多在元时，本河南人。五代时，有九族随王审知入闽，后散居八闽。今之州人，皆由宁化县之石壁乡迁来，颇有唐、魏俭啬之风，礼俗多存古意，世守乡音不改，故土人别之曰客人。方言多古语，尤多古音。陈兰甫先生云：证之周德清《中原古韵》，多相符合。大埔林海严太守则谓客人者，中原之旧族，三代之遗民，殆不诬也。"② 黄的说法在当时颇为流行，将客家人的来源从宁化石壁进而又推到中原，宁化石壁则成就其客家中转站的角色，而事实上，在人们更早期的意识中，宁化石壁并不具备这一特性，其转变正好也是与客家人对中原南来说的强调相连，而且在近代民族主义思潮的传入之后，这种对中原性的强调更上升为一种关于血统纯正的强调，并深深地影响到学术领域。

小　结

本章侧重对赣闽粤毗邻区的族群意识的探讨，进而理解明代赣闽粤毗邻区的社会转型问题。首先，通过对陈元光建构历史的探讨，认为陈元光的建构正好反映了明清以来赣闽粤毗邻区社会结构的重组与转型。在唐宋时代，关于陈元光的记载还较多地停留在其"击潮州盗"的简单叙事中，而到明代，陈元光渐渐被将军、儒士、神明等光环所笼罩，其征蛮传说在明代中后期逐渐丰满与广泛流行，其所征之蛮从"广寇陈谦"渐渐落实到苗自成、雷万兴、蓝奉高等明显具有族群指称的人，这种首源于族谱的

---

① 罗香林：《客家史料汇编》，第 377 页。
② （清）黄遵宪：《黄遵宪集》卷九《古今体诗·乙亥杂诗》，天津人民出版社 2003 年版，第 239—240 页。

叙事得到方志的广泛宣扬,对陈元光的追忆与重塑与明清以来赣闽粤交界区的族群创造在脉络上有着内在一致性,反映的是居于赣闽粤毗邻区的人们通过对祖源的建构来完成对自身身份转变,而身份不断叠加的陈元光正是这个过程中创造出来的象征之物。但它并不是简单的事件,而是与宁化石壁传说及南雄珠玑巷传说一样,是关于华夷分野的言说。在明代中后期对陈元光的建构中,陈元光所征之蛮"苗自成、雷万兴、蓝奉高"的指证又恰恰与明中后期畲民概念的重组有密切联系,因此,考察被移民传说正统化了的漳州土著(包括当地汉人及部分畲民)与被平蛮传说蛮荒化了的畲民,这两个看似相反实则同一的实践背后的文化过程显得相当重要。而正是在明清赣闽粤毗邻区社会转型之后,零星的史料也显示了清代部分畲民关于自我的认定与创造,他们通过对盘瓠形象的改造及对自身独特性的强调,加强其作为一个族群的认同与意识。而稍后居于赣闽粤毗邻区的客家人意识亦相继兴起,此后,除却极少量畲民外,赣闽粤毗邻区基本被认为是中原南来的客家人的居所。

第六章 近代国族主义话语下的族群认同

从对族群建构取向上说，畲民与客家人看似有着极不一样的选择，畲民对盘瓠形象及称谓的改造以及对本族群特殊性的强调与客家人对其中原南来身份的建构无疑代表了两类不同的族群想象，同时，学术界对这两个族群也进行了深入的研究，其中尤其是对于畲民的研究，学者们力图将其纳入中国的近代化事业之中，将畲确认为组成中华民族的一个少数民族，但遗留的问题是，尽管学术界对畲民与客家人的研究已表现出相当的热情，不过在不明就里的外人看来，同是居于赣闽粤毗邻区，到底谁是畲民，谁是客家人，未必是个一目了然的事情。这种对畲与客的混淆常常引起客家人的愤怒。

第一节 从异己到国民

在中华帝制终结以前，尽管居于中国版图内的族群不断交融、发展，但传统的华夷观念一直主导着主流社会对人群的区分与认知，所谓的"夷夏之防"成为一条区分汉与非汉人群的鸿沟。随着帝制的结束，中国社会发生了重要的转变，这种转变不但表现在统治方式的转型上，更表现在人们观念形态的巨大变化上，其最直接且最具有冲击力的思潮便是近代民族主义的兴起。有学者指出，近代民族主义的显著成果一是确立了多民族共同体的中华民族的认知；二是通过辛亥革命一度出现了现代民族国家。[①] 而要确立这种多民族共同体的中华民族的认知，就须对各民族一律平等对待，接纳不同民族的同胞。可以说，近代民族史研究的一个重要定位，也正是基于这种情况的考虑，畲族史亦然。

---

① 李喜所：《移植与流变：近代中国的民族主义》，《天津师范大学学报》2007年第2期。

作为中国东南人数不多的畲民,其历史上所存史料不多,因此,对畲民的研究亦存在一定的困难。但近代的学者们还是通过各种手段,在畲族研究与资料保存方面取得了重要的成果。也正是这些学者们的努力,奠定了今日畲族研究的基础,并深刻影响世人对畲民的认识。而事实上,将文献中的"畲民"确认为"畲族"的学术努力对整个畲族史的意义非凡,其重要的观念转变便是,将王朝时期的"蛮夷"确认为共同构成"中华民族"整体的"少数民族"。

今日所谓之畲族概念,实起源于民国时期畲族研究者们的努力。这一时期关于畲民的研究受近代民族主义思潮冲击的学者们大都将畲民看作是一个民族,认为畲族是存在于中国东南,且主要是集中在浙江与福建的"特异的民族"、"特别的民族"。①管长墉对福建之畲民的考察中也认为,畲民是福建"最初的土著",是"中国特殊民族"。②

正因为学者们将畲民问题看成中华民族中之少数民族问题,因此,对历史上畲民与其他族群之互动、冲突也视为民族问题。管长墉在梳理历史上有关畲民的记载后,总结出历史上畲族与汉族、蒙古族交往的几个形态。据管长墉的统计,在宋、元、明三朝的记载中,畲族与汉族、蒙古族共有十五起史料,这些史料可归纳为如下几个形态:反抗汉族之统治者计一起,协助汉族反抗蒙古族者计一起,反抗蒙古族之统治者计八起,受蒙古族招抚者计一起,蒙古族对于畲军之加以处理与利用者计三起,汉族利用其除虎者计一起。管长墉将历史上畲民与其他人群的交往作如是总结,无疑是将近代民族观念强加于历史上之人群交往关系,而对民族关系的梳理与理解,也正是近代民族史的一个重要方面。基于这样一套对古代民族的认识,管长墉继而认为:"在此数形态中,又可知是以反抗蒙古族统治者为最多,历史上关于畲民之记载,即以元为多(元以前不称畲,故非说及),而元代中又以反抗的形式首屈一指,此中原因颇值解答。元代后之明清两代则毫无发现者,其原因又到底何在呢?文献不足,只有待书异

---

① 翁国梁:《福建几种特异的民族》,《民俗》1929年第80期,第1页,上海书店出版社影印,1983年月12月;沈作乾:《畲民调查记》,《东方杂志》第21卷第7号,1924年,第56页等。

② 管长墉:《福建之畲民:社会学的研究与史料的整理》,《福建文化》1941年第一卷第四期,第33页。

日了。"① 蒙古族虽是异族入主中原，但对于宋元之际的畲民而言，他们对元军的反抗也许只是一种地方势力重整的手段，也许只应视作一种帝王统治时期，王朝易代的区域性动乱而已，且这种动乱在宋朝时就已广泛存在，明朝更是震惊朝野，若作如是观，则畲民与汉族矛盾岂不更长久、更深远吗？管氏在此自然有其大汉正统思想的主宰，同时也将畲民视作汉人世代友好的民族兄弟。若仅畲汉关系来讲，作者无疑又是在宣扬一种民族共和的愿望。而他所面临的矛盾也是民国时期政治家与学者们共同面对的问题。是缔造民族共和重要，还要讲求汉族正统纯洁重要，这是民国时期活动家们一直争论的话题，站在时代十字路口上的学者，亦不免受其左右。

无论如何，将畲民看作中华民族一分子则是畲族研学者们一致的共识。近代民族主义思潮的一个重要特点即是将生活于版图内的各不同族群皆视作中华民族的组成部分，以此营造一个具有共同认同的"中华民族"，而非仅仅是汉民族，在思想上希望各兄弟民族能团结共进，一致对外，并试图建立一个现代民族国家。而畲民虽是东南小族，研究者们也一视同仁，将其纳于中华民族共同体之内考虑，沈作乾就说：

> 畲民到了今日，固然是衰败极了，然而他们无论怎样衰败，总是我中华民族的一分子，在中华民族的组织史上，应有相当的地位，不可因他们目前的劣败，就摈他们于人类之外。况且他们的性情风俗，有许多地方，仍保存着古代野蛮民族的本色，很可给我们研究历史、社会学学问的参考。②

沈作乾不但从政治诉求上认为，畲民在中华民族组织中有相当的地位，同时也从学理上指出，对畲民的研究也是保存"古代野蛮民族的本色"，为历史与社会学研究提供参考。政治上的追求与学术上的努力促成了近代民族史成为一门显学，将边疆民族视作同胞，对他们一视同仁地对待与研究，是对理解中华民族整体情况的一种贡献，管长埔也说：

---

① 管长埔：《福建之畲民：社会学的研究与史料的整理》，《福建文化》1941 年第一卷第四期，第 43 页。
② 沈作乾：《畲民调查记》，《东方杂志》第 21 卷第 7 号，1924 年，第 56 页。

边疆同胞生活情况之认识与检讨,到了今日,已是一种迫不及待的工作了,对于西南一带的少数特殊同胞,已有人着手研究,但对于在福建境内者,年来除一些片断的、零碎的记载之外,尚少有一整个的与全面的报告,实不能不认为一种缺憾的事。这篇文字之写成,目的是在于供给留心此方面资料的人们,以一个全体的概况。①

不但学者们作出了巨大努力,民国政府也对边疆少数民族极为的关注,据管长墉对福建畲民研究的附记所言,在"中华民国二十九年(1940),中央虽有改正边疆同胞命名之命令,但对于畲民之改称尚未决定,只规定此后应以地域区分,称为某地人云"②。这种政府对民族的态度自然受政治与学术的双重影响,而其欲将边疆同胞改称为某地人,实有去民族化的倾向,将生活于这块版图内的各不同族群人等一律以地域区处,而弱化他们的族群意识,从而达成一种较为整齐的"中华民族"。同样,福建政府对各县区"苗夷"状况进行了全省的全面统计,并进行简单描述。③ 而在浙江,通过德国人史图博对浙江畲民的研究,也可看到政府的努力。史图博说:"当时的中央政府是以值得称赞的方式来照顾这些土人的。它至少开了一个头,减轻了这个民族所受到的汉族地主的奴役和无以复加的沉重压迫。"④ 当然,在这种过程中也出现操之过急的举动,这也是令学者们头疼的事情。

与其他学者一样,何子星对畲民研究贡献颇大。何子星一名何联奎,是当时《民族学研究集刊》的特约撰述人,他发表的《畲民地理分布》及《畲民问题》成为20世纪三四十年代对畲民研究的代表作之一。他在其《畲民问题》一文中指出:"吾人应设法施以积极的教育,求其精神生活的解放,'愚''穷'问题的解决,使他们完全同化于我们,同跻于'民族一律平等'的地位,这非特是畲民之幸,也是中华六族共和之福了。"⑤ 何氏希望从教育上提升畲民的地位与智识,使他们"同化于我

---

① 管长墉:《福建之畲民:社会学的研究与史料的整理》,《福建文化》1941年第一卷第四期,第50页。
② 同上书,第33页。
③ 《福建省统计年鉴》,福建省政府秘书处公报室发行,1937年,第122—123页。
④ [德]史图博、李化民:《浙江景宁敕木山畲民调查记》,中南民族学院民族研究所编,中南民族学院民族研究所1984年版,第16页。
⑤ 何子星:《畲民问题》,《东方杂志》第30卷第13号,1933年7月,第57页。

们",这似乎也是当时学者们认为改进民族状态的一种较可行的方法。而其文中所谓的"中华六族共和"之说,则无疑是作为畲族研究者的他个人所加之意见。从孙中山所提之"五族共和"以来,汉、满、蒙、回、藏五族成为较通行的说法,得到了时人普遍的推崇,而何氏之六族说,实可见其对畲民研究所倾注的期待与希望之大,将畲与汉、满、蒙、回、藏五族相提并论,构成六族共和,诚可见学者们的一片苦心。而何氏的这种民族平等的主张也是构建中华民族的需要,惟其一律平等,才有可能各族团结,这在其他学者的论述中也得到反映与重视。

正是这种急切的希求民族平等,使学者们将畲汉的关系看得特别重,并将他们的问题上升到阶级、阶层问题上讨论。沈作乾在研究中就检讨道:

> 汉人对于畲民,以文明高贵的民族自居,以下贱人种待畲民,在前清时,将畲民和"舆台走卒"等执贱业的人一样看待,稍微清白的事务,多不许他们去做,到民国来,汉人这种阶级,虽已破除,但于畲民,却总不肯平等,不过比从前总算好些。……畲民与汉人相遇,总是十分谦恭,步步退让,俨然以奴仆等自居。但因汉人相逼过甚,而生出反动的,也有不少。①

沈作乾并总结出汉人对畲人的几种态度,分别为蔑视、压迫、欺骗、奴役,而畲民对汉人则十分尊崇,但若汉人对畲民压迫过甚,也会发生畲民毒害汉人的情形。此外,他又说:"畲民有恒产的人数很少,百分之九十几,做汉人佃户,不啻做汉人牛马。"② 同样的情形在管长墉的研究中亦可见,他说:"大多数的畲民,就所得到之资料而言,都属于佃农阶层。"③ 将近代的民族与阶级概念作为分析畲民历史的工具,使得历史上畲汉关系变得简单却又生硬。

学者们这种悲天悯人的民族平等情结很大程度是受民族主义各族共和、团结的思想的影响,与此同时,这种情结也因西方进化论的影响,使

---

① 沈作乾:《畲民调查记》,《东方杂志》第21卷第7号,1924年,第64—66页。
② 同上书,第58页。
③ 管长墉:《福建之畲民:社会学的研究与史料的整理》,《福建文化》1941年第一卷第四期,第44页。

其更添一层扶弱的心态。"物竞天择，适者生存"，这是近代中国知识分子对达尔文进化论的理解与认识，而这种进化论思想在民族史研究方面更可解释诸多的民族现象，如各边疆民族经济落后、教育欠缺、风俗古朴等情况，散居于中国东南山区的畲民在这方面颇具有代表性。在畲民研究中，知识分子们一样受进化论影响巨大。如上文所引沈作乾就说"畲民到了今日，固然是衰败极了"，明显受进化论影响，认为畲民在长期的历史发展中，日渐衰败，是个被历史"淘汰"的民族。而类似的论断在清末民国的方志中也很常见。如《海阳县乡土志》所言：

> 本境有山峯，现登荣都之峙溪及东厢都之南武崇有之，本猺族，土种也。其种二，曰平鬃、曰崎鬃，其姓三，曰盘、蓝、雷，号白衣山子。依山为活，采猎而食，不冠不履，磨粟凿米，不用臼磨。三姓自为婚姻，语言与华人异，病殁则并焚其室庐而徙居焉。其族现约千余人，籍县官，颇桀骜难治，然今颇同化，物竞天择，优胜劣败，可惧哉。①

在此，汉族被认为是一个有具大同化力的族群，在文化上高于其他民族，生命力也强于其他各族。因此，畲民的"劣败"也被认为是被汉人同化的过程。同样，在广东《陆丰县乡土志》中，亦有此一说，其言："而土人遂微，盖新种盛则旧种衰，优胜劣败，实天演自然之公理也。"②

福建方志也有许多类似的记载，而其中最突出者，当属郑丰稔的观点。郑丰稔是福建著名的方志专家，他是清末龙岩拔贡，福州全闽师范学校毕业，历任福建省议会议员、副议长、高等审判厅厅长，厦门大学教授，而其一生最大的业绩就是曾受聘主纂龙岩、泰宁、崇安、漳平、长泰、云霄、南靖、华安八县县志，在他所修撰的诸多方志中，多处表现出对畲民的爱护与同情。如在民国的《南靖县志》中，他叹道：

> 呜呼！我国文人传统之夸大性，与无理智之好奇心，观于盘瓠之

---

① （清）翁辉东、黄人熊纂修：《海阳县乡土志》第五章"人类"第二节"猺族"，清光绪三十四年（1908）抄本，线装书局，第558页。
② （清）佚名纂修：《陆丰县乡土志》第十一章"陆丰人之种族二"，清末抄本，线装书局，第626页。

第六章　近代国族主义话语下的族群认同 ·235·

传说而益暴露无遗。以帝下婚畜狗，可谓极秽亵不堪之能事矣。范氏以之收入正史，而闽各邑志书争相转载，一若确有其事，然者不知此族为闽广土著，以劣败为天演所淘汰，而我族遂从而贱视之，蠕蠕、柔然之恶称，亦此类也。今蓝雷钟三姓之在南方者，日益式微矣。保护而开发之，是在于宏胞与之量者。①

在之后郑丰稔所修的《龙岩县志》中，郑氏再次重申此一观点，并专辟一文讨论畲民问题，题为《辟蓝雷钟各族传说之谬误》，其内容大致如下：

查闽南各县，均有蓝雷钟三族之纪载，本县州志有所谓畲客者，即系此种。但仅在漳平之洋邦峡，及苦竹、归德一带，本境并无此三族。余在儿童时代，蓝雷故事，尚为童话中之时行材料，今则未闻有谈及者，盖式微久矣。考《后汉书·南夷传》略云："黄帝时有吴将军者，帝患之，令有能得其头者，以少女妻之。帝有五色畜狗曰盘瓠，衔人头至阙下，验之，即吴将军头也。顾念人无配畜之理，而女以帝令不可反讦，自请行，盘瓠遂负至石室中，生六男六女，自相配偶，后遂蕃衍，号曰南夷。"查此传出自《风俗通》，为小说家言，蔚宗采入正史，实为文人好奇之过。然此等荒谬传说，即三岁小孩，亦当不能置信，乃遍况漳州各志，皆坐实此种为盘瓠之裔，谈者且谓其祭先时，确供一狗头画像，众口一词，无能正其失者，余窃悲之。故于漳平、华安、南靖等志，皆有类此之辩论，盖为劣败民族鸣其不平。亦以我族夸大之传统性，不可听其永久存在也。呜呼！蠕蠕柔龙，信口谩骂，即吾闽闽字亦从虫，在三代以前，亦署诸不以人齿，是则我方自耻之不暇，尚何忍以不堪之侮辱，而加诸人哉？②

这种对畲民的同胞之情在其之后所修撰的《云霄县志》中亦有体现，

---

① （民国）郑丰稔总编纂：《南靖县志》，民国稿本，南靖县地方志编纂委员会整理，1994年，第703页。
② （民国）郑丰稔纂：《龙岩县志》卷四《氏族志》，民国三十四年（1945），厦门大学古籍室藏，第8a页。

其言："吾愿怀抱与之量者，亟有以正其失焉。"①

要改变人们对畲民的看法，则必须提高畲民的教育水平与知识水平，何子星即主张提高畲民的教育，他认为：

> 从教育方面看来，他们受过高等教育的，仅二三人，受过中等教育的，亦不过十余人，所以大多数人的智识，还很低落，这是一个亟待解决的问题。至说畲民的社会习惯与汉族殊异，而其道德观念，乃为独优。吾人应设法施以积极的教育，求其精神生活的解放，"愚""穷"问题的解决，使他们完全同化于我们，同跻于"民族一律平等"的地位，这非特是畲民之幸，也是中华六族共和之福了。②

在许多知识分子看来，要提高畲民知识水平的最快方法是同化于汉族，他们认为汉族是文化上更先进，且更具同化力的民族，通过同化于汉族，可以"熔铸无数民族而成大国"，如民国《永春县志》所言：

> 按永春旧时土族有钟雷而无盘蓝，或以迁徙之故。又钟姓闻亦有改为章者，今皆与齐民无别，足见一道同风之盛。而汉族之同化力最强，能熔铸无数民族而成大国者，又不仅同洲同种已也。且天之生材，固无畛域，微论拓拔呼延中古久登仕籍，即吾闽翠庭、鹿洲，谁敢复以畲民视者，夫亦生聚而教训之以达一视同仁之准则而已矣。③

文中翠庭指福建宁化的雷鋐（1696—1759），清代理学家，字贯一，号翠亭，雍正十一年（1733）中进士，乾隆元年（1736）入侍奉皇子讲读，授编修，再迁少事詹事，升通正使，著有《象山禅学考》、《阳明禅学考》和《经笥堂文集》等；鹿洲为蓝鼎元，漳浦县赤岭人，清代有名的学者，并以对台湾的事功而闻名，但其实这两人在他们生活的年代中皆无明确记载为畲民，在其有生之年，翠庭之所处雷姓居多，却并未曾有明确记载，而鹿洲一生著述颇丰，也从未见其关于自身族群的表白，因此，这种族姓的标志性作用使他们在民国时被人们记忆且强化为畲民的代表人

---

① （民国）徐炳文修，郑丰稔纂：《云霄县志》卷六《氏族》，第201页。
② 何子星：《畲民问题》，《东方杂志》第30卷第13号，1933年7月，第57页。
③ （民国）郑翘松纂：《永春县志》卷十五《礼俗志》，第518—519页。

物。方志撰修者本意则是欲以汉人文化同化之，使他们同样出类拔萃，与汉人共享一套文明，成为大国内同样之人。同样，在民国《博罗县志》中，也有类似主张，其言：

> 其中开通之族，通婚同化，如下水、土瓜坪，已与平民无异。推之唐宋时代，此例必不少。其中顽固之族，不通婚，不同化，人种渐衰弱而日少，土人中为盗匪者，又踞瑶村为巢，内迫于匪，外剪于官，于是亡也忽焉。其不亡者，已同化。与土人完全相同，势使然也。①

在当时的知识分子看来，同化成为畲民提升民族文化与民族地位最便捷的道路，也是中国完成民族建国的最有效的途径。因此，"以中国治治之"②的策略得到广泛提倡，意在去除人们固有之"顽性"、"蛮性"，而代之以中华民族的国民身份，使其成为民国的少数民族，更好地为民族建国团结力量。

第二节 近代报刊反映的族群认同

清代以来，土客问题渐渐成为赣闽粤毗邻区的重大问题，由土客矛盾引发的战争也此起彼伏，大小不断。正是在这样的矛盾之中，"客家人"的历史由他人撰述转而侧重自我表达。囿于传统的华夷观念，又由于在与土著斗争中被指为"蛮"、"犵"的经验，客家人的汉人意识渐渐显露，甚而强烈，对中原后裔身份的强调便是其最直接的结果。而随着近代民族主义观念的传入与高涨，"种族的民族主义"在中国蔓延，对汉人身份的认定成为国族认同的前提，对血统纯正的诉求则成为时代的要求。正是在这样的时局大变动中，客家人不仅注重对汉人后裔，中华贵胄身份的阐扬，而且还积极地将自己塑造为血统最纯正的"客族"。因此，晚清至民国这一非常时期，客家人对任何牵涉到有关客家人族性的问题都异常敏

---

① （民国）何遁黄等：《博罗县志》地理八《民族》，民国三十七年（1948），广东省文史研究馆，博罗县志办公室内部发行，1988年，第157页。
② 同上书，第158页。

感,由此引发的风潮一而再,再而三,而《逸经》杂志因发一小文引起的畲客问题讨论,是民国时期因说客问题引发的第三次大风潮。

一 近代中国之"种族的民族主义"

民族主义传入中国已是晚近的事情。因清朝政府的内外交困,20世纪初,民族主义才在中国出现。正如李喜所说:"传统的中国只有朴素的种族意识,'华夷之辨'是基本的思维定式,更缺少现代意义上的国家观念,特定的'王朝'理念和'天下'意识代代传承。只是到了20世纪初年,在辛亥革命'革命排满'的风暴中引发了民族认同危机,一些敏锐的思想家,如梁启超等,才开始研究和介绍西方的民族主义,并注入某种中国文化的因子。"①

近代民族主义所秉持的民族国家认同,被认为是提升民族竞争力的有效手段。晚清的知识分子成为宣扬民族主义的旗手,而在他们对近代"民族"的建构中,在理念上亦形成了一些分歧。中国台湾学者沈松侨在对黄帝神话与晚清国族建构的研究中就指出,晚清知识分子在对"国族"主体性的关怀中,亦出现了两种不同的取向,一种是以康有为为代表的文化的民族主义,另一种则以章太炎为代表的种族的民族主义。他说:"康有为心目中的中国国族,实为一个道德文化的社群;他所提出的国族主义,用John Hutchinson所作的国族主义类型区分来说,乃是一种'文化的国族主义'。相反的,章太炎标榜'中华民国'之名号时,他所构想的却是一个以'血统'这样一种根基性纽带相联系的群体。"② 章太炎的"国族主义"因此被认为是"种族的民族主义",他在《中华民国解》一文中直言道:"夫言一种族者,虽非铢两衡样于血统,而必以同一血统者为主体。何者?文化相同,自同一血统而起。"③ 而这种被认为是狭隘的民族主义在当时得到革命派的信持,成为当时极强的主张。而将这个"种族的民族主义"发展到极致的,则是辛亥革命的倡导人孙中山。孙中山在其《三民主义》一文中,相当明确地将血统作为构成民族要素的几

---

① 李喜所:《移植与流变:近代中国的民族主义》,《天津师范大学学报》2007年第2期,第24页。
② 沈松侨:《我以我血荐轩辕——黄帝神话与晚清的国族建构》,原载《台湾社会研究季刊》1997年第28期;收入卢建荣主编《性别、政治与集体心态:中国新文化史》,第301页。
③ 章太炎:《中华民国解》,《民报》第十五号,1907年7月5日,中华书局2006年版,第2405—2406页。

种自然力中最关键的因素,其言:

> 人类的分别,第一级是人种,有白色、黑色、红色、黄色、棕色五种之分。更由种细分,便有许多族。像亚洲的民族,著名的有蒙古族、巫来族、日本族、满族、汉族。造成这种种民族的原因,概括地说是自然力,分析起来,便很复杂。当中最大的力是血统。中国人黄色的原因,是由于根源黄色的血统而成。祖先是什么血统,便永远遗传成一族的人民,所以血统的力是很大的。①

尽管孙中山也在不断完善他的观点,但正如冯客所说,"直到 1915 年,民族主义者有关血统和土地的观念仍只限于政治舞台,随着新文化运动的开展,种族观念拥有了更广泛的听众"。② 由于血统观念根植于传统华夷思维之中,加之革命排满的政治运动所激发,更加助长了广大民众的种族观念。而客家人因其特殊的境遇与经验,正于这一历史契机大力宣扬其中国性,强调其血统之纯正性。

二 说客风潮

所谓"说客风潮",就是由谈论客家问题引发的系列事故,其表现往往是客家人对一些用于表达他们的敏感词语的愤怒的声讨与澄清式的解释。民国时期这种大的风潮至少有三次,皆因出版物的用词引起,第一次为英文《世界地理》杂志,第二次则是广东教育厅编辑的《建设周刊》,而第三次,则是《逸经》杂志。这几次大风潮皆引起海内外客属同胞的一致愤慨。客家人之所以在此时变得异常敏感,并在民国引发三大风潮,事实上还有其更早的根源。

清朝初期,揭阳发生"九军之乱"、广东西路土客大械斗后不久,大埔人林达泉便作《客说》一文,根据客家语言及中原移民迹象,坚称客家人为唐虞三代之后,并责问当时处理这场冲突的政府官员,听信讹言,指客为匪,将国家顺民视为叛逆的匪类,其言如下:

> 呜呼!客自汉以来,千有余年,祖孙父子与土人并列编氓,土客

---

① 《孙中山选集》,人民出版社 1956 年版,第 592 页。
② (英)冯客:《近代中国之种族观念》,第 114 页。

之名有殊，而自朝廷观之，胥著籍之民也。客与土斗，客非与官仇，世之有司听土人之诬捏，遂因械斗而目以叛逆，竟助土人而驱之灭之，必使无俾易种于斯土也。①

此后，加入讨论客家源流的客籍学者渐多，在此前，客家历史多为他人书写，其中许多是外国人关注最多，而自此时起，客家历史慢慢成为客家人自己撰述的历史。

从此，众多学者加入客家研究，而关于客家的讨论却仅仅是个开始。至光绪三十三年（1907）②，上海国学保存会出版广东顺德人黄节所著《广东乡土历史》，在其第二课中，误据上海徐家汇教堂所编《中国地舆志》，谓"广东种族有曰客家福老二族，非粤种，亦非汉种"。客家人士，接阅此书，大为不满，乃出而联络南、韶、连、惠、潮、嘉，各属客人，设客家源流研究会一团体；嘉应劝学所复发起组织客族源流调查会，各发传单，遍告各地客人，根据闻见，著为论说，以暴露客家的源流。当时，主持其事的有丘逢甲、黄遵宪、钟用和诸人。而汕头《岭东日报》主笔温廷敬，更是根据史实，与黄节乡土史相驳诘。③ 在温廷敬所撰修的《大埔县志》中，我们可见其思想的大概，在该志中，专辟一节《氏族》，考订客家先民之来源，并介绍其播迁，其基本思想如下：

> 吾邑自晋置义招，安置流民，中州民族接踵南下，以下迄南宋诸臣扈从行在播荡闽粤间，椒聊于以蕃衍，变流寓而成土著。至有明光复，故物人才辈出，始为国人所注目。洎乎清代，为岭南人物之翘楚，此诚我祖宗筚路蓝缕坚忍奋斗，贻我子孙之光荣。吾人受此荫庇，宜如何发挥光大，以免数典忘祖之识哉？④

---

① （清）温廷敬辑：《林太仆文钞》，载沈云龙主编《近代中国史料丛刊》第三辑，第135页。
② 罗香林认为是光绪三十一年（1905），但实为光绪三十三年（1907），参见陈泽泓《爱国未有不爱乡——试释黄节编著广东乡土历史教科书》，《广东史志》1999年第1期；程美宝：《地域文化与国家认同——晚清以来"广东文化"观的形成》，载杨念群主编《空间·记忆·社会转型："新社会史"研究论文精选集》，上海人民出版社2001年版，第387—417页；陈春声：《清末民初潮嘉民众关于"客家"的观念——以〈岭东日报〉的研究为中心》，载陈支平、周雪香主编《华南客家族群追寻与文化印象》，第49—64页。
③ 参见罗香林《客家研究导论》，第5—6页。
④ （民国）刘织超修，温廷敬纂：《大埔县志》卷十二《人群志一·氏族》，第1a页。

第六章 近代国族主义话语下的族群认同

方志撰修者通过强调其为中州民族南迁后裔，激发客家子孙的荣耀感，此外，节录亨廷顿所著《种族的品性》一书，在该书中，亨丁顿除详细分析了客家人的三次南迁外，还高度赞扬了客家人的教育发达，谓客家人是"中华民族的精华，好比牛乳上的奶酪一样"，并充满同情地表示，"客家人向来很受土著的歧视，土著把他当做非中华的蛮族"，根据此话，方志编撰者自注云："广东之土著，即早年移入之华人，向认客家人为非中华的蛮族，例如四会县一带称客家人为犵，与苗猺等视，盖完全出乎主客之成见与妒忌，而与历史之事实不符，读者可参阅田汝成之《炎徼纪闻》，以明究竟。"① 此话明显就是在反驳他人对客家的污称。客家异于其他族群的明显标志是客家话，因此，对客家话为中原正音的强调就如对祖先中原南迁的强调一样重要。在温廷敬所撰修的《大埔县志》中，亦不例外，花了大量篇幅论述客家话，尽量将其与中原正音建立联系：

> 吾邑自晋置义招，安置流民，筚路蓝缕，实肇于此。中原人物，联翩接踵，洎五胡之乱，来者益众，盖中原语音之传布南迁，其所由来久矣。今考现存民族，虽大抵为南宋遗民，前民已不可考，然语音留遗，比较南方数省正而且古，诚有由焉。余自少读书，觉唐以前载籍文字，与于客语相符者往往。而见至于近代，则唯诗词及白话小说中有之，始尚不知其故，今乃知古今语言之殊，而吾客语之近古，诚不可磨没也。据近人调查，谓中国民族，除操普通正音者外，以操客语者为最多数，及七千万。大抵蛰居山僻，交通不便之地，殆亦古语相传，历久不变之一因欤。虽其声韵或变，而踪迹可寻也，如"鱼模转麻""歌寒对转"等类，难以更仆，故吾谓客语正而且古，非空言无据也。近日谫浅之徒，妄事著述，竟有谓客家福老非粤种，亦非汉种者，适自暴其劣而已。②

这一争论被罗香林称为客家问题哄动学界的第二时期。受到客籍学者的批评之后，上海国学保存会随即在报纸上告示："拟于再版时改正，其

---

① （民国）刘织超修，温廷敬纂：《大埔县志》卷十二《人群志一·氏族》，第2a页。
② 同上书，卷十四《人群志三·方言》，第1b—2a页。

余未经售罄之书概行停售。"① 此次争端，亦引起教育当局的重视，1908年出版的《广东乡土地理教科书》，将有关客家的部分全部删除，索性避而不谈客家问题。② 如果说林达泉时期的客家问题为他人有意污蔑的话，第二时期的客家问题可能并非乡土历史编撰者黄节的初衷，但无论如何，本想编课本的黄节成为此次事件的导火线。

虽已有黄节事件为前车之鉴，但后续的出版物仍不时因用词刺激客家人。而且进入民国，这种事件一再出现，对于受民族主义影响的客家人来说，这种刺激无疑是对其的再度考验，其反应无疑也更加强烈。1910年，上海商务印书馆出版西人乌耳葛德（R. D. Wolcott）编的英文《世界地理》（Geography of the World）。客家人士大为愤慨，至是又有客系大同会的组织，主其事者为饶芙裳、姚雨平、周辉甫、黄练百诸人，及客家在上海的留学人士。广州支部，且特为发行刊物，不久在汕头，遂有专以宣扬客家文化为目标的《大同日报》的出现。而上海客属同乡，亦于次年，在华侨联合会开客家大会，讨论对付乌耳葛德及商务印书馆的办法，并推举代表向商务印书馆严重交涉，结果由该书馆声明错误，并通函各地学校，立予更正，未卖清的余书，即停止发行，一场风波，始告平息。③ 然而，意想不到却似乎又不可避免的是，此次事件后，"又来了一个更强烈的刺激"。④ 罗香林所说的这更强烈的刺激来自1930年，广东省建设厅编辑《建设周刊》第三十七期，发表了一篇关于客家风俗的文章，客家人士皆认为其语无根据，一时服务于广州学政军各界客家人士哗然。大埔饶靖中，上书粤府主席，请为严禁。周报编者任大任，亦于三十八期，谓"本报三十七期……登载客人风俗一则，……顷有人因此发生误会，殊深抱愧，吾人深愿中国全民族凭新建设之力，日臻文明境域，泯除历史上之鄙野习惯，则本报除本省建设消息外，当为更有价值之记载也"。视其态度，颇有默认上一期之意味，客家人士，因此愈加愤慨，乃召开全体大会，推举代表，与建设厅当局，进行交涉。各地客人团体亦电檄相与诘

---

① 陈泽泓：《爱国未有不爱乡——试释黄节编著广东乡土历史教科书》，《广东史志》1999年第1期。
② 参见程美宝《地域文化与国家认同——晚清以来"广东文化"观的形成》，载杨念群主编《空间·记忆·社会转型："新社会史"研究论文精选集》，第401页。
③ 参见罗香林《客家研究导论》，第7页。
④ 罗香林：《客家研究导论》，第10页。

责。直到省府陈铭枢主席,宴集双方负责人,终以降调周报编者,并更正道歉,始为平息。①

与前几次一样的,这一次的声讨也是因报刊等出版物所用词引起,正如陈春声所言,其实皆"是一场只有感到受伤害的一方单边在进行的论争"②,而其论争的一个中心问题便是客家人到底是不是汉人。由客家人发起的单边论争的结果无疑证明客家人是中原移民的后裔,是华夏贵胄的子孙,更是血统纯正的汉人。经过这几次争论,使客家人扬名宇内,但凡说客,均谨慎三思,但出人意料的事总是避免不了,《逸经》事件便是再次轰动一时的论争。

三 《逸经》事件

首先简单介绍一下《逸经》杂志。《逸经》创办于民国二十五年,即1936年,是当时颇负盛名的一份半月刊文史杂志。其创始人简又文,此前两年与林语堂共同创办《人间世》小品半月刊,因编辑与营业双方意见分歧,于是,林语堂与简又文商定另起炉灶,各自创办自己的刊物,免再受气。③ 1935年,林语堂创办《宇宙风》,而简又文创办的《逸经》则于次年问世,简又文任社长,谢兴尧任主编。据谢兴尧回忆,简又文是广东新会人,字驭繁,号大华烈士,美国留学,30年代初期,任北平燕京大学教授,是近代研究太平天国史最有成就者,著有《太平天国全史》、《太平天国典制通考》各三厚册,为近代史研究中的大著作。谢兴尧对太平天国同样有深入研究,在1932年,简又文与谢兴尧经胡适介绍认识时,颇觉志趣相投,相见恨晚。也就在那时,简就约谢共办杂志,但因事迁延,一拖几年。1934年冬,简又文筹好款项,再次邀约谢兴尧,谢从北平南下上海,终于决定共同创办《逸经》。④ 因二位先生皆好文史,《逸经》的宗旨、作风是求实,重人重文。内容则注重文史,文不仅指文学而是文化,范围广阔,包括典籍、学术、散文、诗歌、小说、戏剧等。史则包括考古、逸闻、野乘、掌故、历史考证、幽默故事等,正如其创刊启示中所言:"《逸经》之宗旨,乃在供给一般读者们以高尚雅洁而兴趣浓

---

① 参见罗香林《客家研究导论》,第10页。
② 陈春声:《清末民初潮嘉民众关于"客家"的观念——以〈岭东日报〉的研究为中心》,载陈平平、周雪香主编《华南客家族群追寻与文化印象》,第52页。
③ 简又文:《逸经的故事》,《逸经》第一期创刊特大号,1936年3月,第3页。
④ 谢兴尧:《回忆〈逸经〉与〈逸文〉》,《读书》1996年第3期。

厚,同时既可消闲复能益智的读品,并图贡献于研究史学及社会科学者以翔实可靠的参考资料,务期开卷有益,掩卷有味。"而主办者为其所定的性质则是纯粹的文史刊物:"《逸经》之性质,是超然的及纯粹的文艺与史学的刊物,并无政治作用,亦无牟利企图,尤其是无党见,无派别,既不为个人做宣传,更不受团体所利用;经费全由创办者个人负责,不受何方津贴。"① 当时为《逸经》撰稿的多是文坛名流,如周作人、俞平伯、老舍、谭其骧、徐凌霄、柳亚子、林语堂、郁达夫、冰心等人。不意的是,正是这样一份主张纯粹的期刊,引发了一场关于畲客的大讨论。

作为文史期刊,《逸经》对史学与社会科学的研究之作极为欢迎,希望为研究者提供可靠的参考资料。在其创办的第十三期上,发表了王斤役的一篇名为《福建云霄之猺獞》短文,在此文中,王斤役简要地将嘉庆《云霄厅志》上关于猺獞的记载进行介绍,并稍作考证。但在其行文时,将猺獞与客家混淆,引起了海内外客属同胞的不满。王文如下:

> 《云霄厅志》修于嘉庆廿一年(1816)十一月,蠹鱼吞蚀,残肃不完,去年据以重刊,始得复与世学人相见。益"民元废厅改县议案及呈批各件"为第二十一卷,余仍旧贯。卷三有猺獞一节,猺獞即今之客族:"土人称之曰'客',彼称土人曰'河老'。"

除上引文外,全文其他各处均无涉及客家之处,但正是涉及客族一语,极大地刺激了客家人士,经历了多次文战的客家人士,对这一类的字眼异常敏感。它无疑在血统上将客家人排除在汉人的行列,客家人士之愤慨自不待言。爪哇泗水客家人士黎公耀闻悉此事,即信函《逸经》编辑部,要求澄清。黎公耀原籍广东梅县,在黎公耀信件中,指责王斤役《福建云霄之猺獞》一文"不对事实",并详细说明客家人来自河南,是辽金元外患之时南迁而来,客家人忠义优秀,是与猺獞完全不同的人种。其文详细如下:

> 至我客人是河南省人,在辽金元外患之时南迁。闻梅县老者说,在岳飞公撤兵之时,跟随岳公南迁的最多。有说原为岳家后人;岳公

---

① 《逸经》第一期创刊特大号,1936年3月,第1页。

殉难改名客家人。亦有说走到南方老百姓以宾客之礼相待，遂名客家。客家人痛恨秦桧屠狗，烹狗以泄气，遂成食狗肉之嗜好云。……又梅县西门有孙姓者，他们是明朝宗室福王之后。他之宗室当失败之时，改姓孙缪练罗终五姓，至今六姓与朱不通婚。前时他们说，先总理是福王之后云。足见中原患难之时，当有许多人在南方流落者。先生学问渊博，一查宋代岳飞公撤兵之历史，可以想象矣。其实客人最富民族性，在先总理革命之时，客人总是为信徒，参加保皇者绝少。又客人教育普及，为全国之冠。章太炎先生游南洋时，批评客人读音是中原最古老之读音云。以此优秀之客人安有拜狗神之愚举？客人好新，不好迷信，亦为全国之冠。倘先生得见梅县人一谈风俗，可能分晓矣。①

文中作者极力强调客家既忠心又高贵，文末并以同党之谊，希望编辑先生代为更正："先生或为本党党员，鄙人亦属同盟会员，谨以同志者之谊，请先生代客人更正为祷。"

事实上，从清末以来，对于如此敏感的客家问题，各方均极为小心。因此，当黎公耀此信一来，正值《逸经》十八期排好版，因此《逸经》编辑部就于十八期作出了启事，而后于十九期再将黎公耀文进行刊登并回复，反应算是很快。在十八期的启事中，表明王文中所说的客家乃指当地之畲民，而并非泛指其他各地的客家人。这份由编辑部名义发表的启事称："但细查王君原文所载，乃引用《云霄县志》，文中所称'客族'，乃指当地之畲民，系与土人相对之称，并非泛指其他各地之'客家人'而言，其义至明，不容误会。至于该县志是否调查错误，或记载失实，本刊不能代负责任，惟望对此问题有研究者，不吝赐稿讨论为幸。"②《逸经》第十九期，除刊登黎公耀信函及回复外，亦刊载了柳云的一篇《关于畲民》的文章。在其对黎公耀的复函中主要说明以下几点：

一、……王君之意，所谓"客族"乃与云霄"土人"相对之称，与两粤湘闽南洋诸地之所谓"客家人"，迥然不同。且王君题目是

---

① 《爪哇泗水读者梅县黎公耀群来函》，《逸经》第19期，1936年12月5日。
② 《紧要启事》，《逸经》第18期，1936年11月20日，第24页。

《福建云霄之猺獞》，全篇所言亦只限于云霄一地，无涉及云霄猺獞以外各民族之意。所不幸者，云霄土人称猺獞曰"客"，而国内许多同胞亦被普通人称为"客家人"。称谓淆乱，误会易生。但细读原文，当知猺獞虽是云霄的客族，而其他各地之客族则不是云霄之猺獞，犹之著者王君是福建人，而凡福建人不尽是王君。此浅显逻辑，稍具常识，必能了解。……

二、其次，王君原文完全未有说过"客族为狗头王之后……"等语，……则自称狗王之后者，显是猺獞而不是各地的客家人明矣。

三、本刊向以阐扬文化，讨论文史为职志，对于一切问题毫无成见，惟抱学术界公开的，平允的，忠诚的，自由的，容忍的态度，对于国内各种各族尤无歧视之意……

四、以上所陈，想可满足先生"更正"之要求。如南洋各地客籍侨胞尚有误会不明之处，恳代为解释是幸。……①

正如日后简又文所说，也许是主编谢兴尧原系四川人，对岭南民族之复杂并未洞悉②，在其十八期的启事与十九期的复函中，坚称王斤役所说之客族指云霄之客而非客家之客，明显强词夺理，而且其行文中所显示出的一丝傲慢也未能逃过客属同胞的眼睑。因此，除了对王斤役文章的声讨外，对编辑的态度也是颇存质疑的。客属同胞再次发函来时，亦对此提出异议，此是后话。

也许是《逸经》编辑部大意，本以为就此可平的事件③，其实在此却仅仅是个开头。在《逸经》二十一期中，逸经杂志社为了对此事有个了结，并对客家同胞有所交代，刊登了两篇客家人所写的关于客家的文章。"一篇《客族源流考》，是从历史上传闻上，证明客族迁徙的沿革，是很重要可贵的文字，大家读此可以明白一切。一篇是《谈客家佬》，也是以历史风俗作根据的，极为透彻详明，研究民族尤其关于客族问题者，这两篇都是好材料。"④ 其中，尤其在沈寒流的《客族源流考》中表现出极大

---

① 《本刊复函》，《逸经》第19期，1936年12月5日，第38页。
② 简又文：《关于〈云霄厅志〉》，《逸经》第22期，1937年1月20日，第34页。
③ 在《逸经》第二十一期的《逸话》中，编者表示，因王文引起的误会"幸已平释"，见《逸话》，《逸经》第21期，1937年1月5日，第3页。
④ 《逸话》，《逸经》第21期，1937年1月5日，第3页。

的愤怒,沈氏认为王斤役文中所说:"猺獞即今之客族""土人称之曰'客'":"此话给客人以很恶劣的印象,至少都要认为是辱污了祖宗,"沈氏主张,本来中国人,是最尊重祖宗的,中国人常常因为争祖宗的坟墓而对簿公庭,因争祖宗的荣光而惹起械斗,打得头破血流,牺牲性命,也义无反顾。而且当时的当局,也是很重视祖宗的,每年还要定一个黄道吉日,到陕西去举行一次民族扫墓,而如今因王氏之言,客家人的祖宗"无端被人一笔打入'畜道'",当然是实在无法容忍的事情。据沈氏的论证,如今,不但粤人血统早已混杂,福老人的血统亦不纯正,而唯有客家人,"从没有和四围的本地人通过婚,所以保全了他们的血统原状",以如此血统纯粹,又高贵正义的客家人,怎么能让人有如此深的误解,因此,沈氏最后结论说:"认识客家民族最为透彻的,莫过于银贝尔了。银贝尔说:'寻常的一般学者,对于某一种民族的进步,往往是用文化接触或血统混合来随意解释,但是,客家人却是一个例外,他是十分纯粹的华人,中国人最有进取心的要算南方人,而在南方人之中,又唯有客家人表现得最强有力。'无怪得拜士克先生说:'客家人是中华民族的精华,好比牛乳的奶酪似的。'"我们可以很明显地感到当时客家人士对客家人血统的强调,而且将客家看作中华民族的精粹,而客家问题亦上升到一个"民族的问题。"[1]

正在说客问题争论之际,《逸经》主编谢兴尧却因"体弱多病,于编校烦琐事务不胜其劳,因而辞去主编之职"。[2] 从二十二期开始,主编换成陆丹林,而关于说客风潮,则由简又文与陆丹林负责办理。因此,在二十二期上,简又文亲笔撰文探讨《云霄厅志》。一切责任,皆转嫁到云霄县修志处。与此相印证的还有刊载于《逸经》二十四期欧阳飞云文,指出漳人之所曰"客",都指汀州人而言,并无他籍混杂,而汀州人之所以被称为"客",则源于一个传说,据说古时汀州原属广东管辖,潮州原属福建管辖,后因某种关系,两州互相调换,汀属福建,潮属广东。两州人民,因风俗语言所关各自不服,自立府族,福建人因汀州人原非本省,且语言风俗不同,尊称之曰"客",乃叫"客人",汀州人因初来为宾,乃

---

[1] 以上见沈寒流《客族源流考》,《逸经》第21期,1937年1月5日,第70—71页。
[2] 简又文:《逸话》,《逸经》第22期,1937年1月20日,第2页。

尊呼福建人曰"河老",盖取古老之意也。①

同期转载1936年12月16日香港《华星报》一份署名"旁观"的《说客平议》,希望尽快结束此次风波。其文如下:

> 十余年来,于文场中,以说客而招反感者。其初,有某大书局之编书,惹起粤中某要人之质问。嗣是而后,复有粤中某厅月刊之说客潮,论者已无不知说客之难矣。既知其难,故操笔为文者,已不敢复有所纵肆。然求全之责,事实上每不能免,于是说客之潮,今遂又见。其事维何,即《逸经》第十三期刊载《福建云霄之猺獞》一文,而致引起星洲客属总会之责难是也。《逸经》答辩之文,已见报载,其是非如何,有无误会,不佞亦凛于说客之难,不敢有所左右。但区区之意,以为如其稍存歧视,敢肆污蔑者固非。但过存偏狭,自起猜疑,严以绳人,亦未免反招腹诽。方今国事多艰,对外之"闲话皇帝",既已招尤,安复容有对内如"闲话扬州"一类之讼案出现,以示人以不广。故甚望此第三次说客之潮,亦即复归平息也。②

引文中含糊提及的几次说客风潮,本书于前已详细说明。以上引文中以一个旁观者立场,表达了对说客风潮的基本态度,略有"惹不起,躲得起"的意味,其显示了当时客属人士较强势的态度。尽管《逸经》杂志力求尽快结束这一争论,但在爪哇泗水的黎公耀来函以后,大陆客家人士的讨论亦此起彼伏,前有沈寒流、陈培璘,后则有汕头的卢干,通过客家谱牒证明客家人系中原后裔,其所讲之客家话"亦不与土著语相混合,为其不被土著同化,所以客族语言、风俗,皆与光州固始相同"。③ 此外,星嘉坡(即新加坡)客属总会亦致信罗香林,希望派员交涉。罗香林于1933年已出版《客家研究导论》,在当时为客家研究权威的专家。1936年月10月28日,新加坡的范长峰来信说:"顷近因上海《逸经》半月刊第十三期有侮蔑客族之文字,此间及各处客人闻之,大动公愤,已进行联

---

① 欧阳飞云:《关于"福建云霄之猺獞"》,《逸经》第24期,1937年2月20日,第36页。
② 旁观:《说客平议》,《逸经》第22期,1937年1月20日,第35页。
③ 《汕头卢干君来函——胪列客人族谱》,《逸经》第23期,1937年2月5日,第34—36页。

络，召集大会，严厉对付。"① 在这个过程中，《逸经》杂志社亦十分主动，1936年12月8日，主编陆丹林特别邀请罗香林撰文讨论客家源流。陆丹林在致罗香林的信件中说："此次因稿件关系，致惹起一部分客籍同胞之反感，深致不安，本刊对此已一再解释，为不致再有误会。而吾人对于客籍之研究，深愿多为发表，□安内未知者亦可了然也。"② 罗香林亦积极回应，并刊载于《逸经》杂志。③

说客风潮能如此轰动一时，与当时海外的客属人士的活跃密切相关。除印度尼西亚的爪哇泗水、星嘉坡（新加坡）客属同胞关注此事外，吧城（巴达维亚）客属总义祠亦来函，要求澄清，并附吧城客属总义祠代总理陈隆吉驳斥王斤役一文，认为客家人为汉人，并从人类学、韵音学、客人礼俗及客人谱牒进行广泛引证。该文还对《逸经》第十八期启事及十九期对黎公耀复函中所辩称王斤役文中之客并非全体客家人一说进行驳斥，认为"果未涵有一个'全体客人'之鲜明印象乎？如无的话，则客族二字，既非厅志所固有，又非云霄土人口中所固有，王君安能如此现成，如此自然，造成此种句子？"④ 不但对王氏不满，亦对《逸经》杂志社之回复稍存蕴怒。对于此事，《逸经》杂志社社长简又文亲自回复，语言平和委婉。至此，此次说客风潮基本平息，客家人士也达到认可《逸经》杂志的处理态度。

至此，由王斤役一文引起的说客风潮终于平息。事实上，畲客混淆的现象在国内外学术界普遍存在，如日本学者饭岛典子揭示："日本的文献中第一次写'客家'两个字的可能是东亚同文书院的学生，书院的第九期学生在《孤帆双蹄》提及浙江省丽水一带的畲族时说，'（畲族妇女）喜欢唱歌，经常高声吟咏。本地人将它叫做畲客歌。因此，男子被叫做畲客或者客家，女子被叫做畲客或者畲婆'。"⑤

---

① 范长峰：《范长峰致罗香林书》，载广东省立中山图书馆、香港大学冯平山图书馆编《罗香林论学书札》，广东人民出版社2009年版，第322页。
② 陆丹林：《陆丹林致罗香林书》，载广东省立中山图书馆、香港大学冯平山图书馆编《罗香林论学书札》，第327页。
③ 《广州罗香林君来函》，《逸经》第23期，1937年2月5日，第37页。
④ 陈隆吉：《"猺獞即今之客族"说驳斥》，《逸经》第24期，1937年2月20日，第34—35页。
⑤ ［日］饭岛典子、河合洋尚：《日本的客家研究及其课题——历史学、人类学方向》，《客家学刊》第二辑，中国社会科学出版社2011年版，第37页。

正因为如此广泛的混淆，使畲客问题更为复杂。表面上看，这次说客风潮是客家人对称谓的争论，但事实上，在客家人士看来，这是关乎客家人是不是汉人、客家人祖先来源、客家人的血统问题的争论。也许是传统华夷观的遗留，或者是近代民族主义下成为黄帝子孙的愿望，此次"畲""客"问题的讨论无疑更加坚定了客家人对其中国性的强调。

小　结

自唐宋以来一直就颇受关注的畲民，在明代经历了重新界定，那是基于地域社会的转型，而民国学术对畲民的再次关注与研究，则是近代全国性的民族主义思潮推动下的产物，学者们力图将王朝时代的"蛮夷"变成近代国家的少数民族，希望通过对畲民教育文化的改造，使其同化于汉文化，从而将畲民纳入中华民族共同体中。但也同样受民族主义的影响，从本质上来说，"种族的民族主义"对近代中国的另一个冲击是全民尤其是汉人知识分子对纯正的中国性的追求，而客家人更是抓住国族肇建的机会，大力宣扬其中原南来的身份，对于任何被认为有损其形象的词语都显得异常敏感，从而导致了多次的说客风潮，在海内外客属同胞的一致声讨下，历次说客风潮的结局皆以向客属同胞致歉结局，《逸经》事件亦不例外，其起因是一篇小文对畲客称谓的混淆，激起客家人的愤怒，而客家人的中原南来身份在这次事故中得以再次确认。

第七章　新文化史视野下的东南族群研究

中国古代文献隐含了大量的民族史资料。这些资料中记载了历史上居于中国版图内的众多族群，其中有些族群现在依然活跃于我国各地，保存着其独特的文化与信仰，而另一些族群则于历史的长河中销声匿迹，去向不明。传统民族史研究对此的一个解释是——"汉化"，汉化观在一定范围内无疑具有相当的解释力，但由于这一论断是基于这样一个假定：即当前为同一民族的人有着一以贯之的民族身份与人群范围，不同族群被认为有着相对清晰的界限与相对独立的发展脉络。这存在的一个危险是，其所带有的本质主义倾向在很大程度上限制了它对诸多问题的探讨，由汉化观主导的民族史观往往容易导致对问题的简单理解，过于强调汉文化的主导地位，而忽视其他族群的自主性及族群边界的复杂性，而其实所谓的汉文化本身也处在不断变化之中。本书以宋元至民国赣闽粤毗邻区的族群为对象，以族群表述为切入点，指出，宋元到明朝中期，文人们对赣闽粤毗邻区的记载主要以区域性的动乱为主，而发展到明代中后期，表述出现转变，开始较多地关注这一地区的族群性差异，而引起这种表述转变的，是与明代赣闽粤毗邻区的大规模动乱及明中后期以来的人群重组有关，其中尤其是对畲民人群的重新界定，与明中后期以前相对宽泛与模糊的界定相去甚远，而这正反映了书写的问题，在明代中叶以前，一些本是畲民的人从畲民群体中脱离出来，融入汉民，通过表述而完成身份转变。这种由方志主导的言说其实首源于各姓族谱，而族谱编撰的背后则是一整套文化的逻辑及汉人意识在起作用，这种意识甚至在清末民国得到强化，这种意识的出现并非简单的汉化可以解释，而是与具体历史情境中族群身份的自主选择直接相关，同时也与历史书写直接相关，是与汉人知识分子华夷之辨的标准变化相连，如汉人知识分子将承赋如平民的畲民视作与平民无别，而事实上其风俗可能并未即刻改变，因而，这种所谓的"汉化"既是历史的进程，同时也是由书写所造成。

一 表述的转变

早在宋元时期，文人们对赣闽粤毗邻区动乱的描述颇多，这种描述主要是基于一种地域性动乱视角。宋代以来，在官府眼中，峒寇问题被认为是治理南方的症结所在，因此，对宋代峒的描述，基本上着重于对其动乱的描述。这种动乱被看成是化外对化内的挑战。与宋代一样，元代的赣闽粤毗邻区延续了其地域性动乱的角色。宋元以来，畲民作为赣闽粤毗邻区的居民，其活动被文人们陆续记载。从南宋刘克庄对漳州畲民的记载看来，此时人们对畲民的关注主要是由于畲民的"动乱"，尽管刘克庄对漳州畲民也进行了简单的描述，但总体来说，对畲民的族群特征着墨不多，而更多的是强调畲民的动乱引起朝廷的征抚。而从元代的记载看来，元代赣闽粤畲军在地方武装上扮演了重要角色，他们曾经与南宋遗臣文天祥合作，共同对付元军，但这种合作并不能看作畲民对宋王朝的支持与选择，他们的起事在更多的时候表达的是对自身利益的考虑，因而在与降元的蒲寿庚的交战中有接受蒲寿庚贿赂之举。而终元之世，赣闽粤交界区的畲民更是构成地方动荡的一股主要势力，其中颇具影响的事件主要有三：陈吊眼、许夫人之畲兵；黄华之畲军；钟明亮之变。这几次事件对赣闽粤毗邻区造成深远的影响，但后世之人在对他们的定位与表述时还存在一定的焦虑，认为他们终究与夷狄不同，因此，尽管文献中常常称他们为畲，但更多的时候，则是将他们看作地域性的动乱，而这种地域性的动乱在明代中期更发展成震惊朝野的事件，故而明王朝有设南赣巡抚一举。

明代中后期，这种对地域性动乱的强调转而变成了对族群性特征的关注。其实在明代中期以前的文献中，赣闽粤交界区延续了其自宋代以来的地域性动乱的记载，而从元代的记载及王阳明对谢志珊、蓝天凤活动的记载中可知，明代中期以前对畲民人群的界定相对宽泛与模糊，"盘瓠"信仰甚至成为明代动乱中组织与团结人群的旗号，这与它"免徭"的政治功能有一定关系。而王阳明在对畲民族群性特征的认识上似乎也并不敏感，他一开始基本上以"贼"、"盗"称呼这群人，而且其所称之"輋"也专指江西南安府，并未用于其他各地。但从明中后期起，文人对畲民的描述开始出现明显的转变，对畲民族群性特征的描述广泛见于各地方志，汉人知识分子对所谓的"畲民异俗"进行反复书写，如畲民刀耕火种的生产方式，畲民善于射猎、三姓通婚，并有独特的畲歌等风俗皆被加以突显，其中尤其是对畲妇形象的描绘更是比比皆是，这些汉人知识分子有的通过自身的游历、有的通过阅读与传抄前人文献,尽管所得资料途径不一,却有一个普遍趋势,即将畲民描述为"盘瓠子孙",以"盘、蓝、雷、(钟)"几姓为基本特征,而这种书写模式的定型可以追溯到明代赣闽粤方志的撰述,其中尤其是明代嘉靖《惠州府志》及万历的《漳州府志》成为畲民书写的典范,在这些方志及其后的各邑志中,畲民作为一个族类被广泛记载,其族群性特征得到反复的凸显与强调,而这一类型的记载与前人对畲民的认识相去甚远,畲民概念在明代的重组大大影响了后世之人对畲民的理解。尽管宋代刘克庄对畲民的描述仅限于福建漳州,但我们亦可从中管窥当时畲民的一般状况。因此,明代中后期以后由方志主导的畲民概念与南宋时人理解的畲民不同,也与王阳明眼中的"輋民"相异,但正是明代中后期方志中对畲民的界定,引导了后世之人对畲民的认识与书写。而导致这种书写模式出现并定型的,是由于地域社会的族群意识与社会结构的转型。

地域社会的结构转型的一个直接表现就是对族群身份的重新界定与选择,比如对陈元光的建构就是赣闽粤交界区人群——包括当地汉人及一些欲改变族群身份的畲民较早进行身份重构的一个结果。唐宋时代,关于陈元光的记载还较多地停留在其"击潮州盗"的简单叙事中,而到明代,陈元光渐渐被将军、儒士、神明等光环所笼罩,其征蛮传说在明代中后期逐渐丰满与广泛流行,其所征之蛮从"广寇陈谦"渐渐落实到苗自成、雷万兴、蓝奉高等明显具有族群指向的人,这种首源于族谱的叙事得到方志的广泛宣扬,对陈元光的追忆与重塑与明清以来赣闽粤交界区的族群创造有着脉络上的内在一致性,反映的是居于赣闽粤毗邻区的人们通过对祖源的建构来完成对自身身份转变的过程,而身份不断叠加的陈元光正是在这个过程中创造出来的象征。但它并不是简单的事件,而是与宁化石壁传说及南雄珠玑巷传说一样,是关于华夷分野的言说。在明代中后期对陈元光的建构中,陈元光所征之蛮"苗自成、雷万兴、蓝奉高"的指证又恰恰与明中后期畲民概念的重组有着密切的联系,因此,考察被移民传说正统化了的当地汉人及一些欲改变族群身份的畲民与被平蛮传说蛮荒化了的畲民,这两个看似相反实则同一的实践背后的文化过程显得相当重要。而正是在明清赣闽粤毗邻区社会转型之后,零星的史料也显示了清代部分畲民关于自我的认定与创造,他们通过对盘瓠形象的改造及对自身独特性的强调,加强其作为一个族群的认同与意识。而稍后居于赣闽粤毗邻区的客家人意识亦相继兴起，此后，除却极少量的畲民外，赣闽粤毗邻区基本被认为是中原南来的客家人的居所。

因此，从对族群建构的取向上来说，畲民与客家人有着极不一样的选择，畲民对盘瓠形象及称谓的改造以及对本族群特殊性的强调与客家人对其中原南来身份的建构无疑代表了两类不同的族群想象，而且同时，民国学术对这两个族群也进行了深入的研究，其中尤其是对于畲民的研究，学者们力图将其纳入中国的近代化事业之中，将畲确认为组成中华民族的一个少数民族。但遗留的一个问题是，尽管民国学术对畲民与客家人的研究已表现出相当热情，但对于不明就里的外人看来，同是居于赣闽粤毗邻区，到底谁是畲民，谁是客家人，却未必是个一目了然的事情。而近代民族主义的冲击虽然使得学者们开始了对畲民的重新认识，而这种明显带有"种族"特性的民族主义带来的另一个影响则是全民尤其是汉人知识分子对纯正的中国性的追求，而客家人更是抓住国族肇建的机会，大力宣扬其中原南来的身份，对于任何被认为有损其形象的词语都显得异常敏感，从而导致了多次的说客风潮，在海内外客属同胞的一致声讨下，历次说客风潮的结局皆以向客属同胞致歉为结局，而客家人的中原南来身份得以确认。

二 土著何在

相对于中国其他许多地方而言，中国东南确实是很不一样的地方，在这个曾经长期非汉人群居住的地方，发展出的却是与其他地方截然不同的结果。无论是广府人还是福佬人，都一致强调其中原根基，而尤其是居于赣闽粤毗邻区的客家人，更是以中原正统自居，针对这种情况，学者们亦进行了诸多探讨，要么从不同区域切入进行阐释，要么从不同制度与传统进行分析，由此对东南汉人社会的形成作出了不同的解释模式。

日本学者井上彻通过探求黄佐实行泰泉乡礼的构想，认为明中叶以后的广东，因为远离京师，黎峒与人民混杂，加之与交趾、占城、安南等被认为是戎狄之地相临，因此被认为是华夷的分界点，而随着居于汉人周边的峒獠与汉人界限渐渐变得暧昧，在边境成长的士大夫们试图通过树立正统的儒教文化秩序，使广东成为中华文明之地。[①] 井上彻认为广东非汉人

---

① [日]井上彻：《明代广东汉化和礼教的推广》，载《礼学与中国传统文化》，中华书局2006年版，第119—135页。

第七章　新文化史视野下的东南族群研究 ·255·

群的发展经历是种儒化的过程，而与井上彻理解不同的是，美国历史学家司马虚的解释，司马虚认为华南土著汉化的过程大致上是道教在本地区渗透的结果，这一过程可上溯至宋代，是作为教团道教在唐宋之间崩溃的一个文化后果出现的，其主要表现则是教区内成员举行大规模的受戒仪式。① 井上彻与司马虚基本上代表了儒教化与道教化两种立场，尽管方法不同，但他们同样揭示了一种土著如何达至正统化的道路。除了从不同文化传统入手，试图以此解开东南汉人社会形成之谜外，一些学者则从区域性的研究着眼，将地域社会的发展同族群的形成联系起来考察。作为不同区域的研究，华南学者们对珠江三角洲的研究表明，明代以来，伴随大规模的沙田开发，不同身份背景的人卷入复杂的政治和经济资源争夺中，地方人士使用各种族群标签以获得正统身份，如南雄珠玑巷传说与建构宗族等行为，皆产生于这样的一种背景中。黄向春对闽江下游地区的族群关系与仪式传统的研究则认为，在明清时期福州地区的文字一般都统称为"渔户"，反映出闽江下游的族群关系可能在民间社会有更"含蓄"的、更日常化、民俗化和仪式化的表达方式。② 而在赣闽粤这片区域内，则有刘永华对闽西四保地方神邹公从法师到状元的身份转换的研究，刘认为这是两种传统的反映，作为法师的邹公折射的是早期这一区域的道教传统，而作为状元的邹公则反映了自明中叶以来礼仪与士大夫文化的影响，这两个过程是彼此叠加而非取代的关系。③

以上研究的一个普遍的共识是，学者们皆认为主流的制度、传统、思想对这一地区汉人社会形成起到至关重要的作用，这一区域由一个"蛮夷之区"成为中华之地，是明显受王朝国家发展进程的左右，国家在此还是居于主导性作用，在这个过程中，掌握了书写权力的士大夫们通过不同途径，将自己与国家进行联系，并在地方上创造性地树立他们理解中的国家正统，而国家的吸附力成为理解这个问题的关键。这一解释将目光投放到地方，将地方人士的努力与国家一体化的进程进行双向理解，并充分

---

① Michel Strickmann, "The Tao Among the Yao: Taoism and the Sinification of South China"，酒井忠夫先生古稀祝贺纪念の会编:《历史における民众と文化：酒井忠夫先生古稀祝贺纪念论集》，（东京）国书刊行会1982年版，第22—30页。

② 黄向春:《历史记忆与文化表述——明清以来闽江下游地区的族群关系与仪式传统》，第269页。

③ 刘永华:《道教传统、士大夫文化与地方社会：宋明以来闽西四保邹公崇拜研究》，《历史研究》2007年第3期。

肯定了地方人士在这一过程中的主动参与与选择。但还可继续深入的一个问题是，除了掌握书写权力的所谓士大夫们及其所代表的族群，他们可以通过各种手段与方法对自身及他人历史进行选择性的建构，那些看似极为不起眼的草民们其实在历史的发展过程中也是可以主动选择自己的身份的，如明代崇祯年间所修的《兴宁县志》、清康熙年间修纂的《平和县志》等众多方志中皆言畲瑶化为土著、化为平民，其实他们的风俗习惯可能并未即刻改变，而是这些非汉人群也会建构身份，宣称为汉人，因而不同背景的人在这一过程中的主动性应得到足够的重视。

正如本书提到的，我们从宋代刘克庄的描述中已初识了畲民，而明代中后期"盘、蓝、雷、（钟）"及盘瓠信仰书写模式的定型使畲民概念经历了一次转变，而这次对畲民的重新界定是与明中期赣闽粤毗邻区的大规模动乱有关。从王阳明的书写中，我们已知，在明正德年间，谢志珊、蓝天凤等以盘瓠为号召，组织和团结动乱人群，以畲民的名义起事，故而，这一行为被认为是"称峯为盗"，从中我们可知，其实这时的畲民还是较为宽泛的指称，而明代中后期以来，由方志主导的对畲民人群的重新明确界定则明显地将"盘、蓝、雷、（钟）"确定为畲民，从明代中后期以来，畲民就被知识分子选择成为赣闽粤"非我族类"的代表，而这正反映了书写的问题，在明代中叶以前，一些本是畲民的人从畲民群体中脱离出来，融入汉民，通过表述而完成身份转变。而这些掌握了书写权力的所谓汉人则在作族类区分的同时，亦在积极地构建其中原南来的身份。因此，这种对畲民人群的一再确认反映的其实是与其并行的一个历史过程，即明代当地汉人及欲改变族群身份的部分畲瑶人群对汉人身份的确认与宣扬。

在此，被书写者被置于十分被动的位置，他们的历史因此也首先是他人撰述的历史。但这并不意味着被撰述者在族群建构过程中毫无主动性可言，正如清代赣闽粤毗邻区出现的客家人，客家人通过各种契机逐渐树立他们中原南来的汉人身份，甚至在晚清民国时期，在国族事业的洪流中，自称为纯正血统的中原后裔，确立其中华贵胄的后裔的身份，在这个过程中，客家人甚至可以通过重新解释其特性，从而使其独特的文化特征与习俗成为汉人的习俗，正如温春来对西南的研究表明："王朝的典章制度在黔西北这样一个'边缘'地区推广表达的历史，同时也就是'边缘'地区的许多惯习、具有文化象征意义的行为和关于自身历史的解释，在王朝的意识形态中逐步获得其'正统性'的过程。"① 而这个过程中所涉及的,就是一种族类标签的问题,人们可以通过改变族群标签而非实质上的文化转换而达到族群身份的改变,正如赣闽粤客家人的许多习俗据说来自中原,其实却与畲民有着莫大的渊源,因此,所谓的汉人传统其实有着多种来源。

值得思考的是,这种对身份的选择尽管意味着人的自主性,却存在对传统过度割裂的危险。而如何才能避免这种危险之境呢?对于中国东南的研究而言,其可能的一个解释就是,各个族群本身的文字传统。一个明显的例子是,与西南社会相比,东南畲瑶人群没有自己的一套文字,而西南的许多非汉人群却有着独立的文字传统。因此,在国家一体化进程中,西南尽管在版图上为中央所有,但其自身的传统却还得到一如既往的延续。而东南则不同,尽管历史上长期为非汉人居住之地,但因居于这一区域的人群并不曾创造属于自己的文字,其对传统的发扬与延续亦较为脆弱,因此,当汉文化渐渐逼近这一区域时,其文化传统渐渐地为汉字所书写,也渐渐地在书写过程中被同化。因此,我们看到,尽管畲民对本族群盘瓠形象及盘瓠名称等进行了创造性改造,但汉晋以来文字对他的影响还是明显地留有痕迹。英国人类学家与历史学家杰克·古迪充分地肯定了书写系统对无文字社会产生的巨大影响,他甚至认为"书写的引入乃是使系统发生变化的重要动因"②,这一认识提醒我们,对于无文字社会来说,文字的传入对其造成的影响与改变是值得重视的,而这,可能恰恰可以解释中国东南何以从历史上长期的非汉人聚居区转而变为汉人为主导的社会。因此,这又涉及书写的问题。

三 有关书写

无论宋元还是明代,对赣闽粤毗邻区的动乱一直是人们所关注的,如宋代的"峒寇",元代的"畲乱",而明代中期的动乱更是引起朝野震惊,故而有南赣巡抚之设。但其实宋代的"峒"的问题就已反映出人们对不同族类已经有意识了,但却未多加以强调,而到了明代中后期,对族群差异的强调却成为一种很普遍的事情,理解这种撰述转向的一个关键问题

---

① 温春来:《从"异域"到"旧疆":宋至清贵州西北部地区的制度、开发与认同》,生活·读书·新知三联书店2008年版,第317页。
② [英]玛丽亚·露西娅·帕拉蕾丝-伯克编:《新史学:自白与对话》,彭刚译,北京大学出版社2006年版,第1—29页。

是，谁的撰述？是谁在言说这段历史？很明显，在明中后期以前的史料中，我们所见的关于赣闽粤的描述其实很多都是朝廷官员的论述，其中有上奏朝廷的札子，有在官时对地方事务作出的措置策略，也有官员个人的文集。大部分来说，明中后期以前对赣闽粤动乱的记载主要代表了一种王朝的立场，因此，从这方面来考虑，对地方动乱的控制与管理是当务之急。而明中后期以后方志则普遍地出现关于赣闽粤人群族群性差异内容，而方志撰修者大都扮演的是一种地方绅士的角色，而绅士在传统社会中是上传下达的重要渠道，他们所代表的团体有着较强烈的地方意识，因此，从这个意义上来说，是他们在主导地域社会的主流话语，其所作出的人群区分代表着地方的主流意识。① 而这种主流意识并非毫无民间的依据。从明代以来漳州人对陈元光的建构看来，其实这种由方志主导的汉人意识更早地是出现在各姓族谱中，这些姓氏中既有当地汉人，亦有畲瑶人群，他们为了确认汉人身份，重塑祖源，将陈元光作为象征进行建构，而陈元光所征之蛮也日益明确，最后明显指向"畲民"，而自己则宣称是中原南来的汉人。因此，明中后期的转变，是不同撰述群体思想的反映，而明代中后期由方志主导的对族群性差异的强调，正反映出赣闽粤毗邻区社会主流思想的转变，而主导这种转变的是更深层次的社会结构的转型，是民众对自己族群身份选择的结果。

这是不是意味着人们从对自身族群身份任意选择呢？其实并没有如此随意，在具体的情境中，它还会受文化传统的约束，而书写是其中较具约束力的一种。书写往往意味着权威，尤其是对无文字的族类的历史而言。从明代方志对畲民的描述中我们可见，一种被奉为典范的记载足以改变并塑造一个族群。在嘉靖的《惠州府志》与万历的《漳州府志》对畲民的记载之后，众多方志对畲民的描述就定格在那个框架之下，畲民的经济生活、风俗习惯乃至三/四大姓氏的特征被一再重复并放大，反复出现在各种版本的方志中，甚至在畲民这个族类在当地已不为人所知的年代，依然不作修改地袭用前人对畲民的描述，而这足以影响后人对畲民的理解。同样，书写亦极大地影响了畲民对自身历史的认识与理解。以盘瓠为图腾传说的畲民祖源撰述，在形成长期的文字传统之后，就无法将它从其族群特

---

① 关于方志编撰背后的权力关系的研究，可参见［日］滨岛敦俊《方志和乡绅》，《暨南史学》第六号，2003年7月，第239—254页。

征中轻易抹去,因而,畲民的变通之法是对盘瓠名称与形象的不断改造。

因此,对于中国东南汉人社会的形成,尤其是赣闽粤毗邻区的客家人普遍的中原南来说盛行的一个可能的解释是,明代赣闽粤毗邻区大规模动乱平息之后,赣闽粤毗邻区处于社会重组阶段,正是在这一阶段,其人群亦经历了一次族群身份的重新选择,这种选择影响了明中后期以后长期的族群撰述,反映在赣闽粤毗邻区的地方文献中,则是对畲民的典范书写的确立,它反过来又约束了人们对族群的选择与改造。故而,这种所谓的"汉化"既是历史的进程,也是由书写造成的。

附录　中国历史地图

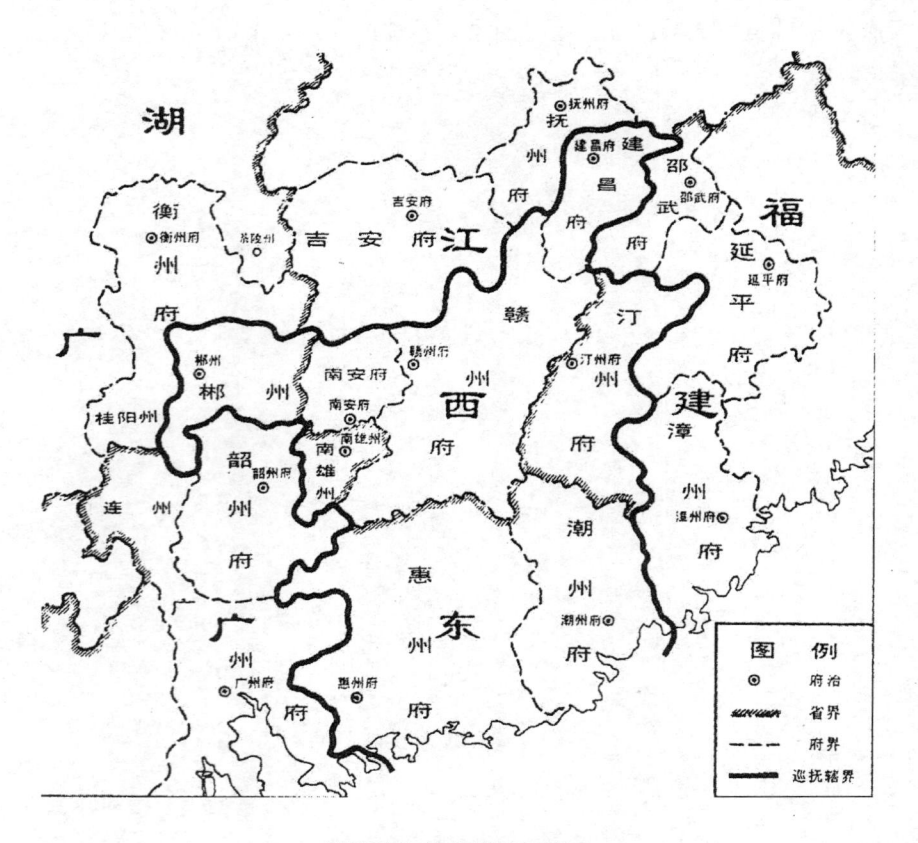

明弘治八年南赣巡抚辖区

说明：到了弘治十年后，开始增辖广东韶州、福建漳州两府，同时减去江西建昌府。弘治十二年并添管江西全省，十四年则恢复原弘治十年辖区，十六年撤巡抚。

资料来源：唐立宗：《明代南赣巡抚辖区新探》，《历史地理》第十九辑，上海人民出版社年版，第117页。

附录　中国历史地图　·261·

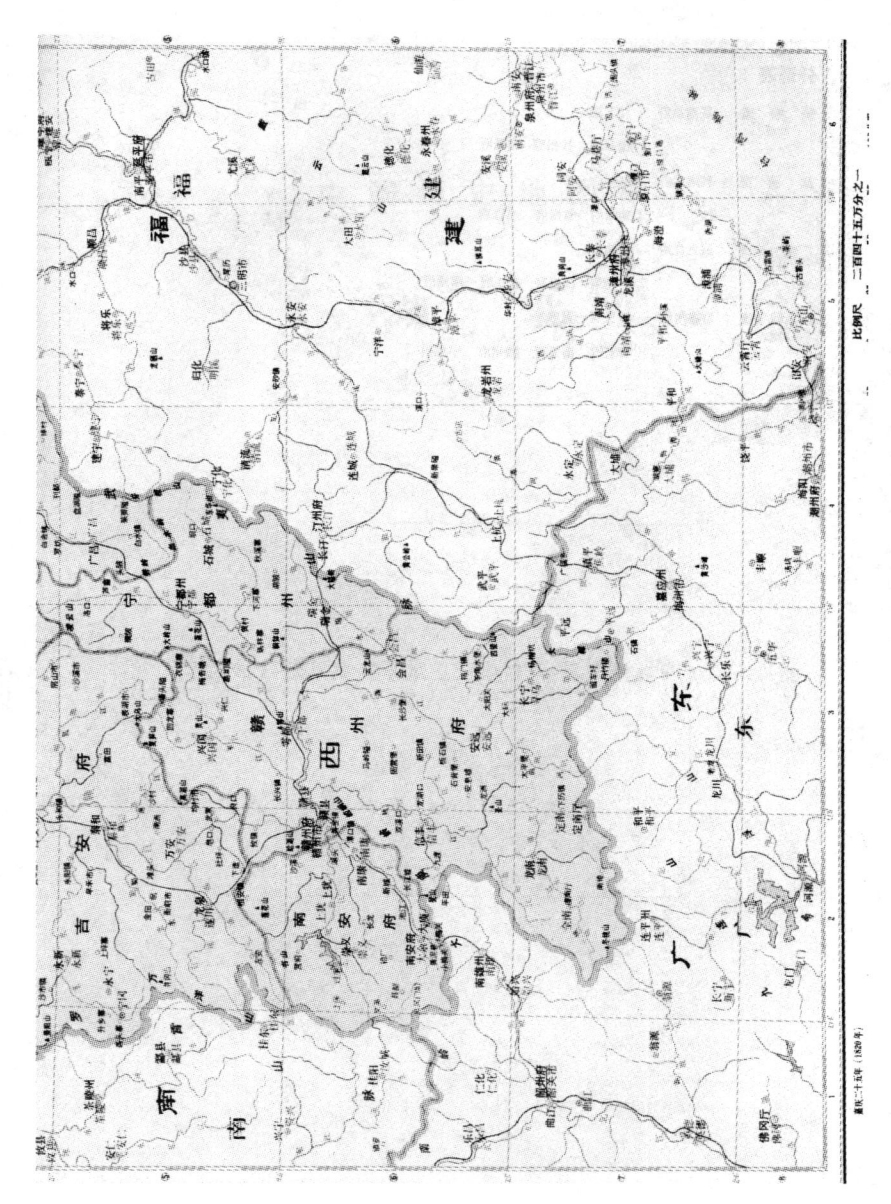

图片来源：谭其骧主编：《中国历史地图》第八册（清时期）。

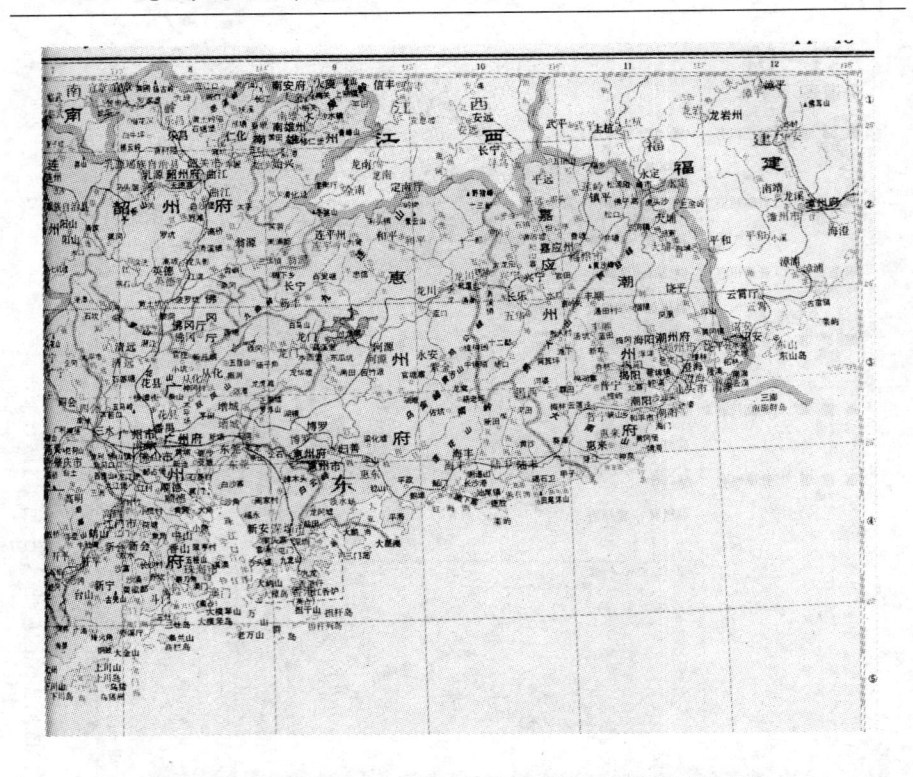

图片来源：谭其骧主编：《中国历史地图》第八册（清时期）。

参考文献

一 正史、正书

1. （汉）班固撰，（唐）颜师古注：《汉书》，中华书局1962年版。
2. （宋）范晔撰，（唐）李贤注：《后汉书》，中华书局1965年版。
3. （唐）魏征：《隋书》，中华书局1982年版。
4. 吕不韦：《吕氏春秋》，《影印清文渊阁四库全书》，第848册。
5. （宋）罗泌：《路史·后纪》，《影印清文渊阁四库全书》，第383册。
6. （宋）李焘：《续资治通鉴长编》，中华书局1986年版。
7. （宋）佚名：《宋季三朝政要》，中华书局1985年版。
8. （元）脱脱：《宋史》，中华书局1977年版。
9. （明）严衍：《资治通鉴补》，《续修四库全书》337史部编年类，据上海辞书出版社图书馆藏清光绪二年（1876）盛氏思补楼活字印本影印，上海古籍出版社1995年版。
10. （明）李善长：《大明令》，明镇江府丹徒县皇县制书本。
11. （明）宋濂：《元史》，中华书局1976年版。
12. （明）申时行：《大明会典》，据万历朝重修本影印，中华书局2007年版。
13. 《明太宗实录》，据台湾影印本复印，上海古籍书店1983年版。
14. （清）嵇璜：《钦定续通志》，《影印清文渊阁四库全书》史部152别史类，第394册。
15. （清）谈迁：《国榷》，据清抄本影印，上海古籍出版社2008年版。
16. （清）徐松辑《宋会要辑稿》，中华书局1997年版。
17. （清）允裪：《大清会典》，《影印清文渊阁四库全书》史部377政书类。
18. 赵尔巽等撰：《清史稿》，中华书局1977年版。
19. 赵万里辑：《元一统志》，中华书局1966年版。

二 文集、笔记

1. （晋）干宝：《搜神记》，中华书局1985年版。
2. （晋）郭璞：《山海经传》，中华书局1985年版。
3. （唐）陈子昂：《陈伯玉集》，《四部丛刊初编》103集部，据上海涵芬楼借秀水王氏二十八宿研究斋藏明刻本景印，商务印书馆1926年版重印影印，上海书店出版社1989年版。
4. （唐）欧阳询：《艺文类聚》，中华书局1965年版。
5. （唐）白居易：《白氏长庆集》，《四部丛刊初编》123集部，据上海涵芬楼借江南图书馆藏日本翻印宋大字本景印，商务印书馆1926年版重印影印，上海书店出版社1989年版。
6. （唐）徐坚：《初学记》，中华书局2004年版。
7. （唐）刘禹锡：《刘梦得文集》，《四部丛刊初编》118集部，据上海涵芬楼景印董氏景宋本影印，商务印书馆1926年版重印影印，上海书店出版社1989年版。
8. （唐）韩鄂撰，缪愉样释：《四时纂要校释》，中国农业出版社1979年版。
9. （唐）杜甫撰，《宋》蔡梦弼笺：《杜工部草堂诗笺》，《续修四库全书》1307集部别集类，据光老黎庶昌刻古逸丛书本影印，上海古籍出版社1995年版。
10. （唐）林宝：《元和姓纂》，中华书局1994年版。
11. （唐）张鷟：《朝野佥载》，中华书局1991年版。
12. （宋）王象之：《舆地碑记目》，中华书局1985年版。
13. （宋）朱熹：《晦庵先生朱文公文集》，《四部丛刊初编》181集部，据上海涵芬楼影印明嘉靖本，商务印书馆1926年版重印影印，上海书店出版社1989年版。
14. （宋）乐史：《太平寰宇记》，《影印清文渊阁四库全书》史部228地理类第470册。
15. （宋）杜大珪：《名臣碑传琬琰集》，（台北）文海出版社1980年版。
16. （宋）方勺：《泊宅编》，中华书局1991年版。
17. （宋）周去非撰，杨武泉校注：《岭外代答》，中华书局2006年版。
18. （宋）李昉：《太平御览》，《四部丛刊三编》53子部，据上海涵芬楼影印中华学艺社借照日本帝室图书寮京都东福寺东京岩崎氏静嘉堂文库藏宋刊本影印，商务印书馆 1935 年版重印影印，上海书店出版社 1985 年版。

19. （宋）李昉：《太平广记》，《影印清文渊阁四库全书》子部 351 小说家类，第 1045 册。

20. （宋）洪迈：《夷坚乙志》，《续修四库全书》1265 子部小说家类，据上海图书馆藏清影宋抄本影印，上海古籍出版社 1995 年版。

21. （宋）佚名：《锦绣万花谷后集》，《影印清文渊阁四库全书》子部 230 类书类，第 924 册。

22. （宋）苏轼：《东坡全集》，《影印清文渊阁四库全书》集部 46 别集类，第 1107 册。

23. （宋）吕祖谦：《观澜集注》，清嘉庆宛委别藏本，第 108 册，江苏古籍出版社 1988 年影印本。

24. （宋）陈元晋：《渔墅类稿》，《影印清文渊阁四库全书》集部 115 别集类，第 1176 册。

25. （宋）刘克庄：《后村先生大全集》，《四部丛刊初编》213 集部，据上海涵芬楼景印旧钞本，商务印书馆 1926 年版重印影印，上海书店出版社 1989 年版。

26. （宋）方大琮：《宋忠惠铁庵方公文集》，据明正德八年（1513）方良节刻本影印，《北京图书馆古籍珍本丛刊》89 集部·宋别集类，书目文献出版社 1998 年版。

27. （宋）李纲：《梁溪先生文集》，中华再造善本 145，据上海图书馆藏宋刻本影印，北京图书馆出版社 2004 年版，厦门大学古籍室藏。

28. （宋）朱辅：《溪蛮丛笑》，《影印清文渊阁四库全书》史部 352 地理类，第 594 册。

29. （宋）徐铉：《徐骑省集》，《四部丛刊初编》132 集部，据上海涵芬楼据黄荛圃样宋本影印，商务印书馆 1926 年版重印影印，上海书店出版社 1989 年版。

30. （宋）普济：《五灯会元》，中华书局 1984 年版。

31. （宋）王象之：《舆地纪胜》，《续修四库全书》585 史部地理类，据北京图书馆藏清影宋抄本（清抄本配补）影印，上海古籍出版社 1995 年版。

32. （宋）张守：《毗陵集》，中华书局 1985 年版。

33. （宋）文天祥：《文山集》，《四部丛刊初编》218 集部，据上海涵芬楼借乌程许氏藏明刊本景印，商务印书馆 1926 年版重印影印，上海书店出版社 1989 年版。

34. （宋）陆游：《老学庵笔记》，中华书局 1985 年版。

35. （宋）祝穆：《方舆胜览》，中华书局 2003 年版。

36. （宋）朱胜非：《绀珠集》，《影印清文渊阁四库全书本》子部 178 杂家类，第 872 册。

37. （宋）李俊甫：《莆阳比事》，《续修四库全书》734 史部地理类，据宛委别藏清影抄明万历三十三年（1605）刻本影印，上海古籍出版社 1995 年版。

38. （宋）陈淳：《北溪大全集》，《影印清文渊阁四库全书》集部 107 别集类，第 1168 册。

39. （宋）张扩：《东窗集》，《影印清文渊阁四库全书》集部 68 别集类，第 1129 册。

40. （宋）吴曾：《能改斋漫录》，《影印清文渊阁四库全书本》，中华书局 1985 年版。

41. （宋）余靖：《武溪集》，据明成化九年刻本影印，《北京图书馆古籍珍本丛刊》85 集部·宋别集类，书目文献出版社 1998 年版。

42. （元）刘壎：《隐居通议》，《影印清文渊阁四库全书》子部 172 杂家类，第 866 册。

43. （元）刘鹗：《惟实集》，《影印文渊阁四库全书》集部 145 别集类，第 1206 册。

44. （元）苏天爵编：《元文类》，上海古籍出版社 1993 年版。

45. （元）王恽：《秋涧先生大全集》，《四部丛刊初编》224 集部，据上海涵芬楼借江南图书馆藏明弘治翻元本景印，商务印书馆 1926 年版重印影印，上海书店出版社 1989 年版。

46. （元）刘壎：《水云村稿》，《影印清文渊阁四库全书》集部 134 别集类，第 1195 册。

47. （元）元明善：《清河集》，《续修四库全书》1323 集部别集类，据清光绪刻本藕香零拾本影印，上海古籍出版社 1995 年版。

48. （元）许有壬：《至正集》，据清抄本影印，《北京图书馆古籍珍本丛刊》95 集部·元别集类，书目文献出版社 1998 年版。

49. （元）佚名：《法海遗珠》，明正统道藏本第 26 册，文物出版社 1988 年版。

50. （元）丁复：《桧亭集》，《影印清文渊阁四库全书》，集部 147 别集类，第 1208 册。

51. （明）王守仁：《王文成公全书》，《四部丛刊初编》258 集部，据上海涵芬楼景印明隆庆刊本，商务印书馆 1926 年版重印本影印，上海书店出版社 1989 年版。

52. （明）王琼：《晋溪本兵敷奏》，《续修四库全书》476 史部诏令奏议类，据北京图书馆藏明嘉靖二十三年（1544）廖希颜刻本影印，上海古籍出版社 1995 年版。

53. （明）叶权：《贤博编》，《元明史料笔记丛刊》，中华书局 1987 年版。

54. （明）王临亨：《粤剑编》，《元明史料笔记丛刊》，中华书局 1987 年版。

55. （明）杨士奇：《东里文集》，中华书局 1998 年版。

56. （明）洪楩辑：《清平山堂话本》，江苏古籍出版社 1994 年版。

57. （明）徐昌治：《昭代芳摹》，据明崇祯九年（1636）徐氏知问斋刻本影印，《四库禁毁书丛刊》史部第 43 册，北京出版社 1998 年版。

58. （明）章潢：《图书编》，上海古籍出版社 1992 年版。

59. （明）邝露：《赤雅》，中华书局 1985 年版。

60. （明）李时珍：《本草纲目》，《影印清文渊阁四库全书》，子部 80 医家类，第 774 册。

61. （明）魏浚：《西事珥》，《四库全书存目丛书》史部第 247 册地理类，据上海图书馆、南京图书馆藏明万历刻本影印，齐鲁书社 1996 年版。

62. （明）林大辂：《愧瘖集》，《续修四库全书》1338 集部·别集类上海，据北京图书馆藏明嘉靖四十年（1561）林敦履本影印，上海古籍出版社 1995 年版。

63. （明）徐熥：《鳌峰集》，《续修四库全书》1381 集部别集类，据北京图书馆藏明天启五年（1625）南居益刻本影印，上海古籍出版社 1995 年版。

64. （明）谢肇淛：《小草斋集》，《续修四库全书》1367 集部别集类，据福建省图书馆藏万历刻本影印，上海古籍出版社 1995 年版。

65. （明）谢肇淛：《五杂组》，《续修四库全书》1130 子部杂家类，据明万历四十四年（1616）潘膺祉如韦馆刻本影印，上海古籍出版社1995年版。

66. （明）姚虞：《岭海舆图》，中华书局1985年版。

67. （明）黎民表：《瑶石山人稿》，《影印清文渊阁四库全书》，集部216别集类，第1277册。

68. （明）费元禄：《甲秀园集》，据明万历刻本影印，《四库禁毁书丛刊》集部第62册，北京出版社1998年版。

69. （明）郑晓：《吾学编》，《续修四库全书》425史部杂史类，据北京图书馆藏明隆庆元年（1567）郑履淳刻本影印，上海古籍出版社1995年版。

70. （明）何乔远：《名山藏》，《续修四库全书》427史部杂史类，据明崇祯刻本影印，上海古籍出版社1995年版。

71. （明）孙旬：《皇明疏钞》，《四库禁毁书丛刊补编》第19册，北京出版社2005年版。

72. （明）曹学佺编：《石仓历代诗选》，《影印清文渊阁四库全书》集部331总集类，第1392册。

73. （明）王冥：《历代忠义录》，《四库全书存目丛书补编》第93册，据台湾汉学研究中心藏明嘉靖刻本影印，齐鲁书社1997年版。

74. （明）毛宪：《古庵毛先生文集》，据山东大学图书馆藏明嘉靖四十一年（1562）毛欣刻本影印，《四库全书存目丛书》集部第67册，齐鲁书社1997年版。

75. （清）蓝鼎元：《鹿洲全集》，厦门大学出版社1995年版。

76. （清）杨捷：《平闽纪》，《四库全书存目丛书》史部第五六册杂史类，中国科学院图书馆藏清康熙二十二年（1683）世泽堂刻道光十年（1830）印本，齐鲁书社1996年版。

77. （清）邓淳：《岭南丛述》，清道光间刻本，厦门大学古籍室藏。

78. （清）屈大均：《广东新语》，中华书局2006年版。

79. （清）谈迁：《枣林杂俎》，《续修四库全书》1135子部杂家类，据上海图书馆藏清抄本影印，上海古籍出版社1995年版。

80. （清）方以智：《通雅》，清光绪六年（1880）桐城方氏重刻本，厦门大学古籍室藏。

81. （清）陈元龙辑：《格致镜原》，清刻本，厦门大学古籍室藏。

82. （清）顾炎武：《天下郡国利病书》，《续修四库全书》597 史部地理类，据上海图书馆清抄本影印，上海古籍出版社 1995 年版。

83. （清）梁章钜：《称谓录》，《续修四库全书》1253 子部类书类，据清光绪十年（1884）梁恭辰刻本影印，上海古籍出版社 1995 年版。

84. （清）纳兰性德：《通志堂集》，《续修四库全书》1419 集部别集类，据清康熙三十年（1691）徐乾学刻本影印，上海古籍出版社 1995 年版。

85. （清）陶元藻：《泊鸥山房集》，《续修四库全书》1441 集部别集类，据复旦大学图书馆藏清刻本影印，上海古籍出版社 1995 年版。

86. （清）卞宝第：《闽峤輶轩录》，清刻本，厦门大学古籍室藏。

87. （清）孙承泽：《春明梦余录》，《影印清文渊阁四库全书》子部 174 杂家类，第 868 册。

88. （清）李调元：《南越笔记》，中华书局 1985 年版。

89. （清）谭宗浚：《荔村草堂诗钞》，《续修四库全书》1564 集部别集类，据上海图书馆藏清光绪十八年（1892）廖廷相羊城刻本影印，上海古籍出版社 1995 年版。

90. （清）谭宗浚：《希古堂集》，《续修四库全书》1564 集部别集类，据上海图书馆藏清光绪十六年（1890）廖廷相羊城刻本影印，上海古籍出版社 1995 年版。

91. （清）林直：《壮怀堂诗初稿》，《续修四库全书》1557 集部别集类，据清咸丰六年（1856）福州刻本影印，上海古籍出版社 1995 年版。

92. （清）邓显鹤辑：《沅湘耆旧集》，《续修四库全书》1691 集部总集类，据上海图书馆藏清道光二十三年（1843）邓氏南村草堂刻本影印，上海古籍出版社 1995 年版。

93. （清）陆以湉：《冷庐杂识》，中华书局 1984 年版。

94. （清）潘衍桐：《两浙輶轩续录》，《续修四库全书》1685 集部总集类，据清光绪十七年（1891）浙江书局刻本影印，上海古籍出版社 1995 年版。

95. （清）吴震方：《岭南杂记》，《四库全书存目丛书》史部第二四九册地理类，据北京师范大学图书馆藏清康熙刻说铃本，齐鲁书社 1996 年版。

96. （清）彭光斗：《闽琐记》，福州郑丽生抄本，厦门大学古籍室藏。

97. （清）刘彬华辑：《岭南群雅》，《续修四库全书》1693 集部总集类，据浙江图书馆藏清嘉庆十八年（1813）玉壶山房刻本影印，上海古籍出版社 1995 年版。

98. （清）丘逢甲：《岭云海日楼诗钞》，上海古籍出版社 1982 年版。

99. （清）汤贻汾：《琴隐园诗集》，《续修四库全书》1502 集部别集类，据清同治十三年（1874）曹士虎刻本影印，上海古籍出版社 1995 年版。

100. （清）李调元：《童山集》，中华书局 1985 年版。

101. （清）屈大均：《翁山诗外》，《四库禁毁书丛刊》集部第 121 册，据清康熙刻凌凤翔补修本，中国科学院图书馆藏本影印，北京出版社 1998 年版。

102. （清）赵希璜：《峰草堂诗钞》，《续修四库全书》1471 集部别集类，据华东师范大学图书馆藏清乾隆五十八年（1793）安阳县署刻增修本影印，上海古籍出版社 1995 年版。

103. （清）钱澄之：《田间文集》，《续修四库全书》1401 集部别集类，据清康熙刻本影印，上海古籍出版社 1995 年版。

104. （清）唐赞衮辑：《台阳见闻录》，《台湾文献丛刊》第 30 种，（台北）台湾银行经济研究室 1958 年版。

105. （清）秦瀛：《小岘山人诗文集》，《续修四库全书》1465 集部别集类，据上海图书馆藏清嘉庆刻增修本影印，上海古籍出版社 1995 年版。

106. （清）董诰辑：《全唐文》，中华书局 1983 年版。

107. （清）顾炎武：《肇域志》，《续修四库全书》591 史部地理类，上海古籍出版社 1995 年版。

108. （清）顾祖禹：《读史方舆纪要》，《续修四库全书》610 史部地理类，据上海图书馆藏稿本影印，上海古籍出版社 1995 年版。

109. （清）温廷敬辑：《茶阳三家文钞》，载沈云龙主编《近代中国史料丛刊》第三辑，（台北）文海出版社 1967 年版。

110. （清）黄遵宪：《黄遵宪集》，天津人民出版社 2003 年版。

111. 刘声木：《苌楚斋四笔》，中华书局 1998 年版。

三　地方志、乡土志

1. （宋）胡太初修，赵与沐纂：《临汀志》，宋开庆元年（1259）修，福建地方志丛刊，福建人民出版社 1990 年版。
2. （宋）赵与泌撰：《仙溪志》，宋宝祐五年（1257）修，福建人民出版社 1989 年版。
3. （明）黄仲昭修纂：《八闽通志》，明弘治四年（1491）刻本，福建人民出版社 2006 年版。
4. （明）何乔远：《闽书》，厦门大学古籍整理研究所、历史系古籍整理研究室《闽书》点校组校点，福建人民出版社 1994 年版。
5. （明）罗青霄总纂，谢彬编纂：《漳州府志》，明万历元年（1573）刻本，《明代方志选》第三辑，（台北）学生书局 1965 年版。
6. （明）曾汝檀修，朱召校刊：《漳平县志》，明嘉靖二十八年（1549）刻本，1985 年漳平县影印本，厦门大学古籍室室藏。
7. （明）邵有道纂修：《汀州府志》，明嘉靖六年（1527）刻本，天一阁藏《明代方志选刊续编》39—40。上海书店出版社 1990 年版。
8. （明）张士俊、阴维标纂修，《宁化县志》，明崇祯刻，清顺治修补本，中华人民共和国国立北京图书馆摄刊，显微影片，福建师大古籍室藏。
9. （明）莫尚简修，张岳纂：《惠安县志》，明嘉靖九年（1530）刻本，天一阁藏《明代方志选刊》，上海古籍书店 1981 年版。
10. （清）杨廷璋等修，沈廷芳、吴嗣富纂：《福建续志》，1989 年江苏文陵古籍刻印社据乾隆三十三年（1768）刻本影印，厦门大学古籍室藏。
11. （清）徐景熹主修：《福州府志》，清乾隆十九年（1754）刻本，福州市地方志编纂委员会整理，海风出版社 2001 年版。
12. （清）曾日瑛等修，李绂等纂：《汀州府志》，乾隆十七年（1752）修，同治六年（1867）刊本，《中国方志丛书》华中地方第七十五号，（台北）成文出版社 1967 年版。
13. （清）杨澜：《临汀汇考》，光绪四年（1878）刊本，福建师范大学古籍室藏。
14. （清）李世熊：《宁化县志》，中国方志丛书，第 88 号，据康熙二十三年（1684）刻本，清同治八年（1869）重刊本影印，（台北）成文出版社 1967 年版。
15. （清）刘㫚纂修，赵良生续纂修：《武平县志》，康熙十一年（1672）修，康熙三十八年（1699）续修，现据民国十九年（1930）钟翰丞铅印本影印，《中国地方志集成》，《福建府县志辑》34，上海书店出版社 2000 年。

16. （清）蒋廷铨纂修：《上杭县志》，清康熙二十六年（1687）刻本，清代孤本方志选，第一辑第三十册，国家图书馆分馆编。

17. （清）刘国光、谢昌霖等纂修：《长汀县志》，据清光绪五年（1879）刊本影印，《中国方志丛书》第 87 号，（台北）成文出版社 1967 年。

18. （清）李维钰原本，沈定均续修，吴联熏增纂：《漳州府志》，据清光绪三年（1877）芝山书院刻本影印，《中国地方志集成》，《福建府县志辑》29，上海书店出版社 2000 年版。

19. （清）陈汝咸修，林登虎纂：《漳浦县志》，据清康熙三十九年（1700）修，民国十七年（1928）翻印本影印，《中国方志丛书》第 105 号，（台北）成文出版社 1968 年版。

20. （清）彭衍堂修，陈文衡纂：《龙岩州志》，据清道光十五年（1835）修，光绪十六年（1890）重刊本影印，《中国方志丛书》第 85 号，（台北）成文出版社 1967 年版。

21. （清）李鋐、王相等修，昌天锦等纂：《平和县志》，据清康熙五十八年（1719）修，光绪十五年（1889）重刊本。《中国方志丛书》第九十一号，（台北）成文出版社 1967 年版。

22. （清）秦炯纂修：《诏安县志》，康熙三十年（1691）修，据同治十三年（1874）刻本影印，《中国地方志集成》，《福建府县志辑》31，上海书店出版社 2000 年版。

23. （清）吴宜燮修，黄惠、李畴纂：《龙溪县志》，据清乾隆二十七年（1762）修，光绪五年（1879）补刊本影印，《中国方志丛书》第 90 号，（台北）成文出版社 1967 年版。

24. （清）董钟骥修，陈天枢、吴正南等纂：《宁洋县志》，清同治十三年（1874）修，据民国二十四年（1935）钟翰丞铅印本影印，《中国地方志集成》，《福建府县志辑》34，上海书店出版社 2000 年版。

25. （清）薛凝度修，吴文林纂：《云霄厅志》，据清嘉庆十一年（1806）修，民国二十四年（1935）铅字重印本影印，《中国方志丛书》第 89 号，（台北）成文出版社 1967 年版。

26. （清）董天工撰：《武夷山志》，《中国方志丛书》华南地方第 219 号，据清乾隆十一年（1746）修，道光廿五年（1845）重刊本影印，（台北）成文出版社。

27. （清）范正辂纂修：《德化县志》，据上海图书馆藏清康熙二十六年（1687）刻本影印。《中国地方志集成》，《福建府县志辑》27，上海书店出版社 2000 年版。

28. （清）张景祁等纂修：《福安县志》，据清光绪十年（1884）刊本影印，《中国方志丛书》第 78 号，（台北）成文出版社 1967 年版。

29. （清）邱豫鼎编：《光泽县乡土志》，清光绪三十二年（1906）铅印本，厦门大学古籍室藏。

30. （民国）郑翘松纂：《永春县志》，据民国十九年（1930）铅印本影印，《中国方志丛书》华南地方第 231 号，（台北）成文出版社 1975 年版。

31. （民国）郑丰稔纂：《龙岩县志》，中华民国三十四年（1945）厦门风行印刷社铅印本，厦门大学古籍室藏。

32. （民国）郑丰稔总编纂：《南靖县志》，民国稿本，南靖县地方志编纂委员会整理，1994 年。

33. （民国）徐炳文修，郑丰稔纂：《云霄县志》，民国三十六年（1947）铅印本，《中国方志丛书》华南地方，第 204 号，（台北）成文出版社 1975 年版。

34. （民国）曾枢修、凌开蔚纂：《和平县志》，据广东省中山图书馆藏民国三十二年（1943）铅印本影印。《中国地方志集成》，《广东府县志辑》18，上海书店出版社 2003 年版。

35. （民国）赵模修、王宝仁纂：《建阳县志》，据民国十八年（1929）铅印本影印，《中国方志丛书》华南地方第 237 号，（台北）成文出版社 1975 年版。

36. （民国）陈荫祖修，吴名世纂：《诏安县志》，据民国三十一年（1942）诏安青年印务公司铅印本影印。《中国地方志集成》，《福建府县志辑》31，上海书店出版社 2000 年版。

37. （明）戴璟、张岳等纂修：《广东通志初稿》北京图书馆明嘉靖十四年（1535）刻本，《四库存目丛书》史部第 189 册。

38. （明）黄佐纂修：《广东通志》，明嘉靖四十年（1561）刻本，《广东历代方志集成》省部二，广东省地方史志办公室辑，岭南美术出版社 2007 年版。

39. （明）陈琏，（民国）陈伯陶增补：《罗浮志》，1920年刻本，厦门大学古籍室藏。
40. （明）谭大初撰：《南雄府志》，明嘉靖二十一年（1543）刻本，天一阁藏《明代方志选刊续编》，上海书店出版社1990年影印。
41. （明）祝允明纂修：《兴宁县志》，明正德十年（1515）刻本，上海中华书局影印明正德稿本1962年版。
42. （明）黄国奎等纂：《兴宁县志》，明嘉靖三十一年（1552）刻本，天一阁藏《明代方志选刊续编》，上海书店出版社1990年影印。
43. （明）姚良弼修，杨宗甫纂：《惠州府志》，明嘉靖三十五年（1556）蓝印本，天一阁藏《明代方志选刊》，上海古籍书店1982年版。
44. （明）刘熙祚修，李永茂纂：《兴宁县志》，明崇祯十年（1637）刻本，《稀见中国地方志汇刊》44，中国书店1992年版。
45. （清）郝玉麟纂修：《广东通志》，清雍正九年（1731）刻本，据广东省立中山图书馆藏本影印，《广东历代方志集成》，广东省地方史志办公室辑，岭南美术出版社2007年版。
46. （清）阮元修，陈昌齐等纂：《广东通志》，续修四库全书669史部地理类，据1934年商务印书馆影印清道光二年（1822）刻本影印，上海古籍出版社1995年版。
47. （清）周硕勋：《潮州府志》，《中国方志丛书》，第46号，据清光绪十九年（1893）重刊本影印，（台北）成文出版社1967年版。
48. （清）刘溎年、张联桂修，邓抡斌、陈新铨纂：《惠州府志》，据清光绪三年（1877）修，七年（1881）刻本影印，《中国地方志集成》，《广东府县志辑》15，上海书店出版社2003年版。
49. （清）宋广业：《罗浮山志会编》，续修四库全书725史部地理类，据天津图书馆藏清康熙五十六年（1717）刻本影印，上海古籍出版社1995年版。
50. （清）陈铭珪：《浮山志》，清光绪七年（1881）荔庄刻本，厦门大学古籍室藏。
51. （清）于卜熊修，史本纂：《海丰县志》，据清乾隆十五年（1750）刻本影印，《中国地方志集成》，《广东府县志辑》28，上海书店出版社2003年版。
52. （清）申良翰修，欧阳羽文撰：《香山县志》，清康熙十二年（1673）

刻本，1958年中山图书馆油印本，厦门大学古籍室藏。

53. （清）金廷烈纂修：《澄海县志》，清乾隆二十九年（1764）刻本，1959年油印本，厦门大学古籍室藏。

54. （清）王之正等纂修：《嘉应州志》，清乾隆十五年（1750）刻本，广东省中山图书馆古籍部1991年版。

55. （清）熊学源修，李宝中纂：《增城县志》，《中国方志丛书》华南地方第161号，据清嘉庆二十五年（1820）刊本影印，（台北）成文出版社1974年版。

56. （清）刘业勤修，凌鱼纂：《揭阳县志》，乾隆四十四年（1779）刊本，1937年铅印本，厦门大学古籍室藏。

57. （清）翁辉东、黄人熊纂修：《海阳县乡土志》，清光绪三十四年（1908）抄本。国家图书馆地方志和家谱文献中心编《乡土志抄稿本选编》16，国家图书馆藏，线装书局。

58. （清）佚名纂修：《陆丰县乡土志》，清末抄本，国家图书馆地方志和家谱文献中心编：《乡土志抄稿本选编》16，国家图书馆藏，线装书局。

59. （清）刘抃纂修：《饶平县志》，清康熙二十六年（1687）刻本，潮州市地方志办公室编印，2002年。

60. （清）孙能宽等修，叶适等纂：《归善县志》，据上海图书馆藏清雍正二年（1724）刻本影印，《中国地方志集成》，《广东府县志辑》16，上海书店出版社2003年版。

61. （清）彭君谷修，赖以平等纂：《河源县志》，据清同治十三年（1874）刻本影印，《中国地方志集成》，《广东府县志辑》17，上海书店出版社2003年版。

62. （清）黄钊纂：《镇平县志》，又名《石窟一征》，据清光绪六年（1880）刻本影印，《中国地方志集成》，《广东府县志辑》21，上海书店出版社2003年版。

63. （清）蔡淑修，陈辉壁纂：《增城县志》，清康熙二十五年（1686）刻本影印，《中国地方志集成》，《广东府县志辑》5，上海书店出版社2003年版。

64. （清）王纶部纂修：《兴宁县志》，清康熙二十年（1682年）刻本，《稀见中国地方志汇刊》44，中国书店1992年版。

65. （清）吴宗焯等修，温仲和纂：《嘉应州志》，清光绪二十七年（1901）刻本，厦门大学古籍室藏。

66. （清）林述训等修，单兴诗、欧樾华等撰：《韶州府志》，据同治十三年（1874）刊本影印，《中国方志丛书》第二号，（台北）成文出版社1966年版。

67. （清）余保纯等修，黄其勤纂：《直隶南雄州志》，清道光四年（1824）刊本影印，《中国方志丛书》第六十号，（台北）成文出版社1967年版。

68. （民国）饶宗颐总纂：《潮州志》，修于1946—1949年，潮州市地方志办公室，2005年重印。

69. （民国）潘载和纂修：《潮州府志略》，不分卷，据民国二十二年（1933）铅印本影印，《中国地方志集成》，《广东府县志辑》25，上海书店出版社2003年版。

70. （民国）招念慈、邬庆时纂修：《龙门县志》，民国二十五年（1936）广州南关增沙街汉元楼铅印本，厦门大学古籍室藏。

71. （民国）何遁黄等：《博罗县志》，民国三十七年（1948），广东省文史研究馆，博罗县志办公室，内部发行，1988年。

72. （民国）刘织超修，温廷敬纂：《大埔县志》，1943年铅印本，厦门大学古籍室藏。

73. （明）刘节撰：《南安府志》，明嘉靖十五年（1536）刻本，天一阁藏《明代方志选刊续编》，上海古籍出版社1981年版。

74. （清）王仁圃：《江西考古录》，中国方志丛书华中地方第79号，据清乾隆三十二年（1767）原刻，光绪十七年（1891）重刊本影印，（台北）成文出版社年版。

75. （清）魏瀛等修，钟音鸿等纂：《赣州府志》，《中国方志丛书》华中地方第100号，据清同治十二年（1873）刊本影印，（台北）成文出版社1970年版。

76. （清）杨锌镎纂修：《南安府志补正》，清光绪元年（1875）刻本，赣州地区志编纂委员会办公室重印本1987年版。

77. （清）黄鸣珂主修，石景芬纂：《南安府志》，清同治七年（1868）刻本重印本，1987年。

78. （清）张尚瑗纂：《潋水志林》，康熙五十年（1711）修，2001年重印本。

79. （清）孔兴浙修，孔衍倬纂：《兴国县志》，乾隆十五年（1750）刻本，兴国县方志办藏。

80. （清）朱昕修，刘霖等纂：《定南厅志》，清乾隆四十四年（1779）刻本。

81. （清）王所举、石家绍修，徐思□纂：《龙南县志》，清道光六年（1876）刻本。

82. （清）刘丙撰：《宁都直隶州志》，1982年据清道光四年（1824）刊本手抄油印本。

83. （民国）吴宗慈：《江西通志稿》，民国三十六年（1947）修，福建师范大学古籍室藏。

84. （清）王士俊修：《河南通志》，《影印清文渊阁四库全书》史部296地理类，第538册。

四　族谱、金石录

1. （明）陈无复：《陈氏大成谱》，附漳南事迹，旧钞本，厦门大学古籍室藏。

2. 《白石丁氏古谱懿迹记》，载《白石丁氏古谱》上册，漳州市方志办编，影印抄本，厦门大学古籍室藏。

3. （清）冯登府辑：《闽中金石志》，《续修四库全书》912史部金石类，据民国刘氏希古楼刻本影印，上海古籍出版社1995年版。

4. 槟城缎罗申鸿文印：《陈氏族谱》，转引自谢重光《陈元光与漳州早期开发史研究》，（台北）文史哲出版社1994年版。

5. （清）丰顺县潭山镇凤坪村蓝氏：《汝南堂长房族谱》，清光绪戊申年（1908）桂月春圆手抄历代族谱。载朱洪、李筱文编《广东畲族古籍资料汇编——图腾文化及其他》，中山大学出版社2001年版。

6. 增城市正果镇上水村畲族：《盘蓝雷氏族谱》，载朱洪、李筱文编《广东畲族古籍资料汇编——图腾文化及其他》，中山大学出版社2001年版。

7. 惠东县多祝乡陈湖村：《盆盘蓝雷黎栏族谱》，载朱洪、李筱文编《广东畲族古籍资料汇编——图腾文化及其他》，中山大学出版社2001年版。

8. 潮安县凤凰镇石古坪村蓝氏：《图腾画卷》叙文，载朱洪、李筱文编

《广东畲族古籍资料汇编——图腾文化及其他》，中山大学出版社2001年版。

9. 江西省兴国县畲族：《盘蓝雷钟姓氏出身源流传》，载朱洪、李筱文编《广东畲族古籍资料汇编——图腾文化及其他》，中山大学出版社2001年版。

10. 《曾氏崇本堂世谱》，清末抄本，不分卷，现藏漳州南靖县南坑高港村，转引自陈支平《从客家族谱所见的两个史实问题》，载陈支平、周雪香主编《华南客家族群追寻与文化印象》，黄山书社2005年版。

11. 华安县民宗局编：《华安少数民族族谱》，2004年。

12. 安远：《蓝氏族谱》，2007年，赣南师范学院客家研究院藏。

13. 《闽杭庐丰蓝氏族谱》，民国三十三年（1944）种玉堂镌。

五 研究著述

(一) 专著

1. 百越民族史研究会编：《百越民族史论集》，中国社会科学出版社1982年版。

2. 陈支平：《历史学的困惑》，中华书局2004年版。

3. 陈支平、周雪香主编：《华南客家族群追寻与文化印象》，黄山书社2005年版。

4. 陈支平：《客家源流新论》，广西教育出版社1997年版。

5. 陈运栋：《客家人》，东门出版社1991年版。

6. 程美宝：《地域文化与国家认同：晚清以来"广东文化"观的形成》，生活·读书·新知三联书店2006年版。

7. 房学嘉：《客家源流探奥》，广东高等教育出版社1994年版。

8. 《福建省统计年鉴》，福建省政府秘书处公报室发行，1937年。

9. 郭志超：《闽台民族史辨》，黄山书社2006年版。

10. 广东省立中山图书馆、香港大学冯平山图书馆编：《罗香林论学书札》第二卷，广东人民出版社2009年版。

11. 广东省地方史志编纂委员会编：《广东省志》，广东人民出版社1999年版。

12. 赣州地区志编纂委员会：《赣南概况》，人民出版社1989年版。

13. 黄志繁：《"贼""民"之间——12—18世纪赣南地域社会》，生活·读书·新知三联书店2006年版。

14. 何池：《陈元光〈龙湖集〉校注与研究》，鹭江出版社 1990 年版。
15. 蒋炳钊：《畲族史稿》，厦门大学出版社 1988 年版。
16. 吕思勉：《中国民族史》，《民国丛书》第一编 80，上海书店出版社 1989 年版。
17. 吕振羽：《中国民族简史》，生活·读书·新知三联出版社 1950 年版。
18. 林惠祥：《中国民族史》，商务印书馆 1993 年影印版。
19. 林天蔚：《地方文献研究与分论》，北京图书馆出版社 2006 年版。
20. 李济：《中国民族的形成》，江苏教育出版社 2005 年版。
21. 梁启超：《饮冰室合集》，中华书局 1989 年版影印本。
22. 罗香林：《客家研究导论》，希山书藏 1933 年版。
23. 罗香林：《中夏系统中之百越》，独立出版社 1943 年版。
24. 罗香林：《客家史料汇编》，（香港）中国学社 1965 年版。
25. 罗香林：《蒲寿庚传》，（台北）中华文化出版事业委员会 1955 年版。
26. 罗香林：《客家源流考》，中国华侨出版公司 1989 年影印。
27. 刘志伟：《在国家与社会之间：明清广东里甲赋役制度研究》，中山大学出版社 1997 年版。
28. 刘平：《被遗忘的战争——咸丰同治年间广东土客大械斗研究》，商务印书馆 2003 年版。
29. 蓝炯熹：《畲民家族文化》，福建人民出版社 2002 年版。
30. 蓝雪霏：《畲族音乐文化》，福建人民出版社 2002 年版。
31. 《历史研究》编辑部：《建国以来史学理论问题讨论举要》，齐鲁书社 1983 年版。
32. 龙岩地区地方志编纂委员会编：《龙岩地区志》，上海人民出版社 1992 年版。
33. 蒙文通：《越史丛考》，人民出版社 1983 年版。
34. 梅州市志编纂委员会编：《梅州市志》，广东人民出版社 1999 年版。
35. 宋文炳：《中国民族史》，中华书局 1935 年版。
36. 宋蜀华、满都尔图主编：《中国民族学五十年》，人民出版社 2004 年版。
37. 沈松侨：《我以我血荐轩辕——黄帝神话与晚清的国族建构》，载卢建荣主编《性别、政治与集体心态：中国新文化史》，（台北）麦田出版社 2001 年版。

38. 沈元坤主编：《漳州民间信仰》，海风出版社 2005 年版。
39. 施联朱：《畲族》，民族出版社 1988 年版。
40. 施联朱：《畲族风俗志》，中央民族学院出版社 1989 年版。
41. 孙中山：《孙中山选集》，人民出版社 1956 年版。
42. 石奕龙、张实主编：《畲族：福建罗源县八井村调查》，云南大学出版社 2005 年版。
43. 唐立宗：《在"盗区"与"政区"之间——明代赣闽粤湘交界的秩序变动与地方行政演化》，《台湾大学文史丛刊》（118），台湾大学出版委员会 2002 年版。
44. 吴永章：《畲族与瑶苗比较研究》，福建人民出版社 2002 年版。
45. 王桐龄：《中国民族史》，《民国丛书》第一编 80，上海书店出版社 1989 年版。
46. 王明珂：《羌在汉藏之间：川西羌族的历史人类学研究》，中华书局 2008 年版。
47. 王明珂：《华夏边缘——历史记忆与族群认同》，社会科学文献出版社 2006 年版。
48. 温春来：《从"异域"到"旧疆"：宋至清贵州西北部地区的制度、开发与认同》，生活·读书·新知三联书店 2008 年版。
49. 谢重光：《客家源流新探》，福建教育出版社 1995 年版。
50. 谢重光：《畲族与客家福佬关系史略》，福建人民出版社 2002 年版。
51. 谢重光：《陈元光与漳州早期开发史研究》，（台北）文史哲出版社 1994 年版。
52. 徐松石：《粤江流域人民史》，中华书局 1941 年版。
53. 游文良：《畲族语言》，福建人民出版社 2002 年版。
54. 苑利编：《二十世纪中国民俗学经典·传说故事卷》，中国社会科学出版社 2002 年版。
55. 郑振满、张侃：《培田》，生活·读书·新知三联书店 2005 年版。
56. 周琼：《清代云南瘴气与生态变迁研究》，中国社会科学出版社 2007 年版。
57. 张其韵：《中国民族志》，商务印书馆 1933 年版。
58. 朱洪、李筱文编：《广东畲族古籍资料汇编——图腾文化及其他》，中山大学出版社 2001 年版。

59. 朱洪、姜永兴:《广东畲族研究》,广东人民出版社 1991 年版。
60. 中国社会科学院民族研究所福建少数民族社会历史调查组编:《畲族简史简志合编》,1963 年版。
61. 《中国少数民族社会历史调查资料丛刊》福建省编辑组编:《畲族社会历史调查》,福建人民出版社 1986 年版。
62. [日]冈田宏二:《中国华南民族社会史研究》,赵令志、李德龙译,民族出版社 2002 年版。
63. [日]牧野巽:《牧野巽著作集》,(东京)御茶水书房 1985 年版。
64. [日]濑川昌久:《族谱:华南汉族的宗族·风水·移居》,钱杭译,上海书店出版社 1999 年版。
65. [美] D. 布迪、C. 莫里斯:《中华帝国的法律》,朱勇译,江苏人民出版社 2004 年版。
66. [美]保罗·康纳顿:《社会如何记忆》,纳日碧力戈译,上海人民出版社 2000 年版。
67. [英]冯客:《近代中国之种族观念》,杨立华译,江苏人民出版社 1999 年版。
68. [英]玛丽亚·露西娅·帕拉蕾丝-伯克编:《新史学:自白与对话》,彭刚译,北京大学出版社 2006 年版。
69. [英]华德英:《从人类学看香港社会——华德英教授论文集》,冯承聪等编译,(香港)大学出版印务公司 1985 年版。
70. [英]厄内斯特·盖尔纳:《民族与民族主义》,韩红译,中央编译出版社 2002 年版。
71. [德]史图博、李化民:《浙江景宁县敕木山畲民调查记》,中南民族学院民族研究所 1984 年版。
72. [瑞士]雅各布·坦纳:《历史人类学导论》,白锡堃译,北京大学出版社 2008 年版。
73. [美]斯蒂文·郝瑞:《田野中的族群关系与民族认同——中国西南彝族社区考察研究》,巴莫阿依、曲木铁西译,广西人民出版社 2000 年版。
74. Tao Tao Liu and David Faure ed. , *Unity and Diversity: Local Cultures and Identities in China*, HongKong: HongKong University Press, 1996.
75. David Faure and Helen F. Siu ed. , *Down to Earth: The Territorial Bond in*

South China, Stanford: Stanford University Press, 1995.

76. Pamela Kyle Crossley, Helen F. Siu, and Donald S. Sutton ed., *Empire at the Margins: Culture, Ethnicity and Frontier in Early Modern China*, Berkeley and Los Angeles: University of California Press, 2006.

77. Pamela K. Crossley, *Orphan Warriors: Three Manchu Generations and the End of the Qing World*, Princeton : Princeton University Press, 1990.

78. Pamela K. Crossley, *A Translucent Mirror: History and Identity in Qing Imperial Ideology*, Berkeley and Los Angeles: University of California Press, 1999.

79. Evelyn S. Rawski, *The Last Emperors: A Social History of the Qing Imperial Institution*, Berkeley and Los Angeles: University of California Press, 1998.

80. Edward J.. M. Rhoads, *Manchus and Han: Ethnic Relations and Political Power in Late Qing and Early Republican China*, 1861-1928, Seattle: University of Washington Press, 2000.

81. Mark C. Elliott, *The Manchu Way: The Eight Banners and Ethnic Identity in Late Imperial China*, Stanford: Stanford University Press, 2001.

82. Fredrik Barth ed., *Ethnic Groups and Boundaries*, Boston: Little, Brown and Company, 1969.

83. Sow-Theng Leong, *Migration and Ethnicity in Chinese History : Hakkas, Pengmin, and their Neighbors*, Edited by Tim Wright, with an Introduction and Maps by G. William, Skinner, Stanford, California : Stanford University Press, 1997.

84. William T. Rowe, *Crimson Rain: Seven Centuries of Violence in a Chinese County*, Stanford, California, Stanford University Press 2007.

85. Natalie Z. Davis, *The Return of Martin Guerre: Imposture and Identity in a Sixteenth—Century Village*, Cambridge, Mass : Harvard University Press, 1983.

（二）论文

1. 《本刊复函》，《逸经》第19期，1936年12月5日。
2. 陈连开：《〈中华民族多元一体格局〉修订本跋》，《中南民族学院学报》2000年第1期。
3. 陈泽泓：《爱国未有不爱乡——试释黄节编著〈广东乡土历史教科

书〉》,《广东史志》1999 年第 1 期。
4. 陈森甫:《宋元以来江西西南山地之畲蛮》,《"国立"编译馆馆刊》1972 年第 1 卷第 4 期。
5. 陈国强:《福建的古民族——"木客"初探》,《厦门大学学报》1963 年第 2 期。
6. 陈国强、周立方、林加煌:《福建畲族图腾崇拜》,《中央民族学院学报》1989 年第 2 期。
7. 陈春声:《走向历史现场》,《读书》2006 年第 9 期。
8. 陈春声:《清末民初潮嘉民众关于"客家"的观念——以〈岭东日报〉的研究为中心》,载陈支平、周雪香主编《华南客家族群追寻与文化印象》,黄山书社 2005 年版。
9. 陈春声:《论 1640—1940 年韩江流域民众"客家观念"的演变》,《客家研究辑刊》,2006 年。
10. 陈元煦:《元初福建畲汉两族人民的抗元斗争》,《福建师范大学学报》1986 年第 4 期。
11. 陈永海:《作为中国国族事业的客家言说——从香港看近代客家文化认同性质的变迁》,载刘义章主编《香港客家》,广西师范大学出版社 2005 年版。
12. 陈家瑞:《杨文广平闽与陈元光入闽》,《民俗》第 34 期,1928 年 11 月 14 日,合订本第二册,上海书店出版社 1983 年影印。
13. 陈隆吉:《"猺獞即今之客族"说驳斥》,《逸经》第 24 期,1937 年 2 月 20 日。
14. 程美宝:《地域文化与国家认同——晚清以来"广东文化"观的形成》,载杨念群主编《空间·记忆·社会转型:"新社会史"研究论文精选集》,上海人民出版社 2001 年版。
15. 董作宾:《说畲》,《北京大学研究所国学门周刊》1926 年第 2 卷第 14 期。
16. 杜玉亭:《进化论与 20 世纪的中国民族史学——治史学路的世纪回识》,《云南民族学院学报》2003 年第 2 期。
17. 戴逸:《关于历史研究中阶级斗争理论问题的几点看法》,《社会科学研究》1979 年第 2 期。
18. 定宜庄:《美国学者近年来对满族史与八旗制度史的研究简述》,《满族研究》2002 年第 1 期。
19. 邓晓华：《论客家话的来源——兼论客畲关系》，《云南民族大学学报》2006 年第 4 期。
20. 费孝通：《中华民族多元一体格局》，《北京大学学报》1989 年第 4 期。
21. 冯汉镛：《瘴气的文献研究》，《中华医史杂志》第 11 卷第 1 期。
22. 冯翔：《关于宋代至明代南方的瘴病及其历史的研究》，《广西民族大学学报》第 13 卷第 2 期，2007 年 5 月。
23. 范家伟：《六朝时期人口迁移与岭南地区的瘴气病》，《汉学研究》第 16 卷第 1 期。
24. 傅衣凌：《福建畲姓考》，《福建文化》1944 年第 2 卷第 1 期。
25. 龚胜生：《2000 年来中国瘴病分布变迁的初步研究》，《地理学报》第 48 卷第 4 期。
26. 梅莉、晏昌贵、龚胜生：《明清时期中国瘴病分布与变迁》，《中国历史地理论丛》1997 年第 2 期。
27. 管长墉：《福建之畲民——社会学的研究与史料的整理》，《福建文化》第 1 卷第 4 期，1941 年。
28. 郭志超、董建辉：《畲姓变化考析》，《民族研究》1998 年第 2 期。
29. 郭志超：《赣闽粤交界地区的原住民族的再研究》，《厦门大学学报》1996 年第 3 期。
30. 郭志超：《畲族族称的"客"与客家名称的源流考察——罗香林"混化说"说的一种探讨》，《客家研究辑刊》2007 年第 2 期。
31. 郭志超：《陈政、陈元光在漳州平蛮的证伪——兼涉陈元光与潮州的关系》，潮州畲族文化学术研讨会论文，2007 年 12 月。
32. 郭志超、董建辉：《畲族赋役史考辨——与蒋炳钊先生商榷》，《民族研究》2000 年第 2 期。
33. 葛兆光：《重建关于"中国"的历史论述——从民族国家中拯救历史，还是在历史中理解民族国家》，《二十一世纪》2005 年 8 月号。
34. 《广州罗香林君来函》，《逸经》第 23 期，1937 年 2 月 5 日。
35. 憾庐：《逸经》第 25 期，1937 年 3 月 5 日。
36. 何子星：《畲民问题》，《东方杂志》第 30 卷第 13 号，1933 年。
37. 何联奎：《畲民地理分布》，《民族学研究集刊》第 2 集，1937 年。

38. 黄志繁、胡琼：《宋代南方山区的峒寇：以江西赣南为例》，《南昌大学学报》2002 年第 2 期。
39. 黄向春：《从疍民研究看中国民族史与族群研究的百年探索》，载《广西民族研究》2008 年第 4 期。
40. 贺喜：《土酋归附的传说与华南宗族社会的创造——以高州冼夫人信仰为中心的考察》，《历史人类学学刊》第六卷第一、二期合刊，2008 年 10 月。
41. 胡先骕：《浙江温州、处州间土民畲客述略》，《科学》第 7 卷第 3 期，1923 年。
42. 简又文：《逸话》，《逸经》第 22 期，1937 年 1 月 20 日。
43. 简又文：关于《云霄厅志》，《逸经》第 22 期，1937 年 1 月 20 日。
44. 简又文：《逸经的故事》，《逸经》第 1 期创刊特大号，1936 年 3 月。
45. 《紧要启事》，《逸经》第 18 期，1936 年 11 月 20 日。
46. 蒋炳钊：《古民族"山都木客"历史初探》，《厦门大学学报》1983 年第 3 期。
47. 姜永兴：《潮州凤凰山畲族"祖坟"考察》，《中央民族学院学报》1988 年第 4 期。
48. 姜义华：《论二十世纪中国的民族主义》，《复旦学报》1993 年第 3 期。
49. 罗勇：《"客家先民"之先民——赣南远古土著居民析》，《赣南师范学院学报》2004 年第 5 期。
50. 李荣村：《黑风峒变乱始末——南宋中叶湘粤赣间峒民的变乱》，载《宋史研究集》第六辑，"国立"编译馆 1986 年版。
51. 李荣村：《溪峒溯源》，《"国立"编译馆馆刊》第 1 卷第 1 期，1971 年。
52. 李林昌：《漳浦畲族》，载《漳浦文史资料》第二十五辑，中国人民政治协商会议福建省漳浦县委员会编，2006 年 12 月。
53. 李亦园：《章回小说〈平闽十八洞〉的民族学研究》，载庄英章、潘英海编《台湾与福建社会文化研究论文集》，（台北）中研院民族学研究所 1994 年版。
54. 李喜所：《移植与流变：近代中国的民族主义》，《天津师范大学学报》2007 年第 2 期。
55. 梁肇庭：《客家历史新探》，《中国社会经济史研究》1982 年第 1 期。

56. 连启元：《反狱动乱下的历史书写：明正统末的广东黄萧养事件研究》，《白沙历史地理学报》第 4 期，2007 年 10 月。
57. 刘志伟：《从乡豪历史到士人记忆——由黄佐〈自叙先世行状〉看明代地方势力的转变》，《历史研究》2006 年第 6 期。
58. 刘志伟：《祖先谱系的重构及其意义——珠江三角洲一个宗族的个案分析》，《中国社会经济史研究》1992 年第 4 期。
59. 刘永华：《道教传统、士大夫文化与地方社会：宋明以来闽西四保邹公崇拜研究》，《历史研究》2007 年第 3 期。
60. 刘永华：《梁肇庭先生的客家史研究》，未刊稿。
61. 刘光照：《虔州木客辨析》，《中南民族学院学报》第 21 卷第 2 期，2001 年 3 月。
62. 刘丽川：《"客家"称谓年代考》，《北京大学学报》2001 年第 2 期。
63. 蓝万清：《论畲族盘瓠传说的演变》，《民族文学研究》1991 年第 3 期。
64. 陆丹林：《逸话》，《逸经》第 25 期，1937 年 3 月 5 日。
65. 林语堂：《平闽十八洞所载的古迹》，《民俗》第 34 期，1928 年 11 月 14 日，合订本第二册，上海书店出版社 1983 年影印。
66. 欧阳飞云：《关于"福建云霄之猺獞"》，《逸经》第 24 期，1937 年 2 月 20 日。
67. 旁观：《说客平议》，《逸经》第 22 期，1937 年 1 月 20 日。
68. 邱立：《研究中华民族结构的核心理论——读〈中华民族多元一体格局〉（修订本）》，《民族研究》1999 年第 5 期。
69. 屈直敏：《近百年来中国少数民族史学理论研究》，《西北第二民族学院学报》2008 年第 3 期。
70. 屈文军：《元代的畲族》，《暨南学报》2004 年第 1 期。
71. 史式：《五十年来中华民族史的研究》，《历史教学》1999 年第 6 期。
72. 沈作乾：《畲民调查记》，《东方杂志》第 21 卷第 7 号，1924 年。
73. 沈松侨：《我以我血荐轩辕——黄帝神话与晚清的国族建构》，原载《台湾社会研究季刊》第 28 期，1997 年；收入卢建荣主编《性别、政治与集体心态：中国新文化史》，（台北）麦田出版社 2001 年版。
74. 沈寒流：《客族源流考》，《逸经》第 21 期，1937 年 1 月 5 日。
75. 《汕头卢干君来函——胪列客人族谱》，《逸经》第 23 期，1937 年 2 月 5 日。

76. 石奕龙：《明清时期畲族盘瓠传说的再发明及其原因》，潮州畲族文化学术研讨会论文，2007年12月。
77. 唐晓涛：《三界神形象的演变与明清西江中游地域社会的转型》，《历史人类学学刊》第六卷第一、二期合刊，2008年10月。
78. 翁春雪：《逸经》第36期，1937年8月20日。
79. 翁国梁：《福建文化》第3卷第34期（总第38期），1948年。
80. 翁国梁：《福建几种特异的民族》，《民俗》第80期，1929年，上海书店出版社影印，1983年月12月。
81. 万幼楠：《赣南"赣巨人""木客"识考》，《中南民族学院学报》1995年第3期。
82. 万建中：《传说记忆与族群认同——以盘瓠传说为考察对象》，《广西民族学院学报》2004年第1期。
83. 王斤役：《福建云霄之猺獞》，《逸经》第13期，1936年9月。
84. 王铭铭：《东南与西南——寻找"学术区"之间的纽带》，《社会学研究》2008年第4期。
85. 王明珂：《由族群到民族：中国西南历史经验》，《西南民族大学学报》2007年第11期。
86. 王学典：《五朵金花：意识形态语境中的学术论战》，《文史知识》2002年第1期。
87. 徐杰舜、韦小鹏：《中华民族"多元一体格局"理论研究述评》，《民族研究》2008年第2期。
88. 萧凤霞、刘志伟：《宗族、市场、盗寇与疍民——明以后珠江三角洲的族群与社会》，《中国社会经济史研究》2004年第3期。
89. 谢兴尧：《回忆〈逸经〉与〈逸文〉》，《读书》1996年第3期。
90. 谢晓辉：《苗疆的开发与地方神祇的重塑——兼与苏堂棣（栋）讨论白帝天王传说变迁的历史情境》，《历史人类学学刊》第六卷第一、二期合刊，2008年10月。
91. 谢重光：《畲族在宋代的形成及其分布地域》，《韩山师范学院学报》2001年第1期。
92. 谢重光：《宋代畲族史的几个关键问题——刘克庄〈漳州谕畲〉新解》，《福建师范大学学报》2006年第4期。
93. 谢重光：《新民向化——王阳明巡抚南赣对畲民汉化的推动》，《赣南师范学院学报》2004 年第 1 期。
94. 谢重光：《明代湘赣闽粤边的社会动乱与畲民文化》，《福建师范大学学报》2009 年第 1 期。
95. 谢重光：《〈全唐文〉所收陈元光表文两篇系伪作考》，载《中华文化论坛》2008 年第 3 辑，上海古籍出版社 2008 年版。
96. 徐晓望：《闽台汉族籍贯固始问题研究》，《台湾研究》1997 年第 2 期。
97. 许木柱：《台湾民族学研究的回顾与展望》，《政治大学民族学报》1993 年第 20 期。
98. 《逸话》，《逸经》第 21 期，1937 年 1 月 5 日。
99. 杨际平：《也谈〈龙湖集〉真伪》，《东南学术》1992 年第 1 期。
100. 杨正军：《从盘瓠形象变化看畲族文化的变迁》，《漳州师范学院学报》2005 年第 2 期。
101. 叶国庆：《平闽十八洞研究》，《厦门大学学报》第三卷第一期，1935 年。
102. 周星：《关于"中华民族多元一体格局"的学术评论》，《北京大学学报》1990 年第 4 期。
103. 周尚兵：《唐代南方畲田耕作技术的再考察》，《农业考古》2006 年第 1 期。
104. 张瑞威：《谁是满州人？——西方近年满洲史研究评述》，《历史人类学学刊》第四卷第一期，2006 年 4 月。
105. 赵世瑜："Empire at the Margins: Culture, Ethnicity, and Frontier in Early Modern China"，《历史人类学学刊》第四卷第二期，2006 年 10 月。
106. 郑振满：《莆田平原的宗族与宗教——福建兴化府历代碑铭解析》，《历史人类学学刊》第四卷第一期，2006 年 4 月。
107. 左鹏：《汉唐时期的瘴与瘴意象》，《唐研究》第 8 卷，北京大学出版社 2002 年版。
108. 左鹏：《宋元时期的瘴疾文化变迁》，《中国社会科学》2004 年第 1 期。
109. 张文：《地域偏见与族群歧视：中国古代瘴气与瘴病的文化学解读》，《民族研究》2005 年第 3 期。
110. 张耀堂：《陈元光籍贯身世考辨及其他》，《中州学刊》1990 年第

5 期。

111. 章太炎：《中华民国解》，《民报》第十五号，1907 年 7 月 5 日，中国近代期刊汇刊第二辑影印本，中华书局 2006 年版。

112. 《爪哇泗水读者梅县黎公耀群来函》，《逸经》第 19 期，1936 年 12 月 5 日。

113. ［日］大泽正昭：《论唐宋时代的烧田（畲田）农业》，亿里译，《中国历史地理论丛》2000 年第 2 期。

114. ［日］井上彻：《明代广东汉化和礼教的推广》，载《礼学与中国传统文化》，中华书局 2006 年版。

115. ［日］滨岛敦俊：《方志和乡绅》，《暨南史学》第六号，2003 年 7 月。

116. F. Ohlinge, *A Visit to the Dogheaded Barbarians or Hill People*, 《教务杂志》1886 年第 17 期。

117. R. Kent Guy, "Who were the Manchus? A Review Essay", *The Journal of Asian Studies*, Vol. 61, No. 1, 2002.

118. Sudipta Sen, "The New Fronties of Manchu China and the Historiography of Asian Empires: A Review Essay", *The Journal of Asian Studies*, Vol. 61, No. 1, 2002.

119. Donald S. Sutton, "Ritual, Cultural Standardization, and Orthopraxy in China: Reconsidering James L. Watson's Ideas", *Modern China*, Vol. 33, No. 1, January 2007.

120. David Faure, "The Lineage as a Cultural Invention – The Case of the Pearl River Delta", *Modern China*, Vol. 15, No. 1, 1989.

121. Helen F. Siu, "Where were the Women? Rethinking Marriage Resistance and Regional Culture in South China", *Late Imperial China*, Vol. 11, No. 2, 1990.

122. Michel Strickmann, "The Tao Among the Yao: Taoism and the Sinification of South China", 酒井忠夫先生古稀祝贺纪念の会编：《历史における民众と文化：酒井忠夫先生古稀祝贺纪念论集》，（东京）国书刊行会，1982 年。

123. Wing – hoi Chan, "Ethnic Labels in a Mountainous Region: The Case of She 'Bandits'", in Pamela Kyle Crossley, Helen F. Siu, and Donald

S. Sutton ed. , *Empire at the Margins: Culture, Ethnicity and Frontier in Early Modern China*, Berkeley and Los Angeles: University of California Press, 2006.

（三）学位论文

1. 黄向春：《赣南畲族研究》，硕士学位论文，厦门大学，1996 年。
2. 黄向春：《历史记忆与文化表述——明清以来闽江下游地区的族群关系与仪式传统》，博士学位论文，厦门大学，2005 年。
3. 饶伟新：《生态、族群与阶级——赣南土地革命的历史背景分析》，博士学位论文，厦门大学，2002 年。
4. 王逍：《走向市场：一个畲族村落的农作物种植与经济变迁》，博士学位论文，厦门大学，2007 年。
5. 张子辉：《论二十世纪二三十年代的中国民族史研究》，博士学位论文，华东师范大学，2005 年。

致 谢

回首往事，思绪繁复，想起读博时的忐忑与挣扎，有幸得到导师郭志超先生悉心教导，于为学为人给予指引。混沌如我，不知多少次不经意间挑战老师的耐心，心中感激自不待言，而那份愧疚却也时时萦绕。有谁会为你的小小进步喜悦，又有谁会为你的点点错误烦忧，有老师在学习与生活上的无私奉献，幸运者如我，师恩却难酬。

常常觉得，于茫茫人海中，自己算是个幸运的人，于求学的道路上，有众多师友的鞭策与帮助，首先要感谢硕导谢必震教授，是他将我引入学术大门，多年来一直关心我的学习与生活。同时要感谢厦门大学彭兆荣教授、石奕龙教授、宋平教授，是他们传授我人类学、民族学的知识，让我领略到厦大人类学的深厚传统与优良学风，特别应感谢黄向春老师，他的中国民族史课程让我受益良多，论文中的许多思路得益于黄老师的指点；感谢厦门大学历史系的刘永华老师、饶伟新老师，容我蹭课，在论文写作中，刘永华老师为我指点迷津，并有幸跟随刘老师进行田野调查。

在论文写作过程中，同学毛伟、罗正副、艾丽曼、朱志燕、葛荣玲、张卫红、谭红春、陈金亮、王立芳、杨长云等互相鞭策，同门王逍、周典恩、蒋俊、钟毅丰、曹大明、李凌霞、粮艳玲时时关注论文的写作，厦门大学历史系研究生陈贵明、福建师范大学社会历史学院博士生吴巍巍惠赠资料，使我节省了许多时间。

工作的日子，庸庸碌碌，可时间却不知怎的，被割得粉碎。所幸在书稿的打磨与修改过程中，赣南师范学院周建新老师提出了宝贵的意见，罗勇、钟俊昆、陈文红、邹春生等师友时常关心与督促书稿的进展。此外，研究生崔亦茹、吕秀菊对书稿进行仔细阅读与校对，在此一并致谢。

最后，要感谢家人一直以来的支持与理解。朱忠飞是我学习与生活的良师益友，他予我的鼓励与打击同样激励我不断前行，双方父母所付出的经济上的、精神上的支持更是难以细数，人间寸草心，天下父母情，是一生还不清的债务。女儿的降临，更是人生的欣喜。而那些已谢未谢的，那些已提未提的，都将留存于心。

　　谨以此书纪念那些单纯美好的时光。

温春香
2014 年 7 月修改于虔城